세상을
바꿔라 V

세상을 바꿔라 V

초판 1쇄 인쇄 | 2017.09.20
초판 1쇄 발행 | 2017.09.25
지은이 | (사)오래포럼, 함승희 외
발행인 | 황인욱
발행처 | 도서출판 오래

주소 | 서울특별시 마포구 토정로 222, 406호(신수동, 한국출판컨텐츠센터)
이메일 | orebook@naver.com
전화 | (02)797-8786~7, 070-4109-9966
팩스 | (02)797-9911
홈페이지 | www.orebook.com
출판신고번호 | 제2016-000355호

ISBN 979-11-5829-030-6 (03300)
정가 20,000원

세상을 바꿔라 V

오래포럼 · 함승희 외

圖書出版 오래

진정한 민주공화국을 염원하며

10여년 전 이명박 정권 초기, 당시 대중들은 좌파·우파 같은 이념적 논쟁에 진저리치면서 그저 팍팍한 서민 중산층의 삶이 좀 나아지려나 하는 염원이었다.

그러나 '고소영'이니 '강부자'니 하는 유행어가 암시하듯, 일부 골통수구 기득권세력 및 이명박과의 개인적 인연으로 족보도 없는 뜨네기(이른바 어공)들이 내각과 청와대를 대거 점거하면서 그 이전 정권들과 다를 바 없는, 아니 그 보다 더 광범위하게 권력을 사사화(私事化)함으로써 대규모 권력형 부패로 이어져 종국에는 불행한 종말을 잉태해가고 있었다.

그 때 오래포럼의 창립회원들은 조용한 시민혁명을 꿈꾸면서 한

자리에 모였다. 세상을 바꾸기 위한 국정의제(Agenda)를 선정하고, 전문가를 초빙하여 발제하게하고, 자유토론을 해 가면서, 희망을 현실로 바꿀 「시간의 축적」을 시작했다.

그러기를 어느 덧 10년이 다 되간다. 두 달에 한 차례씩 모여서 토론회를 개최한 것만 60여 차례에 이른다. 그 자체만으로도 기특하고 대견한 성과다. 그러나 당초의 희망이 현실화되기에는 대중성과 확산성이 아쉬웠다. 이것이 '세상을 바꿔라'를 출간하게 된 동기다. 이번에 제5권의 출간을 눈 앞에 두고 있으니 그로부터 5년이란 세월이 흘렀다는 뜻이다.

책을 출간해 본 경험이 없거나 일천한 비전문가들에게 단행본의 출간은 예사 일이 아니다. 그것도 수필이나 자서전이 아닌 세상을 바꾸기 위한 전문적 학술적 '정책연구집'이니 말해서 무엇하랴. 우선 의제(Agenda)의 선정이다. 그 다음은 그 의제로 글을 쓸 수 있는 능력과 이름값을 할 전문가의 초빙이다. 그 다음이 원고를 모으고 교정보고 편집하는 일이다. 대중이 공감하는 의제를 선정하기 위해서는 각종 언론의 헤드라인은 물론 칼럼, 사설, 심지어는 각 정당의 공약집이나 웬만한 베스트셀러는 큰 제목만이라도 살펴봐야한다. 전문가를 초빙하기 위해서는 이 책을 발간하는 취지에서부터 집필을 의뢰하는 배경을 아주 설득력있게 그것도 예를 갖춰 모셔야한다.

개성이 천차만별인 여러 전문가들의 글을 하나로 묶어야하는 교정 편집은 스스로 단행본 하나 내는 것만큼이나 번잡하고 손이 많이 간다. 이런 과정을 거친 '세상을 바꿔라' 제5권이 출간될 마당이니 이 또한 어찌 대견한 일이 아닐 수 있겠는가.

그러나, 과연 지금까지 발간한 다섯권의 '세상을 바꿔라'가 거기에 들인 비용과 노력값을 해 왔는가. 스스로 자문해보면 고개를 가로젓지 않을 수 없다. 비용과 노력값을 못하고 있으니 이제 그만두어야 하나? 그렇게 하기에는 더 나아보이는 대안도 없다. 그래서 다시 생각해본다. 무엇이 문제인가.

첫째, '세상을 바꿔라'라는 책의 이름이 주는 임펙트가 초판을 낼 때 보다 떨어졌다. 처음 이 이름을 선보일 때만 해도 다소 과격하지 않은가라는 우려의 목소리를 내는 일부 회원도 있었지만, '조용한 시민혁명'이라는 포럼 설립의 취지에 부합하고 당시 국가가 처한 상황에 비추어 설득력이 있어보여 이를 제명(題名)으로 삼았다. 그런데 요 몇 년 사이에 '세상을 바꿔라'는 '정권을 바꿔라'라는 정치구호 쯤으로 남용되어, 온갖 데모꾼들이나 사이비 정치꾼들의 현수막에 쉽게 오르내리는 구호로 변질되었다. 그렇다고 원조(元朝)라는 접두사를 앞에 쓸 수도 없다. 원조 냉면집이 냉면집이 너무 많이 생겼다는 이유로 냉면집을 버리고 국수집으로 바꿀수는 더 더욱 없지 않은가. 여기서 책 제목은 그대로 쓰되 '세상을 바꿔라'의 진정한 의미만을 다시 한 번 강조하기로 한다.

우리 민족이 근대국민국가 모습으로 국가제체를 갖춘 것은

1948년에 건국한 '대한민국'이 처음이다. 대한민국은 민주공화국이다. 그런데 민주공화국의 이념과 실체에 걸맞은 통치를 해 온 정권은 지난 70여년 대한민국 역사에서 단 한 번도 없다. 한결같이 독재, 무능, 권력남용과 부정부패로 타락하여 비운의 종말을 맞았을 뿐이다. 경제적 볼륨이 커지고, 대통령을 국민이 선출하기만 하면 민주공화국이 되는 것이 아니다. 대중주의(Populism)가 판치고 감상적 민족주의(Nationalism)가 지배하는 그런 국가는 사이비 민주공화국일 뿐이다. 우리가 희망하는 세상은 바로 대한민국 헌법 제1조에 걸맞는 민주공화국을 만드는 것이다. 어떤것들이 민주공화국에 걸맞는 제도이고 모습인가? 그것이 바로 '세상을 바꿔라'의 논술 의제가 되는 제1의 기준이다. 여기에는 보수·진보 따위의 이념적 논쟁은 무용지물이고 사족일 뿐이다. 감히 민주공화국이라고 말할 수 있는 최소한의 보편적가치가 있다. 예컨대 자유주의, 민주주의, 시장경제, 법치주의, 정의와 공정 같은 것들이다. 이런 가치들이 발현되는 세상, 그것이 우리가 희망하는 세상이다. 진정한 민주공화국의 모습이다.

둘째, 세상을 바꾸기 위하여서는 그것을 추동하는 중심세력이 있어야 한다. 그런데 우리는 그 중심세력을 다지는 데 소홀했다. 세상에는 똑똑한 사람은 참 많다. 그런데 영악하고 교활하고 탐욕스러운 똑똑함만 넘친다. 진득하고 영혼이 살아있는 지혜로움은 찾기 쉽지않다. 조선시대의 선비같은 사람 말이다. 반상(班常)의식에 사로잡힌 기득권 세력인 양반계층과는 확연히 구별되는 남산 딸각발이같은 선비말이다. 이들이 중심세력이 되어 민주공화국으로서의 최소한의 기본가치를 신념으로 삼고 세상을 바꾸기를 염원해야 파급력이 형성되고 동조·지지세력이 확산된다. 이것이 조용한 시민혁명의 과정이다. 제5권의 출판을 맞아 우리 모두가 해야 할 강한 다짐이다.

끝으로 구슬이 서 말이라도 꿰어야 보배라. 전문가들이 없는 시간을 쪼개서 좋은 내용의 글을 쓰고 애써 편집을 했어도 대중이 읽지 않으면 하루거리용 신문지만도 못해진다. 두어차례 인용한 바 있지만, 강조하기 위해서 다시 인용한다. 일본의 명치유신 당시 후쿠자와 유키치(福澤諭吉)가 쓴 서양사정(西洋事情)은 출판 직후 1년만에 25만권이 팔려나갔다고 한다. 출판·제지술이 극도로 열악했던 150년 전의 일이다. 읽은 사람 숫자는 이보다 더 많다고 추산된다. 당시 일본열도 인구 3,500만명을 감안하면 적어도 성인 열 명에 한 명 꼴로 읽었다는 얘기다.(비슷한 내용을 쓴 유길준의 서유견문은 단 1,000권도 시중에 유포되지 못했다 하니 개화된 서양문물에 대한 당시 대중들의 식견의 차이를 짐작할 만하다.) 사족으로 한 마디만 더 하겠다. 일본 근대화 성공의 계기가 된 명치유신의 배경에는 하급무사들의 칼의 힘인 것으로 잘못 이해하고 있는 사람들이 의외로 많다. 하급무사들이 유신의 중심세력이었던 것은 맞다. 그러나 유신은 그들이 스스로 허리춤에서 칼을 내려놓는데서 시작되었다. 하급무사들이 제모가지보다 더 소중히 여기던 칼을 스스로 내려놓게 된 이유가 뭔가. 개화하지 않으면 저들에게 먹힌다는 절박감이었다. 그 절박감은 바로 독서의 힘에서 나왔다. 일본에는 조선이나 중국과 같은 과거시험제도가 없었다. 전쟁에서의 공훈만이 유일한 출세의 길이었는데 에도시대 200여년간 큰 전쟁이 없었다. 할 일이 없어진 하급무사들은 장사를 해서 돈을 많이 번 상인들에게서 각종 서양 문물을 소개한 서책들을 빌려 다독하면서 소일했다고 한다. 이러한 「시간의 축적」이 원동력이 되어 명치유신은 성공했다.

사이비 민주공화국이 아닌 국격있는 민주공화국, 대한민국을 만드는 것이 우리의 염원이고 꿈이다. 그러기 위해 '세상을 바꿔라'는 지속 발간될 것이다. 눈이 짓무르고 목 디스크가 심해져도 쉼이 없을 것이다. 유형·무형의 압박이 가해져도 중단하지 않을 것이다.

다만 선비정신으로 무장한 중심세력이 강고해 져야 한다. 그리고 대중들이 지하철에서, 휴가지에서 '세상을 바꿔라'를 읽게 해야한다. 그러면 멀지 않아 우리의 꿈이 현실이되는 그 날이 올 것이다.

2017.9
(사)오래포럼 회장 함승희

| 차례 |

| 제5권 발간에 부쳐 |

진정한 민주공화국을 염원하며

세상을
바꿔라 V

국가주의를 다시 생각 한다:
역량 있는 국민과 '보충성의 원칙'

세상을 바꿔라 Ⅴ

≪김 병 준≫

│학력│
- 델라웨어대학교 대학원 박사
- 한국외국어대학교 석사
- 영남대학교 졸업

│경력 및 활동사항│
- (현)국민대학교 교수
- (현)오래정책연구원 원장
- 공공경영연구원 이사장
- 대통령자문 정책기획위원회 위원장
- 제7대 교육인적자원부 장관, 부총리
- 대통령 정책실장
- 지방분권위원회 위원장
- 경제정의실천시민연합 지방자치위원회 위원장

│저서 및 논문│
- 99%를 위한 대통령은 없다(2012, 개마고원)
- 지방자치론(2011, 법문사)
- 광장에서 길을 묻다(2012, 동녘)

국가주의를 다시 생각 한다: 역량 있는 국민과 '보충성의 원칙'

김병준 | 오래포럼 정책연구원장

시민사회와 국가권력

왜 국가권력이 이렇게 강해야 할까? 시장이 이렇게 성장하고 시민사회가 이렇게 커진데다, 국민들 또한 나름 자율적인 질서를 형성하고 유지할 만한 역량은 있는 것 같은데 말이다. 강한 국가권력 속에 세계적인 기업인이 대통령의 눈치를 보다 감옥에 가고, 100년 전통의 명문사학이 '실세' 로비라인을 찾다 쑥대밭이 되는 나라, 이게 과연 잘못된 권력행사와 유착의 문제인가? 아니면 국가권력 그 자체가 필요이상으로 강해서 오는 것인가? 대부분 전자(前

者)의 관점에서 이야기를 하지만, 이 글은 오히려 후자(後者)의 관점에서 출발하고 있다.

언젠가 한번은 스스로에게 묻고 싶었다. 자유주의다 뭐다 하는 관념적 이야기가 아니라 현실적으로 국가권력이 꼭 이렇게 강해야 하는지, 그 뿌리는 어디에 있는지, 또 이런 상태로 가도 우리의 미래를 기약할 수 있는지 묻고 싶었다.오해를 피하기 위해 미리 말해 둘 것이 있다. 자유주의나 신자유주의를 이야기하자는 것이냐? 아니다. 국가의 역할을 무조건 줄여야 한다는 것도 아니다. 역량 있는 국민, 이 국민들이 스스로 잘 할 수 있는 부분은 국가가 굳이 개입할 이유가 없다는 말이다. 국가와 시장 그리고 공동체와 시민사회의 올바른 관계를 이야기해 보자는 뜻이다.

지배받고 통제받아야 할 국민?

성공을 향한 열정이 어느 나라 국민보다 강하다. 성취욕구가 강한데다 도전정신 또한 높기 때문이다. 뭘 하겠다고 마음먹으면 무슨 일이든 온 힘을 쏟는다. 아이가 영어를 해야 한다면 무슨 수를 써서라도 영어를 하게 만들고, 팔아야 할 그 무엇이 있다면 세상 끝까지 가서 판다. 까다롭기도 이루 말할 수 없다. '한국 국민을 만족시키는 것은 세계 모든 사람들을 만족시킬 수 있다'는 말이 결코 빈 말이 아니다. 무엇이건 더 좋아야 되고 더 빨라야 된다. 국경을 넘어 다투는 무한경쟁의 세상, 이 까다로움은 새로운 생각과 혁신의 기반이 되고, 역동성과 경쟁력의 원천이 된다. 여기에다 공공선에 대한 생각이 강하다. 바쁘고 힘들게 사느라 매 순간 일일이 다 지키지는 못하지만 무엇이 옳고 그른지를 따진다. 딱하고 어려운 일에는 마음과 정성을 보태고, 옳지 못한 일에는 같이 분노한다.

어떤가? 이만하면 괜찮은 국민 아닌가? 세계 어디를 가도 기죽지 않고 살아가고, 전자제품과 자동차, 그리고 K-Pop, K-Drama, K-Sports로 세계를 뒤흔든다. 그 뿐인가? 나라 경제가 어려울 때는 외채를 갚겠다고 집안에 있는 금붙이를 들고 나오고, 이쪽이든 저쪽이든 수백만 명이 광화문에 모여 나라걱정을 하기도 한다. 부정적인 면이 없기야 하겠나. 쉽게 일어섰다 쉽게 가라앉는 '냄비근성'에다 남 다른 투기 열풍, 게다가 툭하면 패거리 지워 싸우고… 하지만 이런 점 또한 성공을 향한 열정과 까다로움, 그리고 공공선에 대한 강한 관념이 만들어 내는 일 아닐까. 잘못된 정치·사회·경제적 조건이나 환경과 어우러지면서 말이다.

문제 제기 차원에서 일화를 하나 소개하자. 2002년 대통령선거 때, 노무현 당시 대통령후보가 물어왔다. '개방문제를 어떻게 보느냐?' 대답을 하는 대신 이렇게 물었다. '산업경쟁력 이상의 문제이다. 우리 국민의 역량을 믿으면 우리가 좀 약하다 싶어도 여는 것이다. 그래서 새로운 기회를 만들어야 한다. 하지만 그렇지 않다고 생각하면 열지 말아야 한다. 어느 쪽인가?" 집권을 하고도 이 질문과 답은 계속되었다. 한미 자유무역협정(FTA) 문제를 두고는 더욱 그랬다. 결국 대통령은 여는 쪽을 택했다. 그러면서 '메기론'을 이야기했다. '미꾸라지 사이에 메기 한 마리를 넣으면 미꾸라지는 더 강해진다.' 그에게 있어 우리 국민은 개방을 이겨나갈 수 있는 역량 있는 국민이었다. 묻고 또 묻고, 확신에 확신을 더하면서 얻은 결론이 그랬다. 그의 결정에 많은 사람들이 반대를 했다. '미국을 상대하기에는 우리가 너무 약하다.' 하지만 그의 이야기는 달랐다. '약하니까 열어야 한다. 그래서 강해져야 한다.' 많은 사람들이 다시 주장했다. '무리다. 멕시코를 봐라. 우리라고 그렇게 되지 않는다는 법 없다.' 하지만 이 또한 그를 설득하지 못했다. 이 나라가 멕시코가 아니고, 이 나라 국민 역시 멕시코 국민이 아니었기 때문이었다.

이 글을 읽는 여러분은 어떤가? 스스로를, 그리고 우리를 역량 있는 '괜찮은' 사람들로 보는가? 그래서 스스로 잘 하게 놔두어도 좋을 사람들이라 생각하는가? 아니면 누군가가 지배하고 통제하지 않으면 안 되는 그런 사람들이라 생각하는가? 행여 후자라면, 즉 지배하고 통제하지 않으면 안 되는 사람들이라 생각한다면 이 글을 이쯤에서 덮어도 좋다. 읽을 만한 가치가 없을 것이기 때문이다. 그렇지 않고 그런대로 '괜찮은' 사람들이라 생각한다면 몇 줄이라도 더 읽어 주었으면 한다. 이 나라가 이대로 가도 좋은지, 또 새로운 길은 무엇인지를 같이 고민해 봤으면 해서이다.

국가주의, 그 지배와 통제의 역사

조선시대의 국가주의: '어리석은 백성'

조선조 5백년, 아니 그 이전의 수천 년 역사에 있어 '백성'은 스스로 살아갈 수 없는 존재, 그래서 국가가 가르치고 이끌어주지 않으면 안 되는 존재였다. '백성'은 스스로를 어리석다고 했고, 지배자와 지배계층은 이들을 돌보는 것을 '칠 목(牧)' 자(字)를 쓴 목민(牧民), 즉 양떼나 소떼를 치듯 '백성'을 기르는 일이라 했다. 또 다른 한편으로는 사나운 짐승 정도로 인식되기도 했다. 자유롭게 풀어 두어서는 단 하루도 사람 노릇을 할 수 없는 존재, 그래서 우리에 가둬 사육하고 훈련시켜야 된다고 생각했다. 삼강오륜과 같은 도덕과 윤리의 우리에, 양반, 상놈 가리는 신분제의 우리에, 또 겁주고 벌주는 법과 형벌의 우리에 말이다.

이 '어리석고 사나운 백성론'을 바탕으로 지배와 통제의 국가주의가 성립되었다. 또 국가권력을 장악한 지배자와 지배계층 중심의 통치 질서가 정당화되었다. 아니, 실제로는 그 반대인지도 모른다. 국가권력을 정당화하고 지배와 피지배의 질서를 확립하기 위해 '백성'을 그런 존재로 인식하게 만들었는지도 모른다. 어느 쪽이든 마찬가지, 국가권력은 감히 쳐다볼 수 없는 곳에 놓이게 되었고, '백성'은 바닥을 기어야 했다. 국가는 이들 '백성'을 지배하고 통제하고 규제하고 감독하고 감시하고 분류하고 낙인찍고 가르쳤다. 또 국가의 손길이 닿지 않는 곳에서는 지배계층인 양반과 그 주변세력들이 국가를 대신해 이들에 대한 지배력을 행사했다.

이 국가권력이 '백성'을 위해 쓰였으면 그 마나 다행이겠지만 그럴 수가 없었다. 권력은 권력을 쥔 자를 위해 행사되기 마련, 민주(by the people) 없는 곳에 어떻게 위민(for the people)이 있을 수 있었겠나. 시간이 갈수록 '백성'은 지배와 통제의 대상을 넘어 착취와 동원의 대상이 되어 갔다. 조선 후기 실학자 박지원의 〈양반전〉의 한 대목을 보자.

> (과거에 급제하여 홍패를 받으면) 이게 돈 자루라… 옆집
> 소를 끌어다 먼저 자기 땅을 갈고, 마을 일꾼을 잡아다 김

을 매게 한들 누가 감히 문제 삼으랴. 너희들 코에 잿물을
붓고 상투를 잡아매어 돌리고 수염을 낚아채도 누가 감히
원망하랴(양반전).

뭐든 가지고 있으면 코에 잿물이 들어오고 상투가 뽑힐 판, 무엇
을 위해 열심히 일하고 재물을 모으겠는가. 19세기 말 조선을 방문
했던 비숍여사(I. B. Bishop)도 말했다. 형편이 괜찮다는 소문이 돌
면 곧 바로 탐욕스러운 관리와 양반들의 착취대상이 되었다고. 그
래서 많은 조선 사람들에 있어 나태와 게으름은 살아남기 위한 방
법이 되었다고.[주1)]

상황이 이 지경인데도 국가가 이렇게까지 넓고 깊게 지배해야
하는가에 대한 의문은 제기되지 않았다. 조선 후기의 실학자들까
지도 그랬다. 대부분 당시의 문제를 잘못된 제도나 정책의 문제,
또는 양반과 관료의 무능과 타락의 문제로 볼 뿐, 국가권력을 줄이
고 시민의 자유권을 확대해야 하는 등의 문제로 보지는 않았다. 이
들에 있어서도 국가권력은 강해야 하는 것이었고, '백성'은 이를
행사하는 지배자와 지배계급이 이끌고 다스려야 할 존재였다. 우
리 역사의 어쩔 수 없는 한계였다. 마그나카르타(1215년) 이후 자
유주의 사상과 소극적 국가론이 끊임없이 확장되고, 때때로 국가
권력을 부정하는 공동체주의나 무정부주의 사상이 크게 퍼져나가

기도 했던 서구사회와는 본질적으로 달랐다. 조선왕조가 문을 닫는 그 순간까지 말이다.

일제 강점기의 국가주의

그러고 바로 이어진 일제 강점기. 지배와 통제의 국가주의는 더욱 심화되었다. 그도 그럴 것이 식민지 통치기구에 있어 조선 민중은 처음부터 지배의 대상이자 수탈과 동원의 대상이었다. 조선의 지배자와 지배계급이 마음으로라도 가지고 있었던 윤리와 가치, 이를테면 '인(仁)'이나 '애민(愛民)' 같은 것 또한 생각할 이유가 없었다. 당연히 식민지 통치기구는 더 강한 힘으로 시장과 시민사회를 지배했다. 조선에서는 그나마 서원과 사림(士林) 등 국가권력이 잘 미치지 못하는 영역이 있었다. 윤리의 영역으로 두거나 지역 공동체의 자치에 맡기는 부분도 있었다. 하지만 일제 강점기는 달랐다. 정치, 경제, 사회, 모든 영역에 법과 행정이 침투했고, 일상생활 구석구석 경찰 등 통치기구의 눈길이 미쳤다.

대안적 국가에 대한 논의가 없었던 것은 아니다. 독립운동을 하는 과정에서 어떤 국가가 좋은 국가인지를 놓고 적지 않은 논쟁이 있었다. 이를테면 어떠한 형태의 권력이든 권력 그 자체를 반대하는 무정부주의 운동도 있었고, 시민 개개인의 자유권 확대를 주장하는 자유주의 내지는 소극적 국가론에 관한 논의도 있었다. 하지만 한계가 분명했다. 우선, 식민지 통치기구가 이러한 사상의 확장을 용납하지 않았다. 갖가지 형태로 억압했다. 여기에다 이러한 사상과 운동 스스로 한계를 보이기도 했다. 즉 무정부주의는 자유를 지키기 위한 수단으로 급진적 폭력주의를 택하면서, 또 자유주의자들은 공산주의를 막는다는 명분으로 일본 군국주의에 협력하면서 그 논리적 도덕적 정당성을 잃어갔다. 그러는 사이, 개인의 자유권을 부정하고, '프롤레타리아'가 장악한 국가가 독재를 할 것을 주장하는 공산주의가 민족진영 깊숙이 파고들었다. 결코 작은 움직임이 아니었다. 일종의 '낭만적 망상'으로서의 공산주의에 적지 않은 민족 지식인들이 현혹되었다.

결과적으로 조선 민중은 조선이 남긴 지배와 통제의 국가주의 전통과 또 다른 극단적 국가주의로서의 군국주의 현실에 둘러싸이게 되었다. 그리고 그 사이로 언뜻언뜻 보이는 것 또한 국가권력의 강화를 기본으로 하는 공산주의였다. 국가가 시민사회를 지배하고 통제하는 것이 너무나 당연한 것으로 보이지 않았겠는가. 그것이 당연하게 보일 때 '나'는 어떠한 존재이어야 했을까? '역시 엽전들은 안 돼' '조선 사람과 명태는 두들겨 패야 돼.' 자기비하가 일종의 문화가 되어 버린 시대, 그러면서 그 무지막지한 국가권력을 받아들였던 시대, 그것이 일제강점기였다.

권위주의 시대: 독재와 국가기획

주의광복이후에도 지배와 통제의 국가주의는 계속되었다. 일제강점기를 거치면서 더욱 강화된 국가주의 문화에다 전쟁(한국동란)까지 치러야 했기 때문이다. 이승만대통령을 중심으로 한 집권세력은 이를 잘 이용했고, 그렇게 함으로써 자신들을 정점으로 하는 국가권력이 시장과 시민사회 위에 군림하는 체제를 확립했다. 자유민주주의를 규정한 헌법이 있었으나 아무 소용이 없었다. 심지어 국가주의를 완화시킬 목적의 지방자치제도까지도 국가권력과 이승만 독재를 강화하는 수단으로 쓰였다. 즉 국회가 이승만대통령에게 유리한 대통령직선제 개헌을 반대하자, 자신의 지지자들을 지방의원으로 만들어 이 국회를 압박하고자 첫 지방선거를 실시한 것이다. 한창 전쟁 중이던 1952년, 부산을 임시수도로 하고 있는 상태에서였다. 당선된 지방의원들은 '기대 된' 역할을 다 했다. 헌법에도 없는 국회의원 국민소환을 한다고 법석을 떠는가 하면, 국회의원들을 국회의사당에서 끌어내는 행패를 부리기도 했다. 이후로도 이승만대통령은 도시자·시장·군수 선거를 했다가 말았다가, 국가와 자신의 권력을 강화하는 도구로 썼다.

뭐든 과하면 넘어지기 마련, 이런 독재에 국민적 반발과 저항이 일어났고 이로 인해 이승만정부는 무너졌다. 하지만 그럼에도 불구하고 국가주의의 전통은 크게 상하지 않았다. 국민적 반발과 저항도 일부 잘못된 집권세력에 대한 것이었을 뿐, 국가의 과도한 기능과 역할 그 자체에 대한 것은 아니었기 때문이었다. 이후 잠시의 민주당 정부를 거쳐 다시 박정희정부가 들어섰다. 그러면서 지배와 통제의 국가주의는 또 한 번 강화되었다. 이미 존재하고 있는 국가주의 문화에 '근대화'와 '경제성장'을 목표로 하는 '국가기획주의'가 덧붙여졌기 때문이다. 경제와 사회 그리고 민생의 모든 영역이 다시 국가의 강력한 기획과 통제 아래 들어갔다. 머리 길이와 치마 길이까지 국가가 정할 정도였으니 뭘 더 이야기하겠나.

권력과 권한의 행사 또한 노골적이었다. '내 무덤에 침을 뱉어라.' 그 시대를 상징하는 말 한 마디가 섬뜩하다. '내가 하는 일이 마음에 안 들어? 그래도 내가 살아 있는 한 아무 말 말고 그냥 따라와. 아니면 내 손에 너가 죽든가.' 시민사회와 시장은 순종과 침묵을 강요받았다. 인권이 유린되고 정경유착과 부정부패가 만연했다. 이에 저항이 일어나자 정부는 다시 대통령과 국회의원 일부를 최고지도자 스스로 임명하다시피 하는 '유신체제'를 만들었고, 긴급조치를 발동하는 등, 점점 더 폭압적이 되었다. 악순환에 악순환을 거듭하다 결국 최고지도자가 암살되고, 이 체제는 끝을 맺었다.

민주화 이후의 국가주의

이후 민주화가 진행되면서 국가주의는 자유로운 질서와 참여를 요구하는 시장과 시민사회의 요구와 부딪치게 되었다. 잘 하면 '일대 전환'이 일어날 수도 있었다. 즉 국가의 역할을 줄이는 대신 시장과 시민사회 내지는 공동체의 역할을 키울 수 있었다는 말이다. 실제로 일부 변화가 있기도 했다. 이를테면 교복을 입든 말든 학교가 알아서 하게 해주었고, 유학을 가고 못 가고를 국가가 검증한 후 허가해 주던 일도 없어졌다. 또 머리가 길다고 경찰이 잡아다 바리캉으로 밀어버리는 일도 없어졌고, 자장면 한 그릇 얼마 받을지도 주인이 정하게 해 주었다. 게다가 지방자치 같지 않은 지방자치지만 일단 다시 실시하기는 했다.

하지만 '일대 전환'은 일어나지 않았다. 정치를 하는 사람이나 일반 국민 모두 국가의 역할을 줄이는 문제보다 그 국가권력을 누가 어떻게 장악하느냐에 더 큰 관심을 두었기 때문이다. 결과적으로 대통령과 국회의원을 국민의 손으로 뽑고 있을 뿐, 이들을 정점으로 하는 정치조직과 관료조직이 법과 행정으로, 또 일종의 관행으로 우리의 삶 구석구석을 지배하고 통제하고 있다. 우선 눈에 보이는 수치만 봐도 그렇다. 2017년 헤리티지 재단(the Heritage Foundation)이 발표한 경제자유도(economic freedom), 즉 시장이 국가권력으로부터 자유로운 정도를 나타내는 정도가 세계 23위이다. 캐나다의 프레이저 연구소(the Fraser Institute)의 발표로는 세계 40위이다. 어느 쪽이든 국내총생산 기준 세계 11대 경제대국과

7대 무역대국으로서의 모습이 아니다. 단적으로 우리만큼 사는 어떤 나라에서 민간금융의 기관장들이나 공영방송의 장들이 대통령이 바뀌고 집권세력이 바뀌면 자리를 내어 놓느냐 마느냐를 걱정하나? 세계 어떤 나라의 크고 작은 기업인들과 민간단체장들, 심지어 대학들까지 대통령 주변 심부름꾼들이라도 가까이 하려고 애를 쓰나.

　실제로 정부의 지원과 협력, 인가와 허가 없이는 할 수 없는 일을 수두룩하게 만들어 놓고 그 위에 정치조직과 관료조직이 올라탄다. 교육부의 퇴임관료가 줄줄이 대학의 총장이나 고위직원으로 가고, 경제부처 관료들이 민간협회나 대기업의 회장자리를 차고 나간다. 또 정치인들이 줄줄이 체육단체 등의 장을 맡는다. 국가에게 그런 힘과 권한이 있으니 그렇게 하는 것 아니겠나. 그 뿐인가? 미용사는 바리캉을 쓸 수가 없고, 한의사는 청진기를 쓸 수가 없다. 이 집은 노래하는 집, 저 집은 못하는 집, 노래를 하고 못하고도 술집 주인과 손님 그리고 동네 사람들이 정하는 게 아니라 국가가 정한다. 교수가 겸직을 하고 안 하고도 대학이 아닌 국가가 정하고, 은행 대출을 해 주고 말고도 수시로 정부가 정한다… 그만하자. 끝이 없다. 시장(市場)이 알아서 할 일, 시민사회 스스로 규율할 일, 도덕과 윤리에 맡겨야 할 일까지 법으로 만들어 놓고, 기업인과 상인들, 그리고 국민들을 범법자로 만든다. 그래서 검찰이나 경찰에서 전화가 오면 너나없이 가슴이 철렁한다. 이게 다 지배와 통제의 국가주의의 증거가 아니고 무엇이겠나.

탈 국가주의를 향해

'레짐(regime)' 으로서의 국가주의

사실 우리에게 있어 국가주의는 하나의 '레짐(regime)'이 되어 있다. 쉽게 바뀌지 않는 국가운영의 기본양식이자 방식이라는 말이다. 왕정이 공화정으로 바뀌고, 독재가 청산되어 민주정부가 들어섰지만, 국가가 우리의 삶 깊숙이 들어 와 지배하고 통제하는 관행은 계속되고 있다. 흔히들 보수와 진보를 이야기하고 좌와 우를 이야기하지만 이 문제에 관한 한 큰 차이가 없다. 자유와 자율이 어쩌고 참여민주주의가 어쩌고 떠들다가도 집권만 하면 이쪽저쪽 할 것 없이 오히려 국가권력의 칼을 꺼내 든다. '위기극복을 위해', '비정상의 정상화를 위해', '적폐청산을 위해' 이유와 명분은 다양하다.

최근 어느 대담(중앙일보 2017. 6. 30)에서 세계적 석학이자 시카고 대학 명예교수인 슈미터(Philippe Schmitter)박사의 말이 재미있다. 한국의 한 진보성향 학자가 '촛불'을 '참여민주주의 승리'

라 하자 그는 이렇게 말한다. "대규모 군중의 참여가 참여민주주의
는 아니다… (대통령 탄핵은) 참여민주주의의 승리도 아니다. 군중
을 해산시키기 위해 정치세력들이 타협한 결과일 뿐이다." 한국 학
자가 거듭 '정권까지 바꿨는데 왜 그게 참여민주주의의 승리가 아
니냐' 는 투로 묻는다. 그러자 그가 다시 이렇게 말한다. "새 정부
가 들어섰다지만 이전에도 있었던 정치세력이다. 기존 세력 중 다
른 세력이 권력을 잡았을 뿐이다. 이것은 새로운 유형의 민주주의
가 아니다… 한국은 이전과 같은 유형의 세력이 통치하고 있다."

　동의할 수 없다고? 어떻게 박근혜정부와 문재인정부가 '같은 유
형의 세력'이냐고? 그러나 큰 틀에서 봐라. 그의 말이 맞다. 정책방
향과 스타일은 다르겠지만 국정운영의 기본 양태는 바뀌지 않았
다. 대통령의 권력과 행정권도 그대로이고, 우리 정치의 또 다른
'레짐'이라 할 수 있는 '패권주의', 즉 특정 권력집단이 권력을 배
타적으로 운영하는 문화도 여전하다. 다시 이의가 제기될 수 있다.
새 정부가 새로운 '레짐'이나 새로운 민주주의를 만들 수 있지 않
느냐? 글쎄다. 슈미터교수의 말처럼 결국은 과거의 집권세력과 별
차이가 없는 세력이다. 그리고 같은 '레짐'에 갇혀있다. 무엇을 얼
마나 바꿀 수 있을까? 게다가, 결론에서 잠시 언급하겠지만 '별 차
이가 없는' 세력답게 이런 문제에 대한 고민을 체화하고 있는 것
같지도 않다.

완화되어야 할 국가주의: 그 이유

이 국가주의 '레짐'으로 새로운 세상과 보다 나은 미래를 열 수 있을까? 이를테면 산업구조조정의 문제, 고용 없는 성장의 문제, 양극화 문제 등 우리가 당면하고 있는 문제들을 해결할 수 있을까? 많은 사람들이 이렇게 이야기한다. 어려운 문제가 겹쳐 있는 만큼 국가권력이 더 강해져야 한다고. 또 강한 지도력을 가진 지도자가 국가를 일사분란하게 끌고 가야 한다고. 그럴 수 있다. 안보와 복지 등에 있어서는 국가의 역할이 더 커질 이유가 있다. 특히 안보와 관련해서는 강한 지도력을 가진 지도자가 필요할 수도 있다. 하지만 경제와 사회 등 많은 영역에 있어서는 오히려 그 반대다. 오늘과 같이 변화가 심한 사회, 또 새로운 생각과 혁신이 필요한 사회에 있어 지배와 통제의 국가주의는 더 이상 큰 의미를 지니기 어렵다. 그 이유는 분명하다.

첫째, 국가는 더 이상 국민을 이끌 수 있는 능력이 없다. 박정희 정부 때와 같이 남이 가던 길을 따라 가기만 해도 될 때는 어디로 가야 하는지에 대한 고민이 필요 없었다. 경제성장이든 근대화든 일사불란한 추진체계를 갖추어 열심히 따라가기만 하면(fast follower) 되었다. 그러나 경제가 이 정도에 이른 지금은 다르다. 아무도 가지 않은 길을 먼저 가며(first mover) 혁신을 주도해야 한다. 어디로 움직여야 하는지, 또 어떤 혁신이 일어나야 하는지 국가기구들이 알 수 있을까? 국가기구의 최상층을 구성하는 대통령과 국회, 그리고 여야 정당을 보라. 믿을 만 한가? 개인적 능력을 말하는 게 아니다. 표를 따라 다닐 수밖에 없고, 그러다 보면 단기적 목표에 치중하게 되고, 심지어 이것저것 퍼주겠다는 '매표성(買票性)' 공약까지 하게 되는 우리의 정치 환경을 말하는 것이다. 관료집단은 또 어떤가? 이 또한 개인적 역량의 문제가 아니다. 법과 규정 그리고 지침들 하나하나가 이들에게는 밟으면 터지는 지뢰다. 어떻게 능동적으로 움직일 수 있겠나. 혼자만 움직이지 않아서 되는 게 아니다. 옆에서 터져도 같이 죽을 판이다. 옆의 동료나 아래 위의 상급자와 하급자도 움직이지 못하게 할 수밖에. 대기업 사장을 하다가 장관이 된 사람에게 기업과 정부가 어떻게 다르냐고 물었다. 대답이 재미있다. 기업은 미래를 생각하느라 과거를 생각할 시간이 없는데, 정부는 과거 일 감사받고 책임지느라 미래를 생각할 시간이 없단다. 그리고 기업에서는 열 중 아홉을 시원찮게 해도 하나 대박나면 그것으로 부장도 되고 이사도 되는데, 정부에서는 아홉 대박을 터트려도 하나 잘못하면 목이 날아간단다. 이런 조직에게 뭘 그리 크게 기대하겠나.

둘째, 시장과 시민사회가 크게 성장한 상황이다. 국가의 힘이 예전 같지 않다. 예를 들어 산업구조조정의 문제, 즉 변화되는 글로벌 분업체계에 맞춰 경쟁력이 떨어진 사업은 정리하고, 새로이 경

쟁력을 가질 수 있는 사업은 더 하게 하는 일을 생각해 보자. 국가
가 이를 잘 처리할 수 있을까? 과거에는 했다. '당신네는 조선(造
船)을 하고, 당신네는 반도체를 해.' 대통령의 말 한마디, 관료들의
손짓 하나에 자본도 노동도 그 쪽으로 이동했다. 돈이 부족하면 은
행을 압박하여 돈을 빌려주게 했고, 손해가 나면 바다를 매우든 산
을 깎아 아파트를 짓든 그만큼 더 벌게 해 주기도 했다. 국가가 투
자위험까지 완화시켜 준 것이다. 지금 그게 가능한가? 청와대 비서
관이나 행정관이 기업임원에 전화 한 통화 한 것이 '게이트'가 되
고, 대통령이 기업에게 민간단체 출연을 부탁한 것이 탄핵사유가
되는 세상이다. 손실을 겁내는 자본을, 또 구조조정을 두려워하는
노동을 국가가 무슨 수로 새로운 산업 쪽으로 이동시키겠나.

그리고 셋째, 같은 맥락의 이야기가 되겠지만 국가는 더 이상 자
율성이 높은, 즉 이해관계 세력으로부터 떨어져 독립적으로 결정
을 내릴 수 있는 기구가 아니다. 외부의 큰 정치·경제·사회적 압
력에 버틸 수 있는 힘이 약하다는 말이다. 그러다보니 쉽게 목소리
크고 영향력 큰 집단에 의해 포획된다. 그 결과 국가기구에 큰 영
향력을 행사할 수 있는 집단이 그렇지 못한 사람들보다 더 많은 것
을 챙겨간다. 대기업이 중소기업의 몫을 가져가고, 대기업 노조가
중소기업 노동자들의 이익을 갉아 먹는다. 높은 사람이 낮은 사람
의 것을 훔쳐간다. 많은 경우 국가는 이런 일의 공범이 되거나 협

조자가 된다. 이 정의롭지 못한 질서 속에서 우리는 어떻게 살아가나? 돈이 있으면 합법적 비합법적으로 돈을 쓰고, 돈이 없는 자는 "모이자, 뭉치자" 거리로 나간다. 어떡해서든 국가기구에 영향을 미쳐야 하기 때문이다. 국가가 있어 국민이 병든다. 국가가 있어 조선의 '백성'이 게을러지고 나태해 졌듯이.

탈 국가주의의 방법

[생각의 전환: 자율체제에 대한 확신] 오랜 국가주의 '레짐' 속에서 우리도 모르게 국가주의 문화와 관행에 젖어 있다. '레짐' 이 문화와 관행을 만들고, 그 문화와 관행이 다시 이 잘못된 '레짐' 을 유지시키고 있는 것이다. 언젠가 한 번 나이 든 기사가 운전하는 택시를 탔다. 나이 들어 일하는 모습이 보기 좋다고 했다니 굳이 아니란다. 자식들이 외면해서 어쩔 수 없이 한단다. 그러면서 하는 말, "부모 생활비 안 주는 놈들은 법을 만들어서 모조리 감옥에 쳐 넣어야 돼." 웃을 일이 아니다. 꼭 이런 일이 아니라 하더라도 적지 않은 사람들이 실제로 국가가 온갖 일을 다 해야 한다고 생각한다. 얼마 전까지만 해도, 아니 아직도 많은 사람들이 간통죄, 즉 배우자가 바람피우는 것도 국가가 관리하는 것이 옳다고 믿고 있다. 무엇인들 국가가 해야 한다고 생각하지 않겠나?

이제 이러한 국가주의 문화를 덜어내야 한다. 그러기 위해서는 먼저 우리 스스로가 '괜찮은' 사람들이라는 점을 잊지 말아야 한다. 그리고 우리 스스로 우리 스스로를 규율하는 자율의 질서를 통해 더 좋은 세상을 만들 수 있다는 확신을 가져야 한다. 하나의 예로 대학의 재정건전성은 누가 가장 잘 지킬 수 있을까? 당연히 학생과 학부모 그리고 교직원이다. 회계투명성을 높여 이들이 언제든 세밀히 들여다볼 수 있도록 하면 된다. 그렇게 하면 대학은 자기책임성이 높은 자율조직으로 발전해 나갈 수 있다. 그런데 우리는 그렇게 하지 않는다. 국가기관인 교육부가 나서서 회계감사를 한다. 건전한지 건전하지 않은지도 교육부가 판단을 한다. 그러면서 상도 주고 벌도 주고 한다. 그냥 그렇게 할 수 있나. 엄격한 기준을 만들어서 한다. 당연히 학교는 그 기준에 억매여야 하고, 그럼으로써 재정혁신을 위한 실험도 불가능하게 만든다.

또 하나 예를 들자. 대기업 노조의 이기주의는 누가 견제하는 것이 가장 합리적일까? 국가기구로서의 노동부? 아니면 대기업 경영진? 아니다. 이들은 쉽게 도덕적 해이에 빠진다. 국가 공무원들은 자기 돈이 나가는 것이 아니니 그렇고, 대기업 경영진은 이들의 요구를 들어줌으로써 오는 부담을 협력회사로 전가할 수 있어서 그렇다. 답은 오히려 피해를 볼 수밖에 없는 쪽, 즉 중소기업이나 이들 기업의 노동자들에 있다. 당사자만큼 절박한 사람들이 어디 있겠나. 산별노조를 활성화시켜 그 안에서 중소기업 노동자들이 대기업 노동자들을 견제하는 자율체제를 만드는 게 더 옳은 답일 것이다. 이미 다른 길로 너무 많이 와 버려 이를 다시 어찌할 수 있을지는 의문이지만 말이다. 사실 이 문제에 있어 국가주의의 폐해는 정말 크다. 국가가 산업과 노동부문을 통제하는 가운데, 국가의 통제력을 뚫고 나올 수 있는 대기업과 대기업 노조만 크게 자라고, 그것을 뚫고 나올 힘이 없는 중소기업과 그 근로자들은 상대적으로 더 못한 처지가 되어버렸기 때문이다. 국가가 힘의 불균형을 만들고, 그 힘의 불균형이 지금의 임금격차와 비정규직 문제를 더 악화시키고 있는 것이다.

곳곳이 이렇다. 기업의 잘못된 제품에 대한 책임은 누가 묻는 것이 바람직한가? 당연히 소비자이다. 그런데 소비자의 집단소송은 금지되어 있고, 국가기관인 공정거래위원회가 소비자를 대신한다는 명분으로 고발권을 독점하고 있다. 도지사·시장·군수가 크고 좋은 차를 차면 누가 제일 기분 나쁠까? 당연히 지역주민이다. 지역주민의 눈에 띄면 바로 정치생명이 끝나게 될 것이다. 그런데 이를 국가기구인 행정자치부가 도지사는 몇 cc, 시장은 몇 cc 이하의 차량을 타라 통제해 왔다. 왜 이렇게 하고 있는 걸까? 국민은 여전히 어리석고 사나운 존재라 생각하기 때문이다. 학교재정 문제를 학내 구성원들에게 맡기면 학내 분쟁이 일어나서 안 되고, 소비자 집단소송이 허용되면 고소가 너무 남발되어 안 되고 하는 식이다.

이러지 말자는 것이다. '백성'을 어리석은 존재나 사나운 짐승 같은 존재로 보는 조선과 일제의 전통, 그리고 권위주의 독재의 문화와 관행에서 벗어나자는 것이다. 설령 싸움이 있고 말썽이 있으면 어떤가. 흥정과 고성이 오가는 시장 안에서 합리적인 가격이 형성되고 지속적인 혁신이 일어나듯, 이러한 혼란 속에서 의미 있는 무엇이 만들어질 수 있다. 또 우리는 그렇게 할 수 있다.

[보충성의 원칙: 시장, 공동체, 국가] 국가주의를 완화하고 자율체제를 강화하는 문제와 관련하여 주목할 원칙이 있다. '보충성의 원칙(the principle of subsidiarity)', 즉 무슨 문제든 공동체가 우선 해결해야 하고, 그것이 어려울 때 국가가 개입해야 한다는 원칙이다. 또 국가가 개입하는 경우에도 시민이 참여하기 좋고 주도하기도 좋은 지방정부가 우선이라는 원칙이다. 보충성의 원칙의 기원은 로마시대까지 거슬러 올라가기도 한다. 그러나 대체로 19세기 후반의 교황 레오 13세(Leo XIII)가 모든 가톨릭 주교들에게 보낸 회칙, 〈새로운 현상에 대하여(*Rerum Novarum, Of the Revolutionary Changes*)〉를 그 시작으로 이야기한다. 당시 교황은 아무런 보호막 없이 저임금과 고리의 이자에 시달리며, 노예와 다름 없는 생활을 하고 있는 도시노동자들의 궁핍한 생활을 크게 우려했다. 동시에 공산주의 등, 이들의 문제를 해결한다는 명분으로 퍼져나가고 있었던 전체주의적이고 국가주의적인 사조에 대해서도 크게 우려했

다. 교황의 메시지는 분명했다. 노동자들이 겪는 문제는 우리 모두의 공동체적 노력과 노사 간의 자율협상 등에 의해 해결되어야 한다고 했다. 국가의 역할은 그 다음이었다. 즉 국가는 개인의 자유와 권리를 보호하기 위해 노력해야 하지만, 개인과 공동체 그리고 사적 집단의 능력을 벗어나는 일에만 관여해야 한다고 했다.

이후 이 원칙은 자유주의 사상가들을 비롯하여 국가의 역할에 한계를 두고 싶어 하는 사람들에 의해 인용·발전되며 국가와 시장, 국가와 공동체의 관계를 설정하는데 있어 중요한 역할을 해 왔다. 특히 최근에는 공동체와 주민자치의 기반이라 할 수 있는 지방정부의 역할을 보장하기 위한 기본원칙의 하나로 활용되면서 더 큰 주목을 받고 있다. 이를테면 유럽연합(European Union)을 성립시킨 마스트리히트(1Maastricht Treaty) 조약에 반영되었는가 하면, 유럽연합의 기본정신이 되어 유럽평의회(Council of Europe)의 유럽지방자치헌장(European Charter of Local Self-Government) 등에도 반영되어 있다.

이 보충성의 원칙을 기본으로 할 때, 즉 국가는 개인과 공동체, 그리고 사적 기구들의 능력을 넘어서는 문제들에만 개입을 한다고 했을 때 국가는 과연 어디서부터 어떤 역할을 담당해야 하는 것일까? 또 국가 안에서도 중앙정부는 무엇을 하고 지방정부는 무엇을 해야 하는 것일까? 정답은 없다. 많은 논란이 따를 것이다. 하지만 질문의 순서는, 국가가 무엇을 해야 하나를 먼저 묻는 게 아니라 개인과 공동체가 무엇을 할 수 없느냐를 먼저 묻는 게 될 것이다. 중앙정부가 무엇을 해야 하느냐가 아니라 지방정부가 무엇을 할 수 없는가를 먼저 물어야 할 것이다. 국가주의와 중앙집권에 익숙한 우리로서는 당혹스러울 수밖에 없는 일이다. 하지만 우리는 이를 물어야 한다. 과도한 국가주의의 폐해를 바로 잡고, 시장과 국가 그리고 공동체 내지는 시민사회의 관계를 바로 세우기 위해서 물어야 한다. 그러지 않고는 우리의 미래를 기약할 수가 없다. 잘못된 지배구조가 조선의 '백성'을 나태하게 만들 듯, 지금의 과도한 국가주의가 시장과 공동체의 활력을 죽이고, 우리 국민의 역량을 엉뚱한 방향으로 흐르게 하고 있기 때문이다. 보충성에 원칙에 입각한 질문은 국가부문을 바로 세우기 위해서도 필요하다. 지금의 국가는 지친 병사가 스스로 잘 들지도 못하는 무거운 칼을 아무데서나 휘두르고 있는 형상이다. 그 임무를 다시 정해 제대로 하게 하지 않으면 국가도 힘들고, 시장과 공동체, 그리고 국민도 피곤해진다.

보충성의 원칙에 입각한 논의를 계속할 때 국가와 시장 그리고 공동체는 어떠한 관계가 될까? 꼭 그 정형은 아니지만 스웨덴과 같은 나라를 보자. 스웨덴은 시장이 비교적 자유롭다. 우리가 금기시하는 영리병원까지 허용될 정도이다. 최소한 수상이 바뀌고 정권이 바뀌어도 기업들이 그 눈치를 보며 전전긍긍하지 않는다. 시장이 자유로운 만큼 시장소득의 불평등이 심하다. 돈을 버는 데 있어 돈을 가진 사람들이 유리한 위치에 서 있다는 것이다. 불평등을 말하는 지니계수로 0.37~0.41 정도를 오간다. 우리가 0.33 정도이니 우리보다 한참 높다. 흔히들 0.4가 되면 사회가 불안해진다고 이야기하는데, 바로 그 수준이다. 높은 수준의 분권과 자치와 함께 지역주민의 주인의식이 비교적 높다. 당연히 지방정치와 행정에 대한 관심도 높다. 또 다양한 주민조직이 살아서 움직이는 등 지역공동체도 살아 있다. 국가는 정말 해야 할 일을 한다. 시장을 자유롭게 하는 대신 시장소득을 조세로 거두어 이를 재배분하는 역할을 한다. 평균소득의 1.5~6배만 되면 60%가까운 최고세율의 소득세를 낼 정도로 많이 거둔다. 실제로 국내총생산의 50%를 국가가 쓴다. 그 결과 세금내고 복지혜택 받을 것 받은 후의 가처분소득 지니계수가 0.27~8로 떨어진다. 뿐만 아니라 시장과 공동체가 하기 어려운 다양한 사회정책적 역할을 수행한다. 즉 학교교육과 평생교육을 통해 시장과 사회가 필요한 인력을 양성하고, 국민의 건강을 돌보는 일을 한다. 이를 위한 재정은 당연히 국가가 부담한다.

우리의 경우는 어떤가? 앞서 말한 것처럼 시장은 자유롭지 못하다. 각종의 규제가 기업의 발목을 잡고 있다. 영리병원 같은 것은 이제는 꿈도 꾸지 못할 일이 되어 있다. 게다가 지방분권은 하는 둥 마는 둥, 자치권의 범위가 좁을 뿐만 아니라 중앙정치와 중앙행정의 흐린 물이 지방으로 그대로 흘러가고 있다. 국가도 마찬가지, 해야 할 역할을 하지 못하고 있다. 국내총생산의 25%도 안 되는 재정으로 복지 등 국가가 해야 할 역할을 할 수 있겠나. 게다가 안보 등도 마찬가지, 무슨 이유에서이건 간에 미국과 중국 그리고 북한 사이에서 '가만 두지 않겠다' '전쟁은 일어나지 않게 하겠다'는 식의 '구두개입' 정도나 하고 있다. 시장은 규제로 움직이지 못하고, 공동체는 오랜 국가주의와 중앙집권의 역사로 제대로 서 본 적이 없고, 국가는 돈이 없어 제 역할을 하지 못하고 있다. 나라를 움직이는 세 개의 바퀴가 다 제 역할을 하지 못하고 있는 것이다. 시장과 국가 그리고 공동체 이들의 관계를 어떻게 놓을 것인가? 다소 불편하더라도 우리는 이 보충성의 원칙을 기준으로 한 질문을 끊임없이 물어야 한다. 우리 스스로의 역량에 대한 확신을 바탕으로 다소의 혼란 등 국가주의의 완화에 따른 두려움을 이겨 내어야 한다.

위험천만한 국가주의와 대중주의의 결합

다시 말하지만 지배와 통제의 국가주의에 관한 한 진보도 보수도 없다. 좌파도 우파도 없다. 모두가 과도한 국가주의의 틀을 벗어나지 못하고 있다. 국가주의 진보와 국가주의 보수, 국가주의 좌파와 국가주의 우파가 있을 뿐이다. 이 지배와 통제의 국가주의 속에 보수는 길을 잃었다. 박정희대통령 시대의 국가중심의 성장에 취해 새로운 시대를 보지 못하고 있다. 오동잎이 떨어지면 겨울이 오는 것을 알아야 하는데, 그러지 못하고 있다. 국가권력의 칼날이 과거와 같지 않고, 또 과거와 같아서도 안 되는 상황임에도 불구하고 아직도 그 칼로 무엇을 해 보려고 하고 있는 것이다. 하나를 보면 열을 안다고 박근혜정부의 국정교과서건만 해도 그렇다. 길을 잃어도 단단히 잃었음을 보여주었다. 지금이 어느 때인데 국가가 국민의 역사관을 획일화 하겠다는 말인가? 획일화 한다고 그 획일화의 칼이 먹혀들어 가기나 하겠는가?

진보는 국가의 칼이 더 이상 과거의 그것이 아닌지를 아는 것 같다. 하지만 그 칼을 놓고 싶지는 않은 것 같다. 그래서 하는 일이 노조와 연합하고 시민단체를 불러들이고 대중의 정서에 부합하는 정책과 행사를 기획하는 등, 대중주의와 결합하는 것이다. 대중의 지지를 통해 그 칼을 갈고 싶은 것이다. 대중주의와 결합을 시도하다 보니 정작 국가의 역할을 키워야 할 부분에 대한 노력도 부족하다. 이를테면 복지를 강조하면서도 복지재정에 대해서는 별 관심이 없다. 중간 소득계층에도 높은 세율을 적용하는 스웨덴과 같은 국가의 사례에도 별 관심이 없다. 거두어 봐야 그 한계가 뚜렷한 '부자

증세'만을 이야기하고 있다. 한마디로 위험한 길이다. 역사상 국가주의와 대중주의가 결합하여 그 국가를 발전시킨 사례가 있던가? 한 순간 어느 한 쪽의 지지를 얻고, 또 그래서 일시적으로 집권의 기반을 강화하기도 하지만, 결국은 국가를 혼란 속으로 몰아가곤 했다.

다시 생각하자. 길 잃은 보수와 위험한 길을 가는 진보의 잘못된 진영논리를 떠나 정말 이 나라가 어떤 길을 가야하는지를 고민하자. 우리 국민의 역량에 대한 확신을 가지고 말이다.

주1) 비숍여사는 〈조선과 그 이웃나라들(Korea and Her Neighbors)〉에서 이렇게 쓰고 있다: 조선 사람은 게으르다.' 한 때 그렇게 생각했다(p.78)… 하지만 시베리아에 정착한 조선 사람들을 보고 생각을 바꾸게 되었다. 이들은 부지런했고 그 결과 여유 있는 농가로 자라났다. 이들이라 하여 조선에 있는 조선 사람과 특별히 다를 게 없었다. 굶주림을 피해 이곳으로 옮겨 왔을 뿐이었다. 조선 정부가 정직해지거나 양반이나 관료의 착취가 없으면 조선에 있는 조선 사람들 또한 이들과 같이 될 수 있다는 희망을 가지게 된다(p.237)… 실제로 조선에서의 백성들은 돈이나 물건을 가질 수가 없다. 돈 좀 벌었다는 소문이 돌거나 놋그릇에 밥을 받아먹는다는 소문이 돌면 곧 탐욕스러운 양반과 관료의 착취대상이 된다(pp.78-79).

국가공권력의 善과 惡, 그리고 대한민국의 미래

세상을 바꿔라 Ⅴ

FORUM OH-RAE
Today & Tomorrow

≪함 승 희≫

| 학력 |
- 서울대학교 대학원 수료
- 서울대학교 법학과 졸업

| 경력 및 활동사항 |
- (사)오래포럼 이사장
- 제16대 국회의원
- 미국 연방검찰청, FBI, DEA에서 연수
- 미국 스탠포드대학, 조지타운대학 방문학자
- 대검찰청 중앙수사부 수사연구관
- 서울지방검찰청 특별수사부 검사

| 저서 및 논문 |
- 국가정보기관, 무엇이 문제인가
  (번역서,2010,도서출판오래)
- 특검, 넘지 못할 벽은 없다(번역서,1999,청림출판)
- 성역은 없다(1995,문예당)
- 세상을 바꿔라(2012,도서출판 오래)

국가공권력의 善과 惡,
그리고 대한민국의 미래

함승희 ㅣ (사)오래포럼 이사장

정치에 오염된 공권력은 나라를 망친다.

  대통령 선거 때만 되면 흔히 볼 수 있는 장면이 하나 있다. 누군가가 먼저 '아무개가 대통령이 되면 난 이민 갈 거야'라고 말을 꺼내면 바로 좌중의 대부분이 '나도, 나도'라고 맞장구치는 모습이다. 그러나 선거가 끝나고 그 아무개가 대통령에 당선되도 이민 떠나는 사람은 아무도 없다. 그저 조용히 숨죽이고 평소처럼 살아갈 뿐이다. 이민 떠나겠다던 그들 말처럼 나라가 망하지도, 빨갱이 세상이 되지도 않았다. 대선이 끝나고 정권이 교체되어도(그것이 좌에서 우로 되던, 우에서 좌로 되던 상관없이) 대한민국의 실체는 늘 그대로 존재한다. 다만, 바뀌는 것은 그동안 떵떵거리고 살면서 TV화면에 자주 비치던 인물들이 화면에서 사라질 뿐이다. 적어도 지금까지는 그렇다.

그런데, 딱 한 가지 정권이 바뀔 때 마다 극명하게 바뀌는 명암이 있다. 바로 국가공권력이다. 정권이 바뀌는 순간 전 정권 공권력의 수장들은 모두 죄인이 된다. 수장이 죄인이 되면서 그 공권력기관 자체가 몹쓸 짓만 하던 기관으로 전락하고, 구성원 전체가 한동안 점심 외식도 삼간 채 구내식당만 이용하는 기현상이 벌어진다. 그러면서 새 정권의 입맛에 맞는 공권력기관의 수장 후보자들이 지명된다. 발가벗기기 식의 기이한 청문절차를 거치면서 만신창이가 된 채 용케도 살아남아 그 자리를 차지하게 되면, 그 때부터 최소한 2~3년간은 정치권과 공권력기관간의 새로운 Honey Moon이 시작된다. 이 과정에서 약방의 감초가 있다. 바로 언론이다. 이제까지 침묵하고 있던 언론은 어느 날부터 새로운 공권력기관의 수장들을 분장하기 시작한다. 청담동 일류 분장사들 보다 더 능숙한 솜씨다.(공권력과 언론권력은 이런 의미에서 공범이지만 이 부분은 다른 기회에 쓰기로 한다.)

한동안 풀죽었던 모습은 온데간데없고 정권의 실세들과 공권력 수장들은 만면에 미소를 띠고 한 테이블에 둘러앉는다. 그리고는 새 정권 집권과정에서 반기를 들었던 세력들에 대한 길들이기가 시작된다. 우선 새 정권에 맞장떴던 정치세력들에 대하여는 선거법·정치자금법을 엄격하게 적용한다. 심지어는 그들의 후원세력이나 친인척에 대하여는 세무조사 등을 들먹이며 목줄을 조인다. 증권가에서 돌고 있는 이른바 찌라시를 수단으로 삼아 만들어낸 악성소문을 퍼트리고 이것들을 재취합하여 직보라는 형태로 정보기관들끼리 경쟁이라도 하듯 다투어 청와대 민정수석실로 보고한다. 대기업이나 공공기관에서 일 잘하고 있던 이들이 어느 날부터 하나씩 둘씩 자리에서 밀려나게 되고, 새 정권의 실세들과 동향, 동창들이 그 자리를 메꾸어 간다. 이런 과정이 3~4년간 반복되면 그동안 핍박받고 소외되었던 자들은 또 다시 눈덩이처럼 그 세를 불려 다음 선거에서는 수단 방법을 가리지 않고(그야말로 목숨 걸고) 이길 궁리만 하게 된다. 온갖 인신공격과 흑색선전, 그리고 지키지도 못할 헛공약, 아니면 지켜서는 안 될 위험한 공약까지도 남발하면서 말이다. 이것이 한국 민주정치의 자화상이다. 겉으로는 폭력 없이 정권이 교체되는 꽤 성숙된 민주주의처럼 보이지만 그 속을 들여다보면 정치철학이나 민주주의에 대한 신념이나 상식에 바탕을 둔 원칙도 없는 진흙 밭의 개싸움일 뿐이다.(속 모르는 일부 서양 사람들은 이런 현상을 두고 다이나믹하다고 한다.) 이 같은 악순환이 반복되면서 선진국 대한민국은 점점 멀어져만 간다. 선진국은커녕 라틴아메리카나 지중해 지역 국가들처럼 부채덩어리의 후진국으로 전락할 위험이 대단히 크다.

그렇다면 민주정치가 잘 되는 선진국 대한민국이 되려면 어떻게 해야 하나. 무엇이 우선인가. 정치개혁이 우선이라고? 유권자가 좀 더 현명해져야 한다고? 요원한 이야기다. 아니 불가능한 이야기다. 정치권 세력들은 일단 한번 물은 기득권이라는 먹이는 절대로 스스로 내려놓지 않는 DNA를 갖고 있다. 유권자 집단, 그들은 민의라는 이름으로 잘 포장되어 있지만 그 속을 들여다보면 온갖 이기적 존재들의 집합체일 뿐이다. 그렇다면 어떻게 해야 하나? 불가능하니 한국 민주주의는 포기해야 하나. 흘러가는 대로 시류에 얹혀서 살다보면 어디든 닿는 곳이 있겠지 하면서 지켜봐야 하나. 그럴 수는 없다. 대한민국의 건국 과정. 그리고 지금까지의 발전 과정을 되새겨 볼 때, 아깝지 않은가. 억울하지 않은가. 지금 이 나라 형편은 19세기말 동북아시아 국가들이 한발 앞서 산업혁명에 성공한 서양의 문물로 개화할 때, 노론 패거리들이 왕의 눈과 귀를 가리고 나머지 세력들을 모두 이단시하면서 개화를 거부하다가 조선을 거덜 나게 한 그 때와 무엇이 다른가.

그래서 이 지긋지긋한 악순환의 고리를 끊어야 한다. 그 고리 중에서도 가장 질긴 부분을 먼저 끊어야 한다. 그것이 어딘가? 바로 공권력의 고리이다. 국가공권력이 더 이상 정권의 주구, 권력자의 충견(반려동물 애호가들에게는 개에 빗대어 죄송하다) 노릇만 하지 않는다면 이 악순환의 고리는 끊을 수 있다. 일전에 어느 대선 후보는 공권력의 비굴함을 풀에 빗대어 "바람이 불기 전에 풀이 먼저 눕는다."고 했다. 잘못된 비유다. 시인 김수영은 "풀은 바람도 불기 전에 먼저 눕는다."고 했다. 그러나 이어서 "풀은 바람보다 먼저 일어난다."고도 했다. 여기서 풀은 끈질긴 민중의 생명력을 의미한다. 그러니 공권력을 풀에 빗댐은 풀의 생리를 잘 모르는 비유다. 우리가 바로 잡아야 할 공권력은 풀이 아니라 길들여진 사냥개를 의미할 뿐이다.

그래서 단언한다. "공권력이 바로 서야 나라가 바로 선다."

다시 말을 바꾸면 "정치에 오염된 공권력은 정권을 망치고 나라도 망친다."

국가공권력의 선

1948년 8월15일 대한민국은 민주공화국을 국체(국가의 형태)로 하고 자유민주주의를 기본이념으로 하여 출범하였다. 그러나 채 2년도 못되어 국가로서의 체제도 갖추기 전에 조그만 땅덩어리 한반도에서 동족상잔의 참화가 벌어졌다. 이데올로기 전쟁이었다. 이민족이 침입한 임진왜란이나 병자호란보다 전쟁의 상흔이 처참했다.

참화를 딛고 불과 반세기만에 수·출입의 경제 규모가 지구촌 전체 230여개 국가 중 10위권에 드는 잘사는 나라가 됐다. 가히 기적이라 할 만하다. 잘살아 보겠다는 온 국민의 의지와 노력에 기업가 정신, 관료조직의 애국심이 더하여 일궈낸 금자탑이다. 그러나 이 과정에서 결코 간과해서는 안 되는 것이 국가의 보위와 기강의 확립이다. 국가의 안위가 흔들리고 국민의 생명, 신체, 재산의 보호가 제대로 되지 않게 되면 민주화·산업화는 고사하고 필연적으로 국가의 실패로 이어진다. 비록 정권 교체기 때마다 호된 홍역을 치루어 왔고, 요즈음 들어 개혁 대상 제1호의 공공의 적이 되고 있기는 하나 헌법에 기초하여 탄생한 검찰, 경찰, 국가정보기관 등 국가공권력 기관들의 대한민국 발전사에서의 기여는 결코 폄훼돼서는 안 되는 헌신이고 선(善)이다. 이것들이 그들의 존재의 이유다.

치안(비교적 안전한 밤거리)

지금껏 공무상 출장 또는 개인적 여행으로 가본 외국의 대도시가 숫자로는 국내 도시보다 더 많다. 많은 것을 경험했고 많은 것을 느끼면서 참 부러운 것도 많았다. 그 반면에 우리 것에 대한 자부심 또한 상대적으로 커진 경우도 많다. 그 가운데에서도 으뜸인 것이 치안이다. 요즈음은 상황이 다소 악화되기는 했지만, 밤 12시가 넘은 심야에 가로등도 흐릿한 뒷골목을 혼자서 걸어 다닐 수 있는(그것도 술에 취해 비틀거리면서, 아니면 젊은 여성 혼자서 보행할 수 있는) 그런 대도시가 지구상에 몇 개나 될까? 외국 도시를 여행하면서 우리가 가장 많이 듣는 말이 해 떨어진 후에는 혼자 나다니지 말라는 충고다. 밤에만 무서운가. 브라질 남아공 등 일부 국가에서는 백주 대낮에도 많은 사람들이 보는 앞에서 총기로 행인을 살해하고 금품을 빼앗고 유유히 사라지기도 한다. 영화 같은 장면이다.

그런 의미에서 우리나라 경찰의 범죄예방 및 제압 수준은 세계적이다. 가끔 취객이나 또라이들에 의해 경찰관 제복이 찢기고 파출소 기물이 파손되는 일이 심심치 않게 발생하기는 하지만, 좀처럼 물리력으로 이들을 제압하지 않고도 치안을 잘 유지하고 있다. 우리나라 살인사건 범죄율이 인구 100,000명당 0.7명 수준으로 평가대상 218개국 중 211위인 것은 결코 우연한 일이 아니다. 살인, 강도, 방화, 성폭력 등 강력범죄의 검거율이 95%를 상회하는 국가는 지구상에 몇 안된다. 우리가 공기가 있어 숨을 쉴 수 있다는 사실을 체감하고 있지 못하는 것처럼 치안은 체감하지 못하는 대한민국 공권력의 제1의 선이다.

권력형 부패범죄의 제압

연전에 중국정부의 초청으로 중앙당교(중국공산당 핵심역량을 키워내는 교육기관이다.)에서 두 시간 특강을 한 적이 있다. 전해 듣기로 한국 국적을 가진 석학이나 전문가들 가운데 중앙당교에서 특강을 한 이는 다섯 손가락 안쪽이라 한다. 그들과의 좋은 인연이었고 특이한 경험이었다. 강의 주제는 "권력형 부패의 제압"이었다. 비록 죽은 권력이기는 했지만 한때 최고 권력자이던 전두환, 노태우 두 전직 대통령을 어떻게 감옥에 보낼 수 있었느냐가 그들의 관심이었다.

훗날 알게 된 사실이지만 이 특강이 있은 후 중국 주석 시진핑은 '파리도 호랑이도 다 때려잡아야 한다.'는 지침을 내렸다. 그리고 얼마 지나지 않아 시진핑과 권력 다툼을 벌였던 최고의 실세 중 두 사람, 보시라이(薄熙來) 충칭시 당서기와 저우융캉(周永康) 전 정치국 상무위원이 부패혐의로 전격 구속됐다. 겉으로 보기에는 인민검찰원에서 수사하여 구속한 것으로 되어있다. 그러나 실질은 국가 주석 시진핑의 지시를 받은 7인의 당 정치국 상무위원 겸 당 중앙기율검사위원장인 왕치산의 지휘 하에 이들에 대한 수사가 전격 이루어진 것이다. 중국의 보통 시민들이 두려워하는 국가공안부도 최고인민검찰원도 아닌, 당 기율검사위원회에 의해 전격 처단된 것이다. 공산당 1당 독재국가에서나 가능한 일이다.

그러나 그 이상은 없었다. 외신 보도에 의하면 시진핑 본인을 포함하여 역대 국가 주석을 지냈거나 정치국 상무위원급을 지낸 권력자들 본인 또는 그 일가친척들은 지금도 여전히 국내·외에서 천문학적 단위의 축재를 해 놓고 돈을 물 쓰듯 하고 있다고 한다. 이것이 국제투명성기구(TI)가 중국을 부패국가순위 80~90위권으로 평가하는 이유이다.

일본은 우리보다 정치선진국이다. 국가부패지수도 아시아 국가로서는 싱가폴과 더불어 10위권 수준의 비교적 클린국가이다. 그러나 정치권만은 그렇지 않다. 자민당의 장기집권 속에서 보스(Boss)를 중심으로 한 계파정치가 대를 이어오고 있다. 보스란 무엇인가. 계파소속 의원들에게 정치입문의 기회와 정치자금을 공급하는 사람이다. 가장 큰 계파가 총리대신(수상)을 차지하고 보스는 스스로 집권당 간사장을 맡는다. 따라서 남에게 신세지기를 싫어하는 일본의 보통 사람들과 달리 정치인들은 필연적으로 기업인들과 유착한다. 이러한 풍토속에서 동경지방검찰청 특수부는 일본 정치인들과 기업인들에게는 공포의 존재였다. 1980년대 동경지검 특수부장 요시나가 유스케(吉永祐介)는 그 별명이 정치·기업인의 저승사자였다.

  일본 검찰이 다나카 가쿠에이(田中角榮) 총리대신(그는 당시 일본 자민당 최대 계파의 보스였다.)을 록히드마틴사로부터 불법 정치자금 5억엔을 받은 혐의로 구속했을 때만 해도 세계의 뉴스는 "역시 동경지검특수부는 대단해!"라는 반응이었고, 우리 모두는 그들을 부러워했다. 그러나 그 후 일본 검찰은 장기 휴면기에 들어갔다. 후속타가 없었다. 후지나미 다카오 관방장관을 구속한 리크루트 사건, 가네마루 신 부총재를 구속한 사가와규빈 사건 등 잔챙이 사건뿐이었다. 다나카는 1심에서 유죄판결을 받고도 중의원에 당선되고 다나카파는 궤멸되기는 커녕 점점 세가 커져 그 후에도 나카소네 야스히로 등 총리대신이 여러명 나왔다. 정치가 검찰을 압도한 것이다. 동경지검 특수부는 더 이상 공포의 존재가 아니며, 요시나가 유스케(吉永祐介) 같은 저승사자는 더 이상 나오지 않고 있다.

미국은 어떤가. 연방수사국(FBI)은 이미 많은 사람들에게 영화 소설 등을 통하여 세계 제1의 수사능력을 가진 기관으로 잘 알려져 있다. 또 미국 정부는 50개 주에 걸쳐 93개의 연방검찰청(U. S. Attorneys Office)을 두고 각 연방검찰청에는 특별수사부가 설치돼 있다. 그러나 지금까지 FBI나 USAO 특별수사부가 전·현직 대통령에 대한 뇌물 또는 권력남용의 죄를 수사했다는 말을 들어 본 적이 있는가.

미국에서는 전·현직 대통령에 대한 독직이 문제되면 거의 예외 없이 특별검사가 지명된다. 그러나 이 특별검사 역시 길게는 4~5년간의 장기간에 걸쳐 수백억원의 수사비를 써가며 전·현직 대통령 및 그 측근의 독직사건을 수사했지만 고작 현직 대통령을 기소하지 않는 조건으로 그 자리에서 끌어 내리거나 보좌관 몇 명을 감옥에 보내는 것이 그 동안의 실적이었다. 도날드 레이건 대통령 재직 시 문제됐던 이란·콘트라 반군사건(이란에 수천만불 상당의 미사일을 불법으로 팔고 그 대금을 남미에서 활동하고 있던 우익 콘트라반군에 지원한 사건)을 수사했던 로런스 월시(Lawrence Walsh) 특별검사의 예에서 보듯, 정치적 중립성이 상당히 보장돼 있었고 6년간 3천1백만 달러(약 350억원)라는 거액 수사비를 쓰고도 수사결과는 고작 안보보좌관 등 6명을 기소하는데 그치고 사건의 본질을 파헤치는 데는 실패했다. 대통령의 기소는 엄두도 내지 못했다.

권력형 부패수사에 관한 한, 대한민국 검찰은 압권이다. 실각 후 해외로 망명한 이승만 대통령과 배신자에 의해 살해된 박정희 대통령을 제외한 역대 모든 대통령은 권좌에서 물러나는 시기를 전후하여, 단 한명의 예외도 없이 본인 또는 본인과 가장 가까운 사람들이 사법처리 되거나 심지어는 본인이 스스로 목숨을 끊었다. 지구상에 이 같은 나라가 또 있는가. 부정적 측면으로 보면 권력형 부패가 극도로 우심한 나라라는 뜻도 되지만, 긍정적 측면에서 보면 권력형 부패범죄를 제압하는 한국 검찰의 탁월한 능력과 의지로 평가된다. 국제투명성기구(TI)가 해마다 발표하는 부패인식지수만을 기준으로 본다면 대한민국은 평가대상 180여개 국가 중 40~50위권이다. 투명한 국가라고 말할 수는 없으나 썩을 대로 썩어 아무나 툭 건드리면 썩은 냄새가 풀풀 나는 그런 수준의 국가는 아니라는 뜻이다.

그럼에도 불구하고 대한민국 출범 70년 역사에서 두 명의 대통령을 제외한 8명의 대통령 본인 또는 아들, 딸, 장인, 처삼촌, 형, 동생, 측근 보좌관들이 줄줄이 감옥에 갔다는 사실은 검찰이 그만큼 집요하고도 탁월하게 숨겨진 권력형 부패사실을 들추어냈다는 뜻이다. 이것이 검찰의 '권력형 부패범죄 수사 능력'을 국가공권력

제2의 선으로 꼽는 이유이다. 연전에 천수이볜 총통을 구속한 대만 정부의 특별수사부가 대한민국 대검찰청 중앙수사부의 수사구조를 벤치마킹하였다는 사실은 괜한 소문이 아니다.

자유민주주의의 수호

미국과 멕시코의 국경에 걸쳐 노갈레스(Nogales)라는 도시가 있다. 담장 하나로 나뉜 이 도시의 한쪽 주민은 평균소득이 3만 달러에 이르지만 다른 쪽은 그 3분의 1에 불과하다. 인종과 역사와 문화가 같은 이 도시의 극명한 대조는 오로지 그 도시가 속한 국가의 기강과 제도의 차이가 이 같은 격차를 낳고 있음을 웅변으로 증명한다.(국가는 왜 실패하는가. 대런 애쓰모글루 등 저. 2012. 시공사 참조) 굳이 먼 곳에서 그 예를 찾을 일이 뭐 있는가. 바로 한반도의 남쪽과 북쪽을 비교해보면 금방 알 수 있는 것을. 경제적으로 부강한 쪽은 자유민주주의의 이념과 국가의 제도적 틀이 그렇지 않은 쪽에 비해 훨씬 잘 확립돼 있다. 대한민국 출범 후 지금까지 이 같은 막중한 책무를 수행한 주역은 누구인가. 바로 국가공권력이다. 자유민주체제 수호를 위한 이들의 헌신과 희생이 없었다면 단기간 내의 민주화, 산업화라는 '한강의 기적'은 결코 이 땅에 나타나지 않았을 것이다. 한반도 북쪽에는 공산주의로 이념 무장한 지구상에 유일한 가혹한 전체주의 국가가 존재한다. 이 북한 정권은 남·북 북단 이후 줄기차게 대남적화통일 전략전술을 구사하고 있다.

이것에 대응하는 기능이 방첩 활동이다. 남북 정상회담이 열리고, 경협이 이루어지고, 이산가족이 상봉하고, 각종 국제체육행사에 남북단일팀이 출전하여 한민족이 한데 어울려 응원전도 펼치고 있는 마당에 방첩은 무엇이고, 간첩은 무엇인가라고 반문하는 국민이 의외로 많다.

이런 사람들에게 묻고 싶다. 동독이 몰락한 후 발견된 한 기밀문서에 의하면 독일 통일 전 동독의 정보기관인 슈타지(STASI)에 의해 서독의 정부기관에 침투한 공작원 수가 무려 5,700명에 이르렀다는 사실을 확인하고도 그런 반문을 할 셈인가. 이것은 엄혹한 현실이다. 멀리 오제도 검사시절 각종 프락치 사건은 거론하지 않더라도, 김신조등무장간첩침투사건(1969년) 등 수많은 침투공작 내지 교란 공작이 기도되어 왔다. 이 같은 대남적화통일 전략전술에 기초한 침투, 첩보 수집, 교란, 전복 등의 기도에 방첩(counter intelligence) 활동을 통하여 이들을 사전 차단하거나 침투 후 검거, 수사, 격리시킴으로써 지금과 같은 자유민주체제를 지켜내고 있는 것이다. 그 과정에서 희생된 요원이 한 둘이 아니다. 1996년 블라디보스톡에서 살해된 최덕근 주 러시아 영사를 비롯하여 방첩활동 중 해외에서 순직한 블랙요원(신분을 노출하지 않고 암약하는 요원)만 52명에 이른다고 한다.

여기에 더하여 6·25전쟁 때 전사한 전투경찰과 공비토벌작전에 참여했다가 희생된 경찰관(무장공비 김신조 일당에 살해당한 전

종로경찰서장 최규식 총경은 그 대표적 예이다.)의 수를 합하면 13,000여명에 이른다. 과거 군사정권시절 반독재 민주화 투쟁을 하던 국내 좌파들을 용공 조작했던 트라우마 증세로 대한민국의 전복 내지 적화통일의 기도를 궤멸하기 위한 국가공권력의 희생과 헌신까지도 폄훼하거나 부정하는 것은 바로 대한민국을 부정하는 것에 다름 아니다. 좌파가 정권을 잡을 때마다 국가공권력의 악령(惡靈)에 씌어 정당한 대공·방첩활동까지 제약하려들고 그 요원들의 역량을 위축시키는 각종 시도는 그런 의미에서 대단히 우려스러운 일이다.

국가공권력의 악

오늘의 대한민국이 있기까지 국가공권력의 헌신(善)이 그토록 크고 많았음에도 불구하고 평소 국민의 불신이 적지 않았고, 정권이 바뀔 때마다 조직의 근간이 흔들리는 이유는 무엇인가?

보통의 시민이 맞설 수 없는 거대한 공권력을 행사하면서 쌓인 적폐(찌꺼기. 惡)가 선(善) 못지않게 많고 크기 때문이다. 이 같은 적폐(惡)는 그 조직(기관)의 생리에서 초래된 것도 있고, 일부 자질이 안 되는 구성원들의 치부 또는 출세욕에서 비롯된 공권력의 과잉행사로 빚어진 것도 있다. 어찌됐든 장기간에 걸쳐 산더미 같이 쌓여 하나하나 원인을 분석하고 일일이 해명을 듣기에는 악(惡)의 피해자들의 분노가 너무 크다.

사건의 은폐 조작

1987년 어느 날, 서소문 검찰청사 5층 공안1부장실에서는 일상적인 아침회의가 열리고 있었다.(당시 필자는 공안1부 소속 대공사건 담당이었다.) 여비서가 황급히 들어와 남영동 경찰대공수사팀에서 급한 보고가 있다고 했다. 회의를 대충 끝내고 부장, 수석검사와 함께 보고자들을 들어오라 했다. 홍모, 백모(당대 대공수사의 베테랑들이다.) 경감이 얄팍한 수사기록 하나를 들고 들어오는데 그 표정이 저승사자처럼 창백하다. 간밤에 대학생 한명을 국가보안법위반 혐의로 연행해왔는데 수사 도중 죽었다는 것이다. "사인은?"하고 물으니 "심장이 멎었다."는 것이다. 모든 죽음은 다 심장이 멎는다. 문제는 '왜 멎었냐?'이다. 이 부분에 대해서는 정확한 대답을 회피하면서 검찰 공안부에서 부검이 아닌 검시 처리를 해 달라는 요청이었다. 부검은 사망에 이르는 데 범죄 혐의가 있을 때 검사가 하는 조치이고, 검시는 그렇지 않을 경우 사체의 처리(매장, 화장 등)를 위한 행정조치이다. 쉽게 얘기해서 이 21세의 새파랗게 젊은 서울대 재학생이 어젯밤 수사를 받다가 죽었는데, 죽음에 이르는 과정에 불법행위는 없었고 자연사한 것으로 처리해 달라는 말이다. "현재 사체는?"이라고 물었더니 중앙대 용산병원

의사 1명, 간호사 1명이 응급조치하였으나 효과가 없었다는 대답이었다. 부장은 황급하게 검사장실로 올라가 직보한 후 다시 돌아와 처리방향을 논의했다. 사건의 파장이 걷잡을 수 없을 것이라는 예상하에 경찰 의견에 동조하는 일부 검사도 있었으나, 나는 단호하게 말했다.

"부검해야 합니다." 부장은 대답했다. "그렇지! 부검해야겠지"

경찰은 마지못해 부득이 부검할 것이면 공안부 검사가 지휘해 줄 것을 요청했다. 나는 또 반대했다. 국민은 검찰공안부나 경찰대공수사팀이나 한 통속으로 알고 있다. 일반 변사사건을 맡는 형사부가 지휘하는 것이 옳다고 했다. 부장과 검사장은 내 의견을 따라주었다. 그렇게 해서 영원히 미궁에 빠졌거나 전대미문의 은폐 조작사건이 될 뻔했던 이 사건은 형사부 검사의 부검을 거쳐 고문치사 사건으로 밝혀지고 그 후 대한민국의 역사가 바뀌게 되었다. 경찰 수뇌부는 이 사건 직후 '책상을 탁하고 치니 억하고 죽었다.'고 조작을 시도하였다가 온 국민의 분노를 샀다. 결국 치안본부장(지금의 경찰청장) 강민창 등 핵심 간부들이 구속되는 개망신을 당했다. 이것이 박종철 사건이다.

군이 지면을 할애하여 개인적 경험을 기술하는 것은 보통사람들로서는 용공조작이나 사건의 은폐조작이라는 추상적 용어가 주는 폐해에 대한 실감을 못할 것임에 반해, 은폐 · 조작의 유혹은 모든 공권력에 상존하기 때문이다. 요즈음 20년, 30년 전에 있었던 많은 국가보안법위반 사건뿐만 아니라 다수의 형사 사건에 대한 재심청구가 부쩍 늘었고 중형을 처벌 받았던 이들이 무죄로 번복되는 사례가 빈번하다. 심지어는 이미 운명을 달리한 사람들에 대한 사후 무죄선고의 사례도 적지 않다. 이 같은 현상을 어떻게 설명해야 하나. 대부분의 시민들은 이런 일들을 까마득한 옛날이야기로 치부하고 관심도 없는 듯하다. 사정이 이러하니 재심에서 파기된 원심 재판을 한 일부 판사나 검사는 그 후에도 계속 승승장구, 사법부나 검찰의 수장이 되어 지금 이 순간에도 그의 자랑스러운(?) 인물사진이 대법원이나 대검찰청 대회의실 벽면에 사법부 또는 검찰을 빛낸 사람들의 반열에 끼어 걸려 있지 않은가! 이것이 정권이 바뀔 때 마다 국가공권력 기관들이 공공의 적 제1호가 되는 이유이다.

정치권력과의 유착

20년 이상의 세월이 흘렀음에도 50대 이상 신문을 읽고 사는 이들은 대부분 동화은행장 비자금 사건을 희미하게나마 기억한다. 당대 내노라 하던 권력의 실세들이 이 사건으로 구속되었고 또 훗날 전두환, 노태우 두 전직 대통령을 구속하게 된 결정적 단서를 제공한 사건이기 때문이다. 뿐만 아니라 이 사건은 국가공권력(검찰권 행사)이 정치권과 결탁되면 어떤 비극이 빚어지고 또 나라 운명은 어떻게 바뀌는지를 보여주는 대표적 사례이기도 하다.

이 사건은 한 시중 은행장이 연임을 위하여 재무장관, 경제수석, 민정수석, 국회 재경위원장 등에게 거액의 뇌물을 뿌렸다는 평범한 범죄정보에서 시작됐다. '성역없는 사정'을 강조하던 김영삼 정권은 수사초기 신임 민정수석을 시켜 격려까지 해주었다. 그러나 김영삼 대선캠프의 선거자금 조달에 깊숙하게 개입했던 인물이 수사선상에 떠오르는 순간, 사태는 180˚ 돌변했다. 격려의 목소리가 욕설에 가까운 질책으로 변했고, 국세청 직원 등 파견공무원 원대복귀 등 갖은 방법으로 수사를 방해했다. 그러나 계좌 추적 등 수사는 끈질기게 지속됐고, 급기야 전두환 정권 때부터 김영삼 정권에 이르기까지 3대에 걸쳐 권력자들의 비자금 관리에 깊숙이 관여해 온 전직 은행감독원장 출신 국회의원의 비자금 관리 계좌가 털리게 됐다. 비극은 여기서 비롯됐다. 다급해진 정권의 실세들은 현역 의원인 이 인물을 일본으로 빼돌렸다. 핑계는 신병치료다. 그러나 그는 비자금 계좌까지 일본으로 들고 가지는 못했다. 독거미줄처럼 얽히고설킨 불법자금은 마침내 당시 집권당 대표와 전직 대통령의 비자금 계좌까지 연결 됐음이 들어났다. 크게 한건 잡았다. 쾌재를 불렀다. 그러나 그것도 잠시 뿐이었다. 국가공권력과 유착된 정치권력의 벽은 다윗과 골리앗의 싸움보다 더한 절벽이었다. 결국 집권당 대표와 전직 두 대통령, 그리고 일본으로 도피한 그 의원을 감옥 밖에 놔 둔 채 검찰을 떠났다.(그 의원은 필자가 사표를 제출한 날 일주일 뒤에 귀국했다.)

그런데 비극은 이 때 부터 시작됐다. 이 집권당 대표는 얼마 후 다른 당을 차려 나갔다. 고위 검찰 간부가 내 사무실로 찾아왔다. 그때 찾아낸 비자금 계좌를 달라고 했다. 집권당 대표였던 사람을 '사법처리해야겠다.'는 것이다. 그때 했어야지 지금 하는 것은 비겁하다는 생각이 들었다. 그래서 '검찰 떠날 때 다 버렸다. 가진 게 없다.'고 했다. 그는 무척 서운한 표정으로 돌아갔다. 그로부터 1년 후 전직 두 대통령의 뇌물사건 수사가 시작되었다. 잘못된 역사, 부끄러운 역사는 잘못된 대로 부끄러운 대로 후손에 전해질뿐이다. 누가 무슨 자격으로 무엇을 바로 잡는다는 말인가. 웃기는 개소리다. 어리석은 민중을 선동하기 위한 정치적 수사(rhetoric)일 뿐이다.

정권에 유착된 검찰권을 앞세워 정권의 입맛에 맞게 사건이 정리된 것처럼 보였다. 적어도 대중들은 그렇게 믿고 과거를 잊은 듯했다. 거짓은 잠시 통한다. 진실이 영원히 가려지는 경우는 그리 많지 않다. 이 사건도 그렇다. 그 후 전개된 사태를 보면 과연 정치권력에 오염된 국가공권력이 얼마나 위험하고 비극을 낳는가를 극명하게 보여준다. 우선 김영삼 정권의 실세들과 교감하면서 사건수사를 왜곡한 당시 중수부장은 그 후 검찰총수 자리에까지는 오를 수 있었으나 너절한 사건에 연루되어 30년 검사생활을 비극적으로 끝맺었다. 일본으로 도피했던 그 의원은 동화은행장으로부터 수억 뇌물을 받은 혐의로 구속되었고, 김영삼 정권의 막후 실세로 지목된 대통령의 아들은 수사의 예봉을 일시 모면하였으나 이것이 동티가 되어 한보사건에 연루됨으로써 더 큰 죄로 감옥에 갔다. 추적된 비자금 계좌를 끝까지 내놓지 않음으로써 살아난 그 집권당의 대표는 훗날 DJP연합의 주인공이 되어 김대중 정권을 탄생시키고 그 후 DJ 정권 5년간 최고 권력을 누렸다. 이것은 그저 잘못된 국가공권력(검찰권) 행사의 한 단면일 뿐이다. 이 같은 악은 광범위하게 쌓여 있다. 이명박 정권을 탄생시킨 BBK 사건수사나 박근혜 정권을 몰락시키는 데 결정적 역할을 한 정윤회 사건의 수사 등 대한민국 현대사에 점철된 대형 권력형 부패사건 수사에서 단 한 번이라도 검찰수사가 살아있는 권력에 오염되지 않은 경우가 있었던가. 그래서 정치권력과 유착된 국가공권력의 폐단은 제2의 악인 것이다.

나쁜 사람들과의 유착

세상에 나쁜 사람, 좋은 사람의 기준이 있기는 한가. 그것을 판단할 자격이 있는 사람은 누구인가. 도덕적, 윤리적 판단은 우리의 소관 밖이다. 다만 국가공권력의 적폐를 기술함에 있어 '나쁜 사람들'이란 '국가공권력 행사를 왜곡하고 타락시킬 소지가 있는 사람들'로 한정한다. 그런 의미에서 나쁜 사람들(Bad Guys)의 1순위는 정치인들이다. 정치권력과의 유착의 폐단은 이미 기술했다. 다음으로 나쁜 사람들은 누구인가. 지역의 토호들이고, 부당한 방법으로 치부하려는 장사치들이다.(정상적인 기업인들과는 확연히 구분된다.) 이들이 왜 위험한가. 이들은 국가공권력을 행사하는 모든 구성원들, 말단직원에서부터 맨 위 수장까지 무차별적으로 접근한다. 가장 손쉬운 길이 학연, 지연, 혈연의 연줄이다. 이들은 크건 작건 모든 공권력에 수단 방법을 가리지 않고 접근하여 돈, 술, 향응으로 환심을 산다. 다음날 술 깨고 나면 이미 거의 가족 같은 형·동생이 된다. 그러면 끝이다. 요즈음은 한 술 더 떠서 국가 공권력을 행사하는 자들이 먼저 이들 '나쁜 사람들'에게 손 내미는 경우도 허다하다. 핑계는 많다. 친목, 지역민심 동향파악, 동창회, 화수회, 향우회 등. 그러나 목적은 하나다. 광범위한 인맥을 형성하여 치부의 수단 또는 출세의 바탕으로 삼겠다는 뜻이다.

과거 호랑이 담배 먹던 시절 판사와 검사는 보통 사람들과는 어울려서는 안 되는 불문율이 있었다. 저희들끼리 밥 먹고 저희들끼리 마작하고 놀았다.(오직 옆자리에 낄 수 있는 사람이 있다면 그는 그 지역의 시장, 군수 등 기관장이거나 변호사였다.) 요즈음은 어떤가. 골프장에 가보라. 유흥업소에 가보라. 온갖 나쁜 사람들과 다 어울린다.(모든 판·검사가 다 그렇다는 말은 아니다.) 그 호칭이 '영감님!'은 언감생심이고 '오 판'(오○○ 판사의 준말), '김 검'(김○○ 검사의 준말)은 그나마 괜찮은 편이고, 이름도 부르고 심지어는 '야자'도 한다. 격식 있는 집안에서는 부모조차도 성장한 자녀에게 '야자'를 삼가는 것이 전래의 미풍인데도 말이다. 국가공권력을 담당하는 사람들을 이토록 막대하고 이용하고 호가호위하는 '나쁜 사람들'은 이미 정상적인 사업가도, 지역의 명망가도 아니다. 속된 말로 양아치(우리말 사전에 '품행이 천박하고 못된 짓을 일삼는 사람'을 의미한다.)일 뿐이다. 단지 사업가나 지역유지, 각종 단체장으로 위장하고 있을 뿐이다. 이들로 인한 폐단이 어느 정도인가. 몇 년을 주기로 하여 터지는 대형 법조브로커 사건이 그 대표적 사례이다. 그랜저 검사, 벤츠 여검사, 공짜주식 검사 등도 여기에 속한다. 처음에 술 사주고, 밥 사주고, 명절 때 선물 명목의 용돈 몇 푼 주면서 덜미를 잡은 다음 오히려 이를 약점 잡아 거액을 뜯어 낸 자도 여럿 있다. 함바를 운영하는 어떤 양아치에 걸려들어 구속된 경창청장도 있고, 법조브로커에 덜미가 잡혀 구속된 판·검사가 한둘이 아니다.

그런데 문제의 심각성은 따로 있다. 대다수 시민들은 이런 양아치류(類)와 어울리며 호형호제하는 국가공권력의 구성원들을 '자격 없다', '자질이 안 된다'고 말하지 않고, '서민적이다', '사람 좋다', '권위적이지 않다'고 평한다. 그리하여 이들은 서민적(?)이라는 지역 여론을 바탕으로 국회의원이 되고 심지어 대통령까지 출마한다. 이들이 국회의원에 당선되면 이 '나쁜 사람들'은 더욱 기승을 부린다. 이제 이 둘의 관계는 '후원금 계좌'라는 합법적 틀을 이용하여 더욱 긴밀한 관계가 된다. 거의 먹여 살리는 수준이다. 이 국회의원은 그 형 또는 그 동생이 찾으면 자다가도 벌떡 일어나 나간다. 이래서 대한민국의 정치집단이 가장 부패한 집단이 되고, 모든 개혁의 최대 걸림돌이 되고 있는 것이다.

불법 사찰

노무현 정권 초기 때의 일이다. 알고 지내던 어느 은행장이 이런 말을 했다. '좌파가 정권을 잡으니 좋은 일도 있어. 안기부 xx들 드 나들지 않아서 살 것 같아.'라고. 박정희 이래 역대 모든 정권은 국 가정보기관(명칭은 중앙정보부-안전기획부-국가정보원으로 변경 되었음)을 두고 국가 안위에 관련된 중요 정책결정에 필요한 각종 정보를 수집하여 청와대에 보고하게 했다. 구실은 통치정보, 시책 정보, 민심정보, 상황정보 등 다양하다. 경찰 역시 정보전담부서를 두고 유사한 정보활동을 해왔는데, 파출소 단위에서 생산해내는 민심동향보고까지 고려해보면 국가정보원보다 오히려 광범위하고 깊숙하다. 이러한 제도의 틀 속에서 국가정보원과 경찰의 정보관 들은 출입처를 시도 때도 없이 기웃거리며 특히 기관장의 동향정 보 수집을 구실로 온갖 풍문을 꼬투리삼아 그들을 심리적으로 겁 박하고 용돈을 챙기고 이권을 챙기고 인사에 개입하여 왔다. 어떤 심약한 기관장은 공식회의 도중에도 정보기관사람이 방문했다는 메모가 들어오면 황급히 회의를 마치고 그를 특사대접하는 웃지 못할 풍경도 있어왔다.

그들의 작폐가 얼마나 우심했으면, 좌파가 집권하면 이민 가겠다던 그 은행장이 그자들이 드나들지 않으니 살만하다고 했겠는가. 정보기관들의 불법사찰이 정보관 개인의 작폐일 경우는 그래도 좀 낫다. 이것이 정보기관 장의 지휘 하에 조직적으로 감행될 때 그 폐단은 정권을 망치고 나라를 거덜 낼 수도 있다. 그 대표적 사례가 이명박 정권시절 4년간 국정원장을 지낸 원세훈의 대선불법개입사건이다. 최근에 밝혀진 사실이지만 IT를 활용한 그의 정치공작의 수준은 상상을 초월한다. 전국 부서장 회의에서 그는 "지방자치단체장 선거가 11개월 남았는데 우리 지부에서 후보들을 잘 검증해야한다. 1995년 선거 때도… 국정원에서 다 나가라고 해서 나간 것"이라고 말했다고 한다. 이쯤 되면 이 기관은 민주국가의 정보기관이 아닌 전체주의국가(구 소련, 북한 등)의 정보기관 수준인 것이다. 이런 작태가 최근까지도 민주공화국 대한민국에서 벌어져 왔다는 사실을 뒤늦게 알게 된 국민들의 배신감은 오죽할까? 그래서 불법사찰은 자유민주체제의 근간을 뒤흔드는 국가공권력 제4의 악이다.

국가공권력의 미래

    민주공화국(사회주의인민공화국 또는 입헌군주국에 대립되는 국가형태) 대한민국에는 국가의 기본 체제를 수호하기 위한 고전적 의미의 국가공권력기관(검찰, 경찰, 국가정보원, 감사원 등)도 있고 새로운 경제·사회 현상에 대응하기 위하여 신설한 특수한 국가공권력기관(청와대 민정수석실, 공정거래위원회, 금융감독위원회, 국민권익위원회 등)도 있다. 이들 기관들이 한결같이 설치목적에 맞게 자유민주주의 이념과 엄정한 법질서 확립에 충실할 때, 비로소 대한민국은 민주공화국이라는 국가 체제에 걸맞은 선진국이 될 수 있다.

    지면 관계로 이 글에서는 주로 검찰, 경찰, 국가정보기관의 선(善)과 악(惡)에 대하여, 그것도 대표적인 몇 가지 사례만 선별하여 기술하였지만, 그 밖의 공권력기관들도 자세히 들여다보면 그 작폐가 한두 가지가 아니다. 이대로 방치하면 국민된 애국심이나 자긍심은 물론 민주공화국이라는 국체에 대한 신념은 사라지고, 반목과 갈등, 상호 비방, 약육강식의 정글 같은 살벌한 사회로 변질되어 모든 사람이 평온하고 행복한 삶 자체를 상실한 채 한 평생을 살아 가야할지 모른다. 이 글에서는 두 가지 측면에서 국가공권력을 바로세울 수 있는 대안을 제시하고자 한다. 그 하나는 국가공권력의 수장이 갖추어야 할 자질의 문제이고, 그 둘은 국가공권력의 중립성을 보장할 수 있는 구체적 방안의 문제이다.

국가공권력의 수장은 어떤 자질을 갖춘 자(者)이어야 하나?

이념적 편파성이 적은 자

우리민족은 과거 주자학의 영향속에서 수백 년을 살아오면서 실리보다 명분을 우선하는 DNA를 갖고 태어났다. 게다가 남·북 분단 이후 30여 년간의 냉전체제를 거치면서 심화된 이데올로기의 대립은 어느덧 우리사회를 좌파 정권과 우파 정권, 좌파 정당과 우파 정당으로 갈라놓고 있다. 어느 쪽이 득세하느냐에 따라 국가공권력의 수장들 또한 좌파적 또는 우파적 색체가 짙은 인물이 차지하게 된다. 이런 현상은 두 가지 큰 폐단을 야기했다. 하나는 반대파 숙청으로 인한 조직역량의 와해이고, 다른 하나는 공권력 행사 방향의 급선회로 인한 국민 생활의 불안정과 예측 불가능성이다. 한 가지 예만 들겠다. 김대중 정권 때 '국사모'라는 단체가 있었고, 유난히 '게이트'라는 사건이 많았다. 건국 이래 최초로 좌파 성향의 정권이 집권하면서 검찰과 안전기획부의 중요 보직에 있던 간부들이 쫓겨나거나 한직으로 밀렸다. 안전기획부에서 쫓겨난 직원들은 '국사모(국가를 사랑하는 모임)'를 만들어 잔존 내부 직원들과 교류하면서 지득한 내부정보를 야당 의원들에게 건네주고 야당

의원들은 이렇게 취득한 정보를 활용하여 5년 내도록 정권을 괴롭혔다. 검찰 역시 한직으로 밀려난 검찰간부들이 정권 실세들의 청탁으로 부당 처리된 사건 정보를 야당 의원들에게 귀띔해주고 이를 지득한 야당 의원들은 수많은 의혹을 제기하였으니, 이것들이 바로 '○○○게이트'들이 된 것이다.

이 얼마나 큰 국력의 낭비인가. 이 같은 부작용은 그 후 모든 정권에서 형태를 달리해가며 있어왔다. 이제 이런 후진국적 국정운영행태를 벗어날 때가 됐다. 좌파 정권, 우파 정권은 자유민주국가라는 헌법적 가치의 테두리안에서의 정책의 대립이어야 한다. 그래서 국가공권력기관의 수장은 자유민주주의에 대한 신념을 가진 자 중에서 극단적 이데올로그(Idéologue)가 아닌 자이어야 한다.

정치에 오염이 덜된 자

누구든 선거에서 승리하여 대통령이 되면 자신의 평소 신념과 이상(理想)대로 국정을 펼치고 싶을게다. 그러려고 그 치열한 선거를 치룬 것이니 대한민국의 헌법적 이념에 상치되지만 않는다면 마다할 일도 아니다. 그리고 그 같은 국정의 꿈을 실현하기 위해서는 자신의 정치철학에 맞는 인물을 각급 기관장에 앉히고 싶을게다. 이 또한 나쁘다할 수 없다. 그러나 정치철학이 같다는 것과 정치에 오염된 것은 확연히 다르다. 전자는 옳은 것에 대한 이상(꿈)

을 공유하는 것이고, 후자는 그릇된 것에 대한 야합이다. 요즘 '어공(어쩌다 공무원)', '관피아(고위 공무원 출신)', '정피아(정치권 출신)' 같은 용어가 유행한다. 또 '고소영(고려대, 소망교회, 영남 출신)', '성시경(성균관대, 고시, 경기고 출신)', '유시민(유명대학, 시민단체, 민주당 출신)'이라는 국어사전에도 없는 단어들이 언론에 자주 오르내린다. 이 모든 신조어들은 정치철학 없이 집권당과 우연한 인연으로 한 패거리가 되어 고위공직자가 된 경우를 꼬집는 말이다. 이런 자들은 그 대통령, 그 정권이 힘이 있어 보일 때는 맹목적으로 개처럼 충성하다가, 정권 말이 되거나 어떤 변고로 어려움이 닥치면 '나는 처음부터 아니라고 생각했어.', '나는 정말 그런 줄 몰랐어.'라고 변명하면서 꽁무니를 빼는 부류들이다. 기억을 더듬을 것도 없이 박근혜 정권 때 한 자리 해먹은 대다수 공권력기관장들의 처신을 보라. '최순실'이라는 이름도 못들어 봤다지 않는가. 가증(可憎)스럽다 못해 측은하기까지 하다. 그래서 정치에 오염된 자는 국가공권력의 수장이 되어서는 안 된다.

선비 정신을 가진 자

일본인에게는 사무라이(무사도) 정신이 있고, 미국인에게는 개척(뉴프론티어) 정신이 있다. 그러면 근·현대사에서 한국인에게 일관된 혼(정신)은 무엇인가. 홍익인간이라는 주장도 있고, 일관된 정신이라는 것이 없다 라는 주장도 있고, 심지어 새마을 정신이라는 주장도 있다. 나는 단연코 선비정신이라고 생각한다. 성균관대학의 이기동 교수는 선비정신이란 인간의 본심, 즉 양심을 가진 자로서 대의(大義)를 쫓아 사욕을 버리고 '인(仁)'과 '덕(德)'을 몸소 실천하는 마음이라고 했다.(한국인, 우리는 누구인가. 이기동 등 저. 2016. 21세기북스 참조) 너무 철학적 형이상학적 해석이다. 나는 그저 "얼어 죽어도 곁불은 안 쬔다."는 남산 딸깍발이 정신이야 말로 선비정신의 본질이라고 생각한다. 이 같은 선비정신으로 말미암아 조선시대 유학자들은 폐족이 될 각오로 왕에게 직간(直諫)했다. 그 덕에 문약(文弱)한 조선왕조였지만 500년을 지속할 수 있었다. 더 쉽게 말하자면 선비란 '소신 있는 자', '영혼이 살아 있는 자', '권력에 직언할 수 있는 자'를 의미한다. 대부분의 최고 권력자는 이런 자를 기피한다. 두려워한다. 게다가 주변의 간사한 모리배들이 선비를 사전에 차단한다. 그래서 위대한 지도자가 나오기 어렵고 성공한 정권이 되기 어렵다. 중국의 당태종은 목을 내놓고 직언하는 위징이라는 선비가 있어 위대한 군주로 역사에 기록된다.

선비로 평가되기 위해서는 최소한 두 가지 요건이 필요하다. 우선은 강골(强骨)이어야 한다. 타고나기를 심약(心弱)해서는 아무리 견문이 넓고 배운 것이 많아도 선비가 될 수 없다. 다음은 스스로에게 약점이 없어야하고, 약점이 있더라도 그것 때문에 비굴해지지 않아야 한다. 소위 꽃보직만 골라 출세한 인물 가운데는 이

두 번째 요건에 결함이 있어 선비가 못되는 경우가 의외로 많다. 검찰 내부를 들여다보면 소위 특수부, 공안부 등 화려한 보직을 거친 자일수록 주변에 가까이해서는 안되는 이른바 '나쁜 사람들'이 너무 많다. 이것이 동티[禍根]가 되어 큰 화를 입게 되거나 큰 결심을 해야 하는 순간에 비굴해지고 마는 것이다. 일본 검찰은 검사총장(우리의 검찰총장)이 될 자는 아예 초년 검사때부터 이른바 힘께나 쓰는 보직에는 두지를 않고 교통사고, 절도 같은 잡범만 다루게 하며 관리한다는 말을 우리는 새겨들어야 한다.

국가공권력의 정치적 중립성은 어떻게 보장되나?

국가정보기관의 중립성

국가정보기관에는 국군정보사령부, 국군기무사령부, 경찰 등도 있지만 핵심은 국가정보원(NIS)이다. 1960년대 초, 중앙정보부라는 이름으로 탄생한 국가정보원은 그동안 '국가의 안보'라는 본연의 책무보다 특정 '정권의 안보'를 위한 권한의 오·남용으로 오명을 남겼고, 그리하여 정권이 바뀔 때마다 조직의 구성이나 인적자원에 대한 대대적 개편이 있어왔지만, '특정정권 옹호를 위한 전위대'라는 오명은 씻기지 않고 있다. 그러나 한편 '정보전쟁의 승자가 세계를 제패한다.'라는 일본의 정보학자 오치아이 노부히코의 말과 같이 정보는 국가의 생존 조건이다. 이스라엘이라는 국가의 생존이 이를 웅변으로 말해 준다. 1941 일본의 진주만 공격, 1950 북한군의 남한 침공, 2001 알카에다의 세계무역센터 공격 등은 '정보의 실패'로 인하여 국가가 위기에 처한 대표적 사례이다. 여기에 국가정보기관의 정치적 중립성을 깊게 고민해야하는 이유가 있다.

가장 중요한 관건은 최고정책결정권자인 대통령이 국가정보원의 역할을 어디에 두고 있는가이다. 국가정보기관이 생산하는 정보의 최종 최대 수요자는 대통령이기 때문이다. 헌법 제69조는 대통령의 책무로 '헌법의 준수와 국가의 보위, 국민의 자유와 복리의 증진'이라고 규정하고 있다. 따라서 대통령은 '국가의 이익(국익)'을 위하여서만 정보를 요구할 수 있고, 따라서 국가정보기관도 '국가의 이익'에 관련된 정보만 수집, 분석, 배포할 책무가 있다. 이런 관점에서 볼 때 특정 정치인 또는 정부정책에 반대하는 시민단체 인사들에 대한 첩보의 수집, 동향보고 따위는 국가의 이익을 위하여 존재하는 국가정보기관 존재의 근거를 부정하는 것이 된다.

더 나아가 대통령과 국가정보기관이 '국가의 이익'을 교집합으로 하여 정보의 수요·공급자 관계로 올바로 정립이 되기 위해서는 양자의 관계가 너무 가까워도 너무 멀어서도 안 되는 이른 바 '정책과 정보의 엄격한 구별의 원칙'을 지켜야 한다. 너무 가까울 경우 '정치화된 정보'만 제공하게 되고 너무 멀 경우 정보기관이 무용화될 것이기 때문이다. 요약하면 대통령은 국가정보기관을

'필요할 때 쉽게 부려먹을 수 있는 정책 참모'가 아닌 독자성과 자율성을 가진 기관으로 인정해야 하고, 정보기관의 수장은 자신을 그 자리에 앉혀준 은인은 대통령이라는 생각을 머릿속에서 지우고 오로지 국가의 이익이라는 대 명제하에 ① 수집 및 가공, ② 분석 및 생산, ③ 배포라고 하는 정보의 사이클을 잘 이해하고, 대통령으로부터 멀지도 가깝지도 않은 위치에서 국가정보원법 제3조가 규정하고 있는 '국외정보 및 국내보안정보의 수집, 작성 및 배포' 업무에만 충실해야 한다.

문재인 정권 역시 국가정보원 개혁을 시도하고 있다. 개혁을 함에 있어 가장 중요한 일은 잘못의 원인을 제대로 찾아야 한다. 병의 원인을 잘 못 찾으면 백약이 무효다. 그러할진대 국가정보기관의 고질병은 역대 대통령들과 국가정보원의 관계가 잘못 설정된데 있다. 현 정권은 국가정보원을 정권의 유지, 안정에 악용하지 않을 것인가. 즉 대통령의 정보관(情報觀)이 어떠하냐가 핵심이다. 이런 관점에서 볼 때 국가정보원에서 대공·방첩 기능을 약화시키거나 정보의 수집, 분석 기능을 거세하려는 시도는 정보 사이클을 제대로 이해하지 못하거나 자유민주주의의 수호 의지를 의심케 하는 우려스러운 일이다.

검찰의 중립성

정치와 검찰의 관계는 검찰제도가 국가제도로 존재하는 한 참으로•난해한 관계다. 대형 권력형 부패사건을 제대로 수사할 수 있는 국가기관은 현행 제도 하에서는 오로지 검찰 뿐인데, 바로 그것이 검찰이 정치적으로 오염되는 감염의 경로가 되고 있으니 이들의 관계는 악마의 저주이고 숙명 같은 악연이다. 이 같은 숙명적 악연은 '검사' 제도가 유럽에서 근대국민국가의 탄생과 더불어 '공화국의 대관' 즉 '국가 이익의 대변자'로서 시작됐다는 역사적 연원과, '국가의 이익'과 '정권의 이익'을 혼동하는 정치체제 즉, 불완전한 국가체제에서는 거의 태생적 고질병이다. 특히 정치권력과 포퓰리즘의 결속이 강한 국가에서는 검찰의 정치적 오염이 더욱 도드라진다.

70년 대한민국 현대사에서 어느 한 정권이라도 정치권력이 부패하지 않은 적이 있었나. 월남전 당시 창궐했던 베트콩(베트남 통일전에 사이공 정부에서 암약하던 자생적 공산주의집단. Viet Cong)은 '독재 속에서 부화하여 부패를 먹고 자란다.'고 했다. 부패, 특히 권력형 부패는 정부의 신뢰를 떨어뜨리고 종국에 가서는 국가체제 자체를 전복시키는 최악의 범죄이다. 최악의 범죄인 것은 그 폐악이 가장 크다는 의미 외에 권력의 비호아래 조직적으로 이루어지기 때문에 들추어내는 것 또한 최고로 어렵다는 뜻이다. 전두환, 노태우가 수십개 재벌기업으로부터 수천억대의 뇌물을 받아가·차명으로 돈세탁을 하고 그 돈을 이용하여 다시 가·차명으로 국내·외에서 재산을 취득·은닉한 범죄를 5~10년이 흘러 증거가 거의 멸실된 상태에서 제대로 밝힌다는 것이 말처럼 그렇게 쉬운 일인가. 그럼에도 불구하고 대검 중수부는 해냈다. 그리하여 두 전직 대통령을 나란히 피고인석에 세웠을 때 '고생했다'며 많은 국민이 박수 쳤지 않았나. 그러던 대검찰청 중수부가 노무현 대통령 일가를 수사하면서 전직 대통령의 자살이라는 참극을 빚어낸 장본인이 되어, 뇌물 받은 대통령 일가 보다 자살에 이르게 한 검찰이 더 죄인이 되었다. 그것이 중수부의 잘못인가. 아니다. 중수부는 권력형 부패범죄를 대한민국에서 가장 잘 수사해 낼 수 있는 조직임에 틀림없다. 문제는 공명심에 눈이 멀어 만용을 부리거나 전직 대통령에 대한 최소한의 예우조차 무시하고 인격적 모멸감을 느끼게 한 사람(중수부장 및 그 구성원)이 문제이다. 그런 중수부장을 천거한 총장이 문제이고 그런 총장을 지명한 대통령이 문제이다.

이런 관점에서 볼 때 검찰의 개혁 내지 정치적 중립성 방안을 특정 정권, 특정 정당의 실세 몇 사람 또는 그들과 코드가 같은 교수 몇 사람이 논한다는 자체가 이미 또 다른 검찰의 정치화이고 정치의 오염이다. 그렇게 해서 만들어진 검찰은 또 다른 카인의 후예일 뿐이다. 20여년 전 정치권력이 문민화된 이후 형사소송법 등 수사 관련 법체계는 물론 밤샘수사 등 인권 침해적 수사 관행은 많이 개선되었다. 이제부터는 제도의 문제가 아니라 사람의 문제다. 대검

중수부의 폐지가 검찰의 정치화 방지에 도움이 됐던가? 그렇다면 그 후 서울중앙지검 특수부의 국가정보원 댓글사건 수사나 정윤회 사건에 대한 부실 수사는 어떻게 설명해야 하나? 단언하건데 '중수부'냐, '특수부'냐 또는 법무부의 고위간부를 '검사로 보할 것이냐', '일반인에 개방할 것이냐', 더 나아가 검찰의 직접 수사권 일부를 '경찰에 줄 것이냐', '고비처(고위공직자비리수사처 약칭)에 줄 것이냐 등의 제도의 문제가 아니다. 이 모든 논쟁들은 그동안 있어온 검찰의 오·남용된 수사권의 피해자들(특히 정치권 및 이들에 부역하는 일부 교수출신 관료들)의 시대적 푸닥거리이거나 시기·질투의 산물일 뿐이다. 핵심은 무엇인가. '사람'이다. 수사권을 행사하는 자의 자질, 능력, 품성의 문제이다. 검찰의 수장, 경찰의 수장, 가상(假想)하건데 고비처 또는 국가수사본부의 수장 등 명칭과 제도에 관계없이 수사권을 장악한(또는 장악할) 자가 정치권력의 정점에 있는 대통령에 의해 지명되고, 그 지명을 출세로 알고 은혜로 받아들이는 자에게는 어떤 제도적 개혁도 백약이 무효다. 그 자리에 지명된 다음날 바로 집권당의 핵심실세의 목에 칼을 들이댈 수 있는 기백이 있는 자이어야 비로소 검찰의 정치적 오염이 제거될 수 있다.

그런데 그런 자가 대한민국 땅에 있기는 한가. 백락(伯樂 중국 춘추시대 때 천리마를 찾는 혜안을 가진 사람)처럼 천리마를 찾는 눈으로 인재를 찾으면 있기는 하겠지만, 있다하더라도 그를 그 자리에 앉힐 용기 있는 정치권력이 있는가. 꿈같은 이야기다. 그래서 검찰의 정치화는 숙명인 것이다. 대한민국 정치체제 하에서는 권력을 잡은 자가 하고 싶으면 하는 거다. 한바탕 푸닥거리인들 못하랴? 그러나 그것은 그저 한풀이일뿐이다. 제발 국민을 위한다는 말은 하지마라. 검찰의 정치적 중립을 위한다는 말은 하지마라. 천리마를 찾은 백락의 눈이 아쉬울 뿐이다. '위징(중국 당나라 초기 직간(直諫)으로 유명한 재상)'을 책사로 곁에 둔 당태종이 부러울 뿐이다.

경찰의 중립성

경찰은 영어로 Police다. Police의 어원은 그리스 어로 '도시'를 뜻하는 Polis다. '도시'는 문명을 뜻한다. 그래서 경찰(Police)은 '도시를 지키는 사람' 즉, '문명을 지키는 사람'이다. 프랑스의 문인 볼테르의 말이고 루소의 말이다(서초동 0.917 노명선 등 저. 책과 함께 출판사 2012). 그런 문명의 상징인 경찰이, 왜 이 나라에서는 가장 격무에 시달리면서도 가장 욕을 많이 먹고 발길질 당하고 멱살 잡히는 공무원으로 변질되었나. 새로 취임하는 경찰의 총수는 예외 없이 '국민으로부터 신뢰와 존경을 받는 경찰'을 천명하면서 '친절과 봉사'를 앞세운다. 경찰에게 '친절과 봉사'란 무슨 뜻인가. 지구대에 찾아 온 시민을 보면 무조건 자리에서 벌떡 일어나 '어서 오세요.' 하면 되는 것인가. 그렇게 하면 잃어버린 신뢰와 존경이 회복된다고 생각하는가. 웃기는 이야기다. 경찰은 경찰답고,

군인은 군인답고, 검사는 검사다워야 한다. 어떻게 하면 '다워지는 가?' 간단하다. 경찰관 직무집행법 제1조 제1항 「국민의 권리와 자유를 보호하고 사회의 공공질서를 유지」하기 위하여 경찰권을 행사하면 되는 것이다. 선량한 시민의 생명, 신체, 재산에 피해를 준 범죄자를 제압하는 행위는 '국민의 권리와 자유를 보호'하기 위한 당연한 경찰의 책무이다. 수 백, 수 천명이 떼를 지어 광화문 대로를 점거하여 교통을 마비시키고 공공기물을 파괴하는 행위를 진압하는 행위 역시 '공공질서 유지'를 위한 당연한 경찰의 책무이다. 더함도 덜함도 없이 이대로만 하면 된다. 그러면 신뢰를 얻고 존경을 받는다. 그런데 지금까지는 어떠했나. 피해자가 누구이고 가해자가 누구인가에 따라 수사의 강도가 달라지고, 떼를 지어 공공질서를 파괴하는 자들의 주장 내용이 무엇인가, 어느 쪽 편인가에 따라 진압의 수단과 방법이 달랐으니 신뢰와 존경은 고사하고 짭새니 뭐니 하면서 디스를 당해온 것 아닌가. 경찰의 신뢰와 존경은 백화점 점원 같은 미소와 친절이 아니라 경찰관 직무집행법 제2조의 직무를 제대로 수행하는 데서 나온다. 경찰의 본연의 책무가 무엇인가를 떠나 정치권으로부터의 오염 정도를 논하자면 경찰처럼 오염된 국가공권력이 또 있는가.

과거 군부독재시절 반독재투쟁을 하던 좌파인사들에 대한 경찰 대공수사국 중심의 용공조작은 물론, 박종철, 이한열 사건 등 경찰권의 과잉행사로 인한 인권 침해적 사건 또한 헤아릴 수 없을 만큼 많다. 과잉만 문제되나. 정권의 초기인가 말기인가에 따라 눈치보기 '과소 대응' 또한 과잉 못지않게 공공질서유지에 치명상을 초래했다. 이유는 간단하다. 경찰은 속성상 행자부 외청으로서 그 정점에 대통령이 있다. 법무부장관과 검찰총장의 관계와 같은 완충기재도 없다.(구체적 사건에 관하여 법무부 장관은 검찰총장만 지휘·감독한다거나 검사는 사건수사에 관한한 독립기관이다 등.) 게다가 경찰은 군대와 비슷한 위계질서와 계급 정년제를 유지하고 있다. 아무리 유능한 경찰 간부일지라도 승진하지 못하면 50대 초반에 백수가 될 수밖에 없다. 일단 조직에서 밀려나면 일반 공무원보다 더 초라해 진다. 재취업도 쉽지 않다. 이러한 속성 때문에 승진 때만 되면 경쟁자들끼리 헐뜯는 온갖 음해성 유언비어가 난무한다. 그래서 조직역량은 극도로 위축된다. 승진에서 누락하여 어쩔 수 없이 밀려날 경우를 대비해 각종 선거직 공무원으로의 진출 또는 기업체에 의탁하기 위하여 권력가진 자 또는 돈 가진 자에게 보험을 들어 놓아야 한다. 이런 구조 속에서 법과 원칙은 무엇이고 소신과 양심은 무엇인가. '공공의 적' 같은 영화는 그저 영화일 뿐이다.(물론 어떤 조직에서도 마찬가지이지만 예외는 있다.)

이러한 숙명같은 조직의 생리에 더하여 앞서 지적한 광범위한 정보활동의 권한을 악용(불법사찰)하여 정치권력에 유착되면 최악의 상황이 발생한다. 전두환 정권 때를 기억해보라. 새마을 비리 사건(전두환의 동생 전경환이 비리의 중심이다.)에 연루된 염보현 전 치안본부장(오늘날의 경찰청장), 박종철 사건 때의 강민창 치안본부장, 노량진 수산시장 사건에 연루된 전두환의 친형 전기환(전직 경찰관) 등 많은 고위직 경찰간부들이 권력형 부패사건 또는 인권침해 사건에 연루되었다. 바로 경찰이 정치권에 극도로 오염됐을 때 초래되는 비극이다. 요즈음 다시 검찰의 개혁과 맞물려 경찰의 독자수사권이 화두가 되고 있다. 이 글은 국가공권력의 정치적 중립성을 어떻게 확보할 것이냐에 초점이 맞춰있기 때문에 장황한 언급은 피하겠지만, 개혁 작업을 하고 있는 이들이 꼭 명심할 일이 있다. 검찰이 왜 저 지경이 되었나. 무능해서? 출세에 환장해서? 돈에 눈이 멀어서? 아니다. 이런 모든 것들은 부수적 요인일 뿐, 근본은 정치권력에 오염됐기 때문이다. 강요됐든 자초했든 유착됐기 때문이다. 그러면 경찰은 덜한가. 단언하건데 유착·오염의 정도를 10분할로 말하자면 검찰이 5~6이라면, 경찰은 7~8, 국가정보기관은 9~10이다. 아니라고 말하고 싶으면 70년 대한민국 현대사를 되돌아보라. 결론적으로 말하자면 자치경찰제도나 미국의 FBI 같은 독립된 국가수사기관의 창설 같은 제도도 고려해 봄직하다. 그러나 더욱 중요한 것은 경찰권은(국가공권력은) 국익을 위해서만 행사해야한다는 철학과 신념을 대통령, 집권당 실세, 그리고 경찰(국가공권력)의 수장이 함께 공유하면 된다. 그런데 이 땅에 그런 날이 올까?

동북아의 역사 왜곡과
일그러진 이데올로기

FORUM OH-RAE
Today & Tomorrow

세상을 바꿔라 Ⅴ

≪이 현 주≫

| 학력 |
- 일본 와세다대학교, 중국외교학원 연수
- 서울대학교 무역학과 졸업

| 경력 및 활동사항 |
- 외무부 입부(79.11. 외시 13회)
- 일본, 폴란드, 미국(참사관), 중국(공사)에서 근무
- 북한금호지구(경수로건설지역) KEDO 대표
- 국제안보대사
- 주오사카총영사
- (현)동북아역사재단 사무총장

| 저서 및 논문 |
- 햇불과 촛불(2003. 조선일보사)
- 우리는 북한을 어떻게 해야 할까(2017. 역사인)

동북아의 역사 왜곡과
일그러진 이데올로기

이현주 | 동북아역사재단 사무총장

북한의 생존환경: 동북아시아지역 국가 간의 갈등 구도

북한의 존재론적 의미나 국제적인 지위는 시대에 따라 달라져 왔다. 북한은 과거 1970년대에는 비동맹운동의 주역을 했고 아프리카 국가들에게는 남한보다 먼저 지지기반을 만들어 유엔에서의 표 대결에서 한국(북한과의 대비 개념으로 언급시에는 "남한"으로 언급)을 괴롭힐 정도였다. 그러다가 냉전 붕괴와 중국의 개방 이후에는 유일한 사회주의의 선구자를 자처하며 굶주림 속에서 외로운

"고난의 행군"을 했다. 그러나 최근에는 핵보유국을 자처하고 대륙간탄도미사일(ICBM)을 개발하여 남북 간은 물론 동북아지역의 안보질서를 변화시키려는 교란자(game changer)로서의 국제정치적 위상을 과시하고 있다.

한편 오늘날 동북아시아에서는 북한핵문제, 영토문제, 역사인식문제 등 국가 간의 다양한 갈등이 얽혀서 여러 갈래의 대립전선도 생기고 있다. 한반도에는 여전히 남북 분단으로 냉전적 대립전선이 계속된다. 지역 헤게모니와 관련한 미국과 중국 간의 대립전선도 있다. 미일동맹은 원래 소련을 주적으로 결성되었으나 이제는 중국이 주 대상이 되고 있다. 미국은 한미일 군사협력을 추구하고 있다. 이로 인해 19세기적인 세력균형론이 다시 화두로 등장한다. 한편, 한국과 미국, 중국, 일본, 러시아 등 5개국은 북한핵문제로 북한과 비핵화/비확산 대립전선을 형성하고 있다. 영토문제와 관련된 중·일, 러·일간의 대립, 그리고 동남아국가 및 미일의 중국에 대한 대립전선도 있다. 동북아시아 지역의 이러한 복합적인 갈등구조는 북한의 도발과 긴장 조성을 통한 생존전략에 유리한 환경을 제공한다.

이러한 지역 갈등 구조에는 왜곡된 역사문제와 각국의 민족주의와 융합된 일그러진 이데올로기 문제, 그리고 19세기 이래의 강대국 간의 지정학적 이해관계가 여전히 작용하고 있다. 이러한 복합적인 국제관계를 배경으로 북한문제가 돌출되어 있는 것이다. 여기에서는 역사왜곡과 배타적으로 변질되어가는 민족중심주의의 이데올로기 문제를 배경으로 북한문제를 조망해 보고자 한다. 물론 그 과정에서 지정학적 현실 정치 환경도 일부 언급될 것이다.

역사왜곡의 정치학

냉전기의 집단적 이념대립이 끝나고 국가 간의 개별적인 경쟁과 각축이 일반화됨에 따라, 각 국가 민족의 전통문화와 역사관도 다양하게 표출되고 있다.[*1] 특히 현재 동북아시아에는 국가 간의 역사문제를 둘러싼 마찰이 어떤 갈등보다 더 풀기 어려운 (intractable) 정치적 갈등으로 이미 작용하고 있다. 대부분의 문제는 일본의 역사반성 문제에서 비롯되어 역사교육문제에 관한 갈등으로 확대되었다. 2003년부터 시작된 중국의 "동북공정"도 주변국의 민족 정체성과 역사주권을 침해한다는 점에서 역사 갈등을 심화시켰다.[*2] 그런데 역사 갈등은 누가 누구편인지 모를 정도로 얽혀있다. 특히 한국 중국 일본 간에 역사 갈등 문제가 북한핵문제 해결을 위한 협조를 저해하는 요인으로 작용할 수도 있다. 역사왜곡 문제에 관해서는 북한도 한국과 같은 입장일 수도 있다. 미국은 역사문제에는 중립적이라는 입장이지만 역사문제는 동북아평화에 관련되는 모든 요소 속에 반드시 숨어 있다.

19세기에 독일의 레오폴드 폰 랑케(Leopold von Ranke)에 의해서 확립된 유럽의 근대적 역사학은 19세기 말 서구적 근대화에 가장 먼저 성공한 일본에 의해 아시아에 도입되면서 1세대 역사학자인 시라토리 등에 의해서 일본민족의 우월성을 강조하고 중국을 비롯한 여타 민족을 열등한 민족으로 간주하는 "동양사" 프레임으로 변질시켰다. 일본의 "동양사"관은 제국주의적 대외 팽창과 침략을 역사적 권원으로 합리화하는 데에 이용되었다. 이 과정에서 한국과 중국의 역사가 왜곡 기술됨에 따라 이에 반발하는 민족주의적 역사기술 전통이 한국과 중국에서도 출현하게 되었다.

중국의 근대역사학은 아이러니컬하게도 일본의 제국주의적 역사관에 대한 저항과 모방이라는 모순적 양면성을 드러내고 있다. 중국근대사학의 아버지로 평가되는 량치차오(梁啓超)는 일본식 동양사와 일본사의 기술방식을 모방하여 중국의 민족사관을 확립하였다. 이후 중국의 사학자들은 일본의 만한분리사관, 만몽사관에 저항하여, 중국 주변의 이민족사를 중국사에 포함시키는 "통일적 다민족국가론"을 제시하였다. 1988년 이는 다시 한족과 55개 소수민족을 한족으로 통합하는 제국주의적 역사관인 "중화민족 다원일체"론으로 발전하였다. 고대 이래 고구려와 한반도가 자국의 판도였으며, 한국민족(韓種)을 중화민족의 일원이라고 강변하는 동북공정도 이러한 역사관에서 이미 잉태되어 있었다. 일본의 왜곡된 역사관을 중국이 재활용하는 것이다.[주3)]

이러한 양 대국의 역사왜곡에 반발하여 한국의 역사관도 당연히 배타적 민족주의적 색채를 띠게 될 수밖에 없었다. 북한의 과대망상적, 개인숭배적 역사왜곡은 일본의 천황중심적 역사관을 차용하고 있는 것이다. 한·중·일 3국간에 얽힌 역사왜곡의 파라독스 한 가운데 북한핵문제를 포함한 북한문제도 숨어있는 것이다.

후진적 국가이데올로기

오늘날 EU로 대표되는 거의 모든 유럽 국가들이 민주주의와 시장경제라는 공통의 이데올로기를 공유하고 있다. 그러나 불행하게도 우리가 살고 있는 동북아시아의 각국들에게는 공통된 이데올로기가 없다. 오히려 유사 민주주의와 유사 사회주의가 판치고 있는 실정이다. 중국은 "사회주의 특색의 시장경제"라는 이데올로기를 내세우며 권위주의적 공산당 일당독재의 정치체제를 고수하고 있다. 북한은 "우리식 사회주의"(마치 70년대의 "한국적 민주주의"라는 용어를 연상시킨다)라는 이데올로기로 포장하며 절대왕조적 독재체제(tyranny)를 강화하고 있다. 한편 일본은 형태는 민주주의적 정치체제이지만 시민적 민주주의 이데올로기는 아직 성숙되지 않았다. "다이묘(大名) 민주주의"가 더 적절한 표현이 될지도 모른다. 한국의 민주주의는 국제사회로부터 성숙된 민주주의로 평가받고 있지만 점차 포퓰리즘적 양상을 띠고 가고 있다.

이렇듯 각국의 국가이데올로기가 서로 전혀 다르지만 공통점 하나는 모두가 배타적 민족주의적 성격을 지니고 있고, 미국의 정치학자이자 언론인인 Fareed Zakaria가 말하는 "사이비 민주주의"

(illiberal democracy)로 변질될 가능성이 상존한다는 것이다. 서로 다른 배타적 민족주의와 사이비 민주주의적 이데올로기 환경은 북한문제 해결을 위한 관련국들 간의 협력 강도를 약화시키고, 오히려 북한의 도발과 생존에 유리한 환경을 제공한다.

한국 역사 속의 북한: 남과 북의 자화상

북한은 한국역사의 한 부분이다[주4]

북한은 당연히 한국역사를 공유한다. 북한 사람들은 자신들이 고조선과 고구려의 계승자라는 것을 내세운다. 고구려는 약 2000여 년 전 압록강 중류의 토착 집단인 맥족과 부여로부터 내려온 예족이 건국 주체 세력이 되어 세운 나라이다. 이후 고구려는 영토를 확장하면서 북쪽의 만주지역과 한반도 남쪽에서 거주하던 여러 부족을 받아들여 다민족 국가로 발전하였다. 고구려는 한반도가 유라시아북방 지역의 대륙문화와 남방의 해양문화를 연결하는 문화적인 교량이 되게 하였다. 고려왕조는 9세기 초 건국하면서 왕건의 조상이 고구려 영토였던 백두산 지역으로부터 내려왔다는 전승을 강조하고, 고구려를 계승한다는 것을 표방하였다. 한편, 14세기 말 조선을 건국한 이성계 역시 한반도 동북부지역을 그 권력의 기반으로 하고 있었다. 오늘날의 북한 지역은 고려와 조선 왕조의 중요한 세력기반이었다. 7세기 신라에 의한 통일왕조 수립이후 1500년 동안 한국사에서 한반도는 고조선-삼국-고려-조선으로 이어지는 하나의 왕조, 하나의 민족으로 유지되어 왔다.

권력의 세습구도: 한국 북한 일본의 공통적 특징인가?

오늘날 북한사회의 불평등 양태는 이미 잘 알려져 있다. 그러한 불평등의 쾌감은 조선시대 말기까지도 지속되었던 양반과 상민, 양반과 노비간의 불평등과 다를 게 없을 것이다. 엄밀히 말하면 한국 역사에서 지배계급의 의무(nobles oblige)란 없었다. 500여 년 전 임진왜란 때도 왕은 도망가도 백성들(의병)이 나라를 지켰다. 조선시대 말 세도정치도 그랬다. 아펜젤러는 그의 일기에서 지배계급 가운데 애국자들이 거의 없다고 기록했다.[주5] 또 당시 한국을 방문한 영국의 세비지-란도 라는 화가는(고종의 어진을 최초로 그린 사람으로 알려짐) 한국의 관리들은 정말로 무자비한 강도들이며 조선은 백성을 쥐어짜내는 무서운 제도를 유지하고 있다고 비난하였다.[주6] 지금 어디서 자주 듣는 얘기 아닌가? 오늘날 북한의 현실을 이야기하고 있는 것 같다.

UCLA의 던컨 교수는 고려와 조선, 즉 약 1000년간의 중세 한국사를 고찰하면서 지배 권력의 세습에 관한 일관된 패턴을 연구했다. 전통 귀족 집단은 중앙집권적 관료체제를 구축하면서 제도적 교육적 문화적 이념적인 장치들을 동원해서 자신들의 정치사회적 특권과 지배력을 대대로 세습코자 했다. 정치권력 사회위계 가문 지식(교육)이 지역 기반과 결합되었다. 신라시대의 귀족 계급(해동갑족)이 고려시대 500년간 유력한 지방호족 세력으로 온존했고, 이들은 다시, 고려왕조를 뒤엎고 조선왕조를 창업하려는 이성계를 지원하여 조선의 양반계급으로 남았다. 던컨 교수에 의하면 고려왕조 이래 현재까지 한국사회의 지배세력은 바뀌지 않았다.[주7] 19세기 말 일본의 한국 침략에 협조한 세력도 양반들이었다. 이러한 보수적 흐름은 오늘날에도 지역별 정치세력화의 형태로 이어지고 있다. 고려왕조나 조선왕조가 500년이나 유지된 것도 지배세력의 세습과 관련 있을 것이다. 권력집단으로서는 현재의 왕조를 유지하는 것이 기득권 유지에 편리했기 때문이다. 왕조가 계속 이어지는 한 지배 세력의 권력은 그대로 세습될 수 있었다. 북한의 왕조적 세습체제도 이러한 공통적인 역사적 기억 속에서 유지될 수 있는 것이다. 일본이 소위 만세일계의 천황을 숭배하고 천황제에 집착하는 것과 권력집단이나 기득권층의 세습적 생존전략이라는 점에서는 한국왕조의 장기 지속성과 같은 맥락이 아닐까? 과거 군국주의 시절의 일본의 천황국체론은 아이러니컬하게도 공산주의를 자처하는 북한의 지배이데올로기에 가장 진하게 남아있다.

모방되고 일그러진 이데올로기[주8]

우리는 흔히 남한과 북한이 민주주의와 공산독재라는 전혀 다른 상극의 이데올로기로 갈라져있다고 믿고 있다. 북한의 "우리식 사회주의"나 "주체사상"이 유럽식 사회주의와 공산주의의 변종이고 유교적 전통왕조 사상과 극단적 민족주의로 변색되어 있다는 것은 이미 잘 알려져 있다. 그런데 우리 남한 사람들은 그러한 낯선 변종의 이데올로기를 외국 사람들 보다 훨씬 더 쉽게 이해하는 것 같다. 그래서 남한 정치에서 "주사파"가 등장하는 것인지… 이데올로기에 대한 잘못된 인식 문제는 같은 민족으로서 북한 사람들에 대한 동정과 이해심과는 차원이 다른 문제이다. 과거 냉전시기 동구권 국가의 이데올로기도 결국은 껍데기의 포장지에 불과했고, 중요한 것은 그 민족이 어떤 역사를 살았고, 어떤 전통을 키워 왔고, 어떤 사회적 성향을 가지고 있는가 라는 견해도 있다.[주9]

이데올로기는 어떤 개인이 창시하는 것도 아니고, 어떤 정책의 결과도 아니다. 프랑스의 역사학자 죠르지 뒤비(Georges Duby)는 "이념은 어떤 개인이 창시하는 것이 아니라 오랜 세월에 걸쳐 형성되는 인간 생활 질서의 한 형식이라"고 했다.[주10] 어느 한 사회의 이데올로기가 서서히 형성되고 변화하고 진화한다는 것은 그 사회의 역사와 전통, 그리고 그것에 의해서 형성되는 문화적 원형(文化素)이 이데올로기를 생성한다는 것을 의미한다.

영국이나 미국 그리고 유럽국가들 같은 이데올로기의 선발주자들은 그러한 과정을 직접 체험하면서 법률이나 체제 제도 그리고 기본적인 규범등 사회적 이데올로기를 변화하는 환경에 맞게 적응시켜 왔다. 그들은 이데올로기에게 결코 종교적 도그마 같은 절대적인 가치를 부여하지는 않았다. 그들은 이데올로기의 노예가 아니라 주인이다. 그래서 그들에게는 혁명보다는 개혁이라는 말이 낯익다. 혁명이 누적된 개혁의 기운이 일시에 제어할 수 없는 방향으로 폭발하는 것이라고 한다면, 개혁은 개별적인 사회 분야의 흐름이 점진적으로 변화하는 과정의 일부일 뿐이다.

반면에 이데올로기의 후발주자는 선발주자의 것을 모방하고 받아들이는 자이다. 이들 후발주자는 그 이데올로기를 만들어 내기 위해 겪었던 과정을 잘 모른다. 선발주자가 지금 시행하고 있는 법이나 제도 등 기본적인 규범이 현재의 자신의 상황에 맞는 것인지 돌아볼 겨를도 없이 그냥 베끼기에 바쁘다. 더구나 후발 사회는 대중의 사전적 고민이 결여된 상태에서, 이러한 이데올로기에 대한 정보에 가장 먼저 가깝게 접근할 수 있는 지도적 엘리트(독재이든 군부이든 민주적인 지도자이든)들이 그것을 선택할 수 있는 기회와 권력을 가진다. 그러다 보면 지도계층의 이익에 우선 유리한 것을 먼저 선택할 것이기 때문에 수입되는 이데올로기는 대중의 이익을 배려하지 않는 지배이데올로기가 된다.[11] 소련이나 동구권 국가들이 사회주의를 버리고, 중국도 사회주의 이데올로기를 새로운 시대에 맞추어 적응시키고 있는데 북한은 왜 갈수록 더 그 이데올로기에 집착하는 것일까? 그것은 북한의 이데올로기가 결국은 지배자들만을 위한 지배이데올로기라는 사실을 반증하는 것이다.

역사적으로 남과 북은 모두가 이데올로기의 후발주자였다. 유학(儒學)과 같은 중국철학이나 정치사상과 제도, 불교나 기독교 같은 종교, 민주주의와 사회주의, 공산주의 등의 이데올로기는 모두 외래 수입품이었다. 즉 모방이라는 점에서는 남과 북이 서로 닮았다. 그것은 오늘날 문제의 본질이 서로 다른 이데올로기가 아니고 우리의 역사와 문화적 원형에서 기인하는 것이라는 의미이다. 그러고 보면 도그마적인 주자학이나 신화가 되는 사회주의, 이데올로기적 대립을 가장한 편 가르기 양상과 이에 따른 집단주의, 집단적 사고[12], 사회적 지위와 부의 세습, 무시되는 법의 지배, 노블리스 오블리제의 부재, 그리고 출세욕, 등등 남과 북은 닮은 점이 많다. 내가 오른 손을 들면 거울 속에 내가 정반대인 왼쪽의 손을 든다고 해서 거울 속의 나는 내가 아니라고는 할 수 없는 것처럼, 거울이 깨져서 거울 속의 일그러진 나의 모습이 내가 아니라고 부정할 수 없는 것처럼, 남과 북은 정반대의 똑같은 모습을 하고 있다.[13] 남과 북을 가르는 유일한 기준은 바로 자유의 있고 없음이다.

한반도 분단의 역사적 기원

중심세력에서 주변화 되는 북한지역

한국 역사상 남과 북의 단절 의식은 대체로 멸악산맥을 경계로 (오늘날의 38도 선/휴전선과 유사) 갈라진다. 중세 한국사가 시작되는 고려왕조부터 조선왕조의 후기인 19세기 까지 한국사의 큰 특징 중 하나는 정치의 중앙집권화 경향이다. 고려의 수도 개경, 지금의 개성은 정치 문화 교육 사상 등 전 분야에 걸쳐 중심지였다. 조선의 수도인 한양, 지금의 서울도 마찬가지였다. 고려를 창업한 왕건이나 조선을 건국한 이성계는 모두 지역적으로는 한반도 북방 출신이었다. 그러나 정권 수립후 지배세력은 한반도의 중부와 동남 지역에서 유래한 엘리트 집단(호족)으로 구성되었다. 오히려 한반도 북부 지역은 고려 말 이후 점차 정치적으로 주변화 (marginalization) 되었다. 한국사에 있어 한반도 북부 지역과 서남 지역에 대한 차별과 주변화는 앞에서 언급한 문벌귀족 집단의 세습적 권력 유지 패턴과 연관을 둔 이해가 필요하다. 고려 시대인 12세기 평양 천도를 기치로 했다가 실패한 묘청의 난은 이러한 주변화에 대한 반발의 대표적 사례라 할 수 있다.[주14] 북한은 오랫동안 정치권력의 변방이었다.

분단의 역사: 외세의 한반도 분단 시도 사례

이렇게 초래된 남북 간의 이질성과 심리적 대립 때문인지 역사상 외세에 의한 분단 시도는 대체로 이와 같은 지역 경계를 중심으로 시도되었다. 역사가 습관이 되어버린 것인가? 역사상 한반도를 분할하여 지배하려는 시도가 몇 차례 있었다. 최초의 한반도 분할 시도는 1592년 임진왜란 중 일본이 종전 조건으로 띄운 남부 3도 할양안이었다. 그러나 당시 일본은 이미 병력의 40%를 상실하고 남부 해안지역으로 퇴각하려 하고 있었기 때문에 실현가능성도 없었고 이 시도는 소극(笑劇)으로 끝났다.[주15] 그러나 그 이후 19세기 말 조선의 쇠퇴기에 이와 비슷한 분할 시도가 되풀이 된다. 1894년 청일전쟁 발발 직전 영국의 킴벌리외상은 청·일 양측에 한반도 분할을 중재안으로 제시하였으나 일본이 반대하였다. 1896년 5월과 1898년 3월 일본과 러시아간 대립 속에서 일본이 러시아에 분할을 제시했으나 러시아가 거부하였다. 그러나 1903년 가을에는 입장이 정반대로 변했다. 이번에는 러시아가 일본에 대해 39도선을 기준으로 한 조선 분할안을 제시하였으나 영일동맹으로 형세가 유리해진 일본이 조선 전체 지배권을 노리고 반대하였다.[주16] 이처럼 주변 강대국들의 흥정에 머물러왔던 조선의 분할은 1945년 미국과 러시아에 의해 현실화 되었다.[주17]

역사상 축적되어 온 한반도 분할 시도는 이미 미·소의 정책입안자들의 인식 속에 공유되어 있었는지도 모른다. 한편 1950년 한국

전쟁 중에도 완전한 통일보다는 제한적인 분할 상태로 종전을 하려는 시도가 있었다. 1950년 11월 영국은 유엔군이 북위 40도선 부근의 잘록한 한반도 지역(narrow neck: 청천강-원산선)에서 머물고, 그 이북 지역은 중국과의 완충지대로 하는 전쟁마무리 조건을 제시하였으나 맥아더의 한반도 완전 통일론에 밀려 구체화되지는 못했다. 키신저도 그의 저서 『Diplomacy』에서 narrow neck에서의 휴전이 바람직했을 것이라고 언급하고 있다.[18] 1953년 7월 27일 휴전협정에 의하여 만들어진 휴전선은 대략 38도 선을 지난다. 결국 역사는 또 되풀이 되었다.

북한 정치체제와 사회적 특성: 역사와 이데올로기의 복합체

북한에 관한 정보의 한계

북한사회의 극단적 폐쇄성으로 인해 북한에 관한 정보 자체가 제한적이며 같은 사실에 관해서도 관찰자에 따라 달리 해석되곤 한다. 예를 들면 한국 사람들이 북한의 행태를 가장 잘 파악할 수 있다.[19] 그러나 때로는 '힘이 있는 자의 목소리'가 북한정보의 해석을 지배한다. 미국 대통령이 한마디 하면 모든 상황이 바뀌어 버리지 않는가? 2016년 7월 미국의 공화당대회 강령은 북한정권을

"김씨 가족이 지배하는 노예국가(the Kim family's slave state)"라고 했다.[20] 한편 민주당의 강령은 "북한은 가학적인 독재자가 지배하는, 아마도 지구상에서 가장 억압적인 정권"(North Korea is perhaps the most repressive regime on the planet, run by a sadistic dictator)이라고 규정했다.[21] 이처럼 북한은 인류가 역사에서 경험한 모든 정치적 사회적 경제적 문화적 "負의 유산"을 종합적으로 보여준다.

북한은 소설 『1984년』의 실제 세계이다.

조지 오웰이 1948년에 쓴 『1984년』은 민중 혁명으로 사회주의 국가가 된 어느 나라가 결국은 독재적 경찰국가가 되고 만다는 내용의 예언적 정치소설이다. 『1984년』의 세계에서는 지배계급은 당의 두뇌에 해당하는 핵심 당원들이고(Inner Party), 핵심당원 밑에는 그들의 손발인 일반당원(Outer Party)이 있다. 가장 밑에는 "프롤"이라고 불리는 무식한 일반 민중들이 있다. 『1984년』의 大兄(Big Brother)은 전지전능하고 신화적이다. 언제 어디서 태어났는지도 불확실하다. 당은 고문과 공개적인 처형 등 폭력을 가장 유효한 통치 수단으로 활용한다. 사람들은 공포 속에서 매일 매일을 살아간다. 『1984년』 세계가 북한에서 현실로 나타났다.

북한은 완벽한 파시즘을 구현한다.

폭력을 통해서 공포분위기를 조장하는 것은 스탈린체제를 모방한 것이다. 미셸 푸코는 인간의 삶을 통제하는 "규율"과 "감시체계", "처벌"을 근대적인 정치권력 수단으로 소개하였다.[주22] 공포분위기를 조성하는 최선의 수단은 가혹한 처벌이다. 공포의 노예가 된 인간들은 남을 고발하거나 증오하는 가학적인 행태(masochism)로 무장하고, 강한 지도자를 숭배하는 자학적인 행태(sadism)를 보인다. 북한 사람들의 모습이 바로 그것이다. 또한 북한은 과거 일본의 천황제 군국주의를 모방하고 있다. 과거 일본군은 살아있는 神인 천황의 직속 기관이었다. 군대는 젊은이들을 천황을 위해서 죽도록 세뇌교육했다. 마루야마 마사오는 그의 논문 「초국가주의의 논리와 심리」에서 "황군은 모든 가치에 우월하는 가치가 된다"라고 하였다.[주23] 그 초국가주의 심리가 북한의 지배체제에서 보인다. 북한의 군대는 오직 신격화된 지도자에게 직속되는 기관이므로 사회내에서 "모든 가치적 우월성"을 가지게 된다. 한편 북한의 선전선동은 나치독일의 프로파간다 수법을 연상시킨다. 북한의 지배 권력은 각색된 뉴스를 양산한다. 주민들은 무슨 말을 해도 들을 것이고, 외부에 대해서는 거짓도 되풀이해서 우기면 그만이다. 대중 집회를 통해서 지도자의 권위와 지배 권력의 강력한 힘을 과시할 수 있다. 특히 대규모 야간 집회나 횃불행진은 더욱 큰 심리적 압박을 준다. 라디오나 영화 TV는 효율적인 선전선동 수단이다.

거꾸로 가는 북한의 사회적 시계[주24)]

　북한을 관찰하는 것은 과거로의 여행과도 같다. 북한사회는 원시공동체와 같다. 추장에 관한 과거의 신화가 권력의 유일한 정당성이 될 때, 추장에 대한 숭배는 최상위의 사회윤리규범이 된다. 정치권력은 정교일체가 되고, 추장은 앞서 죽은 추장을 제사하는 대제사장이 된다. 추장은 생산물의 분배 행위를 독점한다. 북한은 중세유럽의 정치체제를 연상시키도 한다. Geoges Duby에 의하면 중세 유럽은 가톨릭 승려계급과 무사(귀족), 농노(serf)라는 세 개의 신분계급으로 고정되어 있었다.[주25)] 북한사회도 노동당의 핵심권력 군부 일반주민이라는 세 개의 계급으로 구성된다. 중세 승려가 신의 목소리를 대변했듯이 지도자와 당은 "진실"에 대한 열쇠를 가지고 있는 유일한 존재이다. 군부는 지도자를 보위하고 전쟁 분위기를 만듦으로써 특권을 누린다. 북한의 노동자 농민은 중세의 농노가 되었다.

북한이야말로 1:99 사회이다.

　"우리식 사회주의"는 사실은 지배계급만이 각자의 사익을 챙기는 "마피아 사회주의"이다. 그런 지배계급에게는 현재의 권력과 특권을 유지하면서 좀 더 많은 돈을 벌 수 있다면 좋은 일이다. 우리는 북한에서도 올리가르키(oligarch)를 볼 수 있을 것이다. 아이러니컬하게도 미국의 경제학자 베블런(Veblen)이 말한, "일은 하지 않고 생산물을 약탈해 가는" 구시대의 권력을 누리는 "레저계급(leisure class)"이 북한에 존재한다. 노동자 농민들만은 여전히 중세의 농노(serf)나 과거 영국의 산업혁명 전야에 도시로 몰려든 도시빈민(pauper)으로 남게 될 것이다.

북한은 한마디로 극단적 관료주의 사회이다.

북한에서는 "아는 것이 힘이다"가 아니라 "모르는 것이 지혜"이다. 이는 "생활의 지혜"이다. 북한 관리들은 상부의 지시에만 잘 따르는 것이 가장 안전하고, 자신의 의견을 말하는 것은 위험하다는 것을 잘 알고 있다. 책임은 최대한 회피한다. 따라서 북한에 추상적이거나 일반적인 제안을 하면, 그것은(상급자가 나의 구체적인 해석이나 의견을 물어볼지 모르므로) 당장 부정되고 상층부까지 보고도 되지 않을 것이다. 그것이 북한 관료들의 '생활의 지혜'이다.

북한의 전략과 전술: 계속되는 위협과 도발을 통한 긴장구도 조성

2011.12.19 북측 김정일 위원장 사망으로 셋째 아들인 김정은이 권력을 계승하였다. 김정은은 취임 초기부터 정권안정을 위해 대내적으로는 2013. 12월 고모부인 장성택 등 수십 명의 고위인사를 처형하는 등 공포정치를 자행하고, 핵실험과 미사일 실험 등 도발을 계속하고 있다. 전쟁 상황을 연출하는 것은 인민에 대한 권력을

강화하는 독재체제의 지배 수단이자 세습적 기득권을 수호하는 고전적인 통치술이다. 외부의 경제제재로 인한 고통은 인민들에게만 전가된다. 또한 전쟁위기를 연출하는 것은 북한이 미국과 함께 주역을 할 수 있는 유리한 전략구도를 만드는 것이다. 따라서 핵무기 개발은 이러한 모든 고려요소를 유리하게 작용하게 하는 만능 요술지팡이가 될 것이다.

한국의 대북한(핵) 정책의 교훈

한국의 대북정책 추이

북한에 대한 한국사회의 인식은 지난 30년간 큰 폭의 변화를 겪었다. 냉전시기에는 이념적 적대세력이었으며, 냉전종식 이후에는 남북대화와 교류를 통해 같은 민족으로서의 동질의식을 가지게 되었다. 그러나 시대와 정권의 성향에 따라 서로 상반되는 인식이 교차하였다. 노태우 정부는 1988년 남북화해에 관한 7.7선언을 발표하고 1991년 9월 북한과 함께 유엔에도 가입하였다. 1998-2008 간 김대중 정부와 노무현 정부 시기에는 "햇볕정책"의 영향으로 북한을 도와주어야 한다는 것이 한국사회의 대체적인 인식이었다. 그러나 북한의 핵 실험 등 계속된 도발로 한국인들의 마음은 차가와졌다. 한국인들의 인식의 변화는 대북정책에도 큰 영향을 미친다.

북한문제가 국내정치의 주요 담론이 되고 이를 북한이 다시 이용하는 모순된 상황이 연출되는 것은 남북한의 모든 사람들이 동일한 역사와 언어를 공유하는 하나의 민족이라는 의식이 있기 때문이다. "동포이자 적"이라는 북한에 대한 남한 사람들의 이중적 인식과, 시대와 정권에 따른 인식과 태도의 변화는 지난 30년간 북한핵문제나 남북관계에 대한 역대 한국 정부의 외교안보 정책에 구조적 딜레마와 국내정치적 갈등을 초래하였다.

귀중한 교훈

일관성 없는 대북정책과 미국의 정권 교체시마다 바뀌는 북한핵문제에 대한 정책은 한국 정부와 사회에 다음과 같은 귀중한 교훈을 남겨놓았다.

첫째, 민족주의적 자주성 원칙의 한계를 노출하였다. 통일문제나 북핵문제나 한국과 북한 둘이서만 해결할 수 없다는 현실이 드러났다. 유럽의 강국인 독일도 주요 강대국들은 물론 주변 약소국인 폴란드의 이해관계까지도 고려했다. 우리의 통일정책도 주변강대국들의 이익을 배려하지 않을 수 없다.

둘째, 국제적 보편적 가치와 기준을 존중해야 한다. 북한 문제를 다루는데 있어서 국내적 잣대나 민족주의적 이념에 과도하게 경사될 경우에는 인권문제 등 국제적 보편적 가치나 국제적 준거를 경시하게 될 수도 있다. 이 경우 개방된 국제국가로서의 한국의 국제적 위상이 훼손될 우려가 있고 국제사회의 협력을 얻기도 어려워질 것이다.

셋째, "한국의 주도적 역할"은 과연 가능한 것인가? 94년의 북미간 제네바합의에 따른 대북한 경수로 제공에 참여한 이래 사실상 모든 것이 미국이나 북한의 뜻에 따라 진행되고 마감되는 현실이다. 한국은 필요할 때 돈만 내는 인심 좋은 "국제적인 봉"이 되었다. "힘없는 자의 오만"은 "힘 있는 자의 계산"에 의해 이용당한다는 역사적 교훈을 되새겨야 할 것이다.

넷째, 북한은 단기간에는 변하지 않는다. 북한에게 잘 해주면 북한이 (우리가 원하는 방향으로) 변할 것이라는 논리나 기대와는 정반대로 이제까지 북한은 변하지 않았다. 오히려 핵개발을 가속화시켰다. 북한에 대해 과도한 정치적 양보와 배려는 북한의 기대수준을 높이고, 이것이 오히려 상호 불신을 초래하고 정책의 유연성을 제약하는 결과를 초래하였다.

다섯째, 국내적 합의에 기반한 대북 협상전략이 필요하다. 대북한 정책이 한국 국내정치의 갈등과 대립을 초래하지 말아야 한다. 북한에 대한 시각이 보수-진보, 친미-반미를 가르는 이데올로기문제가 되어서는 안 된다. 대북정책을 정치시스템이 아니라 임기 5년의 대통령의 "개인기"에 의존하거나 특정 정파의 주도로 이행할 경우 북한에게 이용당하고 북한의 몽니에 끌려 다닐 가능성이 높아진다.

여섯째, 대북정책이나 북한문제로 인해 한·미동맹이 손상되어서는 안 된다. 한국이 과도하게 남북관계에 집중할 경우 한·미동맹관계와 상충(trade-off)될 수가 있다.

일곱째, 대북정책과 안보외교는 서로 연계하여 조화롭게 추진되어야 한다. 한국은 포괄적인 외교안보전략과 기능을 무시한 대북정책의 부작용을 이미 충분히 경험하였다. 한국의 전체적인 외교전략의 틀 속에서 북한 관련 정책이 수립되고 이행되어야 한다는 현실을 정치지도자들과 관료들은 항상 직시해야 한다.

마지막으로, 우리에게는 한반도와 동북아시아의 긴장구도보다는 평화와 협력구도가 유리하다. 북한이 각종 도발을 통해 위기 상황을 연출하여 긴장이 조성될수록 미국과 북한 그리고 중국의 역할은 커지고 한국의 역할은 작아진다. 한국은 필연적으로 미국에 대한 안보의존도가 높아진다. 긴장과 대립구도는 북한과 주변의 일부 강대국들에게는 편리한 정책 조건이 된다. 최근에는 일본도 긴장구도에 편승하고 있다.

북한문제 해결을 위한 역사적 과제

한반도의 분단 상태를 극복하고 동시에 북한의 비핵화를 실현하기 위한 한국의 노력에 긍정적 부정적 영향을 줄 수 있는 세계질서와 동북아의 지역 정세는 불행하게도 갈수록 악화될 가능성이 크다. 「이코노미스트」지는 표지기사로 "러시아와 중국은 물론 미국에서도 신민족주의가 고개를 들고, 마초 근성의 강력한 지도자들이 민족주의를 정치에 이용하고 있다"고 경고했다.[주26] 불행하게도 이들은 모두 우리나라를 둘러싸고 있는 강대국들이다. 특히 향후 5년 간 동북아시아에서는 이러한 성향이 더욱 더 가속화 될 것으로 보인다. 중국은 금년 가을 19차 공산당대회를 거쳐 첫 번째 백년을 맞이하는 1921년 공산당창립 백주년의 해를 앞두고 있고,[주27] 일본은 내년인 2018년 메이지유신 150주년과 2020년 동경올림픽을 앞두고 있고, 우리는 2019년 3.1운동 백주년을 앞두고 있다. 이 모든 일정이 각국의 강력한 민족주의를 고취시킬 것이다. 이는 북한의 생존에 유리한 환경이 될 것이다.[주28]

따라서 한국이 추구하는 해법도 감당하기 어려울 정도로 복잡하고 어려워질 것이다. 특히 북한의 핵능력과 대륙간탄도미사일(ICBM) 개발능력이 객관적으로 확인되고, 이에 따른 유엔안보리와 미국의 대북한제재가 강화되고 있는 현재의 상황에서는 과거와 같이 남북대화와 북한핵 폐기를 위한 국제적인 협력의 분리가 점점 더 어려워지게 되었다. 과거와 전혀 다른 전장(戰場)(terrain)으로 변해간다. 예를 들면 개성공단의 재가동 문제는 이미 유엔안보리 제재의 틀 속으로 들어가 버렸다. 따라서 거시적인 개념에서 한국의 정책은 북한문제와 북한핵문제에 관련되는 모든 이해당사자들(stakeholders)의 이익을 만족시키는 원칙론(doctrine)에서부터 출발하여야 한다. 즉, 1) 북한의 핵보유는 용납할 수 없으며, 2) 평화적인 방법으로, 3) 북한핵문제뿐 아니라 북한의 문제를 동시 해결하며, 4) 국민의 동의를 바탕으로 국내정치적인 갈등을 유발하지 않으며, 5) 한국의 지속적인 경제발전과 민주주의적 사회 발전을 저해하지 않으며, 6) 한·미동맹 관계를 약화시키거나 저해하지 않으며, 7) 주변국들의 입장을 포용하고 우호관계를 강화하여, 8) 한국의 국제적 위신과 위상을 제고시키는 방향으로 수립되어야 한다.[주29] 그런데 이러한 원칙을 지켜나가기 위해서는 어떤 전략적 환경이 우리에게 유리할 것인지에 관해서는 우리 국민들 모두가 심각한 고민을 해 봐야할 것이다. 한국에게 유리한 전략구도는 한반도와 동북아시아의 평화 협력적 구도가 되어야 한다는 것은 위에서 언급한 지난 30년의 교훈만으로도 자명해진다. 정치지도자나 외교관료 학계는 이것이 좌냐 우냐의 이데올로기 문제가 아니라 객관적인 현실이라는 점을 우리 국민들에게 솔직히 고해야 한다. 그리고 긴장구도를 방치할 것인가 평화협력구도로의 전환이 필요할 것인가에 대한 솔직하고도 진지한 논의를 통해서 정치권과 여론의 합의(consensus)를 도출해야 한다. 국회의 지지가 뒷받침될 때 정책은 강력한 권위를 부여받는다.[주30] 한반도의 평화구도는 북한의 목소리를 약화시키고, 주변국들에게는 영향력이 아니라 오히려 경제적인 기여를 요구할 수 있게 되고, 우리 자신의 역할이 중심에 놓일 수 있게 된다.

그리고 전술적, 협상기술적 측면에서는 신정부의 대북한 정책(북핵 포함)은 필연적으로 우선 미국 트럼프 정부의 대북정책인 최고의 압박과 관여("Maximum Pressure and Engagement")와 공조해야 할 것이다. 워싱톤 한미 정상회담에서 양국 대통령이 대화와 협상을 통한 해결에 합의하고 미국이 한국의 주도적 역할을 인정한 것은 큰 성과이다. 그러나 미국의 트럼프정부가 한국정부가 구상하는 단계적 포괄적 접근론을 얼마나 수용할지는 아직 미지수이다. 압박과 대화의 조합에 우리 정부가 잘 대응하면 대북정책에 대한 우리의 주도권을 어느 정도 확보할 수 있겠지만, 순서나 타이밍이 조금이라도 어긋나면 미국과의 관계가 불편해지고 여기에 중국의 어깃장이라도 끼어들면 한국은 또 한 번 어려움을 겪게 될 것이다. 한국은 국제사회의 강력한 제재와 압박에 충실히 참여하면서 동시에 북한에게 매력적으로 보이는 구체적인 유인책의 내용을 제시하여 대화의 입구를 마련하는 역할을 해야 할 것이다.

지금 북한은 강경자세를 극대화해 놓고 미국이나 남한이 북한에게 고개를 먼저 숙이고 대화를 시작하는 모양새를 내외적으로 과시하고 싶어할 것이다. 따라서 대화의 물꼬를 트는 한국의 역할은 "고육지책"과 같이 한국이 먼저 어떤 형태든 대화를 제시하고 거절당하는 통과의례를 필연적으로 겪을 수밖에 없다. 그 과정에서 북한이 핵폐기나 동결시에 얻을 수 있는 정치안보상, 경제면의 보상이 무엇인지 보다 구체적으로 보여주면서 미국과 북한간의 양자대화 내지는 주변국을 포함한 다자대화로 연결시켜주는 역할을 해야 한다. 단, 이 모든 시나리오는 미국의 오해가 없도록 실무적, 정치적 레벨에서 세세한 내용까지 치밀하게 사전 합의를 하고, 중국, 러시아 일본 등 주변국의 이해를 얻어야 할 것이다. 물론 조건과 프로세스에 북한이 동의해야겠지만 그 이전에 관련국들과의 준비작업이 필수적이다. 여기에서 한국외교관들의 외교적 설득역량이 필요하다.

한국은 동북아시아역사의 당사자로서 북한문제 해결의 권원(權原)을 잘 확보해야 한다.[주31] 미국도 북한핵문제가 핵비확산이나 미국의 안전문제로서 뿐만이 아니라 동북아시아의 뿌리 깊은 역사갈등문제를 고려해가며 이 문제에 접근해야 할 것이다.[주32] 한편 국내적으로도 북한문제와 안보정책에 관한 단순한 정치적 편 가르기식 대립을 지양할 수 있도록 우리의 역사인식과 이념(이데올로기)의 개념을 정립하는 인문학적 르네상스가 절실해진다. 우리 역사학계와 정치학계 등 인문학계가 중요한 무게 있는 역할자(player)가 되기 위한 큰 노력을 기대한다.[주33]

- 각주 및 참고문헌 -

주1) 동북아역사재단 편, 동북아 평화와 역사문제 (도서출판 혜안, 2016, 비매품), 11쪽

주2) 2위와 같음, 13쪽

주3) 위와 같음, 13쪽-21쪽. 동북아시아 역사문제에 관한 보다 상세한 내용은 위의 책을 참고 바람.

주4) 고구려사의 민족사적 의의는 동북아역사재단의 김현숙 연구위원의 설명을 바탕으로 기술하였다.

주5) 김학준, 서양인들이 관찰한 후기조선 (서강대학교 출판부, 2010), 277쪽주6) 위와 같음, 299쪽

주7) John B. Duncan, the Origins of Choson Dynasty(the University of Washington Press, 2000). 동북아역사재단의 이정일 박사의 설명을 참고하였다.

주8) 이현주, 우리는 북한을 어떻게 해야 할까-북핵문제의 성찰과 해법 (역사인, 2017), 221쪽-232쪽

주9) 위와 같음, 222쪽

주10) Georges Duby, The Three Orders−Feudal Society Imagined(the University of Chicago Press, Chicago 60637, 1980)

주11) 이현주, 우리는 북한을 어떻게 해야 할까-북핵문제의 성찰과 해법, 224쪽-225쪽

주12) 남한사회의 이념대립과 편 가르기 양상에 관해서는 이현주, 한국에서 이념대립이란?, (서울신문, 2017년 5월 21일자 열린세상 칼럼)을 참조.

주13) 이현주, 우리는 북한을 어떻게 해야 할까-북핵문제의 성찰과 해법, 227쪽

주14) 이러한 역사적 관점은 하버드대학교 김선주 교수도 견지하고 있다.

주15) 이완범, 한반도 분할의 역사(한국학중앙연구원출판부 2013) 44쪽-100쪽 부분 참조.

주16) 이완범, 103쪽-140쪽 참조

주17) 이완범, 157쪽-389쪽 참조

주18) Henry Kissinger, Diplomacy(SIMON & SCHUSTER PAPERBACKS, NY. 1994), 481쪽

주19) 북한에 관한 인간 수집 정보(HUMINT)는 한국의 그것이 세계에서 가장 수준 높다.

주20) 2016 Democratic Party Platform July 21, 2016(presidency. uscb.edu/papers_pdf/117717.pdf) 43쪽

주21) Republican Platform 2016(https://prod-cdn-static.gop. com/media/documents/DRAFT_12_FINAL[1]-ben_ 1468872234.pdf) 48쪽

주22) 미셸 푸코, 감시와 처벌: 감옥의 역사(오생근 역, 나남출판사, 1997)

주23) 마루야마 마사오, 현대정치의 사상과 행동(김석근 옮김, 한길사, 1997) 56쪽-57쪽.

주24) 상세한 내용은 이현주, 횃불과 촛불-벼랑끝에 선 '그들만의 천국'(조선일보사, 2003), 159쪽-163쪽. 거꾸로 돌아가는 시계 편 참조

주25) Georges Duby, 같은 책

주26) Economist, the New Nationalism, 2016년 11월 19일자

주27) 중국에게 백년의 의미에 관해서는 Michael Pilsbury, the Hundred-Year Marathon: China's Secret Strategy to Replace America as Global Superpower (ST. MARTIN'S GRIFFINS, NY 2015)를 참조

주28) 이에 관한 상세한 내용은 이현주, 대한민국 운명이 달린 골든타임 5년(서울신문, 열린세상 칼럼 2017년 1월 2일자) 참조.

주29) 이현주, 우리는 북한을 어떻게 해야 할까-북핵문제의 성찰과 해법, 257쪽

주30) 위와 같음, 249쪽-256쪽, "통일정책과 북핵문제 해결의 기본 방향" 참조.

주31) 대북정책의 개선 방향에 관한 내용은 이현주, 우리는 북한을 어떻게 해야 할까-북핵문제의 성찰과 해법 의 201쪽-286쪽

주32) 동북아역사재단 편, 동북아 평화와 역사문제 43쪽-45쪽 8.미국의 역할: 역사문제에서 소프트파워를 발휘하라 참조.

주33) 국내적인 이념 대립의 문제에 관해서는 이현주, 한국에서 이념 대립이란?(서울신문, 열린세상 칼럼 2017년 5월22일자)를 참조.

≪윤평중≫

한국 보수의 미래가 있는가

| 학력 |
• 남일리노이 주립대 철학박사
• 고려대학교 철학과 졸업

| 경력 및 활동사항 |
• (현) 한신대 철학과 교수
• (전) 한신대 대학원장 및 학술원장
• 캘리포니아 주립대(버클리) 사학과 방문학자
• 미시간 주립대 철학과 객원교수
• 뉴저지 럿거스대 정치학과 풀브라이트 학자
• (현) 호스피스-완화의료 국민본부 공동대표
• KBS 객원해설위원
• 조선일보 「윤평중 칼럼」 집필

| 저서 및 논문 |
• 시장의 철학
• 급진자유주의 정치철학
• 담론이론의 사회철학 외 다수

FORUM OH-RAE
Today & Tomorrow

세상을 바꿔라 Ⓥ

한국 보수의 미래가 있는가

윤평중 | 한신대 철학과 교수

총체적 위기에 빠진 한국 보수

한국 보수가 궤멸의 위기에 처했다. 문재인 정부가 민심의 압도적 지지 속에 순항하고 있는 데 비해 보수는 지리멸렬 그 자체다. 19대 대선에서 보수 정당이 역대 최대 표차로 정권을 잃었기 때문만은 아니다. 대선 패배는 보수 몰락의 현상적 지표에 불과하다. 보수 위기의 최대 핵심은 한국 보수가 수구 기득권 집단과 동의어로 여겨진다는 데 있다. 때로 보수는 사회적 놀림감의 대상이 되고 있는 실정이다. 보수의 부활을 위한 근본 전제는 자기성찰성이다.

보수가 직면한 총체적 위기 자체가 보수가 자초한 것이라는 통절한 반성이 함께 해야만 해법을 찾을 수 있다. 보수의 위기를 보수 '바깥'이 아니라 보수 '안'에서 집중적으로 탐색하는 것이 이 글의 목표다.

보수가 맞닥뜨린 위기의 핵심은 보수의 목소리가 한국사회에서 설득력을 잃고 있다는 사실에서 비롯된다. 한국 보수는 자신의 논리를 우리 사회 공론영역에서 설득력 있게 풀어내는 능력을 잃어가고 있다. 보수를 대변한다는 자유한국당 홍준표 대표의 막말이 대표적인 사례다. 그는 문재인 정부를 '주사파 운동권 정부'라고 부른다. 정통성과 합법성을 갖춘 민주정부를 빨갱이로 규정하는 극언이다. 홍 대표의 논리에 따르면 문재인 대통령을 지지하고 있는 다수 국민이 국가반역죄를 저지른 셈이나 마찬가지다. 패권적 보수 세력의 현실 도착(倒錯)적 인식이 얼마나 병적인지 극명하게 보여주는 사례다.

군대와 경찰 같은 물리력이 국가 경영의 필요조건이라는 건 국가론과 정치학의 상식이다. 하지만 강권력이 국가 운영의 충분조건은 아니다. 이런 사정을 우리는 정치사상가 안토니오 그람시의 통찰을 빌려 국가의 헤게모니라고 부른다. 국가의 존속과 재생산을 위해 필수적인 헤게모니의 두 원천은 물리력과 시민적 동의다. 구조적으로 보수 우위인 한국사회에서 보수의 물리력은 여전히 강대한데 비해 패권 보수의 담론에 대한 시민적 동의는 크게 줄었다.

자발적 동의 창출 경쟁에서 보수가 진보에 크게 뒤지고 있는 형국이다. 박근혜 정부의 비정상적 행태와 시대착오적 국정농단까지를 옹호한 소수 극단세력이 보수를 자칭했던 게 생생한 증거다. '촛불과 태극기'의 담론 경쟁에서 태극기 세력은 일방적 열세를 면치 못했을 뿐 아니라 사회적 조롱까지를 감수해야만 하는 궁박한 처지에 몰렸었다.

이는 특정 정당의 실패만으로 국한되지 않는 중대 사태다. 보수의 이념적 빈곤이 근본 배경이기 때문이다. 패권 보수는 자유민주주의를 전가의 보도처럼 휘둘러 왔다. 하지만 박근혜 정권 시절 친박 집단의 무도한 행태는 말할 것도 없으려니와 홍 대표의 막말에서 보듯 보수의 실제 행태는 건강한 자유주의도 아니었으며 성숙한 민주주의와도 거리가 멀었다. 패권 보수는 시민들을 통제와 관리의 대상으로 여겨 자유민주주의를 자신들의 기득권을 강화하는 도구로 악용했을 뿐이다. 가장 대표적인 게 바로 냉전반공주의에서 나온 종북 타령이었다.

자유민주주의 자체를 거역하는 것이 패권적 안보 보수의 특징이 된 데는 특정한 역사적 맥락이 있다. 한국전쟁과 남북분단이 강제한 반공규율사회가 냉전반공주의의 모태였기 때문이다. 세계사적 냉전에서 자유주의 진영 안에 편입된 한국은 냉전의 전진 기지 역할을 맡을 수밖에 없었다. 대립하는 두 체제 사이의 생사를 건 싸움이 한반도에서는 열전으로 폭발했다. 그 결과로 생긴 반공규율체제가 엄혹한 방식으로 우리의 전 존재를 규정한 것이 87년 체제 이전의 한국현대사라고 해도 과언이 아니다. 군사독재의 이데올로기적 금제(禁制) 장치가 자유민주주의를 진영논리 속의 냉전반공주의와 일체화시켰다.

권위주의적 발전국가의 이데올로기적 국가기구는 자유민주주의의 핵심인 시민적 기본권에 심대한 타격을 입혔다. 언론·출판·결사·집회의 자유, 법치주의와 삼권분립, 입헌주의적 견제와 균형의 원리 같은 자유민주주의의 핵심 가치를 국가안보의 미명 아래 유린한 게 냉전반공주의다. 냉전반공주의는 자유민주주의에 고유한 생활세계의 가치와 윤리도 변질시켰다. 그 결과 자유민주주의가 권력과 금력을 독점한 패권 보수의 책략적 기회주의나 출세 지상주의와 동일시되는 가치전도 현상이 생겼다. 유구한 냉전반공주의의 아비투스는 87년 체제에서도 패권적 안보 보수에 의해 주기적으로 재현되기 일쑤였다. 한국인에게 깊숙이 내면화된 레드 콤플렉스를 패권 보수가 자신들의 기득권 유지를 위해 악용해 온 것이다.

지금도 이런 상황이 크게 바뀌지 않았다. 이런 시대착오적 행태야말로 보수의 헤게모니 위기의 핵심이다. 물론 냉전 반공주의는 한국에서만 발생한 것은 아니다. 가장 악명 높은 사례는 1940년대 후반부터 1950년대 중반까지 미국을 휩쓸었던 매카시즘의 광풍이었다. 그러나 한국의 냉전 반공주의는 냉전 체제 안에서도 그 강도가 매우 심한 것이었다. 그 결과 한국인의 문화 정체성과 정치적 상상력도 피폐해졌다. '태극기 집회'에서 횡행한 극단적 논리가 이를 단적으로 증명한다.

한국 보수는 사회 정치세력으로서의 우익집단의 한계를 넘어서야만 미래로 나아갈 수 있다. 이념과 철학을 갖춘 한국 보수주의로 진화해 나가야 한다. 냉전 반공주의, 시장숭배, 봉건적 관행, 기회주의와 권력 추수주의 등이 섞여있는 한국 보수의 지형에서 일관된 보수 이념은 발견하기 힘들다. 보수 위기의 핵심은 정치사회 세력으로서의 보수가 이념으로서의 보수주의를 결여한 데서 비롯된다. 이때 '이념'은 추상적 이론의 지평에 제한되지 않으며, 개념(사상)이 현실 속에서 구체화되어 제도나 일상생활 같은 삶의 실제로 나타나는 모습을 지칭한다.[1] 결국 보수 위기는 자유민주주의 이론과 실천을 통섭한 보수주의 이념의 빈곤에서 나온다.

보수의 위기를 극적인 보수 부활의 계기로 삼을 수 있는 유일한 출구는 자유민주주의를 실천하는 것이다. 한국 보수의 철저한 자기성찰과 전면적 재구성이 전제되어야 가능한 시나리오다. 보수라는 이름을 앞세우지만 실상은 수구에 가까운 패권 보수를 축출해야 한다. 벌거벗은 이익추구에 바쁜 가짜 보수가 죽어야 자기희생과 도덕성을 갖춘 진짜 보수가 산다. 대한민국 자체가 보수가 주도한 나라라는 자긍심이야말로 이런 반전(反轉)의 출발점이다. 보수의 사상적 빈곤을 고뇌하는 한국 보수주의의 철학적 재구성이 절실한 이유다. 자유민주주의와 시장경제의 철학을 한국 보수주의의 근본이념으로서 재조명할 긴박한 필요성이 강조되어야 할 시점이다.

보수 우익에서 보수 '주의'로~ 한국 보수의 현재적 사명

보수 위기담론이 갈수록 증폭되지만 사실 한국사회의 정치·사회·경제 지형은 보수 우위의 구조다. 분단체제와 6·25전쟁의 규정력 때문이다. 하지만 한국보수의 우위는 심각한 내용적 위기를 동반할 수밖에 없었다. 보수 헤게모니 자체가 자기 정당화의 점진적 균열이라는 심각한 내적 약점을 안고 있었기 때문이다. 박근혜의 몰락이 드라마틱한 방식으로 보여주었던 그대로다. 최순실 사태가 폭로되기 이전에도 박근혜 전 대통령의 권위주의적 통치는 한국 보수의 심각한 내부 균열과 동행했다. 겉으로는 강력해보였지만 대통령의 일방통행적 통치아래 정치의 부재로 인한 체제 부담이 쌓임으로써 87년 체제에 고유한 '통치불가능성'의 폭발력이 축적되어갔다.

물론 여기에는 한국사회 특유의 복잡한 배경이 있다. 선거, 특히 대선이 '전부 아니면 전무'의 제로섬 게임으로 치닫는 특유의 전쟁

정치가 정치현실을 근본적으로 제약했다. 빈곤한 리더십과 함께 제도 정치권의 무능도 심각했다. 사회양극화가 부른 중산층 해체가 더해지고 시민사회에까지 침투한 대선불복의 관행화에 사회적 신뢰의 부재와 르상티망(怨恨)의 문화가 상승작용을 일으켜 87년 체제 전체를 통치 불가능한 상태로 몰아가고 있었다.

한국사회의 주도권을 장악해 온 보수는 이러한 체제 위기의 본질을 인식했어야 했다. 이런 인식을 결여한 패권 보수가 강경 드라이브를 걸수록 위기도 함께 커졌다. 이것이 2016년 가을 최순실 사태 직전 상황이었다. 최순실 게이트는 통치 불가능성의 질곡을 화산처럼 폭발시킨 인계철선 역할을 한 셈이다. 물론 통치 불가능성의 도전은 보수에게 국한된 문제만은 아니다. 자유민주주의를 자양분으로 삼은 한국 보수의 보수주의로의 진화, 그리고 공화정의 의미에 대한 숙고는 87년 체제의 위기상황에 대한 철학적 응전의 뜻도 함께 담고 있다.

한국 보수는 사회세력으로서의 보수 우익의 한계를 넘어서야 한다. 이념과 철학을 갖춘 한국 보수주의로 진화해 나가야 한다. 군사독재시절 냉전 반공주의가 굴절시켰음에도 입헌주의적 견제와 균형의 원리, 권력분립, 법치주의는 자유민주주의의 핵심이다. 사상과 양심의 자유, 언론·출판·결사·집회의 자유 같은 시민적 기본권도 자유민주주의의 근본가치다. 공정한 시장경제는 한국 보수주의의 또 다른 기둥이다. 시장경제의 성공과 생산력 확대는 보통사람의 인간다운 삶을 위한 토대를 한반도 역사상 최초로 창출했다. 숱한 논란에도 불구하고 박정희 전 대통령이 높이 평가받는 근원적 배경이다. 하지만 명암이 공존한 박정희 모델에서 박근혜 정부는 정경유착과 경제적 양극화라는 부정적 측면만을 계승했었다.

냉전 반공주의가 왜곡한 자유민주주의와, 천민자본주의가 굴절시킨 시장질서의 복원이이야말로 현 단계 한국 보수주의의 최대 과제다. 정권과 재벌이 이권을 부당거래함으로써 국민경제에 타격을 주고 사회통합을 해치는 모습은 천민자본주의의 전형이다. 산업화에서도 재벌의 공이 큰 것은 사실이지만 고질적 정경유착으로는 더 이상의 경제발전 자체가 어렵다. 시장질서의 공정성이 확보되어야 선진경제 진입이 가능한 것이다. 북한 핵 위협에 직면한 대한민국의 안보는 철통같이 지켜져야 하지만 생각이 다른 사람들을 빨갱이로 여겨 배제하고 억압하는 방식의 냉전 반공주의만으로는 그 목표를 달성할 수 없다. 6·25전쟁의 참화와 보릿고개의 절대빈곤이 한국 보수의 원형적 기억인 것은 분명한 사실이다. 하지만 냉전 반공주의와 천민자본주의는 미래지향적인 21세기 자유민주주의와 같이 가기 어렵다. 자유민주주의 이념과 실천에 대한 정밀한 재조명을 통해서만 한국 보수주의의 재구성이 가능하다.

오늘날 대한민국이 자유민주주의를 뼈대로 하는 나라임을 부인하는 사람은 거의 없다. 자유주의가 한국인에게 매우 친숙한 실제적 이념으로 간주되고 있는 것이다. 흥미로운 것은 자유민주주의를 구성하는 기본 요소들 가운데 하나인 민주주의에 대한 호의와는 달리 자유주의에 대해서는 비판적 평가가 적지 않다는 사실이다. 사회적 발언권과 의제 설정능력을 갖춘 지식인 사회에서 두드러지게 나타나는 특징이다. 자유주의의 가치를 복원하겠다며 이명박 정부 때 야심차게 출발했던 신우파(뉴라이트) 담론은 한국자유주의의 재구성 작업을 오히려 심각하게 오도했었다.

신자유주의의 폐해가 자유주의 담론의 신뢰성을 크게 추락시킨 것이 한 가지 큰 이유일 것이다. 그러나 신자유주의와 뉴라이트의 등장 이전의 한국사회에서도 자유주의는 매력 있는 기획으로 여겨지지 않았다. 왜 그랬을까? 자유주의의 본성과 지향성에 대한 이해가 우리 사회에서 부족했다는 사실이 먼저 지적될 수 있다. 그러나 자유주의가 저평가되어 온 가장 큰 이유는 역사적 맥락에 있다. 보수 기득권 집단이 자유주의를 참칭해 한국 자유주의를 왜곡된 방식으로 실행했기 때문이었다. 해방 이후 지금까지 자유주의는 한편으로 보수 패권집단에 의해 오용되었고, 다른 한편으로 진보진영에 의해 멸시당해 왔다. 하지만 자유주의에 대한 이 같은 대응방식은 둘 다 역사적 자유주의의 합리적 핵심을 제대로 이해하지 못한 데서 나왔다.

자유주의는 결코 단일한 실체가 아니다. 역사적 자유주의는 완료된 프로젝트로 간주되어서도 안 된다. 이를 망각할 때 자유주의에 대한 손쉬운 판단이라는 함정에 빠지게 된다. 한국의 보수와 진보는 각기 다른 이유 때문에 자유주의에 대한 성찰적 이해 대신 성급한 선입견을 앞세워 왔다. 한국사회에서 자유주의의 위상과 의미에 대해 다룰 때 가장 부족한 부분이 바로 '논자가 어떤 자유주의를 운위하는가?'에 대한 철학적 반성이다.

역사적 맥락과 인식론적 이해를 종합해 보면 한국자유주의의 이념 지향과 실천 양태가 매우 왜곡된 것이었다는 사실이 분명히 드러난다. 분단체제 특유의 이데올로기적 전투상황에서 자유주의는 냉전 반공주의나 천민적 시장만능주의와 동일시되었다. 기득권 유지에 급급한 보수 패권세력의 현상 정당화논리로 악용된 것이 한국자유주의가 타락한 핵심적 이유였다. 그 결과 한국자유주의는 기본권 보장이나 시민적 자율성, 법치주의의 확립과 공정한 시장경제와 같은 자유주의의 핵심적 가치들을 자유주의의 이름으로 훼손하거나 탄압하는 자기모순에 빠졌다.

굴절된 자유주의가 비판적 지식인들에게 환영받지 못하는 게 된 것도 자연스러운 측면이 있다. 흥미로운 사실은, 한국자유주의를 옹호하는 쪽이나 그걸 경멸하는 편 모두 우리 사회에서 실행되어 온 왜곡된 자유주의를 빌미로 자유주의 전체를 지나치게 단순화시켰다는 것이다. 나는 이를 자유주의의 풍부한 이론과 실천의 역사를 경시하는 특유의 한국적 행태, 즉 "역사적 자유주의에 대한 反자유주의적 독해"라고 부른다.

이명박 정부 출범 당시 왜곡된 한국 자유주의를 재생시키겠다는 한국판 신우파(뉴 라이트)의 대두도 흥미 있는 현상이었다. 자유주의의 고유한 가치들을 되살리겠다는 신우파의 등장이 나름의 의미를 가질 수 있었음에도 현실권력과의 노골적 유착과 정치공학의 과부하(過負荷)는 이들을 조기에 파산상태로 내 몰았다. 그 결과 한국 자유주의의 본질이 기득권 담론이며, 보수가 아니라 수구에 가깝다는 인식이 오히려 강화되고 말았다. 나는 뉴라이트의 추락이 출범 당시부터 이미 충분히 예견 가능한 것이었다고 본다. 그들이 한국 자유주의의 형성사와 지향점을 제대로 파악하지 못함으로써 민주적 시민권과 평등한 정의의 실현이라는 현 단계 한국 자유주의의 주된 임무를 도외시하는 행태를 보였기 때문이다.

한국 지식인 사회에서 과대 대표되어 왔던 진보라는 이름의 좌파적 자유주의관에도 치명적 결함이 존재한다. 한국 진보는 자유주의의 입체성과 복합성을 제대로 고려하지 못한 근본주의적 역사관에 함몰됨으로써 시장과 시민권 사이의 복합적 상관관계를 단선적 적대관계로 환원시켰다. 우리사회에 널리 퍼져있으며 2008년의 전 세계적 금융위기로 더욱 힘을 받게 된 이런 사상적 편견을 극복하는 작업이 자유주의의 철학적 재구성의 한 측면이 될 수밖에 없다. 시장질서와 민주질서의 복합적 상관관계를 해부하는 '시장의 철학'은 바로 이 논점을 해명한다.[주2]

자유주의의 재구성 작업에서 시장의 문제는 매우 중요하다. 시장에 대한 경제학적이고 경영학적 논의는 많아도 시장의 본질을 다루는 철학적 담론은 거의 찾기 어렵다. 그 결과 시장에 대한 편벽된 이해가 횡행하고 있다. 시장만능주의와 동일시되는 신자유주의의 폐단이 구체화하고, 냉정한 시장의 논리가 시민들의 삶의 지평을 위협할수록 시장근본주의에 대한 혐오감이 증가하고 있다. 하지만 시장에 대한 이해 없이는 자유주의에 대한 정확한 이해도 불가능하다. 시장과 자유주의의 본성에 대한 균형 잡힌 인식이 깨지면 그것들에 입각한 모더니티의 현실을 파악하기 어려워진다. 이런 일반론은 한반도의 현실에도 대부분 탄력적으로 적용 가능하다.

세계사적인 진보의 원점에는 자유주의를 부르주아 이데올로기로 읽는 마르크스의 역사유물론 패러다임이 놓여 있다. 마르크스주의를 비롯한 좌파의 기획과 마르크스주의로부터 정치적 상상력을 제공받은 진보의 강령들이 현란한 아름다움에도 불구하고 실천적으로 실패할 수밖에 없는 큰 이유는 이들이 자유주의의 이론과 실제의 위력을 이해하지 못하고 있다는 사실에서 비롯된다. 실상에 비해 위상이 부풀려져 온 한국의 낭만적 좌파나 진보 지식인들도 자유주의의 몰이해라는 오류를 되풀이한다. 현실사회주의의 붕괴로 상징되는 마르크스주의적 기획의 전면적 실패는 민주주의의 비전이 자유주의의 틀을 이탈해 근본주의로 경도될 때 얼마나 큰 재앙이 발생할 수 있는가를 극적으로 예증하는 사례다. 마르크스주의는 反자유주의적 민주주의의 오류를 극적으로 상징하는 경우인 것이다.

자유주의의 역사적 실천에서 오는 풍부한 교훈을 외면한 채 편협한 계층적 이해관계에 맞추어 정치공학적으로 굴절시킨 신우파의 자유주의 찬양과, 자유주의의 부정적 측면만을 부풀려 일방적으로 매도하면서 지적만족에 빠져있는 좌파적 反자유주의라는 두 극단은 한국 지식사회의 일그러진 자화상이 빚어낸 사상적 쌍생아였다. 둘 다 포스트 신자유주의 시대에 '인간의 얼굴을 한 자유주의'를 구성하는데 있어 꼭 넘어야 하는 현실적 장벽이다. 자유민주주의의 재구성을 한국 보수주의의 현재적 과제로 삼는 작업에서 반드시 유념해야 할 대목이다.

자유민주주의와 시장경제는 한국 보수주의의 핵심 이념이다.

복합적이며 모순적인 자유주의의 지평은 모더니티를 추동한 자본주의와 시민권, 또는 사적 자율권과 공공적 자율권의 혼재와 갈등이 자유주의의 역사적 행로와 긴밀하게 결합되어 있다는 사실(史實)로부터 비롯된다.[주3] 우리는 이를 서로 同근원적인 시장자본주의와 근대민주주의 사이의 내재적 균열이라는 방식으로 개념화

할 수 있다. 오늘날 자유주의와 민주주의는 자유민주주의라는 이름으로 동일시된다. 그러나 자유주의와 민주주의는 역사적 연원과 지향이 서로 상이하다. 민주주의가 고대 그리스에서 비롯된 다수 민중의 자기지배를 지향하는 이념이라는 사실은 잘 알려져 있다. 고대 희랍폴리스에서의 민주정은 귀족정이나 과두정과는 차별화되는 이념이었으나 현대인의 통념과 달리 플라톤이나 아리스토텔레스 같은 당대의 주요 논자들이 보기에는 우중정치의 혐의를 받는 열등한 정체(政體)였다.

지혜와 통치 능력을 겸비하고 있다고 자처하는 상류층이 볼 때 민주정은 다수 빈민이 자의적으로 맹동(盲動)하는 최악의 정체로 타락해갈 수 있는 체제였다. 이런 본질적 문제점에도 불구하고 민주주의는 급진적 자기규정 덕분에 현상 타파적이고 체제 혁신적인 특성을 동반한다. 민주정의 이런 특징은 민중의 정치의식이 각성되기 시작한 근대 이후 수많은 혁명가들로 하여금 민주주의를 궁극적 이상으로 제창하게 만든다.주4) 이에 비해 자유주의는 중세적 봉건체제와 절대왕정을 타파하기 위한 근대 유럽 시민계급의 저항에 수반된 이념이었다. 따라서 자유주의는 봉건적 구체제의 전면적 혁파를 목표로 삼아 신흥 유산계급의 이해관계를 정치적·사회경제적으로 담아내는 시민권과 사유재산권의 불가침성을 지도 이념으로 삼았다.주5) 법의 지배나 입헌주의, 권력분립 같은 장치들은 부르주아적 시민권과 재산권을 효율적으로 지키기 위한 방편으로 제시되었으나 점차 계급적 성격을 탈색시키는 방향으로 진화한다.

애초 혁명의 논리였던 자유주의는 근대 시민계급이 주류로 부상함에 따라 현상유지의 논리로 변화해 간다. 산업자본주의의 성장과 함께 온 무산계급의 대대적 출현은 자유주의의 핵심 가치인 자유가 '빈곤과 기아의 자유'와 동일시되는 일대 위기 상황을 초래한다. 이로써 근대 자유주의는 가장 혹심한 내적 모순에 봉착하게 된다. 그 결과 다수 인민의 자기 지배를 요청하는 민주주의가 선거권의 점진적 확장과 함께 근대 자유주의의 대립물로 현현되었다.[주6] 민주주의의 자기규정을 그대로 수용할 경우 부르주아의 소유권에 대한 일정한 제한이 불가피했기 때문이다. 초기의 자유주의자들이 보기에 다수 인민의 의지가 강제하는 소유권의 제한은 절대 권력에 의한 소유권 침해보다 더 위험한 '민주적 전제(專制)'의 가능성을 동반하는 것으로 여겨졌다.[주7]

유산자의 논리였던 자유주의와, 민중의 지배를 지향하는 민주주의가 어떻게 역사적 접합의 계기를 맞게 되었는가? 처음에 민주주의를 불온한 것으로 보던 자유주의자들은 시간이 흐름에 따라 자유주의의 모순을 극복하고 체제 안정을 도모하는 데에 민주주의가 유용하게 쓰여질 수 있다는 데에 주목한다. 특히 존 스튜어트 밀의 개혁적 자유주의는 수정 자유주의로서의 자유민주주의를 정립한다. 개혁적이고 진보적이었던 밀의 자유주의가 신자유주의(The New

Liberalism)로 불렸던 사실은 20세기 말 신자유주의(NeoLiberalism)의 퇴행성에 비추어보면 역사의 아이러니다. 어쨌든 밀의 시도에도 불구하고 이질적 이념의 접합물인 자유민주주의의 내재적 균열은 봉합되었을 뿐이지 본질적으로는 완전히 치유되기 어려운 종류의 것이었다. 이러한 문제점은 차후 非자유주의적 민주주의의 딜레마에서 재연된다.

　자유민주주의의 착근과 태생적으로 동행한 재산권과 시민권의 긴장관계는 로크로까지 소급된다. 그 후 오늘에 이르기까지 자유주의의 발전사에 내재된 균열의 요소, 즉 근대민주주의와의 접합, 사회주의로부터의 공격, 자유주의·공동체주의 논쟁, 자유주의적 공화정의 부활이라는 현상 밑바탕에 흐르는 것은 자유주의 이념과 실천 자체에 내재한 경제적 자유주의와 정치적 자유주의 사이의 본질적 긴장으로 압축된다. 이 요소들 가운데 어느 부분을 강조하느냐에 따라 자유주의는 극단적 시장만능주의나 자유지상주의로부터 중도적 자유민주주의론, 나아가 강력한 사회정의론이나 공동체 자유주의, 사회민주주의 또는 좌파 자유주의로까지 분화한다.[8]

　자유주의에 대한 논쟁이 성과를 거두려면 논자가 어떤 자유주의를 염두에 두고 있는가를 분명히할 필요가 있다. 우리가 자유주의를 논할 때 가장 부족한 부분이 자유주의에 대한 인식론적 반성이다. 여기서 우리는 한국자유주의, 즉 우리 사회에서 운용되고 있는 자유주의의 지배적 형상을 어떻게 규정할 것인가의 문제에 부딪힌다. 왜곡된 한국자유주의의 적폐에 대한 반성이 심심치 않게 개진되면서 자유주의 진영의 스펙트럼도 점점 다기화되고 있는 것이 사실이다. 그러나 신우파의 등장에서도 엿볼 수 있듯 한국자유주의 담론은 여전히 이사야 벌린이 정립한 '소극적 자유', 즉 강제와 외부적 간섭으로부터의 자유를 앞세운 고전적 자유관에 기울어져 있다.

벌린은 '자유의 두 개념'에서 소극적 자유를 홉스, 로크, 아담 스미스 등의 고전적 자유주의자들에 의해 논구된 진정한 자유주의적 자유로 보았다.[9] 이에 비해 그는 '적극적 자유' 이념이 궁극적으로 자유를 억압하는 결과를 초래할 가능성을 경계했다. 적극적 자유는 개인의 자기실현과 자기 지배를 강조하는 관점이다. 적극적 자유를 강조하는 시각에서는 진짜 자아와 경험적 자아가 분별되면서 전자가 후자를 제대로 통어(統御)할 필요성이 강조된다.[10] 진정한 자아는 쉬이 공동체, 민족, 또는 국가 같은 거대 자아의 일부분으로 통합되며, 개체적 자아가 거대 주체에 따름으로써 보다 고차적인 자유를 누릴 수 있는 것으로 규정된다.

소극적 자유 개념을 자유의 원형으로 보는 관점에서는 최소국가론에 입각한 자유시장경제에 대한 확신이 자연스럽게 도출된다. 소극적 자유론자들은 이런 믿음이 현대 사회의 다원성과 민주성이라는 객관적 사실과 가장 잘 어울린다고 주장한다. 이런 문맥에서 한국 보수가 껴안은 자유주의 담론의 압도적 우세종은 소극적 자유 개념과 경제적 자유주의의 이념에 의존한다. 신우파의 주장을 대변했던 자유기업원의 강령이 대표적 사례였다. "자유주의라는 철학과 시장경제원리"를 전파하는 것을 주요 임무로 삼고 있는 자유기업원은 전경련이 1996년 설립한 자유기업센터를 개편·독립시켜 1999년 출범했던 '민간연구기관'이었다.

신우파와 연계된 자유기업원의 강령은 보수 주류와 동행한 한국 자유주의의 자화상을 투명한 형태로 집약했다. 이들이 바람직한 자유민주주의 사회의 요건으로 생각하는 것은 크게 다섯 가지다. 첫째 '자유기업은 합법적인 방법으로 생산 활동을 통해서 이윤을 창출하는 조직이다.' 둘째 '자유 시장경제 원리를 채택한 국가는 거대 정부와 공존할 수 없다.' 셋째, '선택의 자유와 개인의 책임, 그리고 사유재산권을 보장하는 원칙 하에서 시장경제원리를 통해 경제문제를 해결해야 한다.' 넷째, '사회복지와 평등에 대한 욕구가 경제적 자유를 간섭하고 재산권을 침해하는 법률로 입법화되고 있다.' 다섯째, '자유사회는 법치와 폭력의 자제라는 원칙을 지켜야 한다.'는 것이다.

전체적으로 이는 "자유기업, 작은 정부, 자유와 개인의 확립, 법의 지배와 폭력의 자제"라는 원칙으로 압축된다.[주11] 시장에 대한 확신, 이윤과 생산성 우선주의, 최소국가론, 인위적인 분배와 복지에 대한 회의, 법치를 통한 폭력의 극복과 관용 찬미 등으로 요약될 수 있다. 여기서 우리는 자유기업원이 상징하는 한국 자유주의의 자화상이 소극적 자유 개념에 의해 인도되고 있으며 사상사적으로 소박한 자유지상주의의 계보선 안에 편입된다는 사실을 알 수 있다. 이것이 자유주의를 앞세운 한국 보수의 주된 경제 논리였다.

자유 지상주의의 비조로 간주되는 로크의 입론과 이 논리를 비교함으로써 오늘의 시점에서 한국 자유주의의 주장이 정당화될 수 있는지 살펴보기로 하자. 로크의 자유주의는 "사람들이 국가를 형성하고 정부의 지배 아래 들어가는 가장 중요하고도 주된 목적은 스스로의 재산(property)을 지키는 데 있다"는 선언으로부터 출발한다.주12) 재산이 생명과 자유, 사유재산을 포괄하는 개념으로 정의된다는 사실에 주목할 필요가 있다. 고전적 자유주의가 자유와 정의, 천부인권, 동의에 의한 통치 등 보편적 설득력을 지닌 이념들을 내세웠지만 근본적으로 자기소유권을 핵심으로 하는 유산계층의 이데올로기였다는 사실 자체를 부인할 수는 없다.

하지만 로크의 이론이 무제한의 사적 소유에 근거한 시장 절대주의를 정당화하는 이론으로만 독해되어서는 안 된다. 개인의 점유에 일정한 제한이 설정되어야 함을 그가 확언하기 때문이다. '로크의 단서(Lockean Provisio)'로 알려진 이 제한 조항은 인간이 타인을 위해 "충분히 그리고 양질의 것"을 남겨놓는 만큼만 자신의 노동을 매개로 한 가치창출을 통해 점유할 수 있다고 선언한다.주13) 물론 로크는 과다한 가치 창출로 축적된 자연물의 부패 가능성에 의한 점유의 한계가, 썩지 않는 화폐의 출현에 의해 극복될 가능성을 암시함으로써 사적 소유권의 제한적 성격을 약화시키게 된다. 그러나 로크의 단서는 여전히 그의 소유이론의 시금석으로 남는다.

고전적 자유주의의 이념을 '소유적 개인주의'로 명명한 맥퍼슨은 시장사회의 구조가 정치적 의무에 대한 타당한 이론을 더 이상 제공하지 못하는 오늘의 상황에서 현대 자유민주주의가 여전히 소유적 개인의 이념에 붙들려있을 수밖에 없는 딜레마를 적시함으로써 로크의 유산을 비판한다.[*14] 하지만 로크의 입론은 재산권과 시민권 사이의 갈등을 굳이 감추지 않음으로써 오히려 맥퍼슨이 덮어씌우는 '소유적 개인'의 그림을 뛰어넘는 효과를 낳는다. 로크에게는 소유적 개인주의의 한계를 넘어서는 공익과 공동선에 대한 고려가 엄존해 있기 때문이다.

로크 소유이론의 중의성(重義性)은 그가 모든 사회적 관계를 시장 논리로 환원시키는 시장절대주의에 대해 결코 찬성하지 않았다는 데서도 입증된다. 신흥 유산계급의 이해관계를 정당화함과 동시에 로크는 자연권과 자연법의 타당성을 주장할 수 있는 이성적 전제를 보존했다. 로크는 인간이 신 앞의 도덕적 주체이자 서로 평등한 권리의무 복합주체라는 원칙을 포기하지 않았던 것이다. 자유주의의 행로를 근원적으로 규정짓는 자본주의적 재산권과 정치적 문맥에서의 불가침적 시민권 사이의 갈등은 로크 사상에 내재

되어 있다.[주15)]

한국의 재벌을 정당화하려는 형태의 보수적 자유주의가 로크의
소유권이론에 액면 그대로 의존할 수는 없다는 사실이 여기서 투
명하게 드러난다. 한국 자유주의가 신봉하는 시장절대주의, 공정
하고 투명한 시장경제, 최소국가론은 그들 자신이 리바이어턴화해
온 한국현대사에 의해 오히려 반증된다. 제왕적 대통령제로 불리
기도 하는 한국적 권력구조의 정점에 있었던 한 전직 대통령조차
'권력이 이미 기업에 넘어갔다'고 토로한 바 있었던 현실은, 이른
바 재벌공화국의 독점적 지배가 로크의 단서와 정면으로 충돌함을
웅변한다. 한마디로 한국재벌의 발달사는 정직한 노동과 노력을
강조하는 로크의 노동가치론을 상당 부분 희화화한다. 정치권력과
의 유착과 특혜, 구조화된 탈세와 부동산투기 등으로 과대 성장한
기업집단들은 이제 자신을 키워 준 정치권력과 시민사회 일반을
원격 조정하려는 수준까지 나가 있는 실정이다.

법치와 폭력 자제, 관용에 대한 한국 자유주의의 강조도 재벌의
과대성장 자체가 역대 정권의 구조적 체제폭력에 의해서 담보될
수 있었다는 기본적 사실을 은폐한다. 그리하여 생존권 확보에 매
달려있는 사회경제적 약자의 요구를 실정법적 준법성의 한계 안에
묶는 담론 효과를 겨냥한다. 한국 보수가 신봉해 온 형태의 자유주
의가 자신들과 상이한 의견에 대해 전통적으로 매우 억압적이고
폐쇄적인 태도를 취해온 사실도 의미심장하다. 보수 패권세력은

자유주의를 앞세워 반자유주의적인 태도를 숨기지 않았으며 그들의 행동 방식은 오늘도 동일하다.

한국 자유주의의 논리가 로크에 의존해서는 제대로 정당화되지 않는다는 사실이 밝혀졌으므로 로크 이후 발생한 수백 년의 변화를 감안해 현대의 자유 지상주의자인 노직의 논리와 비교해보자. 노직의 최소국가론적 소유이론은 대략 다음과 같이 정식화된다.[주16] 첫째, 주인이 없는 사물을 올바른 취득의 원칙에 따라 획득한 사람은 그 사물을 소유할 권리를 가진다. 둘째, 어떤 사물에 대한 소유권을 가진 사람으로부터 그것을 올바른 이전의 원칙에 따라 물려받은 사람은 그 사물의 소유권을 가진다. 셋째, 이상의 두 원칙에 따라 갖게 된 사물 이외의 것에 대해서는 아무도 소유권을 가질 수 없다. 이것이 정의로운 사회에서의 소유권의 근원을 설명한 노직의 소유 권리론(the entitlement theory of justice)의 핵심이다.

노직은 정의 사회는 국민 전체의 소유 상태가 소유 권리론의 원칙에 부합하는 사회라고 주장한다. 흥미로운 것은 한국재벌의 형성사와 오늘의 지배적 형태가 현대의 자유 지상주의자 노직이 제시한 원리들과 정면으로 배치된다는 사실이다. 노직의 소유이론을 그대로 적용할 경우 한국사회의 소유구조를 거의 혁명적인 방식으로 뜯어고쳐야 하는 임무를 국가가 지지 않으면 안 될 것이므로 최소국가론이 포기될 수밖에 없다. 경제적 자유주의를 앞세우는 한국자유주의의 행태는 극단적인 자유 지상주의의 논리에 의해서도 정당화되지 않는다.

한국 보수가 강조해 온 자유주의가 경제적 차원에서도 편향적이라는 사실이 충분히 논증되었으므로 정치적 측면으로 초점을 돌려보자. 기본적 시민권은 자유주의가 양보할 수 없는 이념이며 그 가운데서도 사상과 양심의 자유는 가장 중요한 자유주의적 가치 가운데 하나다. 그런데 보수 기득권 세력은 사상과 양심의 자유를 짓밟는 독소조항으로 가득 차 있는 국가보안법의 개폐 논의에 대해서도 유보적인 태도를 감추지 않는다. '명백하고 현존하는' 위험을 야기하지 않는 내면적 사상의 자유조차 용인하지 않는 국가보안법의 정당성을 강변하면서 동시에 자유주의자라고 자처하는 것은 형용모순이다.

자유주의를 위협하는 이런 모순이 어떻게 한국 자유주의의 특징이 되었는가? 나는 그 열쇠를 전쟁과 분단의 구조가 강제한 반공규율사회에서 발견할 수 있다고 본다. 자유주의 진영 안에 타의에 의해 편입된 한국은 세계사적 냉전구도의 전진 기지 역할을 맡을 수밖에 없었다. 대립하는 두 체제 사이의 생사를 건 싸움 속에서 한반도는 냉전과 함께 혹독한 열전을 겪었다. 구조화한 반공규율체제가 유례를 찾기 어려울 정도로 엄혹한 방식으로 우리의 전 존재를 규정했다. 군사 권위주의 체제의 억압과 이데올로기적 금제(禁制) 장치는 자유주의를 진영 대결 속의 체제정당화 논리인 냉전 반공주의와 일체화시키고 말았다.

권위주의적 발전국가의 이데올로기적 국가기구들은 정치적 자유주의의 핵심인 시민적 기본권에 심대한 타격을 입혔다. 군사독재 시절 언론, 출판, 결사, 집회의 자유, 법치제도, 권력분립, 입헌주의적 견제와 균형의 원리 같은 자유주의의 핵심적 덕목들이 자유주의(실제로는 냉전 반공주의) 자신의 이름으로 무참히 유린되었다. 냉전 반공주의로 타락한 한국자유주의는 자유주의에 고유한 가치와 윤리들도 함께 망실해버리고 말았다. 그 결과 한국 자유주의는 권력과 금력을 독점한 자들의 책략적 기회주의나 출세 논리와 동일시되고 말았다. 이런 상황은 오늘의 현실에서도 바뀌지 않았으며 특히 박근혜 정부의 일탈에서 집중적으로 드러났다.

냉전 반공주의와 자유주의의 기형적 연계가 한국에서만 발생한 것이 아니라는 사실은 첨언해 둘 필요가 있다. 1945년의 해방공간에 자유주의가 우리에게 박래품(舶來品)으로 주어졌을 때 그것은 이미 세계사적인 냉전의 포로였던 것이다. 파시즘의 패퇴이후 유일한 전체주의로 표상된 공산주의는 자유주의의 최대 적으로 설정되었다.[주17] 공산주의와 싸우는 전사(戰士)로서의 냉전 자유주의가 자유주의의 합리적 핵심들을 배반하는 형태로 실행되었음이 물론이다. 가장 악명 높은 사례는 1940년대 후반부터 1950년대 중반까지 미국을 휩쓸었던 매카시즘의 광풍이었다. 한국 자유주의의 굴절과 왜곡은 냉전 체제 안에서도 그 강도와 정도가 심한 것이었으며 오랫동안 한국인의 문화적 정체성과 정치적 상상력을 피폐하게 만들었다. 패권적 보수에 그 책임이 있음은 물론이다.

절차적 민주주의가 진전되어 감에 따라 수구적 한국 자유주의에 대한 반성도 자연스럽게 제기되었다. 자유주의에 대한 이념적 자기성찰을 감당할 능력과 비전을 갖추지 못했던 보수 일색의 제도 정치권 '안'이 아니라 그 '밖'에서 한국 자유주의의 개혁과 수정을 위한 노력들이 전개되었다는 사실은 한국 사회의 취약성과 강점을 동시에 증명한다. 이 가운데서도 시민사회의 힘과 역동성은 놀랄 만한 것이어서 민주화를 이끄는 견인차 역할을 담당했다. 시민들은 결정적인 역사의 순간에 여러 번 적극적으로 개입하여 민주주의를 비약시키고 한국 자유주의의 전향적 변화를 추동한 주체였다. 박근혜 탄핵을 부른 2016~17년의 촛불도 시민사회적 운동정치의 위력을 증언하고 있다. 경실련이나 참여연대, 환경연합 같은 자생적 조직은 자유주의적 시민사회의 성장을 웅변하는 뿌리 깊은 모델이다.

그렇다면 "낡은 수구 좌파와 수구 우파가 주도하는 정치"를 끝장내고 "한국적 현실에 맞는 21세기형 자유주의"를 건설한다며 2004년 말 출범했던 '자유주의 연대'의 뉴 라이트 운동을 어떻게 평가해야 할 것인가?[18] 패권적 보수와 수구 우파가 독점하다시피 했던 한국 자유주의 담론의 창신(創新)을 외쳤다는 점에서 이들의 문제제기에 의미가 없었던 것은 아니다. 그러나 2004년 자유주의 연대의 자유주의적 문제설정은 1989년 출발한 경실련이나 1994년 설립된 참여연대 등의 자유주의관보다 현저히 우익으로 기울어져 있다는 약점을 출발 당시부터 가지고 있었다. 중도적 자유민주주의나 정의 지향적 자유주의관까지 피력하는 주류 시민단체의 지향에 비추어 보면 자유주의 연대의 자유관은 경제적 자유주의의 소극적 자유 이해를 신자유주의적 상황에 맞추어 시대착오적으로 조합한 데 지나지 않았다.

이들의 실천적 테제라고도 할 수 있을 「자유주의자의 길」이 이를 입증한다.[주19] 10개의 명제 가운데 경제 노선을 천명하는 '작은 정부-큰 시장', '자유무역협정을 통한 열린 통상대국 건설', '빈부격차의 해소가 아니라 빈곤의 해소'를 지향한다는 명제들은 분명한 한국적 신자유주의의 길에 대한 지향이다. 문제는 성장뿐만 아니라 한국의 현실에서 균형감각을 갖춘 개혁 지향적 자유주의 담론이라면 반드시 포함해야 할 분배정의의 중요성에 대한 인식이 원천적으로 결여되어 있었다는 데 있다. 자유주의를 강건하게 할 민주적 평등의 정신도 '모든 특권을 철폐하며 만민에게 기회의 평등을 보장한다'는 막연한 수사로 그치고 있다. 경제정의가 없는 상황에서 어떻게 기회균등이 가능하며 특권의 폐지가 어떻게 이루어질 수 있는지에 대해서 이들은 침묵했다. 기득권 보수의 특징이 여실히 드러나는 지점이다.

자유주의 연대 같은 신우파의 또 다른 퇴행성은 참여의 증진을 통한 민주적 시민권의 확장에 대해 적극적 비전을 결여하고 있었다는 사실에서 발견된다. 이 부분은 경제정의에 대한 그들의 취약한 감수성의 자연스러운 귀결이었다. 그 결과 북한 민주화의 화급성에 대한 이들의 정당한 강조조차 국내 정치용 선전에 불과하다는 혐의를 받았다. 자유주의 연대 등의 뉴라이트 운동이 드러냈던 자유주의 이론의 빈곤은 국내 정치의 주체로 단기간에 우뚝 서고자 했던 이들의 정치적 욕망의 과잉상태와 동행했다. 결국 한국의 뉴라이트 운동에는 자유주의를 전향적으로 개량해 재구성하겠다는 지적 노력보다는 낡은 한국 자유주의를 분칠해 사회정치적 권력으로서 득세하고자 했던 정치공학적 선택이 앞섰다. 이명박 정부 출범으로 신보수로의 정권교체가 이루어짐으로써 뉴라이트의 어용권력화가 노골적으로 진행되자 뉴라이트 지식인조차 '뉴라이트가 죽었다'고 선언했던 상황은 이들의 이념적 파산상태를 극명하게 입증한 바 있다.[20]

냉전 반공주의와 천민자본주의의 기괴한 복합체로 형상화된 한국자유주의의 초상은 한국인에게 씻을 수 없는 상흔을 남겼다. 그 결과 민주적이고 정의로운 사회를 지향하는 한국적 시도들은 일단 자유주의를 경원시하게 된다. 자유주의는 이상 사회의 반면교사(反面教師) 같은 것이어서, 좋은 사회는 자유주의와는 전혀 다른 그 무엇이라는 생각이 확산된다. 1980년대 이후 한국 사회를 휩쓴 정치적·경제적 상상력의 가장 큰 부분은 反자유주의적이거나 非자유주의적인 것이었다. 한국지식인 사회에서 자유주의가 홀대되는 배경이다.

한국 자유주의 담론의 주축이었던 패권 보수가 이런 사태에 대해 책임을 져야하는 건 물론이다. 냉전 반공주의와 천민자본주의를 넘어선 자유민주주의의 구현 없이 한국 보수의 위기를 극복할 길은 없다. 지금까지의 분석은 자유민주주의와 시장경제가 한국 보수주의의 이념으로 재구성되어야 할 이유를 설명해준다. 이는 19대 대선 패배 이후 이른바 신보수에 대한 모색이 보수 정치세력에서 운위되고 있는 오늘의 상황에서도 심각하게 유념해야 할 역사적 교훈이다.

한국 보수의 미래~ 공화정으로로서의 대한민국

대한민국 자체가 보수가 만든 나라라는 전제를 받아들인다면, 보수는 한국사회의 모순을 정공법으로 다루어야 할 윤리적 책무를 진다. '한국 보수의 미래가 있는가'의 화두에 답하기 위해서는 어지러운 현실의 핵심에 육박해 들어가야만 한다. 보수 패권세력이 왜곡한 한국 자유민주주의의 실제 내용이 냉전반공주의와 천민자본주의의 결합이었다고 비판한 이유다. 패권 집단화한 한국

주류 보수는 각양각색의 지대(地代) 추구에 안주해 자신들만의 성을 높이 쌓아올림으로써 보수의 위기와 한국사회의 위기를 초래했다. 자유주의를 왜곡하고 민주주의도 거부하며 공화정의 정신도 부인하면서 자신들의 기득권을 확대 영속시키는 데에 여념 없는 보수패권 집단의 모습은 천민적이라고 규정되어야 마땅하다.[주21]

자유민주주의를 실천함과 동시에 궁극적으로는 공화정의 이념을 지향해야만 한국 보수주의는 밝고 창대한 미래를 기약할 수 있다. 이런 나의 논의는 자유주의, 민주주의, 공화정 이념의 갈등과 상호보완이라는 정치철학적 배경을 지닌다. 이러한 시각에서 보자면 패권 보수의 천민성은 反자유민주주의적일 뿐 아니라 '시민 모두를 위한 나라'라는 공화정의 이념에 근본적으로 역행한다. 부의 양극화나 우중정치 같은 현대자유민주주의에 내재된 본질적 결함들을 시정할 수 있는 공화정의 핵심 정신은 '지배할 만한 능력과 자격을 갖춘 자가 지배해야 한다'는 명제로 압축된다. 공화정에서 공공성과 법치주의, 그리고 노블레스 오블리주 등의 시민윤리가 필수적인 것은 이 때문이다. 패권적 보수는 정치의 본령이어야 할 공공성을 붕괴시킨다. 천하위공(天下爲公)해야 할 지도자와 지배층이 사적이익의 극대화에 부심하며 배제를 일삼고 못 가진 사람의 몫까지 뺏는 천민성을 드러낸다.

한마디로 보수패권 집단은 '우리 모두의 나라'가 아니라 '그들만의 나라'를 세우는 데 영일이 없었다고 해도 과언이 아니다. 한국 보수의 미래를 탐색하면서 이런 反공화국적 모습에 대해 직설(直說)을 삼갈 때 진단의 설득력은 그만큼 감소한다. 진단이 철저하지 않을 때 처방전도 모호해진다. 또 다른 문제는 자유민주주의를 존중하는 개혁적 보수의 목소리가 보수 진영 안에서도 현실적 헤게모니를 형성하고 있지 않다는 사실이다. 개혁적 보수의 움직임이 지식인 담론으로 제한되어 있는 것이 그 증표다. 지식인 담론이나 운동은 그 자체 소중하지만 소수의 자기 위안에 머무르지 않기 위해서는 일반 대중의 자발적 동의에 입각한 헤게모니를 창출해야 한다.

과거에 머무는 보수로는 미래를 기약할 수 없다. 온전한 자유민주주의와 공정한 시장경제만이 대한민국이라는 공동체를 지킬 진짜 애국심과 시민의식을 낳는다. 여기서 우리는 제대로 된 자유민주주의의 이념이 공화정으로 들어가는 왕도임을 확인하게 된다. 진정한 보수는 법치주의의 준칙과 정의의 덕목을 솔선수범한다. 병역과 납세의무를 다하는 사회지도층이 공동체를 위해 희생하고 헌신할 때 국가가 튼튼해진다고 믿는 이들이야말로 참된 보수다. 합리적 보수는 포용적 사회경제정책을 펴 사회적 약자를 껴안는다. 법 앞의 평등이 확보되고 지나친 경제적 격차가 줄어야 보수가 꿈꾸는 정의로운 공동체가 가능해진다.

대한민국은 민주공화국임을 헌법의 제1조에서 선포함으로써 공화정을 나라의 근본 가치로 삼겠다고 선언했다. 북한, 즉 조선민주주의인민공화국도 스스로를 '공화국'으로 줄여 부른다. 헌법 조문 상으로는 공화국이 남북에 공통된 근본이념으로 되어있다. 하지만 공화정에 대한 남북의 실천 사이에는 공통점이 전무하다. 조선민주주의인민공화국은 민주주의도 아니며 인민의 나라라고 할 수도 없다. 엄밀하게 말해 북한을 공화국이라고 부를 수 있는 여지는 전혀 발견되지 않는다. 우리가 한국 보수주의의 미래로서 공화정의 이념을 말할 때 남북의 이런 질적 차이는 깊은 함의를 갖는다.

공화국의 어원이 res publica에서 비롯했고 '시민 모두의 나라'를 지칭한다는 사실을 감안하면 나라 전체가 한 개인의 사유물로 전락한 북한 유일체제의 현실은 공화국의 이념과 정 반대다. 북한의 최고 통치원리인 유일사상체계 확립 10대 원칙은 수령(首領)에 대한 '절대적 · 무조건적 복종'을 강조한다. 한마디로 북한은 '수령의, 수령에 의한, 수령을 위한' 나라인 것이다. 김정은과 그 일가가 국가 전체를 포획(捕獲)해 자신들의 사적 이해관계 밑에 종속시켜 사사로운 소유물로 만들어버린 나라가 바로 북한이다. 이것이 북핵과 북한 인권문제를 포함한 북한문제의 철학적 근원이다. 북한이 국가로서 실패한 철학적 이유는 나라의 본질인 공화정을 철저한 빈껍데기로 만들어버린 데에 있다. 물론 최악의 정체(政體)인 북한과 비교할 순 없지만, 박근혜 정부 몰락의 근본 이유도 결국은 국가권력의 사사화에서 비롯된 것이라 할 수 있다.

한국사회의 현재와 미래를 성찰하는 데 있어 공화정이야말로 헌법적 핵심가치인데도 자유민주주의에 비해 공화정에 대한 이해도는 현저히 낮았다. 하지만 대한민국 헌법의 정치철학적 핵심인 자유주의·민주주의·공화정 이념 가운데 가장 중요한 것은 공화정이라고 나는 본다. 세 가지 이념의 역사적 뿌리가 다르고 지향도 상이한 까닭에 세 이념의 유기적 통합은 민주공화국 대한민국이 직면한 최대 도전 가운데 하나임이 분명하다. 공화주의의 실천은 특히 통일 한반도로 나아가기 위한 사상적 준거이다. 나아가 공화정의 헌법정신은 한국 보수주의의 미래를 이끌 뿐 아니라 정의와 공정성, 복지강화·경제민주화 등 오늘의 시대정신을 견인하는 핵심 원리이기도 하다.

대한민국 헌법의 사회경제 조항과 공화국의 이상이 만날 수 있는 여지도 풍성하다. 우리나라는 "개인과 기업의 경제상의 자유와 창의를 존중"(119조 1항)한다. 대한민국의 최고 법규범인 헌법 자체가 자유민주주의와 시장경제를 지향하면서 정의의 첫 부분인 공평성을 전제한다. 동시에 대한민국 헌법은 "국가는 균형 있는 국민경제의 성장 및 안정과 적정한 소득의 분배를 유지하고, 시장의 지배와 경제력의 남용을 방지하며, 경제주체간의 조화를 통한 경제의 민주화를 위하여 경제에 관한 규제와 조정을 할 수 있음"(119조 2항)을 분명히 한다. 정의의 뒷부분이자 그 완결 개념인 공정성의 사회경제적 지평을 환기시키는 대목이다.

헌법 119조의 전체 취지는 1조와의 긴밀한 상관관계 속에서만 정확하게 이해된다. 경제민주화의 헌법적 정당화와 연관해 논쟁을 양산해왔고, 자유와 평등이라는 민주적 기본 가치들 사이의 갈등을 야기해 온 119조 1항과 2항 사이의 우선성 논란은 헌법 1조에서 말하는 공화정의 지평 위에서만 온전히 통합 가능하다. 대한민국 헌법에 의해서도 국가는 패자부활전을 확립해야하며 사회경제적 약자를 보호해야 할 공적 의무를 진다. 보편화한 정의사회의 이념은 대한민국 헌법질서와 부합하며 선진국의 규범적 표준이자 근본 가치인 사회정의론과도 일치한다.

무릇 정의롭지 않은 국가는 제대로 된 국가라고 할 수 없다는 교훈은 인류의 오래 된 직관이다. '부정의(不正義)한 공화정'은 형용모순에 가까운 개념이기 때문이다. 불공정한 정치공동체에서 안개처럼 피어나는 르상티망은 헌법적 애국주의의 형성을 막아 헌정(憲政)의 활력을 시들게 한다. 열린 애국심은 인종과 민족에 대한 충성심이 아니라 삶의 질서를 이끌어가는 대한민국 헌법에 대한 충실성으로 다시 정의되어야 한다. 한국사의 오랜 숙제였던 정의와 공정성의 화두가 새롭게 주목받고 있는 오늘의 현실은 역사적 필연에 가깝다.

시대적 과제에 담대히 직면해 그것을 실천할 수 있는 용기를 지닌 시민들만이 미래의 희망을 꿈꿀 수 있다. 정치공동체의 궁극 목표가 정의 실현에 있고 정의의 최고법적 표현이 헌법이라는 사실을 감안하면 정의·공정성과 대한민국의 헌법정신은 일심동체에 가깝다. 다시 강조하거니와 한국의 정치사회적 현실에서 가장 생소한 가치 가운데 하나는 공화정의 이론과 실천이다. 공화주의적인 삶의 부재는 산업화와 민주화의 진전에도 불구하고 시민들 사이에 상호적대적인 삶을 널리 퍼트렸다. 헌법문서의 차원에 머무름으로써 박제화되어 온 공화국의 꿈에 숨결을 불어넣는 작업은 우리사회 진화의 현 단계에서 최대의 도전에 해당한다. 만약 한국 보수주의가 이런 도전에 성공적으로 응전할 수 있다면 보수의 미래는 진정 창대할 것이다.

공화정의 이상과 실천은 분열을 줄이고 적대감을 치유하며 사회통합을 제고시킨다. 통일시대의 대한민국을 '평등한 자유 시민 모두를 위한 좋은 나라'로 만드는 최대의 정치철학적 기획이 바로 공화정이다. 따라서 그럴듯한 통일담론을 만들어내는 일 자체는 그리 중요하지 않다. '남북의 주민들이 각각 공화정적인 삶을 생활현장에서 얼마나 구체적으로 살아가고 있는가'가 미래의 통일을 결정할 것이기 때문이다. 공화정이 실현되어야 동북아와 세계사회도 성숙한 지구촌의 모습에 더 가까워진다. 한반도 전체가 진정한 민주공화국에 한걸음 더 가까이 갈 때 통일은 성큼 우리에게 다가온다. 공화정의 길이야말로 한반도의 평화와 통일로 가는 가장 큰 대로(大路)인 것이다.

간난(艱難)의 세월 동안 우리는 세계 최빈국에서 10대 경제 강국으로 수직 상승했다. 역동적인 민주주의도 이루었다. 한국적 산업혁명과 민주혁명의 결과, 채 100년도 안된 대한민국이 준(準)선진국으로 떠오른 것이다. 세계사에서 유례를 찾기 어려운 성취다. 하지만 아직 갈 길이 먼 것도 사실이다. 시민들의 삶은 팍팍하며 미래는 불확실하다. 자살률이 경제협력개발기구(OECD) 국가 중 압도적 1위다. 불만과 불신이 끓는 우리사회 일각에서는 나라를 지옥에 빗대는 '헬 조선', '망한 민국'이란 말까지 나온다. 최순실 사태는 이런 흐름에다가 마치 불에 기름을 끼얹는 격이었다.

빛과 그림자가 이처럼 극단적으로 엇갈려도 전반적 통계지표들은 한국이 선진국 문턱에 이르렀음을 보여 준다. 한때 우리가 아메리칸 드림을 꿈꾸었던 것처럼 수많은 제3세계 노동자들이 코리안 드림의 희망으로 한국사회의 문을 두드리고 있는 게 생생한 증거다. 하지만 우리가 선진국으로 가는 길엔 커다란 걸림돌이 놓여있다. 북한문제, 경제 살리기, 복지강화, 정당혁신, 공공개혁과 교육개혁 등의 난제들이 쌓여있는 가운데 사회적 신뢰의 부재가 치명적 장애물로 등장했다.

OECD의 '한 눈에 보는 정부 2015(Government at a Glance 2015)' 보고서는 한국인의 민낯을 폭로한다. 사법제도에 대한 한국인의 신뢰도는 27%로 드러났는데 조사대상 42개국 중 밑바닥 수준인 39위다. 사법신뢰도가 우리보다 낮은 국가는 콜롬비아

(26%), 칠레(19%), 우크라이나(12%) 3개국에 불과하다. 반군조직과 극우단체의 테러가 난무하고 마약범죄가 들끓는 콜롬비아 국민의 법에 대한 신뢰도가 우리와 비슷하다는 사실이 놀랍다. '총체적 불신사회, 한국'의 충격적 단면이다.

사법제도가 불신 받는 이유는 자명하다. 법조계의 오랜 악습인 전관예우로 국민들이 유전무죄·무전유죄를 의심하기 때문이다. 법의 공정성이 흔들릴 때 공적 제도에 대한 신뢰는 수직 추락한다. OECD 보고서에 의하면 한국 국민 10명 중 7명은 정부를 믿지 않는다. 2015년에 서울대와 조선일보가 수행했던 '광복 70주년 국민의식조사'에선 더 형편없는 결과가 나왔다. 청와대와 검찰, 국세청과 정당에 대한 신뢰가 참담할 정도로 낮다. 한국사회가 이처럼 만성적인 저신뢰사회가 된 데는 정부와 법조계를 비롯한 공적 기관의 책임이 막중하다. 강력한 공적 권력이 막대한 힘에 상응하는 책임과 의무를 다하지 않았기 때문이다.

하지만 신뢰의 부재가 힘 있는 자들만의 고질병은 아니다. 우리네 일상에서도 신뢰라는 마음의 습관이 태부족하다. '거짓말 범죄'인 사기, 무고, 위증사범 발생률이 이웃 일본에 비해 수십 배에서 수백 배까지 높은 게 단적인 사례다. 타인과 공적 제도에 대한 신뢰가 없는 곳에서는 '모두가 모두에 대해 늑대'인 존재로 타락하기 쉽다. 불공정한데다 불투명하기까지 한 '게임의 규칙'에 대한 의심은 사회 구성원들의 분노와 원망을 키운다.

불신과 불공정은 공화정의 최대 적(敵)이다. 자유로운 시민들이 함께 어울려 사는 공화사회는 결코 헛된 유토피아가 아니다. 공정한 게임의 규칙인 법질서와 시민정신이 두루 성숙한 현실사회야말로 공화사회에 가깝기 때문이다. 시민 스스로 동의한 법치주의로 자유와 정의(正義)를 실천해가는 공동체가 곧 공화사회인 것이다. 이런 의미의 공화사회는 헌법 제1조가 규정한 민주공화정을 실현하려는 시민사회 차원의 구체적 시도이기도 하다.

진정한 공화정으로 가는 길은 멀고도 험하다. 성숙한 시민들이 자유롭고 풍요로운 삶을 누리는 통일 한반도의 미래를 진정 바란다면 함께 그 길로 나아가야만 한다. 다른 대안은 존재하지 않는다. 권력이 강할수록 공정하려 애쓰며, 가진 자일수록 의무를 다하는 풍토에서만 사회적 신뢰가 싹튼다. 신뢰와 공정성이라는 사회자본에 비례해 통합과 관용지수가 증가하고 경제성장이 빨라진다는 건 확고한 경험칙(經驗則)이다. 신뢰야말로 삶을 풍성하게 하고 국격(國格)을 드높이는 결정적 힘이다. 신뢰 없이 선진국을 이루는 것은 불가능하다.

신뢰와 공정성, 정의 같은 미래지향적 가치들은 공화사회의 바탕 위에서만 온전히 실현 가능하다. 국수주의적인 과거의 국가 이성이 미래지향적이고 변증법적인 국가 이성으로 진화하고 민주공화정이 공고화할 때 대한민국의 꿈은 영글어간다. 결국 공화정이야말로 대한민국을 미래로 이끌 진정한 한국몽(韓國夢)이다. 만약 한국 보수가 진정한 공화정을 꿈꾸는 한국몽의 실천가이자 선구자로 승격될 수 있다면 한국 보수주의의 앞날엔 밝은 미래가 기다리고 있을 터이다. 결국 패권적 수구 보수의 몰락은 보수주의의 부활을 위한 위대한 기회이기도 한 것이다.

- 각주 및 참고문헌 -

주1) 철학자 헤겔(Hegel)의 학문 방법론에서 힌트를 얻은 것이다. 헤겔은 통상적으로 오해되는 것과는 달리 관념론자로 평가 절하될 수 없다. 특히 그의 정치철학은 현대세계의 구조와 동학에 관한 심원한 통찰을 보여준다. 이에 대해서는 졸저『담론이론의 사회철학』(서울: 문예출판사, 1998)의 제3장「시민사회론과 포스트마르크스주의」를 참고할 것. 특히 헤겔의 풍부한 시민사회론은 마르크스의 역사적 유물론에 의해서도 결코 '지양' 되지 않았다.

주2) 졸저『시장의 철학』(서울: 나남출판, 2016)에서 본격적으로 다루었다.

주3) 이하 3장의 논의는 졸저『급진자유주의 정치철학』(서울: 아카넷, 2009)의 제1장 2절인「우파의 자유주의관에 대한 급진자유주의의 비판」을 재구성한 것이다. 같은 책, 27~38쪽 참조.

주4) 민주주의의 역사에 대한 개요는 A. 로젠베르크, 박호성 역,『유럽정치사』(역사비평사, 1990), 19~26쪽.

주5) 로젠베르크, 앞의 책, 245쪽.

주6) N. Bobbio, Liberalism and Democracy (London: Verso, 1990), 2쪽.

주7) A. Arblaster, The Rise and Decline of Western Liberalism (Blackwell, 1984), 264쪽.

주8) 자유주의의 사상적 스펙트럼을 개괄하는 국내의 표준적 해설서로는 노명식,『자유주의의 원리와 역사』(민음사, 1991), 이근식,『자유주의 사회경제사상』(한길사, 1999), 김비환『자유지상주의자들 자유주의자들 그리고 민주주의자들』(성대출판부, 2005) 등을 들 수 있다. 또한 존스턴은 자유주의를 권리우선적 자유주의, 완전주의적 자유주의, 정치적 자유주의, 그리고 인간주의적 자유주의로 구분하고 있으며, 그레이는 자연권 자유주의, 칸트적 자유주의, 공리주의적 자유주의로 나누고 있다. D. Johnston, The Idea of a Liberal Theory (Princeton: Princeton University Press, 1994)와 J. Gray, Liberalism (Minneapolis: University of Minnesota Press, 1986) 참조.

주9) I. Berlin, "Two Concepts of Liberty", Four Essays on Liberty (Oxford University Press, 1979), 122쪽.

주10) 벌린, 앞의 책, 134쪽.

주11) 자유기업원 홈페이지 참조(www.cfe.org).

주12) J. Locke, Second Treatise of Government (Indianapolis: Hackett, 1980), 66쪽.

주13) Locke, 앞의 책, 22쪽.

주14) C. B. Macpherson, The Political Theory of Possessive Individualism (Oxford: Oxford University Press, 1962), 275쪽.

주15) C.H. Monson, Jr. "Locke and his Interpreters", J. Locke: Critical Assesments, vol. III, ed. by R. Ashcroft (London: RKP, 1991), 25쪽.

주16) R. Nozick, Anarchy, State, and Utopia (N.Y.: Basic Books, 1974), 151 ~ 152쪽 참조.

주17) Arblaster, The Rise and Decline of Western Liberalism, 309쪽.

주18) 자유주의 연대 홈페이지(www. 486.or.kr), 「창립선언문」.

주19) 자유주의 연대 홈페이지 참조.

주20) 故 이일영 교수의 발언이다.

주21) 송복 교수는 한국 지배층, 즉 기득권 보수의 천민성을 정밀하고 설득력 있는 사회학적 탐구로 논증했다. 송복 『특혜와 책임』(서울: 가디언, 2016). 송 교수에 의하면, '한국사회에 상층은 있는데 상류사회가 없고 고위직층은 있는데 노블레스 오블리주가 없다.' 결국 송 교수 주장의 핵심은 한국의 기득권 보수가 특혜를 누리면서 책임은 외면한다는 것으로 집약된다.

≪이 기 동≫

국가지도자의 리더십과 선비정신

| 학력 |
• 일본 쓰꾸바대학 철학사상연구과 졸업
• 성균관대학교 유학과 졸업

| 경력 및 활동사항 |
• (사)동인문화원 원장
• 한국 일본사상사학회 회장
• 미국 하버드 대학 방문학자
• 성균관대학교 대학원장
• 성균관대학교 유학대학장
• 성균관대학교 유학과 교수

| 저서 및 논문 |
• 진리란 무엇인가(21세기북스)
• 한마음의 나라 한국(동인서원)
• 맹자강설(성균관대학교 출판부)
• 논어강설(성균관대학교 출판부)

FORUM OH-RAE
Today & Tomorrow

세상을 바꿔라 Ⓥ

국가지도자의 리더십과 선비정신

이기동 ┃ 성균관대학교 교수

한국사회와 선비정신

　우리 국민은 언제나 위대한 국가지도자의 출현을 기대하지만, 국가지도자들은 매번 그 기대를 저버린다. 왜 그럴까? 그 근본원인은 선비정신을 상실한 데 있다. 그것은 과일나무의 뿌리를 가꾸지 않고 농약만 열심히 치다가 뿌리가 망가져 농사를 망치는 것과 같다.

　사람의 몸이 나무의 잎과 가지라면 마음은 뿌리에 해당한다. 한국인들은 예로부터 마음을 중시했다. 마음의 깊은 곳에는 모두 하나로 연결되어 있는 한마음이 있다. 그 한마음이 양심이고 본심이다. 한국에서는 그 한마음을 가지고 사는 사람이라야 사람취급을받았고, 그 한마음을 잃어버리고 사는 사람은 짐승취급을 당했다. 한국인들이 남과 싸울 때 "네가 인간이냐?" 하고 따지는 것은, 인간의 몸을 하고 있는가를 따지는 것이 아니라, 인간이 마땅히 가지고 있어야 할 그 한마음을 가지고 있는지 따지는 것이다. 인간이짐승처럼 살 수는 없다. 반드시 인간의 마음을 회복해야 한다. 한국인들은 예로부터 그 방법을 가지고 있었다. 동굴에 들어가 햇빛을 보지 않고 마늘과 쑥을 먹으며 인간의 마음을 찾아서 인간이 되어 나왔다. 불교가 들어왔을 때는 불교가 동굴역할을 했고 유학이들어왔을 때는 유학이 동굴역할을 했다. 유학의 용어를 빌리면 한마음을 가지고 사는 사람이 군자이고 잃어버리고 사는 사람이 소인이다. 군자를 순수한 한국어로 표현한 말이 선비이고, 선비의 정신이 선비정신이다.

조선시대 때는 유(儒)를 선비로 번역했다. 유(儒)는 인(人)과 수(需)를 합한 글자로, '세상이 필요로 하는 사람'이란 뜻이다. 오늘날 서양 사람들이 훌륭한 한국인을 '스마트 코리언(smart Korean)'이라고 하는데, 스마트 코리언에 해당하는 말이 바로 선비이다. '선'에는 '선선하다', '시원하다' '착하다' '소통 된다' 등의 뜻이있고, 선을 본다고 할 때의 '선'이란 뜻도 있다. 선이란 막혀 있는사람끼리 만나게 해서 소통시키는 자리인 것이다. '비'라는 말 중에 가장 먼저 떠오르는 말은 하늘에서 내리는 비이다. 농경시대 때 비는 사람을 살리는 구세주였다. 옛날 우리 조상들이 '비가 온다.' 고 하지 않고 '비가 오신다.'고 존칭을 썼던 것은 그 때문이었다. '비'에는 '먼지나 쓰레기를 쓸어내는 도구'라는 의미도 있다. 그 '비'로 마음속의 먼지나 쓰레기인 욕심덩어리를 쓸어내어야 한다. '비'에는 또 '비다' '비우다' 등의 뜻도 있다. 그 또한 마음속에 있는 욕심덩어리를 비우는 뜻이 담겨 있다. 위의 세 뜻들을 종합하면 '선비'란 '사람들의 욕심을 쓸어내어 모든 사람을 하나로 소통하게 함으로써 세상을 선선하게 만드는 구세주'를 의미한다.

선비의 요건과 역할

선비는 욕심을 비운 깨끗한 사람이므로 선비가 되기 위해서는 우선 욕심을 비우는 과정을 거쳐야 한다.

욕심에 갇혀서 사는 사람과 선비는 다르다. 욕심에 갇혀서 사는 사람은 자기의 욕심을 채우는 삶으로 일관하지만, 선비는 한마음을 가지고 살기 때문에 모든 사람과 하나가 되어 산다. 그런 사람은 자기를 아끼듯 다른 사람도 아낀다. 그런 사람은 남과 하나로 통해 있기 때문에 자기 몸이 죽어도 죽는 것이 아니다. 그에게 죽음이란 것은 없다. 그렇게 사는 사람이 행복하다. 그런 사람이 참된 사람이고 그런 사람이 선비다. 선비의 삶과 짐승 같은 사람의 삶은 아래와 같이 내용이 반대이다.

모두 하나 : 서로 사랑 : 영생 : 행복 : 선비 : 군자 : 참된 삶
각각 남남 : 무한 경쟁 : 사멸 : 불행 : 짐승 : 소인 : 거짓 된 삶

선비는 마음이 깨끗하기 때문에 정치적 지위를 탐하지 않지만, 남의 불행을 보면 그들을 행복하게 되도록 노력하기 위해 정치에 참여한다. 오늘날과 같은 정치는 치(治)라고 한다면 선비의 다스림은 이(理)라고 한다. 치(治)는 물을 다스리는 것처럼 힘으로 세상을 다스리는 것이지만, 이(理)는 그렇지 않다. 이(理)는 원래의 모습으로 되돌려 놓는다는 뜻이다. 이(理)는 옥(玉)의 결, 또는 옥의 무늬를 의미하는 글자였다. 옥은 아름답고 질서정연한 결을 가지고 있다. 사람의 머리카락도 처음에는 옥의 결처럼 질서정연하게 자란다. 그러다가 나중에 자꾸 헝클어지기 때문에 원래의 질서정연한 모습으로 되돌려야 하는데, 그렇게 하는 것을 이발(理髮)이라 한다. 이 세상 또한 옥의 결처럼 아름답고 질서정연한 상태였다. 옛한국인들은 사람은 모두 한마음을 가지고 살았던 착한 사람이었고, 이 세상 또한 착한 사람들이 살았던 이상사회였던 것으로 보았다. 그러던 것이 세월이 흐를수록 차츰 악해진 사람들이 생겨났고 그 때문에 이 세상 또한 혼란하게 되었으므로 사람도 착했던 원래

모습으로 되돌려 놓아야 했고, 이 세상 또한 원래의 이상사회로 되돌려 놓아야 했다. 옛 한국인들은 그렇게 하는 것을 다스림이라 했다. 단군신화에는 견왕이지(遣往理之), 재세이화(在世理化) 등의 말이 나온다. 견왕이지는 환인이 환웅을 '지상에 내려 보내서 세상을 원래의 모습으로 되돌려놓게 했다.'는 뜻이고, 재세이화는 '이 세상에서 사람들과 세상을 다스려 원래의 모습으로 바꾼다.'는 뜻이다. 이 세상을 원래의 모습으로 되돌려 놓음으로써 사람들의 마음이 모두 하나가 되어 모두가 만족하는 세상이 된 것이 홍익인간(弘益人間)이다. 홍익인간이란 '모든 사람이 다 만족하는 세상'이란 뜻이다. 참된 다스림이란 이 세상을 홍익인간으로 만드는 것뿐이다.

공자는 단군이래의 한국의 선비를 군자라는 말로 표현했다. 공자는 어느 날 동이족들이 살고 있는 곳에 가서 살고 싶다고 토로한 적이 있다. 공자가 살던 춘추시대에는 단군조선이 멸망하고 그 후손들은 제대로 된 나라를 유지하지 못한 채 뿔뿔이 흩어져 여러 부족으로 나뉘어 살고 있었는데 공자는 거기를 구이(九夷)라 불렀다. 구이란 '여러 부족으로 나뉘어서 살고 있는 동이족들'이란 뜻이다. 공자의 말을 들은 어떤 사람이 "거기는 누추한 곳이 아닙니까? 거기서 어떻게 사시렵니까?" 하고 반문하자 공자는 "거기는 군자들이 살고 있는 곳이다. 어찌 누추할 수가 있겠는가!" 하고 답변했다.[주1]

위의 문답에 의하면, 공자는 옛 한국 땅이 군자들이 사는 곳이다. 그곳이 군자들이 사는 곳이라면 공자가 살던 중국 땅은 소인들이 사는 곳이라는 뜻이 된다. 소인들은 짐승 같은 사람이다. 공자는 당시 중국 땅에 살고 있는 사람들을 짐승 같은 사람들로 표현한 적이 있다. 공자는 어느 날 제자인 자로를 시켜 장저(長沮)와 걸닉(桀溺)이란 사람들에게 나루터로 가는 길을 묻게 한 일이 있었는데 그 때 장저와 걸닉에 대해 다음과 같이 평한 적이 있다. "짐승들하고는 함께 무리지어 살 수 없다. 나는 이 사람들과 어울리지 않고 누구와 어울리겠는가! 천하에 도가 있다면 나는 세상에 나가 세상을 바꾸려 하지 않을 것이다."[주2] 공자는 장저와 걸닉을 보고 참된 사람임을 알았다. 그들은 욕심에 눈이 멀어 타락한 사람들이 아니었다. 그에 비해 당시 중국에 살고 있는 사람들은 인간성을 상실하여 짐승처럼 되어 버린 사람들이었다. 공자가 "짐승들과는 어울릴 수 없다. 장저와 걸닉 같은 사람들과 어울리고 싶다."는 말과 "구이에서 살고 싶다."는 말은 맥락이 일치한다. 그러나 공자는 당시의 중국 땅을 떠나지 못했다. 짐승 같은 사람을 참된 사람으로 바꾸어야 했고, 잘못된 세상을 제대로 된 세상으로 바꾸어야 했기 때문이다.

참된 사람이 되는 것은 군자가 되는 것이고 선비가 되는 것이다. 공자는 군자를 '경건한 마음으로 자기의 욕심을 닦아내는 사람'으로 정의했다. 군자에 대한 자로의 질문에 수기이경(修己以敬)이라고 답한 말씀이 그것이다. 그 답변에 부연해서 '자기를 닦아서 남을 편안하게 하는 사람', '자기를 닦아서 모든 사람을 편안하게 하는 사람'으로 덧붙였다.[*3)] 선비의 삶은 일반인들의 삶과 다르다. 선비는 욕심을 제거하는 과정을 거친 사람이므로 욕심을 챙기는 것에 몰두하는 일반인들의 삶과는 같을 수 없다. 그렇다면 선비의 삶은 어떤 것일까?

선비의 삶

선비의 삶은 깨끗하다. 욕심에 눈이 어두운 사람은 선비가 되지 못한다. 욕심을 채우기 위해 노력하는 사람은 선비가 아니다. 비리에 연루되거나 부정부패를 일삼는 사람은 선비가 아니다. 선비가 될 수 있는 첫 번째 조건은 세속에 물들지 않는 깨끗한 마음을 유지하는 것이다. 선비는 한마음으로 사는 사람이다. 한마음으로 사는 사람은 세속적인 삶에서 벗어날 수 있다. 비록 죽음을 택하는 한이 있더라도 욕심을 채우는 삶을 살지 않는다. 그런 선비의 삶의 본보기가 포은 정몽주 선생이다. 정몽주 선생은 태종의 권유에 죽음으로 맞섰다. 그의 단심가는 선비의 기상을 잘 표현하고 있다.

이 몸이 죽고 죽어 일백 번 고쳐죽어

백골이 진토 되어 넋이라도 있고 없고

님 향한 일편단심이야 가실 줄이 있으랴[주4]

일편단심이란 한마음이다. 한마음은 변하지 않는다. 변하지 않는 일편단심으로 사는 사람은 몸이 아무리 죽고 죽어도 죽는 것이 아니다. 그러므로 일편단심으로 사는 사람은 영생하는 사람이다. 진정으로 죽음을 초월하는 사람은 영생하는 사람뿐이다.

선비는 국난극복을 위해 목숨을 바칠 수 있는 사람이다. 나라에 어려운 일이 있을 때 목숨을 버리고 뛰어 들 수 있는 사람이 선비다. 그러나 국란극복을 위해 목숨 걸고 뛰어 든 사람이 모두 선비인 것은 아니다. 변함없는 순수한 마음으로 뛰어든 사람은 선비이지만, 욕심을 채우기 위해 뛰어든 사람은 선비가 아니다. 안중근 의사가 이토 히로부미를 죽인 것은 이토 히로부미가 미워서가 아니었고, 일본이 미워서가 아니었다. 안중근 의사에게는 일본까지도 사랑하는 마음이 있었다. 안중근 의사가 이토 히로부미를 죽인 것은 이토의 악행이 미웠기 때문이지, 이토라는 인간이 미웠기 때문이 아니었다. 평화를 사랑하는 안중근 의사의 마음으로 보면 이토 히로부미를 죽이고 일본의 만행을 막는 것은 일본을 위해서도 바람직한 일이었다. 안중근 의사는 진정한 선비였다.

선비에게는 세상일에 적극적으로 뛰어들 수 있는 용기도 있지만 세상일에 초연할 수 있는 풍류도 있다. 한마음을 회복하고 나면 이 세상이 이미 낙원으로 보이기 때문이다. 국난극복을 위해 목숨을 버리는 것과 세상사에 초연하여 풍류를 즐기며 사는 것이 모순되는 것이 아니다. 세상사에 초연할 수 있는 사람이라야 목숨을 버리고 뛰어들 수 있고, 목숨을 버리고 뛰어들 수 있는 사람이라야 초연할 수 있다. 남명 조식 선생은 세상사에 초월하여 풍류를 즐기다가도 어려운 일이 있으면 언제든지 목숨을 버릴 수 있었다. 임진왜란이 일어났을 때 그의 제자들은 의병을 일으켜 목숨을 바쳤다. 모두 선비들의 모습이었다. 욕심으로 풍류를 즐기고 욕심으로 국난에 뛰어드는 사람은 풍류를 즐겼어도 선비가 아니고, 국난에 뛰어들었어도 선비가 아니다.

선비에게는 또 사회적 역할이 있다. 선비의 사회적 역할 중에서는 사람들을 욕심이 없는 사람이 되도록 인도하는 것이 가장 으뜸이다. 사람들이 선비가 되기 어려운 이유는 주위에 선비가 없기 때문이다. 주위에 선비가 있어 사람다운 삶을 보여준다면 따라할 수가 있다. 오늘날 대다수의 사람들에게는 돈과 권력과 명예를 쟁취하는 것이 삶의 목표가 되어 있다. 사회에서 말하는 성공사례는 다이 세 가지에 관한 것들이다. 사람들은 이 세 가지를 얻기 위해 전력투구한다. 그렇게 되면 사람들은 스스로도 불행해지고 사회도 혼란해진다. 특히 국가의 지도자들이 이 세 가지를 얻기 위해 총력을 기울인다면 세상은 심각해진다. 그런데 불행하게도 오늘날 대부분의 국가지도자들은 정권을 쟁탈하기 위해 모든 것을 바치는 모습을 보인다. 국가지도자들은 먼저 스스로 선비가 되어 국민들을 선비가 되도록 유도해야 하지만 대부분이 그렇지 못하다. 정권의 쟁취를 지상목표로 삼는 국가의 지도자들은 국민들에게 표를 얻기 위해 전력투구한다. 표를 얻는 가장 빠른 방법은 국민들에게 욕심을 채워주겠다고 약속하는 것이다. 맹자가 지적했듯이 사람들이 욕심만을 추구하게 되면 남의 것을 빼앗지 않고는 만족하지 못한다. 사람들이 남의 것을 빼앗고 남의 나라 것을 빼앗기 위해 혈안이 되면 세상은 혼란의 도가니로 빠져 들어간다. 오늘날이 그렇다. 오늘날 대부분의 사람들은 욕심을 채우기 위해 혈안이 되어 있다. 욕심을 채우는 데 혈안이 되면 국가지도자들이 바람직한 지도자가 될 수 없고, 교육자가 바람직한 교육자가 될 수 없으며, 기업가가 바람직한 기업가가 될 수 없고, 부모 또한 바람직한 부모가 될 수 없다. 모든 분야에서 제대로 된 사람들이 나오기가 어려워진다. 세상이 제대로 되기 위해서는 무엇보다도 먼저 선비가 출현해야 한다. 선비가 국가지도자가 되고, 선생이 되며, 기업가가 되고, 부모가 되어야 한다. 돈과 권력과 명예는 좇아가야 하는 것이 아니다. 그런 것을 좇아갈수록 그런 것에 노예가 된다. 노예가 된 사람은 결코 성공할 수 없다. 그런 것은 선비답게 살 때 저절로 따라오는 것이어야 한다.

선비에게는 또 사회를 소통되게 만드는 역할이 있다. 오늘날은 사람과 사람 사이에 소통이 잘 안 된다. 종교 간의 갈등, 지역 간의 갈등, 세대 간의 갈등, 인종 간의 갈등, 빈부 간의 갈등 등으로 인해 사람과 사람 사이가 단절되고 있다. 사람 사이가 소통되지 않는 것은 욕심에 갇혀 있기 때문이다. 욕심은 몸에 갇혀 있는 마음이다. 웅덩이의 물이 다른 웅덩이의 물과 소통되지 않을 때 썩는 것처럼, 욕심에 갇혀 있는 사람은 부패한다. 부패한 사람은 부패한 일만 계속하게 된다. 마음이 썩어 있는 사람에게는 아무리 투명한 처신을 요구하더라도 되지 않는다. 부패한 사람을 막을 수 있는 제도적 장치를 아무리 강화하더라도 성공할 수 없다. 오직 한마음을 회복한 사람만이 부패하지 않고 다른 사람과 소통할 수 있다.

옛날에는 마을마다 선비가 있었다. 마을에 갈등이 생길 때마다 선비가 해결사 역할을 했다. 갈등을 해소하는 방법은 사람들을 한마음이 되도록 유도하는 것이었다. 그 때문에 옛날에는 소송사건이 그다지 많지 않았다. 선비는 관혼상제 등의 예식을 잘 진행할 수 있도록 도움을 주는 역할도 했다. 사람들이 예법을 몰라서 난관에 봉착할 때마다 선비에게 가서 자문을 구했고, 선비는 그 문제들을 해결해주었다. 퇴계 이황 선생은 주위 사람들의 구세주였고 해결사였다. 주위의 사람들은 어려운 일이 있거나 곤란한 일이 있으면 퇴계 선생에게 자문을 구했고 선생은 그 문제들을 해결해 주었다. 선비의 사회적 역할을 수행한 모범사례이다. 그렇지만 오늘날은 선비의 역할이 거의 사라졌고 그 때문에 사회도 혼란에 빠져들고 있다. 왜 그럴까?

선비의 수난시대

우리의 선비문화가 쇠퇴하게 된 데에는 몇 가지 원인이 있다. 훌륭한 종교나 사상이 출현하면 많은 사람들이 지지하기 때문에 그로 인해 국가의 정치이념이 되고, 그 정치이념으로 인해 국가가 안정되고 발전한다. 그렇게 된 뒤에는 나쁜 사람들이 욕심을 채우기 위해 그 정치이념을 악용하게 됨으로써 많은 부작용이 생기고 그로 인해 그 정치이념은 배척이 된다. 한국의 선비정신도 예외가 아니다. 삼국시대나 고려시대에는 불교의 가르침을 통해 사람들이 선비가 되었다. 사람들은 선비를 조선시대에 국한시켜서 생각하는 경향이 있지만, 그렇지 않다. 선비는 욕심을 제거한 참사람이라는 점에서 보면 선비는 옛 단군시대 때부터 줄곧 존재했었다. 고려시대 말기에 이르면 욕심 많은 사람들에 의해 불교가 부패하게 되었고 선비정신도 함께 빛을 잃었다. 불교의 부패를 극복하기 위해 당시의 지식인들은 중국으로부터 성리학을 수입했고 사람들은 그 성리학을 통해서 선비가 되었다. 조선시대는 성리학이 정치이념이 되면서 국가가 크게 발전했지만, 후반기로 접어들면서 역시 욕심 많은 사람들에 의해 성리학이 부패하게 되었고 선비정신도 함께 빛을 잃었다. 그때 또 다른 종교나 사상이 나와서 이를 극복했다면 선비정신도 함께 빛을 되찾을 수 있었을 것이다. 그러나 서양과 일본에 의해 조선이 처참하게 무너지면서 우리들은 우리에게 문제가 많았기 때문이라고 생각하고 우리의 것을 버렸다. 우리방식의 정치도 버렸고, 교육도 버렸다. 그러면서 선비정신도 함께 버리기 시작했다. 그리고는 서구의 것을 추종하기 시작했다.

서구의 열강은 폭력국가들로 구성되어 있다. 영국은 북아메리카에 가서 원주민을 다 죽이고 그 땅을 빼앗았고, 호주와 뉴질랜드에 가서 역시 원주민을 거의 다 죽이고 그 땅을 빼앗았다. 스페인이나 포르투갈 또한 남미에 가서 원주민들을 거의 다 죽이고 그 땅을 빼앗았다. 아시아와 아프리카에 기서는 거의 대부분의 나라들을 식민지로 만들어놓고 모든 것을 빼앗아갔다. 아시아에서는 유일하게 일본이 서구의 대열에 합류하여 폭력국가가 되었다. 그런 나라들은 남의 나라에서 빼앗은 것을 바탕으로 부강한 나라가 되었다.

우리의 선비들은 그들을 부러워하지 않았을 뿐만 아니라, 오히려 그들의 폭력성을 경계했다. 그리고 그들의 문화를 따르면 우리도 짐승처럼 될 것이라고 경고했다. 선비들의 경고는 구한말에 위정척사운동(衛正斥邪運動)으로 전개되기도 했다. 위정척사란 바른 것을 지키고 비뚤어진 것을 배척하려는 운동이었고, 그 중심에 이항로 선생과 기정진 선생 등이 있었다. 이 두 선비의 판단은 인간의 마음을 가진 사람을 참된 인간으로 간주하고 인간의 마음을 상실한 사람을 짐승으로 여기는 전통적 선비정신에 기인한 것이었다. 기정진 선생은 병인양요 때 올린 상소에서 서양인을 짐승으로 규정하고 서양인과 서양문화의 배척을 역설하였다. 나라가 존망의 위기에 몰리자 기우만과 송병선 등의 후학들은 의병을 일으켜 구국운동에 나서기도 했다. 이항로 선생의 위정척사운동은 김평묵·유중교·최익현 등으로 대표되는 후학들로 이어져 구국운동으로 전개되었다.

그러나 우리의 선비정신에 한계가 없는 것은 아니었다. 사람은 착해야 하지만, 착한 사람에게는 악한 사람에게 당하지 않기 위한 철저한 대비정신이 부족하다는 문제점이 있다. 우리의 선비들에게도 그랬다. 선비들에게는 사악한 외세의 침략에 대한 철저한 대비정신이 결여되어 있는 것이 사실이다. 대비정신이 철저하지 못한 것은 선비들에게만 국한된 것은 아니다. 한국인의 마음 바탕에는 기본적으로 선비정신이 깔려 있다. 그 선비정신을 자각하여 실천하는 사람이 진정한 선비이고, 그렇지 못한 사람은 선비가 아니다. 선비가 아닌 사람조차도 한국인은 바탕에 깔려 있는 선비정신으로 인하여 위험에 대비하는 정신이 부족하다. 우리나라가 옛날의 모습을 유지하지 못하고 점점 위축되어 온 근본 원인은 바로 이런 점 때문이다. 사람이 짐승 흉을 보다가 짐승에게 잡혀 먹히고 나면 아무 의미가 없다.

조선이 일제에게 점령되자 우리들은 우리의 것이 잘못된 것으로 생각하고 우리의 것을 모두 버리고 서구의 것을 추종하기 시작했다. 그러면서 우리의 선비정신도 버렸다. 그것이 실수였다. 그것은 착한 사람이 악한 사람에게 당한 뒤에 그 당한 원인을 착함 때문이라고 생각하여 착함을 버리고 악함을 받아들이는 것과도 같다. 바람직한 방법은 착함은 유지하면서 악한 것에 당하지 않을 수 있는 대비책을 강구하는 것이다. 우리는 그렇게 하지 못했다. 우리는 우리 것을 모두 버리고 서구의 것을 추종했다. 정치·경제·교육·문화·예술 등의 전반에 걸쳐 서구의 것으로 바꾸었다.

서구문화의 문제점은 옛 우리의 선비들이 지적했듯이 짐승의 문화라는 데 있다. 오늘날의 서구인들에게는 한마음을 가지고 있지 않다. 한마음을 가지고 있지 않으면 양심이나 본심도 가지고 있지 않다. 우리의 선비들이 서구인들을 짐승으로 판단했던 이유는 그 때문이다. 사람이 짐승의 문화를 추종한다고 해서 짐승처럼 되기는 어렵다. 한국인들이 아무리 서구문화를 추종해도 서구인들처럼 되기는 어렵다. 서구인들은 규칙과 예절을 잘 지키고 법과 질서를 잘 지키므로 우수한 것처럼 보이지만, 그것은 어디까지나 폭력성을 극복하기 위한 포장일 뿐이다. 서구인들의 교양의 밑바닥에는 폭력성이 깔려있다. 공자는 다음과 같이 지적한 바 있다.

제나라가 한번 크게 바뀌어야 노나라처럼 되고, 노나라가 한번 크게 바뀌어야 제대로 된 나라가 된다.[주5]

제나라는 춘추시대를 대표하는 부강한 나라지만 노나라는 약소국이다. 누가 봐도 제나라와 노나라는 비교가 되지 않는다. 부강한 것을 기준으로 보면 노나라가 한번 죽었다 깨도 제나라를 따라가기 어렵다. 그런데 공자의 기준은 달랐다. 공자는 부강한 것보다 인간성을 더 높이 평가했다. 인간성을 기준으로 보면 제나라 사람의 문화는 한번 크게 변해야 노나라 사람의 수준에 이른다고 선언한 것이다. 이를 오늘날의 상황으로 보면 미국인의 문화가 한번 크게 변해야 한국인의 수준에 이른다는 뜻이 된다. 공자는 노나라를 언급했지 한국을 언급한 것은 아니다. 하지만 공자가 동이족들이 사는 곳에 가서 살고 싶어 한 것을 보면, 한국이 노나라보다 훨씬 더 높은 수준에 있음을 알 수 있다. 오늘날 서양인들 중에는 홍익대학 앞거리를 구경하러 오는 사람이 있다고 한다. 심야에도 젊은 여자들이 술이 취한 채 활보하고 있는 광경을 그들의 나라에서는 상상조차 하기 어렵기 때문이다. 그런데도 우리들은 인간성을 기준으로 삼지 않고 경제력과 무력을 기준으로 선진국 후진국을 갈라놓고 선진국의 대열에 합류하기 위해 전력투구하고 있다. 선비의 유전자를 가진 사람들이 폭력성을 기본으로 하는 문화를 추종한다고 해서 성공하기는 어렵다. 서구의 것을 추종해온 한국인들은 서구인들처럼 되지도 못하고 우리의 것만 잊어버렸다. 우리는 우리의 선비정신을 잃어버린 채 점점 짐승처럼 되어 가고 있다.

서구가 계속 앞서가고 서구중심시대가 지속된다면 한국인은 참으로 불행하다. 우리가 서구문화에 적응하지 못해 혼미한 상태를 지속할 수밖에 없다면 우리의 운명은 너무 가혹하다. 서구인들과 서구문화가 계속 앞서간다고 판단한 한국의 지성인 중에는 우리가 살아남는 방법으로 민족개조론을 주창하기도 했다. 춘원 이광수가 『개벽』(1922년 5월호)에 민족개조론을 발표한 이래로 우리의 민족개조론은 오늘날까지 지속되고 있다. 오늘날 서구에서 공부한 한국의 지성인들 중에 서구사회의 문화전반을 한국의 것과 비교하여 우리의 것을 버리고 서구의 것을 추종할 것을 역설하는 사람들이 많다. 그들 역시 민족개조론의 연장선에 있는 것이다. 민족은 쉽게 개조되지 않는다. 그런데도 민족을 개조하려 한다면 한단학보(邯鄲學步)의 교훈처럼 혼란만 거듭하게 될 뿐이다. 연나라의 청년이 한단 사람들의 맵시 있는 걸음걸이를 배우기 위해 조나라의 서울인 한단으로 갔다가 한단 사람들의 걸음걸이는 배우지 못하고 자기의 걸음걸이를 잊어버려서 기어서 집으로 돌아갔다는 고사에서 얻는 교훈을 말한다. 『장자』라는 책에 나오는 이야기이다.

선비정신과 정치문화

그렇다면 우리들에게는 고난이 계속될 수밖에 없는 것인가? 그렇지는 않다. 폭력을 바탕으로 하는 문화가 계속 승승장구할 수는 없다. 우리들은 자유민주주의가 가장 좋은 정치제도이고 선거제도가 자유민주주의의 꽃이라고 생각하도록 세뇌되어 있다. 그러나 반드시 그렇지는 않다. 『노자』에 다음과 같은 말이 있다.

> 임금이 최고의 정치를 하면 백성들은 그 임금이 있다는 사실만을 안다. 그 다음 수준의 정치를 하면 백성들은 그 임금을 좋아하고 찬양한다. 그 다음 수준의 정치를 하면 백성들은 그 임금을 두려워한다. 그 다음 수준의 정치를 하면 백성들은 그 임금을 무시한다.[주6]

정치를 어린이놀이터의 관리인에 비유해서 생각해보면 다음과 같이 이해할 수 있다. 최고의 관리인은 어린이놀이터에 있는 유리조각이나 돌멩이 등의 위험한 요소들을 미리 제거한다. 그렇게 되면 어린이들은 종일 즐겁게 놀지만, 관리인의 존재를 알기만 할 뿐 고마운 줄을 모른다. 그 다음 수준의 관리인은 위험한 요소를 제거하지는 못하지만, 어린이들이 놀다가 다치기라도 하면 자기의 자녀를 보호하는 것과 똑 같은 마음으로 정성을 대해 치료한다. 그렇게 되면 어린이들은 부모를 좋아하듯 그를 좋아한다. 그 다음 수준의 관리인은 어린이들에게 인기를 얻고 싶은 사람이다. 인기를 얻기 위해서는 어린이들에게 정성껏 치료해주어야 하고 그러기 위해서는 어린이들이 다쳐야 하기 때문에 전날 밤에 놀이터에 가서 몰래 유리조각이나 돌을 깔아놓고 다치기를 기다렸다가 다친 뒤에 정성껏 치료를 해 준다. 이런 경우 어린이들은 관리인을 고마워하지만 왠지 두려운 마음이 들기도 한다. 최하 수준의 관리인은 유리조각이나 돌을 깔아놓고는 다친 아이들을 치료하지 못한다. 이 경우 어린이들은 그 관리인을 무시한다. 오늘날 국가지도자들은 대부분 셋째나 넷째 수준이기 쉽다. 왜냐 하면 선거에서 이기기 위해서는 인기를 얻어야 하고 인기를 얻기 위해서는 치밀한 선거 전략을 세운다. 그런데 그 선거 전략이란 대부분 셋째 수준이거나 넷째 수준이기 때문이다. 오늘날 국가지도자들에게 문제점들이 속출하는 것은 이 때문이다. 선거를 통해 국가지도자를 선출하는 방식에서는 세종대왕 같은 인물이 출마하지 않을 것이고, 만약 출마한다 하더라도 당선되기 어려울 것이다. 혹시 당선되더라도 한글창제와 같은 위대한 업적을 이루어내지는 못할 것이다.

국가지도자가 타락하여 폭력적이 되면 사회는 점점 더 혼란해진다. 폭력적인 지도자가 등장할수록 정신문화가 빈약해지고 그럴수록 사람들은 정신적인 문제에 봉착하게 된다. 하버드 의과대학의 연구결과에 의하면, 21세기 사람들의 3대 사망원인은 교통사고, 심장병, 우울증이라고 진단한 적이 있다. 이 세 가지 사망원인 중 심장병과 우울증은 정신문화의 빈곤에서 오는 것이다. 오늘날 정신문화의 빈곤으로 인해 많은 문제가 나타나고 있다. 사람들의 욕심이 눈덩이처럼 커지고 세상은 아비규환의 지옥으로 변해가고 있다. 사람들에게 차츰 친구가 없어진다. 친구로 사귀는 경우도 이익이 되는 친구를 사귀기 때문에 진정한 친구를 얻기 어렵다. 연애도 마찬가지다. 이익이 되는 사람을 연애의 대상으로 삼기 때문에 진정한 사랑을 하기가 어렵고 사람들은 고독의 나락으로 떨어진다. 이렇게 되면 결국 인간성이 파괴되어 인류사회가 유지되기 어렵게 된다. 이대로 가면 인류사회 전체가 절멸할 수도 있다. 그렇게 되지 않기 위해서는 대책을 마련해야 한다. 슈펭글러가 1918년에 『서구의 몰락』을 출간한 이래 많은 지성인들이 고심을 거듭하여 대책을 내놓고 있다. 1988년에는 노벨상 심사위원들이 위원회를 마치고 '21세기는 공자의 인(仁) 사상으로 살아가자'고 성명서를 발표한 적이 있다. 공자의 인은 한국인들이 가지고 있는 한마음이다. 한국인들은 한마음을 가지고 있기 때문에 개인주의가 성립하지 않는다. 한마음이 가장 잘 발휘되는 것은 부모와 자녀 사이에서이다. 한마음이 있기 때문에 부모들은 최소한 자기의 자녀들에 대해서만큼은 자기 자신과 하나로 여기고, 자녀 또한 부모에 대해서만큼은 자신과 하나로 여긴다. 한국인에게 효사상이 돈독한 이유는 이 때문이다. 역사학자 토인비는 86세 때 한국의 효 사상과 경로사상에 대해서 듣고, "효사상은 인류를 위해서 가장 필요한 사상"이라고 하고, "인류가 지구를 버리고 다른 나라로 이주한다면 지구에 있는 것 중에 가져가야 할 것은 오직 한국의 효 사상뿐"이라고 하기도 했다.

한국인들은 한마음을 가지고 있기 때문에 외국사람들과는 다른 데가 있다. 한국인들 중에는 아직도 진정한 사랑을 하는 사람들이 있다. 다른 나라 사람들의 사랑이란 상대를 내 것으로 만드는 것이다. 만약 한 사람을 두고 여러 사람이 사랑한다면 싸워서 이긴 사람이 차지한다. 그러나 한국인들의 사랑은 다르다. 한국인들은 사랑하는 사람을 위해 희생하는 사랑을 한다. 사랑하는 사람의 행복을 위해 떠나기도 하고, 사랑하는 사람의 행복을 위해 죽어주기도 한다. 다른 나라 사람들이 이런 한국인들의 사랑의 방식을 보면 전에는 바보 같은 방식이라 생각했지만, 고독하고 외로워진 지금은 달라졌다. 한국인들이 하는 사랑과 같은 것을 한번만 받아봤으면 소원이 없겠다고 생각하게 되었다. 이런 생각들이 오늘날 한류라는 이름의 문화적인 붐을 일으키게 되었다. 한류문화가 붐을 일으키고 있는 근본은 한국인의 한마음이다. 한류문화가 붐을 일으키고 있는 것은 사람들이 정신문화의 회복을 간절히 원하고 있다는 신호이다. 이런 신호는 우리에게 선비정신을 회복해야 할 때가 왔음을 암시하는 것이다.

선비문화 회복의 당위성

공자는 "진실로 인(仁)에 뜻을 둘 때만 잘못될 일이 없다."[주7]고

했다. 인이란 무엇인가? 인은 공자가 만들어낸 사상이 아니다. 공자는 새로운 것을 만들어내지 않았다. 공자가 옛 것을 이어받아 체계적으로 정리한 것이 유학사상이다. 공자의 유학사상 중에서 핵심이 되는 사상은 인이다. 인 또한 공자가 만들어낸 것이 아니라 옛 한국인들의 한마음에서 비롯한 것이다. 한마음을 가지고 사는 사람은 선비이고 한마음을 잃고 사는 사람은 짐승이다. 인에 뜻을 둔다는 것은 선비가 되는 데 뜻을 둔다는 것이고, 인에 뜻을 두지 않는다는 것은 짐승 수준에서 벗어나지 못한다는 것을 뜻한다. 인에 뜻을 두지 않는 사람은 아무리 대단한 것을 이루었다 할지라도 짐승수준에서 벗어나는 것이 아니다. 인에 뜻을 두지 않고 다른 데 뜻을 둔 사람은 아무리 성공을 했다 하더라도 그 성공이 제대로 된 성공이 되지 않는다. 그러므로 인을 얻지 않은 상태로 거둔 성공에는 행복이 없다. 고관대작이 되어도 행복하지 않고, 억만장자가 되어도 행복하지 않다. 그런 것을 행복으로 생각하는 것은 욕심에서 판단하는 착각이다.

그러므로 『대학』에서는 "천자에서부터 서인에 이르기까지 모두가 한 결 같이 수신을 근본으로 삼아야 한다."[주8]고 했다. '천자에서 서인에 이르기까지'라고 표현한 것은 한 사람도 예외가 없다는 것을 강조해서 한 말이다. 모든 사람이 가져야 할 목적은 오직 하나뿐이다. 그것은 참된 사람이 되는 것이고, 선비가 되는 것이다. 공자가 말한 인(仁)에 뜻을 가져야 한다는 말이 그 뜻이고, 천자에서

부터 서인에 이르기까지 예외 없이 오직 수신을 근본으로 삼아야한다는 말이 그 뜻이다. 인에 뜻을 가지는 것이나 수신을 근본으로삼는 것은 참된 사람이 되기 위한 것이고 선비가 되기 위한 것이다. 선비가 되지 않은 채 다른 것에 목적을 두는 것은 다 잘못 된 것이다. 먼저 선비가 되고 난 뒤에 국가지도자가 되어야 하고, 먼저선비가 되고 난 뒤에 교육자가 되어야 한다. 인간이 갖는 어떠한직업도 먼저 선비가 되고 난 뒤에 추구해야 한다. 그래야 모든 사람의 모든 역할이 제대로 될 수 있다.

오늘날 대부분의 사람들은 큰 실수를 하고 있다. 오늘날 사람들은 다양한 목적을 가지고 있지만, 인에 뜻을 두는 사람이 적고, 수신을 근본으로 삼는 사람이 적다는 것이다. 인에 뜻을 두지 않는사람은 짐승과 같은 사람이다. 그런 사람이 이루어낸 성공은 짐승의 성공일 뿐이다. 짐승의 성공은 사람에게는 가치가 적다. 짐승의성공은 성공이 아니고, 짐승의 행복은 행복이 아니다. 가장 시급하게 추진해야 할 것은 참된 사람이 되는 것이다. 이보다 더 급한 것은 없다.

오직 때라는 것이 있다. 비가 올 때 논에 물을 대는 농부는 바보이고, 가물 때에 저수지에 물을 빼는 사람도 바보다. 봄이 올 때는봄 대비를 해야 하고, 겨울이 올 때는 겨울채비를 해야 한다. 지금은 서양을 따라가기만 할 때가 아니다. 이런 때에 여전히 서양을따라가기만 하는 것은 바보다. 겨울이 지나면 봄이 오는 것처럼,

물질문명이 한계를 맞이하면 마음을 중시하는 시대가 온다. 봄이 오면 봄을 맞을 준비를 해야 하는 것처럼, 마음을 중시하는 시대가 오는 것에도 대비를 해야 한다. 그 대비란 어렵지 않다. 마음을 챙기는 노력을 하면 된다. 마음을 챙긴다는 것은 사람의 본래마음을 챙기는 것이고, 한마음을 챙기는 것이다. 한마음을 회복하면 참된 사람이 되고, 선비가 된다.

21세기 한국에서의 선비정신의 역할

한국인들의 목표는 이제 하나로 모아져야 한다. 그것은 선비정신을 회복하는 일이다. 그러기 위해서는 먼저 선비가 되는 기회를 만들어야 한다. 옛날 우리들은 동굴에 들어가 마늘과 쑥을 먹으며 햇빛을 보지 않고 인간의 마음을 찾아서 인간이 되었었다. 지금 우리들은 그때처럼 동굴을 다시 복원해야 한다. 그렇다고 해서 그때처럼 반드시 동굴을 만들어야 하는 것은 아니다. 인간의 마음을 회복할 수 있는 건물을 만들어야 하고 인간의 마음을 회복할 수 있는 방법을 만들어야 한다. 그리고 사람들을 모아서 인간이 되는 노력을 하게 해야 한다.

단군시대 때 제시한 인간이 되는 방법은 크게 세 가지다. 첫째는 인간의 몸을 정제하는 것이다. 정갈한 음식을 알맞게 먹고 적당한

운동을 하여 몸을 건강하게 가꾸어야 한다. 둘째는 기운을 맑게 하는 것이다. 그러기 위해서는 공기 맑은 곳에서 맑은 공기를 마시며 호연지기를 기르는 것이다. 셋째는 한마음을 회복하는 것이다. 한마음을 회복하는 것과 욕심을 없애는 것은 같은 것이다. 욕심을 없애는 방법에는 욕심이 요구하는 것을 들어주지 않는 것, 욕심이 생겨나는 것을 원천적으로 봉쇄하는 것, 한마음이 어떤 것인지를 아는 것 등이 있다. 이상의 방법들을 오늘날의 상황에 맞게 체계적으로 정리하여 새롭게 내놓을 필요가 있다.

다음으로 국가지도자를 어떻게 선출하는가에 대한 제도적인 문제를 고민해야 할 것이다. 지금의 선거제도가 선비를 선출하기 어렵다고 해서 다시 조선시대의 정치제도로 돌아갈 수는 없다. 선거제도를 보완하여 선비를 국가지도자로 추대할 수 있는 방법을 모색해야 할 것이다. 그리고 이미 국가지도자가 되어 있는 사람에 대해서는 율곡 선생이 제시한 방법처럼 한편으로는 국가지도자로서의 역할을 하면서 다른 한편으로는 선비가 되는 공부를 계속하게 하는 것이다. 조선시대의 왕들도 공부를 계속했다. 왕의 집무실 옆에 경연(經筵)이라는 교실을 마련하여 집무가 끝난 뒤에 늘 석학을 모셔서 공부를 했다. 경연에서 공부하는 것을 거부하는 왕은 왕의 자격이 없다. 조선시대에 경연강의를 거부한 왕은 오직 연산군 한 사람뿐이었다. 연산군은 임금의 자리에서 쫓겨났다.

한국인들은 특히 지도자의 리더십에 크게 좌우되기 때문에 지도자의 자질은 매우 중요하다. 한국인들에게는 스스로를 하늘처럼 생각하는 정서가 있다. 이런 정서 때문에 한국인들에게는 공주병과 왕자병이 많다. 여자들은 대부분 공주병을 가지고 있고 남자는 거의가 왕자병을 가지고 있다.

한국인의 이러한 특징 때문에 한국인들은 남에게 무시당하는 것을 몹시 싫어한다. 그 때문에 선비가 국가지도자가 되면 한국에는 기적이 일어난다. 왜냐 하면 선비는 한마음을 가지고 있기 때문에 남의 의견을 들을 때 나의 의견처럼 귀하게 여기고 경청을 한다. 그것은 상대를 왕자처럼 대접하고 공주처럼 대접하는 것이다. 그런 사람을 만나면 한국인들은 활기가 생기고 신바람이 난다. 한국인은 신바람이 나면 기적을 만들어낸다. 열 두 척의 배를 가지고 수백 척의 배를 가진 적과 싸워 이기기도 하고, 가장 우수한 글자를 만들어내기도 한다.

그러나 한마음을 잃은 사람이 국가지도자가 되면 반대의 현상이 일어난다. 한마음을 잃은 사람은 자기의 의견과 다른 의견을 가진 사람을 용납하지 못한다. 그것은 다른 사람을 무시하는 것이다. 한국인들은 왕자대접을 받지 못하고 공주대접을 받지 못하는 것을 몹시 싫어한다. 자기 말을 무시하는 사람을 만나면 한국인들은 기가 죽는다. 기죽는 분위기가 되면 김이 샌다. 기죽는 분위기가 되면 한국인들은 분열되고 김새는 분위기가 되면 한국은 망한다. 때문에 한국인은 리더에 크게 좌우된다. 선비가 리더가 될 때는 기적을 일으키다가도 그렇지 않은 사람이 리더가 되면 멸망으로 치닫는다. 한국에서 리더의 역할이 중요한 이유가 여기에 있다. 그러므로 한국에서 가장 중요한 것은 선비정신을 가진 인재를 국가지도자로 선출하는 것이지만, 그것이 어려울 때 택할 수 있는 차선책은 이미 국가지도자가 되어 있는 사람을 선비로 만들 수 있도록 국가지도자에 대한 교육 시스템을 만드는 것이다.

마지막으로 한국인이 해야 할 것은 외국인들의 침략에 대비하는 노력을 게을리 하지 않는 것이다. 우선 폭력적인 사람들의 침략성을 잘 간파한 뒤에 그것을 막을 수 있는 방법을 강구해야 한다. 여기에는 두 가지 방법이 있다. 하나는 한국인의 창의력을 활용하여 첨단의 군사력을 어느 정도 갖추는 것이고, 다른 하나는 다른 나라 사람들을 선비가 되도록 열심히 가르치는 것이다. 짐승처럼 사는 것이 얼마나 불행한 것인지를 깨우쳐서 선비가 되는 길을 인도하는 것이 세계평화를 유지하는 가장 좋은 방법이다. 결론적으로 한국인들이 주도하여 선비 되는 길을 열어놓으면 개개인이 모두 행복해진다. 그리고 그로 인해 우리나라를 포함한 전 세계가 지상낙원으로 바뀌게 될 것이다. 이렇게 하는 것이 단군이래의 숙원사업인 홍익인간을 완성하는 것이다.

- 각주 및 참고문헌 -

주1) 子欲居九夷 或曰陋 如之何 子曰君子居之 何陋之有(『論語』子罕篇)

주2) 夫子憮然曰鳥獸不可與同群 吾非斯人之徒與 而誰與 天下有道 丘不與易也
(『論語』微子篇)

주3) 子路問君子 子曰 修己以敬 曰如斯而已乎 曰修己以安人 曰如斯而已乎 曰修
己以安百姓 修己以安百姓 堯舜 其猶病諸(『論語』憲問篇)

주4) 『가곡원류』『해동가요』『청구영언』 등에 실려 있다.

주5) 子曰齊一變 至於魯 魯一變 至於道(『論語』雍也篇)

주6) 大上 下知有之 其次 親而譽之 其次 畏之 其次 侮之(『老子』17章)

주7) 苟志於仁矣 無惡也(論語 里仁篇)

주8) 自天子以至於庶人 壹是皆以修身爲本(大學 經一章)

≪노명선≫

권력형 부패의 방지와 국가 형사제도의 재편

| 학력 |
- 성균관대학교 대학원 박사
- 성균관대학교 법과대학 졸업

| 경력 및 활동사항 |
- (사)한국포렌식학회장
- 법무부자체평가위원장
- 법조윤리협의회위원
- 일본 중앙대, 와세다대학 방문연구원
- 일본국 주재 대한민국대사관 법무협력관
- 서울중앙지방검찰청 특별수사부 검사

| 저서 및 논문 |
- 형사소송법,(SKKUP/2017)
- 형사법사례연구,(SKKUP/2016)
- 디지털포렌식,(고시계/2017)
- 서초동0.917,(책과함께/2012)

FORUM OH-RAE
Today & Tomorrow

세상을 바꿔라 Ⓥ

권력형 부패의 방지와
국가 형사제도의 재편

노명선 | 성균관대학교 교수

권력형 비리와 검찰

권력형 비리의 실태

최근 최순실 국정농단과 전직 대통령의 재직 중 뇌물 등 의혹이 제기되자 검찰에서는 특별수사본부를 설치하고, 서울중앙지검장을 본부장으로 하여 수사를 진행한 결과 사실로 들어나자 관련자들을 기소하였고, 이어진 특검의 수사를 통해 전직 대통령을 구속 기소한 바 있다. 박근혜 전 대통령은 삼성 롯데 등 대기업으로부터 경영권 승계 등 부정한 청탁을 받고 K재단 등에 출연금을 내게 한

혐의 등을 받고 있다. 헌정사상 박근혜 전 대통령 이전에도 전직 대통령이 검찰수사를 받고 형사사건으로 법정에 선 경우는 또 있었다. 이러한 전직 대통령에 대한 검찰수사를 두고 후진국형 정치적 보복이라는 주장도 있을 수 있지만, 대통령의 권력이 너무 집중됨으로써 권력형 비리가 상존할 수 있는 구조적 모순이 표출된 것으로 보는 것이 옳다.

역대 정권별 주요 권력형 비리사건[주1]을 일별하면, 이승만 정권이나 박정희 정권시절에는 군수물자인 원면부정판매사건(1956년)이나 원조자금으로 소비재 구입부당폭리사건(1964년), 관공서의 주가조작이나 워커힐 공사자금유용 등 4대 의혹사건이 제기되었다. 전두환 정권에서는 새마을본부기금횡령사건(1988년)과 이철희, 장영자 어음사기 사건(1981년 등) 등 굵직굵직한 대형 사기사건이 터졌고, 노태우 정부시절에는 수서비리(1990년), 율곡비리(1993년), 슬롯머신 비리(1993년) 등 대형 비리사건이 있었다. 김영삼 정부시절에는 총선, 대선자금 불법모금 등과 관련한 안풍사건(1992년-1996년), 세풍사건(1998년), 동화은행장 비자금사건(1992년), 대통령 아들 김현철과 관련한 한보 특혜대출 의혹 사건(1997년) 등이 있었고, 김대중 정부시절에는 진승현, 정현준 등 4대 게이트 사건, 대통령 아들과 관련한 나라종금 사건 등 가칭 홍삼트리오 사건(1999년-2002년)이 있었다. 노무현 정부 시절 또한 노건평 세종증권 매각비리 사건(2008년), 박연차 게이트 사건

(2008년) 등이 있었고, 이명박 대통령 시절에는 김옥희 공천로비 사건(2008년), 저축은행사태(2011년), 대통령의 형 이상득 비리사건(2008년) 등이 있었다.

이들 의혹사건의 공통적인 특징은, 1)대다수 최고의 권력자인 대통령을 중심으로 그 측근이나 고위층 공무원 국가기관 등의 조직적인 개입이 있었다는 점, 2)기업의 활동과 관련하여 대선이나 총선 등 천문학적인 선거자금을 조달하기 위한 방편으로 자행되었다는 점, 3)대통령이나 그 측근 고위공직자는 하나같이 부정부패 척결을 외치면서도 스스로가 부정부패의 주역이었다는 이중적인 행동을 보여 온 점, 4)그러다 보니 검찰 등 기존의 사정기관이 충분히 대처할 수 없는 한계를 드러냈다는 점이다. 이러한 대통령 본인이나 대통령 측근, 이를 적절히 이용해 온 대기업들의 불법행위를 사전적으로 예방할 수는 없을까? 대통령 국회의원 등 권력자들로부터 독립해서 정치적 중립성을 가지고 소신껏 수사를 할 수 있는 제도적 장치나 법적 보완장치는 무엇일까? 이하에서는 이를 위해 권력형 비리를 차단하는 기존의 조직이나 제도의 문제점과 취약점은 무엇이고, 이를 개선하기 위해 논의되고 있는 제도적 장치들에 관해서 간단히 살펴보고 필자의 의견을 피력하고자 한다.

사정의 중추기관에서 개혁의 대상기관이 된 검찰

대통령을 중심으로 한 최고위급 권력형 비리를 예방하고 사후적으로 이를 수사하는 제도로서 가장 먼저 거론되는 국가조직은 역시 검찰조직일 것이다. 우리나라 검찰은 세계 어느 나라 검찰보다도 강력한 수사권과 기소권을 독점적으로 가지고 있으면서도 가장 부패하고 정치권력에 예속되어 권력의 비호마저 받고 있다는 비판이 제기되고 있다. 이러한 검찰에 대한 개혁의 문제는 제19대 대통령 선거과정에서 모든 후보자들의 주된 공약사항이기도 하였다. 검찰개혁은 문재인 정부가 들어선 현 시점에서 가장 강력하게 추진되고 있는 정책 중 하나라고 할 수 있다. 검찰개혁을 둘러싼 여야 간 힘겨루기는 거대한 삼각파도(三角波濤)를 만들어 사정없이 검찰을 강타하고 있다.

제도적 방안으로 가칭 고위공직자비리수사처(이하 '공수처'라고 한다)와 기소권·수사권의 분리 또는 검·경수사권 조정, 상설특검제도와 특별감찰관제도의 개선 등이 거론되고 있고, 검찰의 불기소를 통제하기 위한 가칭 '검찰시민위원회'의 설치나 검사장의 직선제를 통한 민주적 통제방안 등이 주장되고 있다. 부수적으로 법무부의 탈검찰화(문민화), 헌법상의 검사신청영장조항 삭제 등 중구난방(衆口難防)식으로 쏟아지는 검찰개혁 방안들이 국정 혼란을 더욱 가중시키는 모양새다.

그동안 검찰은 개발도상국가에서 보여준 권력형 비리 및 이와 유착된 대기업의 각종 비리 혐의에 대해 대검찰청 중수부나 서울중앙지검 특별수사부를 중심으로 많은 사건을 처리해 온 공(功)은 인정할 수 있다. 그러나 최고위층을 상대로 한 정치적 의혹 사건이나 검사·판사 본인 스스로의 부패사건 수사에 대해서만큼은 국민의 눈높이에 맞추지 못한 과(過)도 있었다는 점을 부정할 수 없다. 그래서 지난 이명박 정부에서는 청와대 하명사건을 수사해온 대검찰청 중수부를 폐지하는 취지의 검찰청법 개정이 있었고, 독점 되어온 검찰 수사기능을 사법경찰관에게도 일부 부여하는 취지의 형사소송법 개정도 있었다. 그런 와중에 벤츠여검사사건, 진경준 전 검사장사건, 우병우 전 청와대 수석의 권력 의혹 등 사건이 연이어 터지면서 검찰 스스로 부패의 온상이 되어 개혁의 대상으로 추락하게 되었고, 이러한 검찰에 대한 개혁의 일환으로 대통령을 중심으로 한 최고위직 권력자를 상대로 한 수사기구를 재구성하여야 한다는 주장이 힘을 얻게 되었다.

검·경 수사권의 조정과 수사환경의 개선

국가형벌권에 대한 시각의 차이

우리와 같은 대륙법계 국가의 수사기관은 민사소송과 같은 당사자가 아니라 형벌권의 실현을 담당하는 국가기관으로서 강력한 수사권한을 행사하고 있다. 재판 전 단계에서 국가가 실체적 진실을 확정하고 이를 확인하기 위해 수사기관에 의한 구인권, 체포권, 구속영장신청권, 피의자 등의 조사와 대질조사 등이 광범위하게 인정되고 있다. 그래서 우리 법은 이러한 광범위한 권한을 통제하기 위하여 판사와 동일한 법적인 능력과 자격을 가지고 있는 검사로 하여금 객관적 입장에서 수사를 주재하고, 일선 수사기관을 지휘 통제하도록 하고 있다. 이러한 맥락에서 대륙법계 국가에서의 형사사법작용은 국가의 형벌권을 통한 실체적 진실발견 작용으로 파악된다.

이에 반해 당사자 주의와 배심제를 요체로 하는 영미법계는 재판 전 단계에서 진실을 객관적으로 철저하게 확인하는 제도적 장치가 마련되어 있지 않다. 기소 전 수사보다는 기소 후 법정에서 당사자의 공격과 방어를 통하여 사실관계를 확정짓는 공판중심주의(公判中心主義)가 강조되고 있다. 기소 전 단계에서 객관적이고 실체적인 진실이 확인되지 않은 상태에서 상당한 이유(probable cause)만 있으면 검사가 기소하고 법정을 통해 비로소 절차적 정의를 추구해 가는 사법시스템이라고 할 수 있다.

우리 국민은 절차적 진실보다는 실체적 진실을 추구하는 정서를 가지고 있다. 정밀사법을 강조하면서 타협과 양보, 조정과 중재에 따른 절차적 진실이 아닌 실체적 진실에 입각한 판결을, 그것도 한 번이 아닌 대법원, 헌법재판소까지 가능한 법적 판단을 모두 받아보려고 하는 분쟁해결방식에 익숙해 있다. 상소율이 높은 이유도 실체적 진실의 추구에 모든 것을 거는 국민의 정서에서 기인하고 있다는 점을 무시할 수 없을 것이다. 우리나라는 검찰 수사와 법원의 재판에 의한 의존도가 특히 높다. 수사기관에 고소, 고발하는 건수만도 1년에 50만건을 상회하고, 재판청구율도 미국보다는 적지만 선진국 어느 나라보다도 높은 나라이다. 나아가 1심으로 그치지 않고 항소심, 상고심에 이르기까지 삼판양승제가 정착된 나라이다.

반면 우리 국민은 죄를 저지르지 않으면 법정에 서지 않는다는 확신을 가지고 있다. 기소되기 전 충분히 사실조사를 하여 범죄의 확증이 없는 한 기소되지 않는 법체계에 익숙해 있다고 할 수 있다. 따라서 진실을 가리지 않고 정황증거만으로 기소되는 것이 우리의 법 감정에 맞지 않는 것은 당연한 것이다. 유죄가 확정되기 전에는 무죄로 추정되지만 기소되면 대다수가 유죄라고 생각하고 있고 그만큼 피고인의 입장에서는 불안한 지위에 빠지게 되는 것이다.

검사제도의 본질과 검사의 객관의무

검찰조직은 프랑스 혁명이후 자유민주국가가 성립하면서 전근대적이고 규문주의적(糾問主義的)인 형사사법에 의한 인권침해를 방지하고 법치주의를 구현하기 위해 탄생한 제도적 산물이다. 애당초 사법기능의 일환이었던 검찰의 소추권은 재판권과 분리되면서 행정권의 일부로 편입되었고, 검찰조직도 행정부의 일부가 되었다. 그러나 검사가 행하는 수사와 공소는 광의로 보면 여전히 분쟁의 법적 해결이라는 사법기능의 일부이며 재판과 밀접한 관련성을 지니고 있다. 그래서 행정권에 속하면서도 사법적 성격을 가지는 기능이라고 한다.

검사에게는 객관의무가 부여되어 있다. 객관적 의무는 독일과 같이 당사자의 입장을 초월하여 피의자 또는 피고인의 정당한 이익도 보호하여야 할 의무라고 말한다. 이러한 객관의무는 경찰수사에 대한 비판자로서의 지위를 강조하고 검찰 스스로에게 수사권의 남용에 대한 규제원리로서 기능하고 있다. 일본에서는 일찍부터 검사의 객관의무론이나 준사법관론에 대해서는 오히려 검찰권의 강화를 가져오고, 피의자 또는 피고인의 활동을 위축시킬 수 있다는 지적도 있어왔다. 그러나 이러한 객관의무는 일선 수사관인 경찰에 대한 수사 활동의 통제원리임과 동시에 검찰 스스로 증거수집이나 공소제기 함에 있어서 내부적 규제원리가 될 수도 있음을 부정 할 수 없을 것이다.

검·경 수사권의 조정

검·경 수사권의 조정의 문제는 해방 이후 끊임없이 주장되어온 논란이고 쉽게 해결될 전망은 없어 보인다. 검·경수사권의 논쟁은, 일선 경찰이 형사소송법의 개정으로 수사개시·유지권을 확보한 이후부터는 경찰의 독자적 수사권 보장을 넘어 검찰의 수사권을 부정하는 2단계 수사권 분쟁으로 돌입하고 있다. 그 와중에 일본과 같이 1차적인 수사권은 경찰이 가지고, 검찰은 2차적 보충적인 수사권을 가지도록 조정하자는 주장이 급물살을 타고 있다. 범죄혐의가 있으면 수사의 1차적인 책임은 경찰에게 있고, 검찰은 기소·불기소를 결정함에 있어서 필요한 범위 내에서 수사를 하고 그 범위 내에서 구체적으로 경찰을 지휘하자는 주장이다. 이를 위해서는 경찰 스스로 몇 가지 선행적인 조건이 갖추어져야한다. 자치경찰제도의 도입, 행정경찰과 사법경찰의 분리운영이라는 제도적인 문제는 차치하고, 경찰의 수사권 행사 자체를 제도적으로 통제하고 경찰의 인권의식 제고와 수사결과에 대한 책임을 담보할 수 있는 시스템 등이 전제되어야 한다. 최근 법률가인 검사의 철저한 지휘를 전제로 하는 직권주의 국가인 프랑스나 독일 등 유럽국가에서도 '형사사법의 경찰화'라는 자조(自嘲)적인 주장마저 나오고 있다. 수사의 광역화, 범죄수법의 고도화, 과학화에 대비해 점차 막강한 조직과 수사력을 갖추게 된 경찰에서 만들어 준 증거에 의해서 검사의 기소와 법관에 의한 재판이 형식적으로 이루어지고 있는데 대한 자조적 비판이다.

우리가 만약 대륙법계의 법률가인 검사에 의한 직권주의적 수사체계를 버리고, 영미식의 수사실무가에 의한 당사자주의적 수사체계를 취하게 된다면, 그래서 공판에 의한 실체적 진실을 추구하는 공판중심주의를 철저히 관철하려 한다면 몇 가지 제도적인 점에서 수정해야 할 것이 있다. 먼저 지금과 같은 조서위주의 수사는 지양되어야 한다. 피의자는 어엿한 당사자이므로 수사의 객체가 되어서는 안 되고, 피의자에게 협력을 요구할 입장도 아니기 때문이다. 나아가 경찰의 구속영장신청권 또한 삭제되어야 한다. 체포와 구속은 원칙적으로 신병을 확보하는 수단이지 진술을 청취하기 위한 수단이어서는 안 되기 때문이다. 반면 수사는 공판을 준비하는 과정에 불과하므로 수사기관에서 수집한 증거가 증거능력을 가지는지 여부에 대해서 공소책임을 지는 검사의 사전적인 심사가 전제되어야 한다. 기소권과 공소유지권의 주체인 검사의 사전적인 증거심사가 제대로 이루어지도록 수사체계가 재편되어야 한다는 말이다. 일본의 경찰과 같이 '경찰은 수사실무자이며, 검사는 법률가로서 경찰의 변호사'라는 사고가 선행되어야 한다. 이를 위해서도 지금과 같은 검·경의 갈등이 오래 가서는 안 된다.

역사적 제도로서 형사사법과 검사의 헌법상 영장신청권

우리나라 수사구조나 재판제도가 갖는 문제점은 많다. 미국의 배심제도 또한 역시 많은 문제가 있다. 미국의 법관들은 누구라도 자기의 사건에서 배심원들의 엉뚱한 평결을 1~2회 경험한바 있다고 한다. 그러나 이러한 취약점을 인정하면서도 궁극적으로 개인의 권리를 지키고 민주주의를 옹호한다는 관점에서는 배심제도가 가장 이상적이라는 것이 미국 법관들의 최대공약수라고 한다. 좋든 싫든 배심제도는 미국의 생활 속에 깊이 자리 잡고 있는 제도다. 배심재판을 받을 권리는 독립선언에 천부적 권리로 주장되고 있고 헌법상 기본적 인권으로 보장되어 있다.

한편 우리 헌법 제12조제3항, 제16조는 수사기관의 강제처분에 대해서 검사 신청에 의한 법관 발부의 영장주의 원칙을 천명하고 있다. 동 조항에는 이러한 검사영장신청권 이외에도 구속적부심 제도, 체포·구속 사유의 고지, 보강법칙 등(제5항, 제6항, 제7항) 인권을 담보하는 제도보장이라는 관점에서 헌법적 근거를 마련하고 있다. 검사의 영장신청권은 입법사항임에도 헌법에 규정함으로써 국회의 입법권한을 침해하고 있다는 이유로 동 규정을 헌법에서 삭제하여 국회의 입법재량을 회복하여야 한다는 주장이 있다. 나아가 입법취지와 달리 검사의 '권한'을 강화하는 조항으로 악용되고 있다는 점도 궤를 같이 하고 있다. 그러나 동 규정은 헌정 역사상 자행되어온 인권침해에 대한 반성의 산물이며, 인권보장의 이중적인 장치이자 검찰의 무거운 책임이라는 점을 간과해서는 안 된다.

그 동안 우리 헌법은 검사의 영장청구권 조항에 의한 통제규정을 전제로, 사법경찰관에게는 검사에 대한 영장신청권과 10일간의 구속수사권이 보장되 왔다. 그런데 경찰이 검사의 지휘로부터 독립하여 독자적인 수사권을 가지게 된다면 경찰의 구속영장신청권은 삭제되거나 적어도 경찰의 강제처분에 대해서만큼은 법적 통제를 강화하는 것이 바람직하다. 세상에서 완벽한 제도는 없다. 마이너스 면이 있는가 하면 다른 한편으로 플러스 되는 면도 있다. 특히 수사나 재판제도는 그 나라의 역사, 풍토, 국민의 감정과 깊이 관련되어 있다는 점은 부인할 수 없을 것이다. 우리도 우리 몸에 맞는 분쟁해결 제도를 오랜 기간 간직해 오고 있다.

수사 환경의 개선과 새로운 수사기법의 도입

우리나라는 형사면책제도와 같은 사법거래를 인정하지 않고 있다. 실체적 진실을 요구하는 국민정서에 비추어 사법협상이나 거래에 의한 형사면책제도나 함정수사 등을 인정하지 않고 있다. 한국의 경찰이나 검찰은 매우 이질적이고 이원적인 수사 환경에서 책무를 수행하고 있다. 길거리 범죄나 전통적인 범죄 수사에 대해서는 수사기관에게 많은 권한이 부여되고 있다. 영미법계의 나라보다도 훨씬 많은 권한을 가지고 용이하게 형사절차를 제압하고 사건을 해결하고 있다. 반면 공무원의 뇌물사건이나 권력형 부패범죄, 공직선거법위반 사건 등과 같은 화이트칼라 범죄에 대해서는 영미법계에서 일상적으로 사용하는 절차상의 권한이 주어져 있지 않다. 그래서 한국의 형사사법은 일반범죄자를 제압하여 형사처벌하는 데는 능숙하지만 특정부류 범죄자의 부정행위를 적발하는 데는 한계가 있게 된다. 이를 두고 파리와 같은 작은 곤충은 잡지만 말벌과 같은 큰 곤충은 잡지 못하고 망가져 버리는 거미줄 수사체계라는 자조적인 목소리도 나오고 있는 것이다.

새로운 수사기법으로는 사법협조자 감면제도, 플리바게닝과 같은 사법거래, 중요참고인에 대한 구인제도 등을 마련하고, 적법한 함정수사 등에 대하여 형사소송법상 근거를 마련하는 것 등을 고려해 볼 수 있다. 「사법협조자 형벌감면제」라 함은 일정한 형사법적 혜택 즉, 형벌의 감면이라는 조건을 부여하고 그 대가로 범죄에 대한 진술증거를 확보할 수 있는 방안을 말한다. 우리에게 익숙한 영미법상의 플리바기닝(Plea Bargaining)제도가 본인 자신의 범행에 대해서 자백을 전제로 형을 감경해 주는 제도라고 한다면, 「사법협조자 형벌감면제도」는 공범에 대한 진술을 강제하고 그에 대한 대가로 본인의 형을 감면해 주는 제도라고 할 수 있다. 종래 우리의 국민정서와 법 실무는 형사사법에 관한 협조와 그 자에 대한 형벌의 감면 등에 대해서는 여전히 저항감이 있고, arraignment 제도의 도입과 같은 새로운 제도의 도입에 대해서는 소극적인 자세를 견지하고 있다. 그러나 이러한 사법거래는 '사법의 합리화'라는 차원을 넘어 피의자, 피고인의 '자기결정론'의 보장이라는 점을 강조할 필요가 있다. 자백사건에 대하여 당사자에게 별다른 메리트(merit)가 없는 현재의 간이공판절차보다도 arraignment 제도를 마련하고, 사법협조자에게는 형벌권을 감면해 주는 사법협조자감면제도를 형사소송법상 명문화함으로써 형사사법을 주권자에게 돌려주는 형사사법의 '시민화'를 모색할 때가 되었다고 본다.

공수처 설치와 제도적 한계

설치의 배경과 찬반 논의

 대검찰청 중앙수사부가 폐지되면서 정치적 중립성과 독립성을 가진 새로운 조직으로서 공수처 설치가 급부상하고 있다. 지난 정부시절 「특별검사의 임명 등에 관한 법률」이 제정되었지만, 제도적 특검이라는 한계를 가지고 있는데다가 검찰개혁이 수면위로 급부상하면서 공수처 설립은 기정사실화되고 있는 듯하다.

 제20대 국회에 계류 중인 공수처 설치관련 법률로서는, 고위공직자비리수사처설치에 관한 법률안(2016.7.21. 노회찬 의원안) 등 세 가지 안이 있다. 세 가지 법률안은 공수처장과 특별검사의 임용절차에 약간의 차이를 보이고 있으나 삼권으로부터 독립된 기구라는 점, 수사대상을 제한하고 있다는 점, 검사는 수사권과 기소권을 가진다는 점, 기소강제주의 등 형사소송법상의 특례를 두는 점에서는 대동소이한 입장이다. 공수처 설치법안은 한마디로 입법, 사법, 행정으로부터 독립히여 대통령 측근 등 고위층 권력형 비리 수사에 적합한 별도의 형사사법기구를 창설하자는 주장이다. 이에 대해서는 찬반 논의가 뜨겁다.

 찬성하는 입장에서는, 공직사회 전반에 아직도 잔존하고 있는 부정부패를 청산하기 위해서는 검찰조직만으로는 역부족이라고 한다. 그동안 검찰이 권력형 비리 척결에는 정치적 중립성을 지키지 못했고, 생태적으로 본인 스스로에 관한 사건에 대해서는 충분하지 못했다는 비판이 힘을 얻고 있다. 반면, 반대하는 입장에서는 정부 수립이후 60여 년간 부정부패척결에 대한 검찰의 성과를 무시하고, 검찰로부터 이들에 대한 수사권을 빼앗아 공수처에 넘겨주자는 법안에 대해서는 아무래도 아쉬움이 많이 남는다는 것이다. 설령 새로운 수사기관을 만드는 것이 기존의 잘못된 관행을 타파하는 유일한 방법이라고 하더라도 그에 따른 폐단은 없는지 신중히 검토해 보자는 입장이다. 2004년 사법개혁위원회에서도 논의되었으나 결국 얻는 것보다 잃는 것이 더 많다는 결론을 내고 도입하지 않기로 결론이 난 점도 유념할 일이다. 공수처는, 일단 설립이 되면 설립의 순수한 취지와는 달리 국민적 통제를 벗어난 무소불위의 권력기관으로 군림할 우려가 있고, 운영과정에서의 검찰·경찰 등 기존 수사기관과의 경쟁이나 관할문제로 많은 시행착오가 있을 것은 명약관화하다는 점도 비판의 근거로 제시되고 있다.

공수처 신설의 필요성과 제도적 한계

이미 공수처에 대한 대안으로 제도적 특검을 마련한 바 있으나, 지난 최순실 국정농단 사건 수사를 계기로 새로운 특검법을 제정하여 시행함으로써 기존의 특검제도는 유명무실하게 되고 말았다. 국민경제에 막대한 영향을 주는 재벌기업의 부정한 청탁과 이를 도와주는 고위직 공무원의 부패는 도를 넘고 있다. 그 동안 검찰조직의 특별수사 활동에도 불구하고 이러한 권력형 부패는 없어지지 않은데다가, 특히 대통령을 중심으로 하는 최고위층 권력형 부패 수사에는 검찰조직만으로는 한계를 보이고 있다는 생각을 지울 수 없다. 반면 이러한 권력형 부패사건수사로부터 검찰의 짐을 덜어 주는 것도 검찰조직의 정치적 중립성이나 독립성 확보에 도움이 될 수도 있다.

기본적으로는 기존의 검찰 조직과 별개로 공수처를 설치하여 권력형 비리에 관한 수사권과 기소권을 부여하는 것은 상당하다. 다만 검찰의 정치적 편향성을 시정하기 위한 중립기구로서 검찰자체 부패의 해결을 위한 별도의 수사기구라는 목적에 충실하도록 그 대상과 조직을 한정하여 운영할 필요가 있다.

이를 위해 수사대상을 국회의 탄핵 대상과 일치시켜 가능한 한 정치적인 책임과 형사책임을 병행하여 추구하고, 그 이외의 경우에는 기존의 검찰이나 경찰의 수사기능을 활용하는 것이 바람직하다. 그렇게 하는 것이 국가수사역량의 효율적인 배분이라는 측면에도 부합한다. 나아가 수사대상자에 대해서는 공수처의 전속관할로 할 것이 아니라 기존의 검찰도 수사가 가능하도록 할 필요가 있다. 수사는 생물과 같은 것이어서 검찰 수사과정에서 장·차관 인사로 수사대상이 확대될 수 있다. 그럼에도 전속관할을 이유로 수사를 중단하고 이를 공수처에 이첩할 것은 아니다. 일단 검찰이 계속 수사를 하되, 미진한 부분이 있으면 추후 고발 등의 절차를 거쳐 공수처가 개입하더라도 무방하기 때문이다. 또한 사후적으로 공수처의 수사가 재개될 수 있다는 점만으로도 검찰수사가 상당히 부담을 가지게 될 것이다. 우리는 지난 최순실 국정농단사건에서 특검 수사를 앞두고 검찰수사가 매우 탄탄하게 이루어진 것을 목격한 바 있다. 결국 일차적으로 검찰수사가 진행한 사건에 대해서는 추후 일정한 절차를 거쳐 공수처가 개입하는 '상설특검'의 형태로 설계하는 것도 검토할만하다.

무엇보다도 공수처의 소속을 어디에 둘 것인지가 가장 큰 문제인데, 근본적으로는 헌법적인 근거를 가지고 입법, 사법, 행정권으로부터 독립된 헌법기관으로 만드는 것이 바람직하다. 다만 수사권과 기소권을 가진다는 점에서 원칙적으로 법무부 산하에 두되, 검찰청과 같은 외청 형식으로 하는 것이 좋다. 다만 현행 헌법하에서는 새로운 기구가 공수처장이 국회로부터 직접적인 민주적 통제와 정치적인 책임을 지도록 할 필요가 있다. 자칫 특정권력에 의하여 악용된다면 헌법상의 권력분립의 통제를 넘어 여론을 조작하고 국론을 분열케 하는 장본인이 될 수 있다는 점에서 일반 검찰 수사사건과 달리 국회에 의한 보고 등 사전·사후 엄격한 통제장치가 필수적이다. 사전적인 통제방법으로 수사의 단서와 수사개시절차를 법률로 정하고, 사후적으로 기소강제주의, 국회출석 보고의무 등을 통해 민주적 통제를 할 필요가 있다.

수사인력의 구성은, 상당수 검찰·경찰로부터 파견인력으로 구성하되 검·경의 갈등 해소와 협력적 상생이라는 차원에서 제1국장을 검사, 제2국장을 경찰관으로 보하여 검사와 경찰이 협력하는 기관으로 조직하는 것이 바람직하다. 또 다른 안으로는, 국회의장(법제헌법위원회) 산하에 공수처를 두어 탄핵대상이 되는 인사로 한정해서 형사 소추할 것인지, 탄핵 소추할 것인지 국회에서 선택하도록 할 수도 있다. 어느 안으로 가든지 새로운 공수처가 특별수사경험이 부족하고, 회계(Forensic Accounting)나 컴퓨터 포렌식(Digital Forensics)을 할 만한 시설과 장비를 갖추지 못한 기구라는 태생적인 한계를 가지고 있기 때문에 기존 검찰이나 경찰의 힘을 빌릴 수밖에 없을 것이다.

형사 소추 및 재판 제도의 개선

검사장 직선제도

미국은 연방제 국가로서 일찍부터 지방분권화의 전통 하에 연방검찰, 주 검찰, 지방검찰 모두 각자의 관할구역에서 독자적으로 업무를 수행해 오고 있다. 주 검찰총장과 카운티별로 설치된 지방검찰청의 검사(District Attorney)는 알래스카 등 몇 개의 주를 제외하고는 주민의 선거에 의해 선출되고 있다. 지방검사의 경우 권한행사 방법에 대해서는 우리나라 지방검사장과 매우 유사하지만, 행정권한으로 검사보 이하의 인사권을 가지고 있다는 점에서 다르다. 이러한 지방검사의 주민선출제도에 대해서는 비판하는 목소리도 크지만 대다수 국민은 역사적인 산물로 받아들이고 있다.

최근 검찰개혁의 일환으로 지방검찰청 검사장의 경우 지역 주민에 의한 선출직으로 하자는 주장이 제기되고 있다. 우리나라 검찰 조직이 검사동일체의 원리에 의해 너무 경직되어 있어서 이러한 위계조직을 병렬적인 조직으로 바꾸어 중앙조직과 상호 견제하도록 하면서 대통령과 청와대에 예속되어 있는 검찰 인사의 숨통을 터주고, 지역 주민들로부터의 통제를 강화하는 등 순기능적 효과를 기대할 수 있다는 것이다. 지방검찰청 검사장의 주민선출은 그동안 검찰조직이 보여 온 내재적인 문제점을 극복하고 검찰 권력에 대한 민주적 통제를 가함으로써 검찰 본연의 임무에 충실하게 할 수 있다는 장점이 있다. 광역단위의 교육감과 같이 지방검찰청 단위의 검사장을 주민자치로 선출하여 지역 특성에 맞는 치안정책을 수립하고, 주민소환이나 주민선거를 통해 사전·사후적인 책임도 물을 수 있다는 점, 특히 중앙 검찰조직과의 상호 견제를 통해 검찰전체 조직과 권한행사에 있어서 좀 더 유연성을 기할 수 있다는 점에서 긍정적인 측면이 있다.

나아가 일반 시민인 배심원이 참여하는 국민참여재판제도의 확대와 궤를 맞추어 수사와 소추단계에서의 주민자치라는 제도적 정통성의 면에서도 균형을 유지할 수 있다. 다만 이를 도입하기 위해

서는 경찰과의 수사권의 조정, 자치 경찰제의 도입, 검사 인사권의
문제, 균일한 가치의 사법서비스와 검찰권 행사의 문제, 대검찰청
의 지방검사장에 대한 감찰·조사권의 확보 등 선제적인 조건도 함
께 고려되어야 한다.

현직 대통령에 대한 수사

우리 헌법 제84조는 '대통령은 내란 또는 외환의 죄를 범한 경우
를 제외하고는 재직 중 형사상의 소추를 받지 아니한다.'고 규정하
고 있다. 이러한 대통령의 재직 중 형사불소추특권은 국정의 원할
한 수행을 위한 헌법적 결단이라고 해석된다. 내란 외환이 아닌 일
반 형사사건 수사를 위해 현직 대통령을 소환조사할 수 있을까? 이
에 대해서는 대통령에 대한 불소추특권의 범위를 둘러싸고 학설의
대립이 있다. 즉, 검찰이 공소를 제기할 수는 없지만 소환조사나
압수수색 등 수사는 할 수 있다는 입장과 불소추 특권은 검사의 공
소제기에 그치지 않고 체포·구금·수색·압수·검증에도 미치며 따
라서 기소의 전제가 되는 수사행위는 전면적으로 불가능하다는 주
장의 대립이 그것이다. 대체로 검찰의 임의수사는 가능하지만 체
포나 구속 등 강제수사는 헌법의 해석상 어렵다는 것이 다수설의
입장인 듯하다.

현직 대통령이라도 헌법상 '법 앞의 평등' 원칙과 수사상 증거
인멸을 차단할 필요성에서 검찰의 임의수사 그 자체를 부정할 수

는 없을 것이다. 그런 점에서 대통령의 임의적인 출석을 전제로 피의자 조사는 가능할 것으로 보인다. 다만 대통령에 대한 형사불소추특권과 국회의 탄핵소추를 병행하여 헌법에 규정한 취지에 비추어 보면, 현직 대통령이 내란 외환이나 그에 상응한 중대한 범죄를 저지른 경우를 제외한 그 이외 헌법이나 법률위반 행위에 대해서는 국회에 의한 탄핵의 발의와 조사 등 탄핵절차를 우선적으로 진행하고, 수사기관의 직접 수사는 자제하는 것이 바람직하다고 생각된다.

국민참여재판 대상사건의 확대와 개선

「국민의 형사재판 참여에 관한 법률」제5조 제1항은, 「법원조직법」에 따른 합의부 관할 사건을 그 대상으로 삼아 확대 시행하고 있으나, 대다수 뇌물사건은 그 대상에서 제외되고 있다. 국민참여재판은 기본적으로 배심원의 평결을 존중하여 국민적인 눈높이에서 유·무죄와 양형을 조정하는 제도적 장치로서 권력형 비리에 대해서는 특히 엄정한 판단을 할 것으로 보인다. 이를 두고 미국 대법원은 "배심재판을 받을 권리의 보장은, 부패하고 게으른 검사, 편견을 가지고 궤도를 벗어난 판사로부터 피고인을 보호하기 위한 장치"라고 천명하기도 하였다.

국민참여재판의 제도적인 취약점은 두 가지 점에서 문제가 있다. 첫째는 배심원 평결의 효력이 법원을 기속하지 않고 권고적 효력에 그친다는 것이다(동 법률 제46조제5항). 사법비용을 많이 들어 시행되고 있음에도 국민으로 구성된 배심원의 평결의 효력에 구속력이 없는 것은 문제이다. 둘째, 피고인에게 제도에 대한 선택 권한이 있다는 점이다(제8조제1항). 당사자의 선택에 의한 제도가 아니라 일정한 사건에 대해서는 필수적인 절차로 삼아야 한다. 일본이 종래 배심법을 버리고 참심형태의 현행 재판원제도로 전환한 점도 이를 전제로 하고 있음을 참고할 필요가 있다. 국민참여재판 제도를 배심제로 존치하는 한 배심재판에 충실하도록 배심원의 평결에 강제력을 부여하고, 일정한 범죄에 대해서는 필수적인 절차로 개정하는 것이 바람직하다. 특히 뇌물사건에 대해서는 경중을 떠나 모두 필수적인 국민참여사건의 대상으로 삼는 것이 좋겠다.

기타 제도 및 운영의 개선

현행 특별감찰관 제도의 개선

특별감찰관 제도는, 2014. 06. 특검 법률과 같이 제정된 「특별감찰관법」에 의해 고위공직자 중 특히 '대통령의 비서실장 등' 대통령의 측근에 대해서 상시적으로 '감찰'할 수 있도록 마련되었다. 대통령 직속으로 하고, 특별감찰관의 임명은 국회에서 후보자 3인을 추천하면 대통령이 그 중 1인을 지명하고(제7조), 국회의 인사

청문회를 거쳐 대통령이 임명하고 있다(제7조). 임기는 3년이며 중임은 불가능하다(제8조). 감찰대상자는 대통령의 배우자 및 4촌 이내 친족, 대통령비서실 수석비서관 이상의 공무원으로 하고 있다. 이러한 특별감찰관 제도는 2015. 03. 처음 시행되어 2016. 08. 특별감찰관의 사직이후 현재 공석으로 되어 있다. 특별감찰관이 결원된 때에는 결원된 날부터 30일 이내에 후임자를 임명하도록 하는 현행법 제8조제2항에 위반하고 있는 것이다.

특별감찰관 제도에 대해서는 여론의 비판도 많다. 특히 동 법률을 적용함에 있어서는 감찰대상의 인적, 물적, 시적 제한이 가장 큰 걸림돌이 되고 있다. 인적대상은 대통령의 배우자 및 4촌 이내 친족과 대통령비서실의 수석비서관 이상의 공무원으로 한정(동법률 제5조)되어 있는데, 이를 행정관 또는 비서관 이상으로 확대할 필요가 있다. 비서관이 수석비서관으로 승진하는 사례가 있음에도 물적 대상으로 대상자의 신분관계가 발생한 이후의 것에 한정(제6조제2항)하고 있기 때문에 그 전후의 비위행위에 대해서도 조사할 수 있도록 하자는 취지다. 우병우 전 민정수석에 대하여 처가의 부동산 거래 의혹과 진경준 전 검사장의 인사청탁 의혹 등의 경우가 물적, 시적 제한에 걸려 현실적으로 조사하지 못한 경우가 그 예이다. 향후 특별감찰관 제도의 성패여부가 도마 위에 올라 있다.

국회의 탄핵소추 활성화 방안 마련

헌법 제65조는 「대통령·국무총리·국무위원·행정각부의 장·헌법재판소 재판관·법관·중앙선거관리위원회 위원·감사원장·감사위원 기타 법률이 정한 공무원이 그 직무집행에 있어서 헌법이나 법률을 위배한 때에는 국회는 탄핵의 소추를 의결할 수 있다.」고 하고 있다. 법률에 의해 탄핵소추의 대상이 되는 자는 검사(검찰청법 제37조 전단), 경찰청장(경찰법 제11조 제6항), 원자력안전위원회 위원장(「원자력안전위원회의 설치 및 운영에 관한 법률」제6조 제5항), 특별검사 및 특별검사보(「특별검사의 임명 등에 관한 법률」제16조)가 이에 해당한다.

헌정 역사상 국회에서 탄핵이 발의된 것은 모두 14건으로 대통령 2건, 대법원장 1건, 검찰총장 또는 검사 11건에 달하지만 소추가 발의된 것은 대통령에 대한 단 2건에 불과하다. 검사나 판사에 대한 형사 소추 건수가 늘고, 검사의 징계면직이나 해임, 자진사퇴하는 사례가 늘어남에도 징계파면이 없는 것은 국회의 탄핵소추가 활성화되지 못한 반증이 되기도 한다. 변호사법 제8조제1항제4호의 재직 중 위법행위 등으로 변호사등록이 거부되거나 취소로 확인된 건수도 단 2건에 불과하다. 국회가 이러한 탄핵소추의 대상자에 대한 조사와 감사를 철저히 할 수 있도록 조직을 정비할 필요가 있다. 이를 위해 외국의 비교법적 연구가 필요한 대목이다.

요약

지금까지 대통령을 중심으로 한 권력형 비리의 현황과 공통점, 현 제도의 취약점과 그 개선방향에 대해 서술해 보았다.

다시 한 번 요약해 보면, 첫째로 검찰의 중립성, 독립성의 확보와 검찰 스스로에 대한 자정노력에 기대할 수만은 없다는 점에서 별도의 수사기구인 공수처를 신설할 필요가 있다. 다만, 국가 수사역량의 배분이라는 측면에서 1차적으로 검찰수사와 병행하게 하거나, 검찰수사에 대한 2차적인 수사구조를 가지는 '상설특검' 형태로 설계하는 것이 바람직하다. 가능하면 국회의 탄핵발의라는 정치적 책임과 병행하여 공수처 수사를 진행하는 방식도 검토할만하다.

둘째, 검찰 조직에 대한 민주적 통제를 강화하고 검찰조직의 유연성을 제고하기 위해 지방검찰청의 검사장에 대한 주민 직선제 선출방식을 검토해 볼 수 있다. 특히 배심원에 의한 국민참여재판제도와 궤를 같이하는 제도적 정통성 측면에서도 긍정적인 효과가 있다. 다만 중앙검찰조직과의 관계, 자치경찰제도의 도입, 대검찰청의 감찰·조사권의 보장 등 선결적인 문제도 함께 검토하여야 한다.

셋째, 경찰과의 수사권 조정은 일본과 같이 1차적인 수사책임은 경찰이 가지되, 기소와 공소유지를 위한 제2차적 수사권은 검찰이

하는 것으로 조정하는 것이 상당하다. 다만 고위직 공무원이나 대기업의 기업 활동에 대한 특별수사는 여전히 검찰에서 하고, 권력형 부패범죄에 대해서는 공수처와 함께 책임을 지도록하는 것이 바람직하다.

끝으로 정권이 바뀔 때마다 부정부패의 척결을 주장해 왔음에도 아직 우리사회에서 권력형 비리는 상존하고 있다. 주된 온상은 헌법상 대통령의 권한이 너무 막강하다는 구조적인 문제에 있다. 그래서 통치구조나 국가권력의 재편이라는 헌법적인 결단을 기다려 볼 일이지만 무엇보다도 우리 사회에 이를 사전에 경고하는 시스템의 부재라는 생각을 지울 수 없다.

급변하는 사회변화에 따른 공직 및 산업 환경의 구조변화에 초점을 맞추어 대통령을 비롯하여 고위 공직자, 권력중심 측근의 부패의 발생추이 및 각종 대응정책과 현황을 비판적으로 고찰하고, 1)핵심 직역 부패의 발생구조와 변화 trend 분석, 2)각 영역별 부패 유발적인 제도관행과 부패취약성에 관한 요인 분석, 3)부정부패를 상시 monitor할 수 있는 시스템 구축, 4) 사회적인 부정부패의 예고와 선제적인 대응을 모색할 필요가 있다. 다시 말하여, 부정부패의 징후를 포착하고, 상황의 위기 수준을 판단가능하며 신속히 대응할 수 있는 자동화체계를 구축함으로써 사전 경고를 통한 부정부패 발생을 예방하고, 부정부패 척결에 관련된 정책 수립 및 효과 분석에 활용하자는 말이다. 이를 위해 데이터의 다양성과 머신러닝 트레이

닝의 정도에 따라 시스템의 고도화 및 정확성 심화가 더욱 효과적
으로 발전할 수 있도록 학계와의 장기적인 집단 연구 및 사회 부정
부패 분석 전문가의 육성도 진지하게 검토할 때가 되었다.

- 각주 및 참고문헌 -

주1)

구분		사건 개요
이승만		중석불 사건(1952)
		: 텅스텐 수출로 벌어들인 외환을 불하, 폭리를 취한 기업들이 정치자금 제공
		국방부 원면 부정사건(1956)
		: 미국에서 긴급군수물자로 원조한 원면을 시장에 방매, 판매금의 일부를 선거 자금으로 유용
박정희	4대 의혹 사건	주가조작 의혹
		: 증권시장에 개입, 주가조작을 통한 수익금을 정치자금으로 사용
		워커힐자금 횡령의혹
		: 워커힐 공사자금 중 상당 부분을 횡령해 정당의 창당자금으로 사용
		새나라 자동차 면세관련 정치자금 유용
		: 일본산 자동차를 관세 없이 수입해 시중 업자에게 팔아 넘겨 취한 이 익을 창당 자금으로 사용
		빠찡코 사건
		: 빠찡코 영업 허가를 내주는 대가로 뇌물 수수
		3분 폭리사건 (1964)
		: 기업들이 정부로부터 지원받은 미국의 원조 달러를 설탕, 밀가루 등의 소비 재 수입에 씀으로써 국내 소비시장을 장악해 폭리를 취하고 기업으로 뒷돈을 수수
전두환		명성그룹 사건 (1979~1983)
		: 명성그룹의 사업확장자금을 조달할 목적으로 그룹회장이 시중 사채를 동원조달
		이철희, 장영자 어음사기(1981)
		: 자금압박에 시달리던 건설업체들을 찾아가 전직 고위직 출신인 과거경력을 이용해 현금을 빌려주고 그의 수배에 달하는 약속어음을 받은 뒤 은행해서 할인해 현금으로 받고 다른 회사들에게 빌려줌
		전경환 새마을본부 비리(1988)
		: 새마을운동본부 기금 등 각종 공금 73억 6,000여만 원을 횡령해 인창상가 매 입 등에 사용, 새마을신문사의 법인세 10억여 원을 포탈

구분	사건 개요
노태우	**수서비리(1990)** : 한보주택과 연합주택조합이 수서지구 택지개발 허가를 받기 위해 청와대, 건설부, 서울시, 여야 정당, 국회 건설위 등 거의 모든 권력을 대상으로 로비를 펼침
	율곡비리(1993) : 군 전력 현대화 사업인 '율곡사업'과 관련하여 국방부 고위층의 뇌물수수
	슬롯머신 비리(1993) : 정덕진 슬롯머신(일명 빠찡꼬) 업계의 대부로 군림하면서 정·관계 등 각계각층의 고위인사와 밀착, 조직폭력배들을 배후 지원
김영삼	**안풍 사건(1992~1996)** : 1992년 대선 때 모금 뒤 남은 잔금을 안기부 계좌에 예치했다가 총선 선거 자금으로 사용
	한보 특혜대출 비리(1997) : 대통령의 아들, 국회의원, 장관, 은행장, 재벌 총수가 관련된 초대형 권력비리
	김현철 게이트(1997) : 한보그룹에 천문학적 금액이 대출되는 과정에서 한보그룹 회장과 대통령 아들, 정계, 금융계의 핵심부의 유착과 부정이 자행됨
	세풍 사건(1998) : 전 국세청 차장 등이 주축이 되어 삼성, 현대 등 24개 기업에서 166억7천만 원을 대선자금으로 불법모금
김대중	**신동아그룹 옷로비(1999)** : 신동아그룹 최순영회장의 부인이 남편의 구명을 위해 고위층 인사의 부인들에게 고가의 옷 로비를 함

김대중	4대 게이트	진승현이 열린금고와 한스종금, 리젠트종금 등에서 2300여억원을 불법 대출받고 리젠트증권의 주가조작 등을 통해 비자금을 조성, 정치인, 국정원 고위층 등 정관계에 로비
		정현준과 동방금고 부회장 이경자 등이 수백억 원대의 금고 돈을 횡령하는 과정에서 정치인과 금융감독원, 검찰간부 등이 개입됐다는 의혹이 제기됨

구분		사건 개요
김대중	4대 게이트	이용호가 계열사 전환사채 680억 원을 횡령하고, 보물선 사업 등을 미끼로 주가를 조작, 250억여 원의 시세차익 혐의로 구속기소
		살해 혐의로 구속된 '패스21' 대주주 윤태식이 정계·관계 및 언론계까지 주식로비를 했던 것으로 밝혀짐
	홍삼 트리오 사건	나라종금 인사청탁 : 대통령의 장남은 1999년부터 2001년까지 안상태 前 나라종금 사장으로부터 인사청탁 대가로 1억 5000만원을 받은 혐의
		아태평화재단 알선수재, 변호사법 위반 등 : 대통령의 차남은 2002년 이용호 게이트 관련 의혹을 수사하던 검찰에 권력형 이권개입 연루의혹
		최규선 게이트 : 대통령의 삼남의 체육복표사업자 선정 과정 등 각종 이권에 개입하고 최규선으로부터 금원 수수
노무현		최도술 사건(2003) : 전 청와대 총무비서관이 2002년 대선 당시 SK그룹 회장 등으로부터 '당선 축하금' 명목으로 22억원 수수
		불법 대선자금 수뢰(2007) : 대선 자금으로 삼성 등 주요 대기업 등에서 불법 모금
		박연차 게이트(2008) : 태광실업 회장이 여야 정치인들에게 뇌물을 제공한 혐의
		노건평 세종증권 매각비리(2008) : 대통령의 형이라는 특수한 지위·영향력을 이용하여 세종증권 홍기옥으로부터 금원을 받고 전 농협회장에게 세종증권 인수를 청탁함 혐의
이명박		영포 게이트(2008) : 총리실이 직접 나서서 불법적으로 민간인을 사찰
		김옥희 공천로비(2008) : 대통령의 인척이의 비례대표 공천댓가로 금품을 받음

구분	사건 개요
이명박	저축은행 사태(2011) : 2011년 2월 부산저축은행 등의 여러 상호저축은행이 집단으로 영업정지됨 이국철 게이트(2012) : SLS조선 회장의 문화체육부 고위층 공무원에게 뇌물공여 등
박근혜	성완종 리스트(2015) : 경남기업의 회장이 정치권에 금품 제공 의혹 사건 수사과정에서 메모지 발견 최순실 게이트(2016) : 현직 대통령의 이른바 '비선 실세'로서 대통령의 의사결정과 국정, 인사 문제 등에 광범위하게 개입하여 사익을 취하고 국정농단을 일삼음

한국경제 '허리 키우기' 전략과 산업금융시스템

FORUM OH-RAE
Today & Tomorrow

세상을 바꿔라 Ⓥ

≪신 장 섭≫

| 학력 |
- 캠브리지대학 경제학 석사·박사
- 서울대학교 경제학 학사

| 경력 및 활동사항 |
- (현)싱가폴 국립대학교 경제학 교수
- 금융연구원 초빙연구위원
- 기획재정부 장관 비상근 자문관
- 매일경제신문 논설위원

| 저서 및 논문 |
- 경제민주화…일그러진 시대의 화두 (2016, 나남)
- *The Global Financial Crisis and the Korean Economy* (2014, Routledge)
- 김우중과의 대화: 아직도 세계는 넓고 할 일은 많다 (2014, 북스코프)
- 금융전쟁: 한국경제의 기회와 위험 (2009, 청림)
- *Restructuring Korea Inc.* (2003, Routledge, 장하준 공저)
- *The Economics of the Latecomers* (1996, Routledge)

한국경제 '허리 키우기' 전략과 산업금융시스템[주1]

신장섭 | 싱가폴 국립대 경제학과

한국경제의 '경제양극화' 문제

중산층이 튼튼하고 중소-중견기업이 강한 경제는 정치적 이념과 관계없이 누구나 원하는 이상향일 것이다. 선거철마다 정치권의 화두가 되어 왔던 '경제 양극화'는 중산층이 흔들리고 중소-중견기업의 성장이 정체되는 현상을 정치적으로 달리 표현한 것에 불과하다. 정치적 입장에 따라 그 원인에 대한 견해는 큰 차이를 보일 수 있어도 한국경제의 허리를 키워야 한다는 대명제에 대해서는 광범한 공감대가 형성되어 있다고 할 수 있을 것이다.

이 글은 그 방법을 찾아나가기 위한 시론(試論)이다. '경제민주화'를 주장하는 논자들은 재벌체제가 양극화의 근원이라는 재벌원죄론만을 내세우며 재벌체제를 '개혁'하면 마치 중산층 형성이나 중소-중견기업 성장이 이루어질 것이라는 너무나 단순한 전제를 갖고 있다. 그러나 중산층 형성이나 중소-중견기업의 성장은 보다 큰 경제시스템 차원에서 접근해야 할 문제이다. 이 시스템에는 대기업과 중소-중견기업 만이 얽혀 있는 것이 아니라 금융시스템, 노동정책, 조세정책 등이 함께 얽혀 있다. 따라서 한국경제의 '허리 키우기' 작업은 특정 경제주체에게 책임을 돌리기보다 궁극적 시스템 관리자인 정부가 우선적으로 책임져야할 사안이다. 그리고 개별부문이 어떻게 조정해야 할지를 따져야 한다.

어느 정책 대안을 마련하는 작업도 마찬가지이지만 한국경제의 '허리키우기' 대안도 사실 관계를 제대로 확인하고 진단하는 작업에서부터 출발해야 한다. 경제양극화 문제에 관해서 가장 큰 사실 인식 편차는 1990년대 한국경제를 놓고 벌어지고 있다. 이 글에서는 이에 대한 사실관계를 바로잡는 작업에서 시작했다. 이어서 1997년 이후 '경제양극화'의 원인이 실제로 어디에 있는지를 분석했다. 국제통화기금(IMF)체제에서의 '구조조정' 방향이 분배를 악화시키게 원래부터 설계되어 있었다는 평범한 사실을 지적하고, '주식시장 위주의 구조조정'이 갖고 있는 환상과 그 부정적 결과를 강조했다. 끝으로 이같은 진단에 근거해서 한국경제의 새로운 산업금융시스템을 어떻게 구축할 것인지에 관한 몇 가지 제안을 내놓았다. 국제결제은행 자기자본비율 (BIS비율) 규제를 철폐하고, 기업대출에 초점을 둔 '한국적 관계금융체제'를 구축하고, 국책은행들을 산업금융의 전사(戰士)로 적극 활용해야 한다고 주장이 그것이다. 분배문제와 대기업-중소기업 문제가 그동안 지나치게 '정서'에 의해 휘둘렸고, 실질적 개선이 이루어지기 위해서는 냉정한 현실 인식에 따라 현실적 대안을 마련해야 한다는 사실을 강조하면서 글을 맺었다.

1990년대 한국경제의 역사 바로잡기

한국경제의 '허리키우기'를 논하기 위해서는 한국경제의 허리가 왜 약해졌는지를 분석하는 데에서부터 출발해야 한다. 이를 위해서는 1990년대 한국경제에 대한 재평가가 필수적이다. 경제민주화론자들은 이 시기를 정치민주화는 1987년에 달성됐지만 경제민주화가 이루어지지 못해 한국경제 내에 모순이 축적되던 암흑기(暗黑期)로 채색한다. 1997년의 외환위기도 그러한 모순이 폭발한 '구조적 위기'로 해석한다. 따라서 한국경제의 회생을 위해서는 '구조개혁'이 필수 사안이 된다. 경제민주화론자들에게 구조개혁의 핵심은 재벌개혁이었고, 이들은 그 후 20년 가량이 지난 지금까지도 한국경제의 허리가 약해진 이유를 재벌개혁이 제대로 이루지지 못한 데에서 찾는다.

　그러나 이것은 이념으로 사실을 왜곡한 역사해석이다. 눈 뜨고 현실을 조금만 살펴보면 금방 드러난다. 거시지표만 보더라도 1997년 외환위기 전 한국경제는 '암흑기(暗黑期)'이기는 커녕, '성장-내수-고용-분배'가 공존하는 한국경제의 '융성기(隆盛期)'라고 해야 한다. 한국경제는 1987년 이후 소위 '3저(低) 호황' 국면이 오면서 경제성장률이 계속 좋았다. 국제적으로 비교할 때에 전 세계에서 '최우등생' 수준의 성장률을 유지하고 있었다. 그러나 1997년 외환 위기 이후에 '보통 학생' 수준으로 한 단계 떨어졌다. 2008년 세계금융위기 이후에는 '열등생' 수준이 됐다. 이 시기에는 수출 뿐 아니라 내수도 좋았다. 1987~1997년 기간과 1999~2007 기간을 비교해보면 수출증가율은 비슷하지만 소비 증가율에서 각각 8.1% 및 5.8%로 크게 차이가 난다. 민간 소비증가율에서는 편차가 더 커진다. 정부가 수출에 방점을 두고 내수확대책을 사용하지 않던 1990~1997년까지 민간소비증가율은 8.0%였다. 그러나 2000년대에는 정부가 부동산담보대출 확대 등을 통해 민간소비를 의도적으로 늘리는 정책을 취했음에도 불구하고 2000~2007년까지 민간소비증가율이 4.7%에 불과했다.[주2] 외환위기 이전에는 고용지표도 좋았다. 완전고용을 유지했다. 비정규직도 거의 없었다.

1987~1997년 기간에 근로자들의 임금이 연평균 4.3% 늘었다. 반면 1999~2007기간에는 근로자들이 임금증가율이 연평균 3.0%로 떨어졌다. (표 1)

표 1. 한국의 주요 거시지표 추이

구분	1981~1986	1987~1997	1999~2007	2008~2013
GDP	9.6	8.4	85.8	2.9
소비	7.6	8.1	5.6	2.0
투자	9.0	11.8	4.9	0.7
수출	12.9	12.7	11.9	6.3
세계 수입	5.4	7.8	7.7	2.5
수입	7.9	14.1	12.4	4.3
고용	4.5	4.3	3.0	2.1

주: 고용은 임금근로자 수   출처: 홍장표(2014)에서 수정

한국의 분배지표도 국제적으로 계속 좋은 편이었다. 20세기 하반기 개발도상국에서 성장과 분배라는 두 마리 토끼를 잡은 나라는 한국과 대만 뿐이었다. 두 나라는 지니계수가 고도성장 기간 중에 0.30~0.33정도의 수준을 유지했다. '아시아의 4마리 용(龍)'으로 동아시아 경제기적을 함께 이룬 싱가폴과 홍콩은 고도성장은 달성했지만 지니계수가 0.47수준으로 대표적인 불평등 국가였다. 지금 중국경제가 빠르게 부상하고 있지만 지니계수가 0.40 내외 수

준이다. 중국은 임금 격차 뿐만 아니라 커다란 지역 격차를 떠안고
있다. 선진국까지 포함해서도 한국은 소득분배에서 중간 이상을
유지했다. (표 2 참조)

표 2. 주요국의 불평등도 비교

국가	지니계수			불평등도
	1990년	2008년	2014년	
스웨덴	0.211	0.233	0.249	아주 낮음
프랑스	0.277	0.281	-	낮음
	-	-	0.301	
한국	0.295	0.312	0.302	중간
대만	0.312	0.338	0.336	
미국	0.384	.0381	-	높음
	-	-	0.411	
중국	0.324	0.415	0.469	아주 높음
멕시코	0.543	0.474	0.481	
싱가폴	0.454	0.474	0.464	
브라질	0.605	0.548	0.529	

출처: OECD(2011), World Bank, OECD, CIA The World Factbook 등 종합

　　정부의 분배통계를 비판하며 과세자료를 이용한 새로운 분배지
표를 내놓아 이른바 '피케티 DB'에 자료를 올리는 김낙년 교수의
연구를 봐도 마찬가지이다. 그가 내놓은 '상위 1% 소득 비중'과 관
련된 어느 지표를 보더라도 1997년 외환위기가 날 때까지는 분배

지표가 안정되어 있었다. 이 지표도 외환위기 이후 IMF체제에서 빠르게 나빠진 것으로 나타난다. (그림 1)

그림 1. 한국의 상위 1% 소득 비중 역사적 추이 (1933~2010)

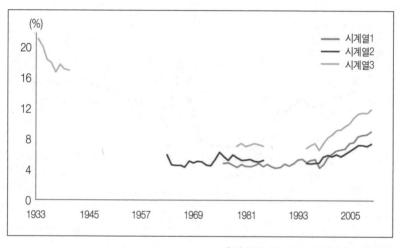

출처: KIM, Nak Nyeon & KIM, Jongil(2015)

1990년대를 암흑기로 채색하는 경제민주화론자들의 시각과 달리, 이 시기에 한국경제의 분배지표는 조금 더 좋아졌다. 정부가 공식적으로 발표하는 지니계수는 1990~1997년 평균 0.287로 떨어졌다. 성명재 교수의 연구에서도 1990년대는 '소득불균등도 하향 안정기'로 나타난다. (그림 2) 그는 이에 대해 "정치적·경제적 민주화의 물결 속에서 노동소득분배율이 상승하는 등의 영향이 직·

간접적으로 상대소득분배격차가 낮은 수준에서 유지되는 데 기여한 것"으로 추정했다.

그림 2. 한국의 소득분배 추이 (지니계수, 1982~2012)

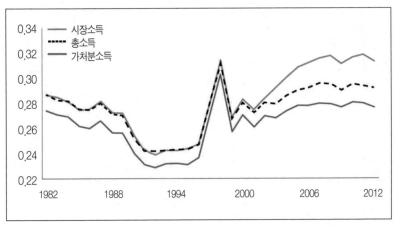

출처: 성명재(2014)

미시적으로 산업과 기업을 살펴 보면 1990년대가 한국경제의 융성기라는 사실이 더 명확히 드러난다. 무엇보다도 1970년대부터 야심적으로 벌였던 중화학투자의 성과가 본격적으로 나타나기 시작했다. 중화학산업은 그 특성상 처음에 큰 돈을 투자해야 한다. 기술역량을 축적하고 시장을 개척하는 데에 많은 시간이 필요하다. 1980년대 상반기까지 한국경제가 어려웠던 것은 석유파동, 스태그플레이션 등 세계경제가 좋지 않았던 데에도 원인이 있었지

만, 중화학 부문의 대규모 투자가 결실을 볼 때까지는 적자를 감수
하며 지속적으로 투자와 기술개발에 매달리는 것이 어쩔 수 없이
거쳐야 하는 과정이었기 때문이었다.

1990년대에 들어서 그렇게 기다렸던 결실이 맺어지기 시작했
다. 한국이 세계 조선 1위국으로 뛰어오른 것이 이 때였다. '부실
기업'으로 취급받던 대우조선이 1991년에 창립 이래 첫 흑자로 돌
아섰고 현대중공업과 경쟁하며 세계 1-2위 조선소의 자리를 계속
지켰다. 삼성전자의 반도체 투자 성과도 이 때 제대로 나타났다.
1993년에 삼성은 메모리 반도체에서 세계 1등 회사로 떠올랐다.
그리고 그 위치를 아직까지 지키며 강화하고 있다.[*3] 이러한 개별
기업들의 성과를 바탕으로 한국경제의 구조전환이 뚜렷해졌다. 제
조업 부가가치에서 중화학산업이 차지하는 비중은 1990년에
60.3%로 뛰어올랐고 1995년에 67.7%로 계속 상승했다. 수출전선
에서의 성과는 더 뛰어나다. 전체 수출에서 중화학산업이 차지하
는 비중은 1990년에 61.2%에서 1995년에 76.4%로 급등했다. 2000
년에는 83.1%까지 올라갔다.

1990년대에 성장과 분배가 함께 좋았던 이유는 투자에서 찾을
수 있다. 한국의 대기업들은 당시 중화학투자가 성공하고 이익이
나기 시작했지만 그 이익을 주주들에게 나눠주거나 사내유보로 쌓

아놓지 않았다. 오히려 그 돈을 이용하고 은행대출도 늘리면서 더 적극적으로 투자를 확대했다. 세계화가 급진전되는 상황에서 기존 비즈니스를 강화하고 새로운 비즈니스 기회를 잡아나가기 위해 국내 뿐만 아니라 선진국, 신흥국에 전방위 투자를 한 것이다. 이러한 대규모 투자 과정에서 고용이 계속 늘었다. 근로자들의 임금도 계속 올라갔다. 임금이 올라가니까 내수도 좋아지고 분배도 개선됐다.[주4]

'경제양극화'의 원죄 - 국제통화기금(IMF) 체제와 주식시장 위주의 '구조조정'

그러면 왜 1997년 이후 한국의 분배문제가 악화됐는가? 경제민주화론자들은 이에 대한 실증분석을 제대로 내놓지 않는다. 소득분배가 나빠지고, 중소기업이 상대적으로 약화된 '현상'만을 내놓고 그것이 대기업들이 착취했기 때문이라는 비약적 결론 만을 반복할 뿐이다. 제대로 된 원인 분석과 대안을 내놓으려면 전체 경제시스템에서 어떤 일이 벌어졌고 어떤 요인들이 한국경제 허리약화에 영향을 미쳤는지를 종합적으로 봐야 한다.

역사적 흐름을 먼저 보자. 앞에서 지적했듯이, 한국경제는 재벌

체제의 융성기에 성장과 분배가 모두 좋았다. 성장과 분배는 1997년 이후 둘 다 나빠졌다. 그렇다면 분배악화를 '재벌체제' 자체에 돌릴 수는 없는 일이다. 경제민주화론자들이 강조하는 '대기업 중심 불균등 발전'의 소득분배 악화 효과가 경제개발 30여년 동안은 나타나지 않고 있다가 1997년 이후가 되어서야 갑자기 나타났다고 보기 힘들다. 대기업과 중소기업 간의 관계도 마찬가지이다. 한국이 다른 나라에 비해 중소기업보다 대기업이 더 발달한 것은 사실이다. 이것은 일본이라는 선발국을 이웃으로 둔 상태에서 일본으로부터 부품을 수입하는 수출위주 성장전략을 취했기 때문에 나타난 어쩔 수 없는 결과인 측면이 많았다.[45] 따라서 핵심적 문제는 1997년 이후 무엇 때문에 한국경제의 허리가 약화됐고, 대기업의 중소기업 간의 격차가 왜 더 벌어졌는가를 분석하는 것이다.

IMF 프로그램의 메시지 - "분배 악화되더라도 효율 추구한다"

IMF체제에서의 구조조정 내용을 보면 그 답은 쉽게 나온다. 구조조정 자체가 "경쟁력을 강화한다"는 명분하에 소득격차, 대기업과 중소기업 간 격차, 대기업들 간의 격차를 확대시키는 방향으로 설정되어 있었기 때문이다. 한국은 "IMF 구제금융 역사상 가장 성공적인 구조조정"을 했다는 평가를 대외적으로도 받아왔고, 한국 정부도 한동안 이것을 자랑해 왔다. 한국경제 허리약화는 IMF 프로그램의 정신에 따라 "성공적으로" 구조조정한 결과물일 뿐이다.

첫째, 한국은 IMF구조조정 사상 가장 최초로 또 가장 광범위하게 '재벌개혁'을 수행했다. IMF프로그램에 '기업구조조정'이라는 말이 들어간 것은 1997년 아시아 금융위기 때가 처음이었다. IMF 프로그램을 받아들인 한국, 태국, 인도네시아 3개국 중에서 금융위기에 '재벌'의 문제가 강하게 부각된 나라는 한국 뿐이었다. 한국의 "가장 성공적인 기업구조조정" 과정에서 30대 재벌 중 17개가 해체됐다. 살아남은 재벌과 해체된 재벌, 혹은 이들 계열사 간의 격차가 확대된 것은 자명한 일이다. 구조조정 기간에 살아남은 재벌들에게 격차 확대의 책임을 돌릴 수는 없는 일이다.

둘째, 한국은 IMF구조조정 과정에서 '노동시장의 유연화'를 가장 급진적으로 채택한 나라였다. 외환위기 이전에는 공동체 의식이 강조되면서 정리해고가 허용되지 않았다. 그러나 IMF체제에서 정리해고가 도입됐고 대규모 감원이 이루어졌다. 마찬가지로 경제의 '효율성'을 높인다는 명분이었다. '비정규직'이라는 단어조차 없던 한국은 IMF체제에 들어간지 불과 수년 만에 경제협력개발기구(OECD) 국가 중에서 비정규직 비율이 가장 높은 나라가 됐다. 그동안 없던 비정규직 근로자 숫자가 대폭 늘었으면 그것은 당연히 임금격차를 키우는 데에 영향을 미칠 수 밖에 없는 일이었다.

셋째, 임금체계도 외환위기 이전에는 전반적으로 '하후상박(下

厚上薄)'의 원칙이었다. 그러나 '글로벌 스탠다드'를 도입한다는 명분하에서 '상후하박'으로 바뀌 나가기 시작했다. 이 과정에서 금융기관과 대기업 임원들의 보수가 껑충 뛰었다. 많은 대기업들이 스톡옵션을 도입한 것도 이 때이다.[76] 한국경제가 외국인투자자들에게 적극 개방되면서 고액 연봉을 주는 외국계금융기관, 컨설팅 회사, 회계법인, 로펌 등도 많이 등장했다. 학벌 좋은 한국 젊은이들이 선호하는 직장이 내국 기업에서 외국계로 바뀐 것도 이 때에 벌어진 일이다. 고액연봉자들이 국내외 기업에서 늘어나면서 정규직 내에서도 임금격차가 커지는 것은 당연한 일이다.

네째, 정부는 과거 대기업 위주 발전모델을 바꾼다면서 벤처육성을 통해 새로운 성장동력을 모색했다. 이 과정에서 네이버, 카카오와 같이 그 전에 없던 새로운 종류의 대기업이 탄생한 긍정적 효과를 부정할 수는 없다. 그러나 2003년 벤처버블이 붕괴되면서 나타난 부정적 효과도 컸다. 경제성장에의 효과에 관한 찬반과 관계없이 벤처육성은 분배문제에 있어서는 부정적일 수 밖에 없는 일이었다. 벤처투자업계에는 '20개 중 1개만 성공해도 성공'이라는 말이 흔히 통용된다. 벤처는 본래부터 '대박'을 노리는 것이고 수많은 '쪽박'과 공존할 수 밖에 없는 것이다. 야심적인 기업이 새로이 출현하기에는 좋을지 몰라도 분배는 악화된다. 벤처의 대명사인 실리콘밸리 모델이야말로 '승자독식(勝者獨食)' 체제이고 불균

등 발전의 세계적 대명사이다. 국내에서는 그동안 벤처육성 정책을 새로운 성장엔진으로 추진하면서 실리콘밸리 모델의 양지(陽地)만 강조했지 그 그늘에 대한 평가는 별로 이루어지지 않았다.

'주식시장 위주 구조조정'의 허상

한국경제 허리키우기 대안을 마련하기 위해서는 이러한 전폭적인 변화가 '주식시장위주 체제로의 구조조정'이라는 슬로건 하에서 진행됐다는 사실에 주목해야 한다. 당시 IMF와 한국정부는 '차입경영 위주 시스템'이 위기를 불러왔다고 진단했고, 따라서 '글로벌 스탠다드'로 여겨지던 영미식 '주식시장 위주의 시스템'으로의 개혁을 추진했다. 그 정책의 연장선상에서 '부채비율 200% 규제'가 도입됐고 은행의 기업대출을 억제하는 한편 주식시장을 키우는 정책을 추진했다. 구조개혁의 상당 부분은 주식투자자들이 선호하는 시스템을 만드는 것이었다.

그러나 이로인한 국민경제적인 성과는 초라했다. 첫째, 주식시장이 기업에 자금을 공급하기보다 '돈을 빨아가는 창구'가 되었다. '차입경영' 비판론자들은 1997년 외환위기 전에 한국의 주식시장이 기업에 자금을 공급하는 순기능을 상당 부분 담당하고 있었다는 사실에 대해 눈감는 경향이 있다. 그러나 외환위기 이전의 한국경제는 기업투자에 방점이 두어지고 은행과 주식시장이 함께 이를 지원하는 시스템이었다. 1972년부터 1991년까지 투자자금에서 신

주발행이 차지하는 비중은 13.4%로 선진국들과 비교할 때에 현격하게 높았다. (표 3)

표 3. 주요국의 투자자금 출처 비교
(1970-1989년, %)

	독일	일본	영국	미국	한국*
내부유보	62.4	40.0	60.4	62.7	29.0
은행차입	18.0	34.5	23.3	14.7	40.7
채권발행	0.9	3.9	2.3	12.8	5.7
신주발행	2.3	3.9	7.0	-4.9	13.4
무역신용	1.8	15.6	1.9	8.8	n.a.
자본이전	6.6	n.a.	2.3	n.a.	n.a.
기타	8.0	2.1	2.9	5.9	n.a.

출처: 신장섭 (2008) *1972~1991년

그러나 IMF체제를 거치면서 한국 주식시장의 성격이 크게 바뀌었다. 1999년부터 2011년까지 신주발행 등으로 주식시장에 유입된 돈은 147.9조원이었던 반면 배당, 자사주매입, 유상감자 등으로 주식시장에서 유출된 돈은 174.9조원이었다. 27조원이 순유출됐다. 2003년 이후 한 해만 제외하고 주식시장은 기업으로부터 돈을 빨아가는 기능을 했다. (그림 3) 그 중요한 이유는 주주들의 '잉여현금 빼내기(disgorging free cash flows)' 요구에 맞춰 배당과 자사주매입을 늘리고 그 전에는 용어조차 들어보지 못했던 유상감자까

지 진행했기 때문이다. 재벌 기업들도 경영권 방어 등을 위해 자사
주 매입을 늘리면서 이 추세에 일조했다.

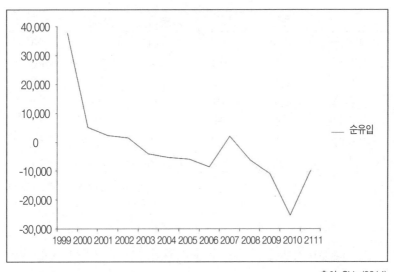

그림 3. 돈 빨아가는 주식시장 (한국)
(순유입, 단위 10억원)

출처: Shin (2014)

  이것은 한국에서만 벌어진 일이 아니다. 선진국에서도 주식시장
은 기업부문에 자금을 제대로 공급주지 못한다. 오히려 돈을 빼내
간다. 메이어(Mayer)의 연구에 따르면 1970년부터 1985년까지 영
국에서는 주식시장의 신규자금조달 순기여가 마이너스 3%였다.
미국은 1%, 캐나다는 3%, 독일 3%, 일본 5%에 불과했다. 앨런과

게일(Allen & Gale)은 1970-1989년 사이에 벤처캐피탈 투자를 포함해서 선진국들의 신규투자 자금조달 경로를 분석했다. 주식시장을 통해 조달된 자금 비중이 미국 마이너스 8.8%, 영국 마이너스 10.4%, 독일 0.9%, 일본 3.7%, 프랑스 6%였다.[주7)]

주식시장이 가장 많이 발달한 미국은 행동주의 헤지펀드 등 금융투자자들의 힘이 강력해진 2000년대에 들어서 주식시장의 자금 유출 기능이 대폭 강화됐다. 2006년부터 2015년까지 10년 동안 기업에서 주식시장으로부터 순유출된 돈이 4조1,600억달러(약 4,600조원)에 달했다. (그림 4) 주식투자자들의 자사주 매입이나 배당

그림 4. 돈 빨아가는 주식시장 (미국)
(순유입, 단위 1억 달러)

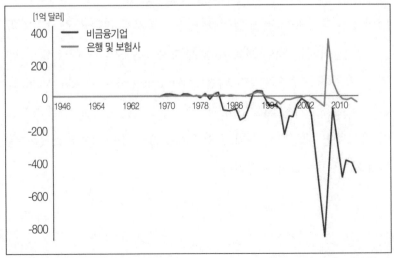

출처: Lazonick(2015)

확대 요구가 거세지면서 2006년부터 2015년까지 스탠다드 앤 푸어스(S&P) 500기업의 자사주매입액은 3조9천억 달러(약 4,300 조원), 배당은 2조6700억 달러 (약 2,900조원) 에 달한다. 미국 대기업들은 이 기간 중 순이익의 거의 대부분을 주주들에게 내주고, 사업에 필요한 자금은 '구조조정' 이나 자산매각, 대출 등을 통해 조달했다고 할 수 있다.

주식시장이 자금을 공급하기보다 빼내가는 기능을 하는 것은 당연한 결과이다. 주식투자자들은 대부분 단기적인 시각을 갖고 있기 때문이다. 벤처투자에서 보듯 일부 길게 내다보는 투자도 있다. 그러나 이들조차도 당장 영업이익은 나지 않는다 하더라도 투자한 주식의 가치가 미래에 대한 기대 때문에 단기적으로 올라갈 전망이 있을 경우에 더 많이 투자한다. 또 금융 투자자들은 대부분 기업이 유상증자하는 것을 싫어한다. 유상증자를 한다면 해당기업의 주가가 떨어지는 것이 보통이다. 투자자들은 오히려 배당 많이 받기를 원한다. '주주가치 극대화(Maximizing Shareholder Value)' 라는 이데올로기를 내세우며 기업이 갖고 있는 돈으로 투자하기보다 자사주를 매입해서 주가 올려주기를 요구하는 목소리도 갈수록 강해지고 있는 것이 현실이다.

'주식시장 위주 구조조정'의 가장 큰 피해자는 중소기업의 '사다리금융'

IMF체제에서의 '주식시장 위주 구조조정'은 재벌개혁을 진행하는 한편 중소기업을 육성한다는 목표를 동시에 달성하는 방안으로 추진됐는데, 이것은 처음부터 중소기업 육성에 적합하지 않은 '연목구어(緣木求魚)' 대책이었다는 사실에 관심을 기울여야 할 것이다. 정부의 순진한 기대는 주식시장을 강화하면 벤처기업에 자금이 많이 공급되어 중소기업들이 많이 육성되리라는 것이었다. 그러나 이것은 주식시장이 자금공급처라는 환상에 사로잡혀 있었기 때문에 갖고 있던 장미빛 기대였다. 오히려 중소기업이 커나갈 수 있는 산업금융시스템을 해치는 것이었다. 수많은 '전문가'들과 정책담당자, 정치인들이 주식시장의 성격에 대해 무지(無知)했거나 알았더라도 자신들의 이해관계 등에 따라 주식시장을 자금공급처라고 내세우며 포장했기 때문에 벌어진 비극적 사건이라고 할 수 있다.

이 내용을 제대로 이해하기 위해서는 기업의 투자에 필요한 자금이 실제로 어떻게 조달되는가에 대한 현실을 살펴봐야한다. 앞의 〈표 3〉을 다시 보자. 1970~1989년 기간에 미국, 영국, 독일의 투자금 중 은행차입은 각각 14.7%, 23.3%, 18.0% 밖에 되지 않는다. 이 기간 중 '은행차입경영'의 대명사처럼 불렸던 일본조차도 투자금 중 은행차입의 비중은 34.5%에 불과했다. 실제로 선진국에서 기업투자의 가장 큰 재원은 내부유보금이다. 미국, 영국, 독일은 60% 이상을 내부유보에서 조달했고 일본도 40%가 내부유보에서 나왔다.

　이것은 투자라고 하는 행위 자체가 대단히 불확실한 일이기 때문이다. 아무리 발달한 금융기관이라도, 아무리 많은 정보와 돈을 갖고 있어도, 기업들이 벌이는 수많은 투자사업에 대해 제대로 판단을 내리기 어렵다. 특히 투자는 경험과 감각에 의해 결정되는 부분도 많다. 케인즈(Keynes)는 그래서 투자활동이 합리적 판단보다 '동물적 본능(animal spirit)'에 의해 이루어진다고 강조했다. 투자활동은 처음 아이디어 단계에서부터 없던 것을 만드는 창조적 과정인 경우가 많기 때문이다. 새로운 투자를 계획하는 본인들조차도 처음에는 불확실성에 싸여 있는 경우가 많다. 기업인들이 나름대로 '확신'을 갖고 있다 하더라도 금융인들이 똑같은 정도의 확신을 가질 수 있도록 합리적으로 설명하는 것은 쉽지 않다. 그래서 산업자본가들이 내놓은 새로운 대규모 투자계획에 대해 금융가에서 종종 '무모하다'든가 '장미빛'이라는 평가들이 나오곤 하는 것이다.

　또 금융인들과 기업인들 간에 투자를 바라보는 '시계(視界, time horizon)'가 다른 경우도 많다. 실물투자는 아이디어 단계에서 기술개발 혹은 도입, 연관장비개발 및 도입, 생산현장적용, 대량생산기술 및 조직 구축, 판매망 확보 등을 통해 시장에 경쟁력 있는 제품을 내놓는 데까지 긴 시간이 걸리는 것들이 많다. 기업들은 투자회수에 이렇게 긴 시간이 걸린다 하더라도 그 사업이 유망하다고 판단하거나 회사의 장기 성장을 위해 필수적이라고 판단하면 투자에 뛰어든다. 반면 금융기관은 이렇게 긴 시각을 갖고 한 가지에 투자하는 것이 쉽지 않다. 원리금 상환이 어느 정도 이루어져야 한다. 또 금융부문 내에서 투자하든지, 소비대출 등으로 다른 부문에 돈을 돌려서 수익을 올리기 쉬운 경우가 많은데 구태여 불확실한 기업투자에 돈을 많이 제공하는 것을 꺼리게 되기도 한다.

선진국은 그래도 기업들이 축적해놓은 돈이 많으니까 내부유보금으로 장기투자를 할 수 있다.[78] 그러면 한국과 같은 중진국에서는 투자자금을 어디에 의존해야 하나? 주식시장은 앞서 지적했듯이 선후진국을 막론하고 자금공급창구로서 역할을 할 것이라고 기대하지 말아야 한다. 한편 유보금을 쌓아 놓은 일부 회사들이 있지만 전체적으로는 내부유보가 별로 많지 않다. 선진국처럼 60% 이상의 투자금을 내부유보에서 끌어들일 수 없다. 그렇다면 유일하게 남는 대안은 은행차입, 즉 간접금융이다. IMF나 개혁론자들은 주식시장에 대한 허상에 사로잡혀, 혹은 이 허상을 만들어내며 '구조조정'을 추진하는 과정에서, 간접금융이 중진국 산업금융에서 차지하는 독보적 중요성을 무시했다. IMF체제 구조조정 결과 한국의 투자재원에서 내부자금이 차지하는 비율은 선진국보다 높은 수준으로 올라갔다. 산업은행 조사에 따르면 1996년에 제조업 설비 투자에서 내부자금 의존도는 28.8%였고 외부자금 의존도가 71.2% 였다. 간접금융은 44.7%를 차지했다. 그러나 2006년에는 내부자금 86.6%, 외부자금 13.4%, 간접금융 10.4%로 내부자금의 비중이 급격히 높아졌다.[79] 이런 지표를 보면서 한국기업들이 그동안 큰 돈을 벌어서 투자금을 내부에서 충분히 조달할 수 있었기 때문이라고 볼 수는 없는 일이다. 오히려 은행대출이 제대로 이루어지지 않고 회사채 시장도 침체되어 있었기 때문에 외부자금 공급이 제대로 이루어지지 않았고 이에 따라 내부자금 의존 비율이 높아질 수밖에 없었다고 봐야 할 것이다. 전체적으로는 투자자금이 모자랐기 때문에 투자가 부진했다고 해석하는 것이 더 설득력있다.

이러한 간접금융위축은 대기업보다도 중소-중견기업에 더 큰 타격을 준다. 유보를 많이 쌓아놓은 일부 대기업들에게는 산업금융 시스템이 별로 필요없다. 어떤 시스템이 됐건 자신들이 벌어놓은 돈으로 투자하면 된다. 그러나 중소기업이나 중견기업들은 유보자금이 별로 없다. 이들이 보다 큰 기업으로 제대로 성장하려면 은행에서 장기성장자금이 공급되어야 한다. 처음 벤처투자 자금을 받을 때나 상장할 때는 주식발행을 통한 자금 공급이 이루어질 수 있을지 모르지만, 성장을 위해 투자할 때마다 유상증자를 할 수는 없다. 기존 주주들도 원하지 않고, 창업자들도 경영권이 흔들릴 것을 우려하기 때문이다.

실제로 IMF체제 구조조정을 거치면서 한국경제의 최정상에 있는 기업들은 더 빠르게 성장했고 나머지와 격차가 벌어지는 양극화가 진행됐다. 경제에 활력이 있으려면 밑에서 치고 올라오는 기업들이 많아야 한다. 이들이 많아져야 한국경제의 허리가 두터워진다. 이 '떠오르는 기업들'에 대한 산업금융 지원은 은행 밖에 담당할 기관이 없다. 창업은 실패율이 너무 높다. 기술집약적이고 성장 잠재력이 높은 창업을 정부가 선택적으로 지원할 필요는 있지만, 창업을 전반적으로 지원하는 것은 효율적이지도 못할 뿐더라 실패자들을 양산해내는 사회적 문제까지 일으킨다. 구조조정론자들은 이 평범한 진리를 무시했다. 대신 벤처기업과 주식시장에 허황된 기대를 걸었다. 경제양극화의 가장 큰 책임은 이들이 져야 한다.

산업금융 시스템의 재구축

그러면 한국경제의 허리를 다시 키우기 위한 대안은 무엇인가? 일단은 '주식시장 위주의 구조조정'이 실패작이라는 엄연한 사실을 인정해야 한다. 한국 만이 아니라 다른 나라에서도 함께 벌어진 사실이다. 미국은 그 중 가장 광범위한 실패를 겪었다. 주식시장위주 체제가 그 나라의 허리를 키우는 데에 긍정적으로 작용한다는 이론적-역사적 근거도 원래 없었고, 지난 20년 동안 주식시장의 역할이 범세계적으로 커졌지만, 국가경제의 허리를 키우는 데에 범세계적으로 실패했다는 사실을 받아들여야 한다. 중소-중견기업들이 사다리를 타고 올라갈 수 있게 하기 위한 산업금융시스템을 재구축해야 한다. 그리고 이 새로운 산업금융시스템의 핵심은 간접금융, 즉 금융기관의 기업대출이다.

지금 정부가 개발시대처럼 산업자금을 공급하라고 금융기관들에게 명령하고 지도할 수는 없는 일이다. 한국경제는 이미 상위 중진국 수준에 올라서 있고 민간 부문의 역량과 자금이 어느 정도 축적되어 있다. 이들의 역량과 자금을 잘 활용해야 한다. 새로운 산업금융시스템에서의 주체는 금융기관이어야 하고, 정부는 금융기관들의 자율적인 대출심사 능력을 존중하는 가운데에 이들의 대출-투자활동이 산업금융을 촉진할 수 있도록 시스템을 설계해야 한다. 필자는 이를 위해 (1) BIS비율 규제시스템을 전면 철폐하고 금융부문 내에서의 투자활동이나 소비자금융보다 산업금융에 보다 많은 인센티브를 주는 시스템을 구축하는 한편, (2) 금융기관과 기업들 간의 관계를 보다 끈끈하게 만들어서 산업이 필요한 자금을 공급하면서 금융부문도 함께 커나갈 수 있는 '한국적 관계금융체제'를 구축하고, (3) 국책은행들을 산업금융의 전사(戰士)로 적극 활용할 것을 제안한다.

BIS비율 규제의 전면 철폐

IMF체제 때 국내에 처음 도입된 국제결제은행 자기자본 비율 (BIS비율) 규제는 처음부터 그 논리적-실증적 근거가 없는 것이었다. 1988년 12개국 중앙은행총재들이 모여서 대충 정한 기준일 뿐이다. BIS비율이 8%를 넘으면 은행이 안전해지고, 그보다 낮으면 은행이 위험해질 것이라는 근거는 아무 것도 없다. BIS조차 그런 근거를 제시한 적이 없다.[10] 그렇지만 한국은 IMF체제에서 BIS비율에 대한 주체적 검토 없이 '금융개혁'의 일환으로 BIS비율 규제를 전격적으로 도입했다. BIS비율이 은행 안전성 관리에 쓸모없다는 사실은 2008/9년 세계금융위기 때에 명백하게 드러났다. BIS비율 10%를 훌쩍 넘는 세계정상급 금융기관들이 줄줄이 도산 위기에 빠졌기 때문이다. 예를 들어 스위스 UBS은행은 리먼브러더스가 파산하던 2008년 3·4분기에 BIS비율이 바젤I 기준으로는 12.2%, 바젤II 기준으로는 16.1%에 달했다.[11] 그러나 UBS는 서브프라임 투자부실로 파산상태에 빠져서 스위스 정부의 공적자금 지원을 받고 간신히 회생했다. 처음에 BIS비율 규제 도입을 선도했던 미국은 세계금융위기 때에 BIS비율을 믿지 못하겠다면서 '유형자기자본 (TCE: tangible common equity)비율'이라는 새로운 지표를 금융기관 구조조정에 사용했다.

산업금융과 관련해서 BIS비율 규제의 가장 큰 문제점은 그 규제 자체가 산업금융을 억제하는 데에 있다. BIS비율을 산정할 때에 기업대출에 대해서는 가중치를 높이 두지만 가계대출에 대해서는 가중치를 낮게 두기 때문이다. BIS비율을 규제수단으로 사용하는 순간 이것은 기업대출보다 가계대출을 늘리라는 정책적 주문이 된다. 경기가 나빠져 금융기관들에게 BIS비율을 맞추는 것이 문제될 때에도 가계대출보다 기업대출을 먼저 회수하도록 만들어서 산업금융을 위축시킨다. 현재 한국 뿐만 아니라 세계금융시장에서는 금융부문 내에서만 도는 돈의 규모가 커지고 실물 부문으로 돈이 잘 흘러가지 않는 것이 심각한 문제 중의 하나이다. 여기에 BIS비율 규제를 얹으면 산업금융은 더 위축된다. BIS비율 규제는 이처럼 산업금융의 필요성과 역행한다. BIS비율 규제는 이와 함께 '경기순행성(pro-cyclicality)'의 문제를 안고 있다. 경기가 나빠지면 대출자산이 부실해져서 BIS비율이 자연스레 떨어진다. 그런데 정해진 BIS비율을 경기와 상관없이 지키도록 강제하면 은행들이 기업으로부터 돈을 회수하거나 신규대출을 늘리지 않는다. 이에 따라 경기가 더 나빠지고 은행들은 BIS비율을 지키기 위해 또 다시 자금회수, 신규대출중단 등의 악순환으로 들어가는 것이다. 1997년에 일본이 BIS비율을 도입할 때에도 벌어졌고, 1998년에 한국이 BIS비율을 도입할 때에도 벌어진 일이다. BIS비율 규제는 2008년 세계금융위기 때에도 한국을 비롯한 여러 나라에서 자금경색을 악화시키는 역할을 했다.

정부가 산업금융의 문제를 정말로 심각하게 생각한다면 BIS비율 규제는 전면 폐기해야 한다. 한 민간경제연구소는 보고서를 통해 BIS비율의 여러가지 문제점들을 지적하면서도 "BIS기준을 준수하지 않으면 국제금융시장에서 소외되기 때문에 어떤 다자간 협상보다 실제적인 구속력이 강하다"며 "국제적 기준을 받아들일 것인가는 선택의 문제가 아니라 당위의 문제"라고 주장하기도 했다.[주12] 국제금융시장에서 자금을 조달하려는 금융기관들이 자신들의 '건전성'을 내세울 때에 BIS비율을 사용하는 것이 '당위'일 경우는 있을지 모른다. 돈 빌려주는 측에서 BIS비율을 통해 차입자의 건전성을 평가하겠다면 거기에 어느 정도 맞춰 줘야 한다. 그러나 이것도 꼭 100% 쫓아가야 하는 것은 아니다. BIS비율에서 조금 모자란다 하더라도 다른 방법으로 '건전성'을 입증할 수 있으면 돈을 빌릴 수 있다. 어차피 돈 빌리는 것은 협상의 문제이다. 상대방이 필요로 하는 수준에서 요구 조건들을 맞춰주면 된다.

그렇지만 금융당국이 BIS비율을 핵심적 감독기준으로 사용하는 것은 전혀 당위라고 할 수 없다. BIS는 기본적으로 중앙은행들의 포럼이다.[주13] 여기에서 만들어지는 여러가지 '합의'들은 가이드라인일 뿐이다. 국제연합(UN)에 가입한 나라들이 UN상임이사국들이 내린 합의를 무조건 따라야 할 이유는 없는 것과 마찬가지이다. 물론 그 결정을 따르지 않아서 '불편한' 일들이 생길 수는 있다. 그렇지만 국익에 잘 맞지 않는다면 개별국가들이 수정해서 적용할 수도 있고, 다른 선택을 할 수 있다. 상임이사국 합의를 지키지 않는다고 해서 UN군이 '침공'한다든지 '경제제재' 조치가 나올 것이라고 지레 겁먹을 필요는 없다. 물론 금융당국이 어떤 형태로든 금융기관들의 자본상태를 확인하는 장치는 갖고 있어야 할 것이다. 그렇지만 BIS에서 정한 비율대로 금융기관들에게 요구할 필요는 없다. 한국적 여건에서 적당하다고 생각하는 선에서 규제하면 된다. 국제금융시장에 노출이 많이 된 은행들에게는 높은 비율을 요구하고 노출이 덜 된 은행들에게는 낮은 비율을 요구할 수도 있다. BIS비율에 매달리지 말고 금융기관들의 건전성을 유지시킬 수 있는 감독수단도 개발해야 한다.

한국적 '관계금융(relational financing)' 체제의 구축

산업금융이 제대로 이루어지기 위해서는 그 핵심인 투자활동에 대한 이해가 선행되어야 한다. 투자는 불확실성을 앞에 놓고 위험을 부담하면서 새로운 것을 만들어내는 창조적 활동이다. 그렇기 때문에 금융과 산업 간에 시각이 엇갈리는 경우가 많다. 금융기관들이 이러한 활동을 도와주기 위해서는 투자주체 및 투자행위에 대해 깊이 있는 지식을 갖고 있어야 한다. 이런 지식이 없는 상태에서는 금융기관이 투자에 대해 받아들이는 위험도가 높아지고 금융지원을 제대로 하지 못한다. 반대로 이 지식을 많이 갖고 있는 금융가들은 다른 금융가들보다 위험을 할인해서 먼저 투자하거나 대출할 수 있게 된다. 남들은 위험도가 높다고 생각하지만 실제로 위험도가 낮다고 생각하는 이 지식이 산업금융 부문에서 금융가들 간 경쟁력의 차이를 가르는 핵심역량이다.

이러한 투자가 갖고 있는 본질적 불확실성 때문에 혁신관련 금융에는 '거리를 둔 거래(arm's length transaction)' 보다 '관계거래(relational transaction)' 혹은 '관계금융(relational financing)'이 중요해진다. '거리를 둔 거래'를 하면 금융기관들이 개별 기업들의 투자활동을 제대로 이해하지 못한다. 따라서 투자에 대해 일반적인 위험기준을 적용한다. BIS비율도 기업 경쟁력과 관계없이 산업에 대해 일반적인 위험기준을 적용하는 것이다. 그러나 이래서는 어느 기업이 잘 될 것인지 선별력을 키우기 어렵다. 투자활동에서 기업들 간의 경쟁력 격차는 남들이 어렵다고 생각하는 일이지만 이를 성사시키는 능력에 달려 있다. 이 능력은 성공하는 기업만이 갖고 있다. 따라서 어느 기업이 성공할 가능성이 높은지를 미리 알면 금융기관들이 이 기업에 대해 보다 적극적으로 대출해 주면서 다른 금융기관들과의 경쟁에서 우위를 점할 수 있게 된다. 금융기관이 해당 기업과 '유착'해서 관계금융을 할 수 있으면 투자활동을 지원하는 데에 느끼는 불확실성을 낮출 수 있는 것이다.

　자금이 풍부한 기업들이 외부자금보다 내부자금에 의존해서 투자를 수행하는 경우가 많다는 것도 마찬가지 원리로 이해할 수 있다. 자신들이 해당 분야에 대해 잘 알고 있으니까 성공 가능성이 높다고 생각하고 자금을 투입할 수 있는 것이다. 금융기관들을 설득하는 데에 구태여 노력을 기울일 필요 없이 스스로 내부에서 '관계금융'을 만드는 것이라고 할 수 있다. 재벌그룹들이 계열사 투자를 지원하거나, 계열사를 새로 설립해서 투자하는 것도 마찬가지 원리이다. 같은 그룹에 있으니까 새로운 사업기회와 그 일을 하는 사람들의 능력 등에 대해 잘 안다. 그래서 투자도 하고 보증도 해준다. '계열사간 관계금융'이다. 비즈니스 그룹에 대해 선구적 연구를 한 레프(Leff) 교수는 이와 같은 기능에 관심을 두고 그룹구조 자체가 '자본시장(capital market)'의 역할을 한다고 지적했다.주14) 벤처캐피탈의 역할도 관계금융 차원에서 이해할 수 있다. 벤처캐피탈은 미공개주식을 장기간 보유한 뒤 수익을 올려야 하기 때문에 투자기업에 대해 상세한 정보를 갖고 있어야 한다. 필요할 경우에는 의사결정에 적극적으로 참여할 수 있어야 한다. 벤처캐피탈의 역할은 따라서 '직접금융을 통한 관계금융'이라고 할 수 있다. 또 벤처캐피탈리스트가 해당투자기업의 신용을 보증하는 방법 등에 의해 간접금융을 도와줘서 직·간접금융 혼합형태의 지원을 하기도 한다.

IMF 구조조정은 이러한 관계금융이 갖는 긍정적 기능을 완전히
무시했다. 대신 관계금융을 '연줄자본주의(crony capitalism)'로
비하하고 그 부정적 기능만 부각시켜서 구조조정의 대상으로 삼았
다. 어떤 거래 방식이든지 장·단점이 있게 마련이다. 절대적으로
좋은 거래방식은 없다. '거리를 둔 거래'는 유착의 여지를 없애서
금융기관의 위험을 줄이는 장점이 있을지 몰라도, 금융기관들이
혁신가들과 함께 투자 위험을 부담해서 혁신 성과를 공유할 가능
성은 줄어진다는 단점이 있다. 이것은 "구더기가 무서워 장을 담지
않는다"는 것과 마찬가지이다. 산업금융이 잘 이루어지도록 시스
템을 만든다는 것은 구더기를 없애는데 초점을 두는 것이 아니라,
"구더기가 일부 생기더라도 어떻게 맛있는 장을 담글 것인가, 이
과정에서 구더기를 어떻게 하면 최소화할 수 있는가"라는 차원에
서 접근해야 하는 사안이다.

그동안 한국의 금융정책은 지나치게 대기업과 중소기업으로 양
분되고, 또 그 내용도 규제와 지원으로 양분되어 있었던 것 같다.
대기업들은 1997년 금융위기 이후 '구조조정'의 대상으로 지목받
고 부채비율 축소, 계열사간 금융거래 축소 등을 통해 은행차입을
줄이고 그룹식 경영도 억제할 것을 요구받는 등 규제의 대상이었

던 반면, 2000년대 초반 벤처기업 육성 정책에서 나타난 것처럼 중소-벤처기업들에게 그것도 '투자'에 지나칠 정도로 정책적 관심이 집중되는 '양극화' 경향을 보였다.

　새로운 산업금융시스템은 기업들의 스펙트럼에 따라 종합적으로 마련되어야 한다. 한국의 일부 대기업들은 세계적 다국적기업이 될 정도로 이미 많은 역량을 축적하고 있다. 이들은 스스로 확보한 자금과 신용을 바탕으로 혁신활동을 해나갈 수 있다. 이들에 대해서는 특별한 지원책이 필요없다. 규제완화와 전반적으로 산업을 지원해주는 방향으로 금융시스템을 정비하는 방법 등을 통해 투자활동을 보조해주면 충분할 것 같다. 한편 중소-중견기업들은 성장을 지원해주는 '사다리 금융'에 초점을 두어야 한다. 앞서 지적했듯이 과거 정책은 창업 지원에 너무 많이 집중되었다. 그러나 창업에는 대단히 큰 위험이 따른다. 한 중견기업인은 10여년간 온갖 어려움을 이겨 내고 안정적인 사업체를 일구었지만 "넋나가지 않는 한 창업하지 못한다"고 말한다. 창업에 대한 금융지원에는 '투기성'이 굉장히 높을 수 밖에 없다.

　이와 함께 정책 자금은 규모가 한정되어 있다는 사실을 인정해야 한다. 따라서 지원된 자금이 어느 정도 수익을 내면서 지속적으로 굴러가야 지원 효과가 지속될 수 있다. 그렇다면 이 돈을 창업보다 이미 창업해서 어느 정도 자리 잡은 업력(業力)기업들이 잘 커나갈 수 있는데 더 많이 지원해주는 것이 효과적이다. 여기에 다시 '간접금융'의 중요성이 있다. 벤처기업이 처음 출범할 때에는 투자자를 모으는 방법 등에 의해 직접투자로 돈을 조달할 수 있다. 그렇지만 그 후 운영자금을 확보하거나 확장을 위한 투자과정에서는 간접금융이 필요해진다. 돈이 필요할 때마다 주주들을 상대로 유상증자를 하거나 새로운 투자자를 끌어들일 수는 없는 일이다. 성장과정에서 자금조달이 원활히 이루어지려면 해당 기업의 내용을 잘 알고 '관계금융'을 해줄 수 있는 금융기관들이 있어야 한다. 정책자금은 가능하면 해당기업에게 직접 지원하기보다 이렇게 관계금융을 할 수 있는 금융기관들에게 주고 이들의 상업적 판단을 거쳐 간접적으로 지원하는 것이 낫다.

국책은행을 산업금융의 전사(戰士)로 적극 활용

한편 산업금융 및 산업지원에 특화하는 산업은행, 중소기업은행(현 IBK은행), 수출입은행 등의 국책은행들을 민영화시키려 하지 말고 고유 기능을 보다 잘 살려나가면서 산업금융의 전사(戰士)로 적극 활용해야 한다. IMF 구조조정 과정에서는 이들의 민영화까지 추진됐다. 그러나 국책은행들은 나름대로 국가경제에 필요한 이유가 있기 때문에 존재한다. 그 존재 이유가 사라졌다면 모를까, 그 이유가 계속 있다면 국책은행의 틀에서 효율화하면서 국민경제적 역할을 제대로 수행하는 방안을 찾아야 한다. 이런 맥락에서 세계 금융위기 때에 국책은행이 산업금융에서 수행한 독보적 역할은 특별히 조명받아야 한다. 당시 한 정부 관계자는 "이번 금융위기 때에 정부에서 아무리 기업자금을 지원해주라고 독려해도 민간은행들은 말을 제대로 듣지 않았다"면서 "기업에 지원된 자금의 80% 이상을 특수은행들이 공급했다"고 말한 바 있다. 당시 민간 금융기관으로서는 자금을 지원하지 않는 것이 너무나 당연한 일이었다. BIS비율도 맞춰야 하고, 단기적으로 부실채권이 늘어날 가능성이 많은데 몸을 사리는 것이 합리적인 일이었다.

한국경제에 금융위기가 다시는 일어나지 않으리라는 보장이 없다. 비용이 들더라도 외환보유액을 유지하는 것처럼 금융위기에 대비한 국책금융기관을 지켜나갈 필요가 있다. 또 중진국인 한국경제에서 경제성장률을 높이려면 산업에 가능한 돈이 많이 흘러갈 수 있도록 하는 금융시스템을 만들어야 할 당위성도 있다. 국내 주요 상업은행의 대주주가 외국인 투자자가 되어 있는 상황을 감안할 때에 국책은행이 산업금융에서 차지하는 역할은 더욱 커진다. 세제지원 등이 있다 하더라도 외국계은행이나 외국인 투자자들이 절대주주가 되어 있는 국내은행들은 산업자금을 적극적으로 공급할 가능성이 별로 높지 못하다. 이것이 국책은행이나 정부가 대주주로 있는 상업은행들이 산업금융에 적극 나서서 산업자금의 핵심

적인 공급자로서 공적기능을 제대로 수행하도록 하는 방안을 마련
해야 할 것이다.

경제문제의 이념적 왜곡

이 글을 시작하면서 필자는 사실관계에 대한 제대로 된 인식에
서부터 논의를 출발해야 한다는 점을 강조했다. '경제양극화'의 전
체 그림을 보지 않고, 일부 경제주체에게만 모든 책임을 돌리려는
것은 정치적 편가르기이고 '정서법'의 대표적 발현일 뿐이다. 건설
적 대안은 현실에 대한 냉정한 진단에 입각해야 할 뿐만 아니라 대
안이라고 내놓는 것들이 합목적적인 결과를 가져올 것인지에 대해
서까지도 제대로 검토한 뒤에 나오는 것이다. 정서법은 그런 과정
을 거치지 않는다. '정서'에 거슬리는 대상을 찾고 그 대상을 공격
하면 문제가 해결되는 듯이 호도한다. 이렇게 하는 데에 정치적 상
업적 이해관계가 걸려 있는 사람들도 있다. 이들은 그 과정이 생략
되기를 원하고 그렇게 되도록 작용하기도 한다. '경제양극화'는 현
재 국민들을 정치적으로 가장 분열시키는 이슈라고 할 수 있다. 어
쩌면 그 폭발적 분열성 때문에 정치적으로 더 활용되어 왔는지도
모른다. 그러나 '정서'에 맡길수록 양극화 문제를 해결할 가능성은
요원해지고 한국경제의 허리는 약해질 것이다. 정치적 이념을 떠

나 한국경제의 허리를 다시 키우기 위해 구체적으로 무엇을 하는
것이 좋을지에 대해 중지(衆智)를 모아야 한다.

- 각주 및 참고문헌 -

주1) 이 글은 편집자의 양해하에 경제 민주화, 일그러진 시대의 화두(신장섭 2016, 나남), 금융전집, 한국 경제의 기회와 위험(신장섭 2009, 청림)에 기발표 된 내용을 종합한 것이다. 두 책에 있는 내용을 활용할 때에 특별한 경우를 제외 하고는 별도로 인용표시를 하지 않았다. 또 이 글은 최광 편저, 〈오래된 새로운 전략 - 대한민국 바로 세우기〉 (기파랑 2017)에 같은 제목으로 동시에 게재됐다 는 사실을 밝힌다.

주2) 한국은행 웹사이트.

주3) 삼성의 반도체 부문 추격 및 1등 유지에 관한 연구는 Shin (2017), 신장섭· 장성원 (2006) 참조.

주4) 그러면 한국은 왜 1997년에 외환위기를 당했는가? 필자는 이행과정에서의 몇 가지 실수가 겹쳐져서 불러온 '사고'일 뿐이고, 따라서 '금융위기'라기보다 '외환위기'라는 표현을 쓰는 것이 적합하다고 생각한다. 필자의 구조적 위기론 비판과 이행과정 외환위기론에 대해서는 신장섭 (2009), Shin (2014) 및 Shin and Chang (2003) 참조.

주5) 이에 대한 자세한 논의는 신장섭 (2008, 4장5절, "대기업과 중소기업은 상 생의 관계가 더 크다") 참조.

주6) 물론 그 후 스톡옵션의 문제점이 많이 드러나면서 삼성그룹을 비롯한 많은 기업들이 스톡옵션을 없앴다는 사실에 대해서도 주목할 필요가 있다.

주7) Mayer (1988); Allen and Gale (2001).

주8) 물론 선진국에서 새로 일어나거나 확장하려는 기업들에게는 간접금융이 제대로 이루어져야 한다. 선진국은 총량적으로 내부유보에 의존할 수 있는 여지 가 중진국에 비해 크다는 얘기일 뿐이다.

주9) 신장섭·정승일 (2008).

주10) 그러면 왜 이렇게 논리와 실증이 없는 기준이 만들어져서 국제적으로 통 용됐는가? 이를 위해서는 BIS비율도입이 추진되던 당시의 미국계은행과 일본계 은행 간의 경쟁관계를 살펴봐야 한다. BIS비율은 은행들의 일반적 건전성을 세

계적으로 확보하기 위해서라기보다는 영미 은행들이 일본은행들의 성장을 견제하기 위해 마치 '글로벌스탠다드'인 듯이 도입했다고 보는 것이 적절하다. 이에 대한 상세한 논의는 신장섭 (2009, 'BIS비율 도입의 정사와 야사') 및 Kapstein (1994: 114-117쪽) 참조.

주11) UBS웹사이트 (http://www.ubs.com/, 2008년12월20일 접속)

주12) 삼성경제연구소(2001).

주13) BIS는 스스로를 "중앙은행들 간에 또 국제금융커뮤니티 내에서 토론과 정책분석을 증진하는 포럼(a forum to promote discussion and policy analysis among central banks and within the international financial community)"이라고 규정한다 (BIS 웹사이트)

주14) Leff (1978).

〈한국어 문헌〉

신장섭 (2016), 경제민주화. 일그러진 시대의 화두, 나남'

삼성경제연구소 (2001) 'BIS 신 규제안의 내용과 영향', 연구보고서, 3월

성명재 (2014), '한국의 소득분배 - 현황과 정책효과 국제비교', 자유경제원

신장섭 (2008), 한국 경제, 패러다임을 바꿔라, 청림

신장섭 (2009), 금융전쟁: 한국경제의 기회와 위험, 청림

신장섭·장성원 (2006), 삼성반도체 세계 1등 비결의 해부, 삼성경제연구소.

신장섭·정승일 (2008) "혁신촉진형 금융시스템의 구축", 박승록 외 (2008), 이노베이션 한국을 위한 국가구상, 서울: 한국경제연구원 (국가경쟁력강화위원회 제출보고서).

홍장표 (2014), '한국경제의 대안적 성장모델 모색', 은수미 의원 주최 '소득주도 성장의 의미와 과제' 발표자료.

〈영어문헌〉

Allen, F. and Gale, D. (2001) Comparing Financial Systems: A Survey, Cambridge MA: MIT Press

Kapstein, Ethan (1994) Governing the Global Economy, Cambridge: Harvard University. Kim, Nak Nyeon and Jongil Kim (2015), 'Top Incomes In Korea, 1933-2010: Evidence From Income Tax Statistics', Hitotsubashi Journal of Economics 56

Lazonick, William (2015), 'Labor in the Twenty-First Century: The Top 0.1% and the Disappearing Middle-Class', Institute for New Economic Thinking, Working Paper No. 4.

Leff, N.H. (1978). "Industrial Organization and Entrepreneurship in the Developing Countries: The Economic Groups." Economic Development and Cultural Change, 26: 661-75.

Mayer, C. (1988) "New Issues in Corporate Finance", European Economic Review 32: 1167-83Myers, Peter (2008), "The 1988 Basle Accord - Destroyer of Japan's Finance System", (http://mailstar.net/basle.html accessed on 20 June 2009).

OECD (2011), 'Divided We Stand: Why Inequality Keeps Rising.' http://www.oecd.org/els/soc/dividedwestandwhyinequalitykeepsrising.htm.

Shin, Jang-Sup (2014), The Global Financial Crisis and the Korean Economy, London: Routledge.

Shin, Jang-Sup and Ha-Joon Chang (2003), Restructuring Korea Inc. RoutledgeShin, Jang-Sup (2017), 'Dynamic catch-up strategy, capability expansion and changing windows of opportunity in the memory industry', Research Policy 46 (2): 404-416

노동개혁의 2대 과제

비정규직과 성과연봉제 문제를 중심으로

세상을 바꿔라 Ⓥ

FORUM OH-RAE
Today & Tomorrow

≪김 영 배≫

| 학력 |
- University of Georgia 경제학 박사
- 중앙대학교 경제학과 졸업

| 경력 및 활동사항 |
- 한국경영자총협회 상임부회장
- 노사발전재단 이사
- 국민연금공단 이사
- 노사정위원회 상무위원회 위원

| 저서 및 논문 |
- 임금과성과배분
- 경제발전과 적정임금

노동개혁의 2대 과제
비정규직과 성과연봉제 문제를 중심으로

김영배 | 한국경영자총협회 상임부회장

일자리와 노동개혁

일자리가 국민의 관심에서 벗어난 적은 없었지만, 최근 일자리를 이야기하는 분위기는 과거와는 사뭇 다르다. 지난해 청년실업률은 12.5%까지 치솟았고, 올해 사실상 실업자가 3백만명을 넘어서는 등 고용문제가 그 어느 때보다 심각해졌기 때문이다. 그 뿐만이 아니다. 인공지능을 기반으로 한 4차 산업혁명이 사람의 일자리를 빼앗을 것이라는 위기감도 성큼 다가왔다. 새 정부의 '일자리로 시작해 일자리로 완성된다'는 국정 기조가 그 어느 때보다도 절실해 보인다. 그런데 일자리 문제를 해결하기 위해서 우리 사회가 먼저 풀어야 할 숙제가 있다. 바로 노동시장의 건전화를 위한 노동개혁이다. 구태의연한 이야기를 반복한다고 생각할지도 모르겠다. 그러나 노동시장 문제는 영화에서처럼 슈퍼히어로가 돌연 나타나 단번에 해결해 줄 수 있는 사안이 아니다. 그렇기 때문에 누군가는 계속 이 문제를 제기해야 한다. 구태라는 비난을 들어도 우리가 계속 같은 이야기를 반복할 수 밖에 없는 이유다.

이처럼 경영계가 노동시장 개혁의 중요성을 지속적으로 주장해 온 가운데, 최근 가장 주목받는 이슈는 비정규직과 성과연봉제라고 할 수 있다. 비정규직은 이번 정부의 공공기관 비정규직 제로 정책으로 인해, 성과연봉제는 지난 정부의 공공기관 성과연봉제 도입으로 인해 특히 이목이 집중되었다. 두 이슈 모두 노동시장에서 극심한 대립을 불러 일으켰으며, 미래 일자리 창출에도 민감하게 연결되는 문제인 만큼 신중하고 발전적인 대응이 필요하다. 다만 한 가지 중요한 것은, 이 두 가지 이슈가 과거부터 이어져 온 쟁점이라 하더라도 현 시점에서는 다르게 바라봐야 한다는 점이다. 만약 이전과 동일한 틀에서 해결하려고 하면 결국 현재까지와 같은 결론이 나오게 될 것이기 때문이다. 케인즈가 말했던 것처럼, 변화에서 가장 힘든 것은 새로운 것을 생각해 내는 것이 아니라, 이전에 갖고 있던 틀에서 벗어나는 것이다. 그렇다면 이 가장 힘든 일을 어떻게 이루어낼 것인가?

비정규직, 끝나지 않은 논쟁

대통령은 취임 후 첫 업무지시로 일자리위원회를 설치함으로써 일자리 중심 국정 운영 방향을 명확히 하였다. 그리고 일자리위원회에서 일자리 창출과 관련된 내용 전반을 아우르도록 하였으며, 비정규직 문제를 우선 과제로 다루도록 하였다. 이에 일자리위원회는 「일자리 100일 계획」(6.1)에서 공공부문과 민간부문의 비정규직 정규직 전환 로드맵을 마련하겠다고 밝혔으며, 최근 공공기관 정책간담회(7.6)에서도 가급적 올해 말까지 비정규직의 정규직화를 완료해 달라고 요청한 바 있다. 이처럼 비정규직 정책에 대한 새 정부의 의지는 매우 강력하다. 물론 현 시점에서 일자리가 가장 중요한 문제이며, 이를 발전적으로 해결하기 위해서 고용형태와 관련된 오래된 논쟁을 해결해야 한다는 점에 동의하지 않는 사람은 없을 것이다. 그러나 고용형태와 관련된 이 해묵은 논쟁에 대해 단편적인 처방을 내리는 데에 그쳐서는 안 된다. 완전히 새로운 고용형태가 필요할 미래까지 고려하여, 합리적 노동시장 구축이 가능한 종합적 처방이 있어야 한다. 그리고 이를 위해서는, 먼저 이와 관련된 몇 가지 쟁점들에 대한 합의가 이루어져야 한다.

비정규직 범위 : 590만명 vs. 873만명

현재의 비정규직 문제에서 가장 핵심은 '비정규직을 어디까지로 볼 것인가'이다. 상용이 아닌 임시적 고용계약을 맺고 일하는 형태는 과거부터 존재했지만, 이것이 본격적으로 사회문제가 된 것은 외환위기 이후이다. 일반적으로 우리나라는 상용·장기근속 중심의 '평생직장'에 대한 선호가 강하기 때문에 이러한 비상용·비정규직 일자리에 대한 논란이 끊이지 않았던 것이다. 논란이 지속되자, 2002년 노사정위원회에서는 일단 비정규직의 범위에 대해 논의를 시작하였다. 당시 합의된 비정규직의 범위는 한시적 근로자, 단시간 근로자, 파견, 용역, 호출근로자였다. 이는 국제통계를 작성하는 OECD의 기준보다는 넓지만, 노동계가 주장하는 범위보다는 좁은 것이다. 이러한 범위와 규모의 차이는 용역, 특수형태 업무종사자, 사내도급에 대한 시각의 차이에서 발생한다. OECD

〈 표 1. 각계가 주장하는 비정규직 범위 및 규모 〉

한시적 근로자	파견	일일 근로	단시간 근로자	용역	특수형태 종사자	가정내 근로	기타 임시/ 일용근로	사내 도급
OECD 〈429만 8천명〉								
경영계(노사정 합의 기준) 〈590만 8천명〉								
통계청 〈644만 4천명〉								
노동계 〈873만 7천명〉								

주 : 2016. 8월 기준
자료 : 통계청, 경제활동인구조사 근로형태별 부가조사

통계에 따르면 우리나라 비정규직 규모는 429만 8천명이지만, 노사정 합의 기준으로는 590만 8천명, 노동계 기준으로는 873만 7천명까지 늘어나는 이유가 여기에 있다.

비정규직 활용 이유 : 기업운영 효율성 강화 vs. 비용절감

우리 기업들이 비정규직을 활용하는 가장 큰 이유는, 인적자원의 유연한 관리가 극히 어려운 현실 때문이다. 현재 우리 기업들은 경기에 따른 인력조절이 불가능한 경직된 법제도와 근속연수에 기반한 연공형 임금체계로 인해 경제 환경에 탄력적으로 대응하기가 매우 어렵다. 실제로 국제 노동시장 지표에서도 우리나라는 고용보호 관련 부분에서 낮은 점수를 받고 있는 것을 확인할 수 있다.

⟨ 표 2. 국가경쟁력 내 노동시장 주요지표 순위 ⟩

조사기관	조사대상	한국 전체	노동시장 주요지표 순위	비고
OECD (2013)	34개국	-	정규직 고용보호수준 23위	높은순위 =유연함
			임시직 고용보호수준 26위	
IMD (2016)	61개국	29위	해고비용 52위 (순위가 높을수록 해고비용이 낮음)	-
			노사관계 59위	
WEF (2016)	138개국	26위	임금결정 유연성 73위	-
			노동시장 효율성 77위	
			고용 및 해고 관행 113위	
			노사협력 135위	

주 : 'OECD 고용보호수준'은 순위가 낮을수록 경직적이고, 높을수록 유연하다는 의미
자료 : OECD Stats, IMD, WEF

우리 기업들의 경영환경 역시 매우 어려운 상황이다. 통계청의 기업 생멸통계에 따르면 기업의 5년 생존률(5년 전 신생기업 중 당해연도에 생존한 기업의 비율)은 27.3%(2014년 기준)에 불과하다. 이렇게 기업을 유지하기조차 어려운 환경 속에서 조직을 효율화하고 핵심역량을 극대화하여 변화하는 시장 상황에 대응하는 것은 선택이 아니라 필수적인 것이다. 즉, 기업들은 단순히 비용 절감만을 위해서가 아니라 생존에 필요한 최소한의 효율성을 확보하기 위해 다양한 고용형태를 활용하고자 하는 것이다.

기업이 비상용 근로자를 활용하는 또 다른 이유는, 핵심역량을 중심으로 조직을 운영하기 위해서다. 기업의 경영활동은 기업 경쟁력과 직결되는 핵심업무와 이를 지원하는 주변업무로 분류된다. 비핵심업무를 외부 전문업체에 맡기고, 자신들은 핵심업무에 집중함으로써 경영의 효율성을 극대화하고자 노력한다. 예를 들어 청소, 보안, 경비, A/S, 건물관리, 전산, 포장, 운송, 운전 등 다양한 업무를 외부 전문업체에 위탁하는 것이 그것이다. 이것이 비단 우리나라에서만 있는 일은 아니다. 애플이나 나이키 등 글로벌 유수 기업의 경우 비핵심업무 뿐만 아니라 생산·제조까지도 모두 외부에 위탁하는 것으로 잘 알려져 있다. 이처럼 아웃소싱은 복잡하고 다양해진 환경 속에서 기업의 경쟁력을 유지하기 위한 경영전략의 일환인 것이다. 그럼에도 불구하고 우리나라에서는 유독 아웃소싱이 부정적인 것으로 비춰지고 있다.

〈 표 3. 글로벌 기업 고용형태 활용 사례 〉

▲ BMW 라이프치히 공장 : 전체 인력 중 57%가 사내도급 및 파견근로자
▲ 도요타 : 전체 근로자의 27%가 비정규직
▲ 일본 조선업 : 사업장 내 인력 중 67.2%가 사내도급
▲ 유니클로 : 해외 매장 전체를 사내도급 업체로만 운영 중
▲ 애플, 나이키 : 디자인과 연구 개발만 직접 수행, 대부분의 제품 생산을 전량 외주화

　　핵심역량 중심으로 효율적 조직구조를 유지하지 못하는 기업은 위기가 닥쳤을 때 유연하게 대처하지 못하고 결국 어려움에 빠지게 된다. 과거 금융위기 때 이미 그러한 상황을 경험하지 않았던가? 특히 기술의 발달속도가 과거와 비교할 수 없을 만큼 빠른 미래에는, 기업들이 신속하게 전략을 수정하고 이를 위해 필요한 자원과 역량을 확보하는 것이 중요하다. 이에 따라 새로운 기술 만큼이나 새롭고 다양한 근로의 형태가 다수 발생할 것으로 예상된다.

　　이러한 상황에서 비상용·비정규직 일자리를 활용하는 것이나 아웃소싱 등 외부 인력을 활용하는 것에 대한 부정적 인식이 확산되는 것은 사회 전체의 경쟁력마저 약화시킬 수 있다. 만약 회사의 특성이나 근로자의 개별 사정상 아웃소싱이나 비정규직이 필요한 경우를 고려하지 않고 터부시 된다면, 기업들은 큰 어려움을 겪을 수 밖에 없다. 또한 이러한 고용계약을 디딤돌 삼아 노동시장에 진입하고자 하는 취약계층들은 일자리를 찾는 데 더욱 어려움을 겪

게 될 것이다. 즉 단순히 기업만의 문제가 아니라 국가적 고용난으로 이어질 수 있는 것이다.

비정규직 규제 : 과도하다 vs. 더 필요하다

기간제나 파견 근로자를 사용함에 있어서의 규제 수준에 대해서도 노사의 이견은 크다. 현재 우리나라는 기간제 사용기간을 2년으로 제한하고 있으며, 비정규직을 사용하는 사유를 제한하는 방안을 검토 중이다. 그러나 기간제에 대한 사용기간과 사용사유를 모두 제한하고 있는 나라는 세계적으로도 드물다. 외국의 경우 기간제 사용기간을 아예 규정하지 않는 나라도 많을 뿐만 아니라, 우리나라처럼 획일적으로 기간을 규제하는 경우는 거의 없다. OECD 회원국 35개국 중에서도 프랑스 등 4개 국가만이 사용기간과 사용사유를 동시에 제한하고 있을 뿐이다. 만약 기간제 근로자를 사용할 수 있는 기간이 2년으로 제한된 상황에서 이를 사용하는 사유까지 제한된다면, 우리나라의 기간제 근로자 사용 관련 법제도는 국제적으로 가장 강력한 규제가 되는 것이다. 물론, 이것이 단순히 외국보다 강력한 규제라서 문제인 것은 아니다. 이러한 규제가 실제 기간제 근로자들의 고용상황에도 큰 도움이 되지 못하기 때문에 더 큰 문제인 것이다. 현재도 사용기간의 제한 규정으로 인해 계약기간이 만료된 기간제 근로자 중 70.2%는 그대로 계약이 종료되고 있다. 사용기간이나 사용사유를 제한하는 등 규제를 더욱 강화하는 조치는 기간제 근로자를 보호하는 묘책이 아니라는 얘기다.

여기에 더해, 비정규직 고용과 관련해 기업에 부담금을 부과하는 방안도 논의되고 있다. 일정 규모 이상의 비정규직을 사용하고 있는 기업에 대해 부담금을 부과하겠다는 것이다. 그러나 이는 시장경제의 작동방식을 고려한다면 특히나 신중해야 할 문제다. 생산성의 향상 없이 기업 이윤이 고정된 상황에서 비용만 증가한다면, 기업은 불가피하게 고용 규모를 줄일 수밖에 없다. 비정규직 활용이 불가피한 기업이라도, 비정규직 부담금이 부과되는 것을 고려해 최소한의 인력만 고용하게 되는 것이다. 즉, 비정규직을 위해 도입한 정책이 오히려 비정규직의 고용불안을 증대시키는 역설적 결과를 가져올 가능성이 높다.

비정규직 문제, 어떻게 풀어나갈 것인가?

우리 사회에서 왜 이토록 오랫동안 비정규직 문제가 논란이 되고 있는가를 생각해 보면, 그 답은 의외로 간단하다. 사람들이 비정규직이 '나쁜 일자리'이며, '없어져야 할 일자리'라고 느끼기 때문이다. 그래서 비정규직에 대한 논의는 항상 제자리걸음에 그칠 뿐, 진전이 없다. 정규직이 선(善)이고 비정규직이 악(惡)이라는 구도 속에서는 그 어떤 해결책도 힘을 잃고 만다. 이제는 그 대립적 프레임에서 벗어나야 한다. 기술의 발전과 공정 자동화로 인해 일자리 자체가 급감할 것으로 예상되는 지금, 더 이상 시간을 낭비해서는 안 된다. '사람을 고용할 것인가, 기계로 대체할 것인가'를 고민하는 시점에서는 고용형태가 더 이상 의미를 가지기 어렵다.

우리가 최우선적으로 해야 할 일은, 더 많은 일자리가 유지될 수 있도록 노동시장 자체를 튼튼하게 만드는 일이다. 그리고 고용형태 문제 역시 보다 큰 패러다임 속에서 새롭게 바라보아야 한다. 고용 형태에 따른 불합리한 차별은 개선하고 경직적인 노동법제도를 개선하며, 일과 성과를 중심으로 임금체계를 개편하는 한편, 과도한 정규직 보호 수준을 완화시키는 등의 노력이 보다 큰 차원에서 비정규직 문제를 해결하는 방책임을 반드시 명심해야 할 것이다.

성과연봉제, 미래를 위한 디딤돌

공정한 보상의 의미와 우리의 현실

2014년 방영된 드라마 '미생'에서 종합상사 영업3팀 계약직 사원 장그래는 요르단 중고자동차 사업 추진을 제안한다. 해당 사업은 과거 비리에 연루되어 실패한 사업으로, 직원들 사이에서는 언급 자체가 금기시되어 왔으나, 장그래는 사업성만 놓고 보면 승산이 있다는 주장을 펼친다. 같은 팀 선배들도 강하게 만류했지만,

팀장의 결단으로 영업3팀은 경영진 앞에서 프리젠테이션을 무사히 마치고 사업 추진을 승인받는다. 여기서 눈여겨 볼 부분은 장그래가 이뤄낸 성과와 보상간의 관계이다. 장그래는 비록 비정규직 신분이었지만, 사장(死藏)되었던 사업의 새로운 가능성을 발굴하고 이를 추진시키는 뛰어난 성과를 창출하였다. 그렇다면 장그래는 이에 합당한 보상을 받았을까? 불행하게도 장그래에게 돌아온 결과는 합당한 보상과는 거리가 먼 계약기간 만료에 따른 퇴사였다. 만약 그 회사가 일의 가치와 개인의 성과를 제대로 반영하는 보상체계를 운영하였다면 어땠을까? 적어도 직위나 신분의 문제로 적절한 보상이 가로막히는 상황은 없었을 것이다.

현행 연공형 임금체계의 문제점

고성장 시대에서 저성장 시대로 경제의 패러다임이 전환되고 노동시장 환경이 급변하는 상황임에도 불구하고, 우리기업의 지배적 임금체계는 여전히 과거 산업사회적 형태에 머물러 있다. 근로자 개인이 수행하는 직무의 가치나 창출한 성과와는 무관하게 근속연수에 따라 임금이 결정되고 인상되는 연공형 형태에서 탈피하지 못하고 있는 것이다. 2016년 6월 기준 우리나라 100인 이상 기업의 호봉제 도입률은 63.7%에 이르며 300인 이상 기업만 보면 68.4%로 더 높은 것이 현실이다.

<표 4. 규모별 호봉급 도입 추이 >

(단위 : %)

구분	2010	2011	2012	2013	2014	2015	2016
100인 미만	46.1	39.6	38.5	36.0	26.7	24.2	21.4
100인 이상 전체	76.2	73.2	75.5	71.9	68.3	65.1	63.7
100~299인	75.0	72.0	74.5	69.9	67.3	64.1	62.5
300인 이상	81.0	78.1	79.7	79.7	72.3	69.2	68.4

자료 : 고용노동부, 사업체노동력조사 부가조사, 각 연도

연공형 임금체계는 과거 고성장기에 근로자들의 장기근속을 유도함으로써 숙련 인력을 확보하는데 상당 부분 기여하였다. 그러나 산업이 고도화되고 기술의 수명주기가 갈수록 짧아지면서 장기근속에 의한 숙련 인력보다는 교육훈련을 통해 신기술을 빠르게 습득하는 학습능력과 창의적 사고력을 갖춘 인재가 더 중요해졌다. 더욱이 저성장과 고령화로 대표되는 최근의 경제·사회적 변화속에서 연공형 임금체계는 기업의 인건비 부담을 심화시키고, 고용을 압박하는 근원적 한계를 드러내고 있다.

실제로 우리나라의 경우 근속 30년차 근로자의 임금수준은 1년차 근로자의 약 3.3배로, 유럽(1.6~2.1배)은 물론 일본(2.5배)보다도 훨씬 높다. 세계 최고 수준의 임금 연공성을 갖고 있는 우리로서는 다른 나라와 달리 정년을 연장하고 강제하는 문제에 매우 민감할 수 밖에 없다.

〈 표 5. 근속연수별 임금격차 국제비교 〉

구분	한국	일본	독일	영국	프랑스	스페인
1년 미만	100.0	100.0	100.0	100.0	100.0	100.0
30년 이상	328.8	246.4	210.2	160.1	158.7	190.6

주 : 1년 미만을 100으로 봤을 때의 상대임금, 10인 이상 비농 전산업 기준(2010년)
자료 : 한국노동연구원, 임금 및 생산성 국제비교 연구, 2015

　

이런 가운데 우리나라의 55세 이상 근로자들은 34세 이하 근로자에 비해 임금수준은 3배 이상 높은 반면, 생산성은 60%에 불과하다. 연공형 임금체계가 중장년기에 이를수록 생산성과 임금의 괴리를 더욱 심화시키는 요인으로 작용하는 것이다. 이러한 불균형의 지속은 기업으로 하여금 명예퇴직제도를 활용하거나 청년층 신규채용 규모를 축소하는 등 인위적인 수단을 통해 고용을 조정하는 유인으로 작용하게 될 가능성이 높다. 2013년 4월 정년 60세 법제화 당시 국회가 임금체계 개편 의무를 명시한 것도 바로 임금과 고용의 대체관계(trade off)를 우려했기 때문이다.

〈 표 6. 연령대별 상대임금과 상대생산성 〉

구분	34세 이하 근로자	35~54세 근로자	55세 이상 근로자
상대임금	100	173	302
상대생산성	100	105	60

주 : 34세 이하 근로자의 임금과 생산성을 기준(100)으로 했을 때 상대적인 임금과 생산성 산출
자료 : 황수경, 한국노동연구원(2005)

연공형 임금체계는 또한 우리 사회의 여러 차별 논란의 원인이기도 하다. 〈표 4〉에서 보듯이 우리나라 300인 이상 사업장의 호봉제 도입률은 100인 미만 기업의 3배가 넘는다. 이는 대기업 정규직 중심의 강성노조가 주도하는 고율 임금인상 요구와 맞물려 대·중소기업간 임금격차를 더욱 심화시키고 있다. 우리 사회의 비정규직 임금 차별 논란의 본질도 사실은 고용형태의 차이로 야기된 문제라기보다 대·중소기업간 임금 양극화의 연장선에서 발생하는 문제이다. 2016년 6월 기준으로 비정규직 근로자의 94.8%가 중소기업에 소속되어 있는 점, 실제 대기업 비정규직 근로자의 평균임금이 중소기업 정규직 근로자들보다 높게 나타나고 있는 점을 감안하면, '정규직이냐, 비정규직이냐'의 차이보다는 '대기업에서 일하느냐, 중소기업에서 일하느냐'의 문제로 귀결되는 것이다.

요컨대 현행 연공형 임금체계로는 더 이상 근로자의 동기유발을 기대할 수 없고, 실적 악화 시 중장년층의 고용불안과 청년층 신규 채용 위축을 초래하며, 우리 사회에 각종 차별 논란을 야기할 뿐이다. 글로벌 경쟁이 갈수록 치열해지고 있는 상황에서 우리 기업의 경쟁력을 확보하는 동시에 공정하고 유연한 노동시장을 실현하기 위한 근본 해법은 현행 연공형 임금체계를 시급히 개선하는 것 뿐이다.

임금체계 개편 원칙과 전략

'임금체계의 수는 기업 수만큼 존재한다'는 말이 있다. 이는 기업마다 운영하고 있는 임금체계가 모두 다르며 다양한 형태로 구현되고 있음을 의미한다. 이에 임금체계 개편의 특정 모델을 모범답안으로 제시하려는 시도는 사실상 불가능에 가깝다. 그러나 '연공적 요소의 최소화, 일의 가치와 성과 반영'이라는 임금체계 개편을 관통하는 대(大) 원칙은 분명히 제시할 수 있다. 근속연수에 따라 누구나 똑같이 임금이 올라가는 것 대신, 담당 직무의 가치와 성과에 따라 개인별로 차등 보상이 이루어질 때 임금체계는 비로소 근로자의 조직몰입과 직무수행능력 향상을 유인하는 동기요인으로 작동하게 된다.

이러한 개편 원칙을 가장 충실히 구현한 형태는 바로 직무급의 바탕 하에 성과주의 요소를 반영하는 모델로, 이는 가장 합리적이고 이상적인 임금체계라 할 수 있다. 이러한 임금체계를 서구에서는 직무급으로, 일본에서는 역할급으로 각각 운영해 오고 있다. 그러나 서구의 엄밀한 직무급, 혹은 일본식 역할급 제도를 전면적으로 도입하기는 여러 여건상 쉽지 않은 것이 우리 기업들이 처한 현실이다. 그렇다고 임금체계 개편을 너무 어렵게 생각할 필요는 없다. 중요한 것은 지금의 과도한 연공성을 해소하고 기본급 결정 기준을 일의 가치에 두면서 개인의 성과와 기업의 실적을 반영하는 임금체계로 조금씩이라도 바꿔나가는 것이다. 성과주의 요소 반영, 즉 자동호봉승급제를 폐지하고 일률적인 호봉인상이나 Base-up 대신 공정한 평가를 통해 차등적으로 임금인상 재원을 배분하는 것은 임금체계 개편 방향 설정에 필수적인 동시에 매우 중요하다.

직무급적 요소의 적용 역시 마찬가지다. 이런 저런 이유로 기본급 체계를 직무급으로 전환하는 것이 어렵다면, 기업 경영풍토에 맞도록 수정하면 될 일이다. 직무급의 기본 취지는 일의 가치를 보상에 반영하는 것이다. 엄밀하게 세분화된 직무가치를 구분하고 거기에 맞춰 차등적으로 보상하는 것이 바람직하지만, 이러한 방향이 필수적인 것만은 아니다. 기업 현실에 맞춰 일의 가치에 따라 차등을 주는 방향으로 접근하면 되며, 다양한 형태로 구현될 수 있을 것이다. 그러면서 차츰 연공형의 틀을 깨고 직무·성과중심 임금체계로 바꿔나가면 되는 것이다.

또한 이러한 임금체계 개편은 필수적으로 인사제도의 변화를 수반하게 된다. 연공에 의한 승급을 최소화하고, 평가체계를 공정하게 바꾸어야 하며, 직무에 맞게 채용하는 등 직무·성과중심 임금체계에 맞춰 인사시스템을 바꾸는 것도 중요하다.

마지막으로 정기상여금, 복잡한 수당체계 등을 단순하게 정리하는 작업도 필요하다. 우리나라의 수당체계는 임금체계를 복잡하게 만드는 주 원인이 되어 왔다. 불가피한 법정 수당을 제외한 임의 수당은 최소화 할 필요가 있으며, 특히 명칭과 실질이 일치하지 않는 수당은 가급적 조정하는 것이 바람직하다.

근로자 수용성 제고를 위한 노력

임금체계 개편 과정에서 제기되는 애로사항은 사실 앞서 언급한 기술적인 문제보다는 근로자의 반대 때문에 발생하는 경우가 많다. 즉 합리성의 문제 보다는 수용성의 문제가 보다 더 크게 다가오는 것이다. 이는 임금체계 개편이 단순히 인건비 절감을 위한 수단이라는 오해, 경쟁과 차등 자체를 거부하는 마인드 등이 복합적으로 작용한 결과로 볼 수 있다. 회사마다 근로자들이 우려하는 포인트가 다를 수 있으므로 이에 대해서도 면밀히 검토해서 임금체계 개편에 대한 근로자들의 수용성을 높이려는 노력을 할 필요가 있다. 예컨대 경쟁자체에 대해 부담이 큰 성향을 가진 근로자들은 성과보다는 직무요소에 대한 수용도가 높을 수 있다. 성과에 따른 차등이 본인의 노력에 따라 좌우될 수 있기 때문에 더 공정하다고 생각할 수 있는 것이다. 반면에 어떤 근로자들은 직무보다는 성과요소를 선호할 수도 있다. 일부 근로자들은 직무를 새로 선택하는 것이 아니라, 이미 주어진 직무가 있는 상황에서 직무에 따라 보상에 차등을 주는 것은 공정하지 않다고 생각할 수도 있다.

이러한 가치관의 차이를 반영하여 임금체계 개편에 대한 근로자의 수용성을 높이는 것은 상당히 어려운 과정이다. 수용성을 높이다 보면 결국 임금체계 개편 방향의 합리성이 저해될 수도 있는 것이다. 결국 직무와 성과라는 임금체계 개편의 핵심적인 요소들을 어떻게, 어떤 수준으로 반영할 지에 대해서 회사의 철학과 이론적 정합성, 근로자의 니즈를 종합적으로 고려해서 최선의 안을 찾는 것이 우리 기업들의 과제라고 할 수 있다.

공정하고 객관적인 평가체계 구축

임금체계 개편의 문제와 떼어놓을 수 없는 부분이 바로 평가체계이다. 이에 임금체계 개편과 병행하여 우리 기업들은 평가체계를 좀 더 공정하고 합리적으로 개선해 나갈 필요가 있다. 공정한 평가에 의해 산출된 자료는 공정한 보상을 위해 반드시 필요한 자료인 동시에, 교육·훈련, 배치전환에서도 유용하게 활용될 수 있다. 그렇기 때문에 회사 상황에 맞는 평가제도의 설계가 중요하다.

평가제도 역시 하나의 모범답안을 제시하기는 힘들다. 많은 기업들이 MBO, BSC, 역량모델링을 통한 역량평가 제도 등을 운영하고 있다고 해서 모든 회사에 MBO, BSC를 적용하는 것이 반드시 정답은 아니다. 임금체계 설계와 마찬가지로 평가체계 역시 회사 상황에 맞는 제도설계와 운영이 필요하다. 특히 중요한 것은 평가체계의 운영과 평가자의 평가능력 향상이다. 평가 역시 제도 그 자체보다는 운영측면에서 문제가 제기되는 경우가 많다. 평가의 성패가 결국 근로자의 수용성을 얼마나 높일 수 있느냐에 달려 있다는 점을 고려하면, 평가제도의 투명성과 객관성을 높일 수 있는 제도 개선을 위해 노력할 필요가 있다. 또한 반복적인 평가자 교육을 통해 평가시 발생할 수 있는 오류를 최소화하는 등 평가자의 평가능력 향상을 위한 기업들의 노력도 지속적으로 이루어져야 한다.

성과연봉제와 직무급

우리가 흔히 말하는 성과연봉제의 본질은 임금 조정의 기준을 성과에 두는 것이다. 즉, 등급의 기준이 무엇이든 불문하고, 임금 조정을 성과에 따라 하겠다는 것이다. 임금의 조정방식을 기준으로 임금체계를 구분할 때 매년 임금이 자동으로 정률 또는 정액 인상되는 호봉제의 대척점에 있는 유형이라 할 수 있다. 이러한 개념을 종합해 보면, 우리가 지향해야 할 임금체계는 직무의 가치를 기준으로 등급을 설정해 초임을 결정하고, 특정 직무등급에서의 임금 조정은 누구나 똑같이 근속연수에 따라 자동 인상하는 것이 아니라 성과에 따라 개인별 차등 인상하는 방식이 되는 것이 바람직하다. 최근 정부는 공공기관의 성과연봉제 확대 적용 지침을 사실상 폐지하였다. 정부의 공공기관 성과연봉제 폐지는 임금체계 개편의 필요성 자체를 부정하는 것이 아니며 기존의 연공형 임금체계를 옹호하는 것도 아니다. 다만, 지난 정부의 성과연봉제 추진과정에서 노사합의 없이 이사회 의결만으로 도입된 절차상의 문제를 지적한 것이다. 대통령도 후보시절 단순히 연공서열대로 급여가 올라가는 구조는 맞지 않으며 그것이 근로자를 보호하는 것도 아니라고 지적하고 직무급 도입의 필요성을 언급한 바 있다.

성과연봉제와 직무급은 대척점에 있는 임금체계가 아니라 상호 보완적 관계에 있는 임금체계이다. 직무급은 수행하고 있는 직무의 가치에 따라 기본급의 범위가 결정되는 구조의 기본급 체계를 의미한다. 성과연봉제는 근로자 개인이 수행한 성과에 따라 기본급 인상폭에 차등을 가하는 인상 방식을 의미한다. 단순히 연공서열대로 임금이 올라가는 구조에서 벗어나기 위해서는 임금 인상 메커니즘으로 당연히 성과에 따른 차등인상으로 갈 수 밖에 없다. 임금의 일률적이고 자동적인 상승 대신 성과에 따라 개인별 차등 보상하는 측면에서 보면 직무급과 성과연봉제의 본질은 크게 다르지 않은 것이다. 오히려 직무급으로 곧바로 이행하기 어렵다면 우선 기존의 등급체계를 유지하는 가운데 임금의 조정방식 만이라도 성과연봉제 메커니즘을 도입하고, 그것을 발판으로 직무가치에 따라 등급체계를 새롭게 짜는 직무급으로 가는 게 더 쉬운 길일 수 있다.

직무·성과중심 임금체계 개편을 위한 노력 필요

임금체계 개편의 목적은 결코 비용절감 차원이 아니다. 임금체계 개편을 임금삭감의 수단으로 활용하는 것은 현실적으로 가능하지 않을 뿐만 아니라 바람직하지도 않다. 이 때문에 기업은 임금체계를 개편할 때 '비용중립성' 원칙을 천명하여 진정성을 확보할 필요가 있다. 또한 노동조합은 공정한 보상이 무엇인지 진지하게 고민해야 한다. 기존 연공형 임금체계로는 결코 조합원의 일자리를 지켜줄 수 없다. 기득권에 매몰되어 변화 자체를 거부하는 일은 더 이상 없어야 할 것이다. 개별 기업에 적합한 개편 모델을 설정하고 근로자들의 수용성을 이끌어내는 등 임금체계를 개편하는 과정에는 상당한 시간과 비용이 소요될 수 있다. 그러나 이러한 과정이 어렵다고 해서 임금체계 개편을 미뤄서는 안 될 것이다. 직무가치와 생산성을 반영하지 못하는 임금체계가 유지된다면 조직 구성원 간 보상에 대한 불공정성은 더욱 심화될 것이며, 이는 결국 기업 경쟁력 약화로 이어질 것이 자명하다.

노동시장의 미래

현재 우리나라는 저성장 기조의 지속과 급격한 저출산·고령화 등으로 인해 매우 어려운 상황에 직면해 있다. 거기에 더해 4차 산업혁명을 대비해 경제 체질 자체를 완전히 바꿔야 하는 숙제까지 고려하면 어려움은 더욱 가중될 수 밖에 없다. 그러나 프리드리히 하이에크가 단언했듯, 까다로운 경제문제를 해결할 단순한 정책은 없다. 그래서 사회의 구성원들이 현실을 직시하고 부단히 노력해야 하는 것이다. 노동시장도 변화를 피해갈 수 없다. 물론, 앞으로 일자리가 증가할지 소멸할지는 아직 전문가들 사이에서도 의견이 분분하다. 하지만 분명한 것은 일자리가 늘어날 수 있는 기회가 생겼을 때, 우리 노동시장이 이를 놓치지 않도록 준비되어 있어야 한다는 점이다. 따라서 한시라도 빨리 우리 노동시장의 체질을 바꿔야 한다. 물론 이전에도 노동개혁은 사회의 핵심 이슈였다. 그러나 변양균 전 장관이 그의 저서 「경제철학의 전환」에서 평한 것처럼, 정권이 바뀔 때마다 노동개혁을 핵심 아젠다로 추진해 왔지만 정규직 일자리 보호 외에 생산적인 노동개혁에는 실패했다고 할 수 있다. 이제는 실패할 시간조차 없다. 시간을 지체할수록 우리나라는 경쟁에서 뒤처져 더 큰 어려움을 겪게 될 것이다.

그런데 노동시장 체질 개선 과정에서 잊지 말아야 할 사실이 있다. 모든 정책은 현재 노동시장에 참여하고 있는 당사자들 뿐만 아니라, 노동시장에 참여하기 위해 준비 중인 사람들까지 고려해야 한다는 것이다. 즉, 노동시장 외부에 있는 취업 준비생이나 경력이 단절된 여성, 중·장년층 등이 소외되지 않도록 충분히 배려해야 한다. 그래야만 저출산·고령화로 인한 노동력 손실을 방지하고, 노동시장의 생산성과 활력도 제고할 수 있다. 또한 일할 수 있는 기회를 제공하는 것이야말로 국민 개개인의 자활을 돕는 최선의 복지다. 결국 문제는 언제나 일자리였고, 여전히 일자리이다. 그러니 일자리가 만들어지는 노동시장이 건강해야 한다. 바로 지금이 노동시장을 건강하게 만들기 위한 골든 타임이다.

4차 산업혁명시대의
진짜 적폐 청산

FORUM OH-RAE
Today & Tomorrow

세상을 바꿔라 Ⅴ

≪김 홍 진≫

| 학력 |
 • 서울대학교 교육대학원 수료
 • 서울대학교 사범대학 졸업

| 경력 및 활동사항 |
 • KT 사장
 • BT Korea 대표이사
 • Flarion Technologies 아태담당 부사장
 • Lucent Technologies Korea 부사장
 • Stratus Computer Korea 대표이사
 • 스마트워크포럼의장,IoT 협회장, 전경련경제정책위원,
  정부3.0민간자문위원,행자부자문위원

| 저서 및 논문 |
 • 조선비즈 칼럼 100회

4차 산업혁명시대의 진짜 적폐 청산

김홍진 l (전)KT 사장

무엇이 진짜 적폐인가?

대한민국은 참 대단한 나라이다. 불과 40년의 세월에 천불도 안되는 국민소득을 3만불 가까이로 끌어 올리고 세계 경제 10위권으로 도약시킨 자랑스러운 국가이다. 2차 세계대전 이후에 산업화와 민주화를 동시에 성공시킨 유일한 국가이기도 하다. 반면 최근의 여러 보고는 우리의 미래를 불안하게 만든다. 4차 산업혁명을 최초로 언급한 세계경제포럼에서는 대한민국의 4차산업혁명 준비도를 25위로 꼽고 있고, 또한 2007년 11위이던 국가경쟁력은 계속 떨어져 2016년 26위인 것으로 발표하고 있다. 그런가 하면 OECD가 발표한 더 나은 삶의 지수(BLI Better Life Index)는 28위, 제프리삭스 등이 발표한 행복지수는 150국가 중 55위로 국민들의 삶의 질은 좀처럼 개선되지 않고 있다. 기업 활동도 결코 밝지 않아 MIT가 꼽은 가장 스마트한 기업 50개에는 2개, 전세계 186개 유니콘 기업 중에는 겨우 3개가 끼어 있고, 전세계 무역시장에서 가장 잘 팔리는 품목의 수 또한 중국이 1,762개, 독일이 638개, 미국이 607개 인데 반해 우리는 겨우 68개이다. 미세먼지 이상기후를 포함한 환경, 저출산 고령화로 인한 인구문제, 청년실업을 포함한 일자리 문제, 노인문제 등 사회적 이슈 또한 만만치 않다. 이런 상황에서 사상 초유의 탄핵으로 인해 조기 등판한 새 대통령은 적폐청산을 외치며 강한 드라이브를 걸고 있다. 정권의 초기이기는 하나 전반적인 평가는 긍정적으로 지지도가 대선 득표율의 두 배에 가까운 80%를 넘기고 있다. 그런가 하면 적폐청산과 거리가 멀다거나 새로운 적폐를 만들고 있다는 우려의 목소리 또한 만만찮다. 4차 산업혁명시대를 맞아 혁명적인 변화를 이루어 우리가 당면하고 있는 현실을 타개하기 위해서는 진짜 청산되어야 할 적폐들을 이해하는 데에서부터 출발해야 한다.

4차 산업혁명은 왜 혁명인가? 혁명은 기존의 관습, 제도, 방식을 깨버리고 새로운 것을 급격하게 세우는 것이라고 사전에서는 정의하고 있다. 혁명은 사회적으로 큰 변화를 원하는 기운이 자랄 때 일어난다. 그러니 4차 산업혁명은 IT, 로봇 등의 기술이 전통산업과 융합되거나 새로운 사업모델을 일으키는 원동력이 되어 기존 산업체제를 뒤집는 것을 말한다 할 수 있다. 즉 기존의 플레이어가 IT기술과의 융합으로 더 발전하는 것만 의미하는 것이 아니라 전혀 새로운 플레이어의 등장으로 기존체제, 기존 플레이어가 퇴조하게 되는 경우도 상정할 수 있다. 모든 혁명에는 주도세력이 있고 기존 체제에 안주하고자 하는 기득권세력이 있기 마련이다. 또 혁명에 성공하면 새로운 세상이 오고 새로운 질서가 생기겠지만 실패하면 새로운 세상을 맞을 수 없다. 따라서 4차 산업혁명을 맞이하는 정부의 역할은 기술개발이나 연구의 콘트롤이 아니라 4차 산업혁명을 성공시키기 위해 필요한 인프라의 구축과 새로운 플레이어들이 쉽게 출현할 수 있도록 규제 철폐, 제도 개선, 생태계 구축 등의 콘트롤을 해야 한다. 따라서 정부의 콘트롤타워도 기술관련 부처가 아니라 국가체제를 다시 짤 수 있는(지난 대선후보 중 한 명은 리셋이라 표현함) 능력과 권한을 가진 조직에서 맡아야 한다.

자동차를 예로 들면, 오늘날 독일이 자동차 강국이 되기까지는 독일정부가 자동차 관련 기술 개발을 주도한 것이 아니라 아우토반을 건설하고 심도있는 논의를 거쳐 속도제한을 없앤 것이 결정적 계기가 되었다. 사실 우리나라에서도 현재의 현대자동차가 있기까지 정부의 역할이 컸다. 대외적인 천명은 없었다 하더라도 현대자동차가 크는 데에 필요한 여러 우호적인 정책을 폄으로써 가능했던 것이다. 경부고속도로를 필두로 철도나 대중교통보다는 과하다고 할 정도로 전국을 도로로 연결시켰으며, 도심의 광폭도로화, 자동차보유를 쉽게 하는 세금, 주차, 등록제도 등의 정책이 모두 자동차 우호정책들인 것이다. 그러다 보니 국가 크기에 비해 전 세계에서 유일하게 대형승용차의 비율이 높은 나라가 된 것이다. 심지어는 엔진 크기가 작은 기형적인 대형승용차가 나오기도 한다. 이러한 정책들이 오늘날의 미세먼지를 발생시키는 원인이 되어 자업자득인 측면도 있다. 그러니 혁명적인 변화를 일으키기 위해서는 이제라도 기존 도로건설보다는 전기충전 인프라를 포함해 전기자동차나 자율자동차등의 운행이 가능토록 하는 인프라를 구축하고 소형, 전기, 자율 자동차 같은 미래 지향적인 자동차산업으로 대전환을 이루기 위해 자동차의 등록세, 자동차세, 유류세 등을 확 바꿔야 한다. 기존의 자동차를 운행하는 과정에서 부과되는 제 세금을 훨씬 더 많이 걷어 전기자동차 도입에 지원자금을 제공할 수도 있을 것이다.

사상 초유의 탄핵을 맞아 탄생한 문재인 정부는 적폐청산을 외치고 있다. 4차 산업혁명이라고 하는 새로운 시대 조류 또한 정치

뿐 아니라 경제와 산업 분야에서도 기존의 체제, 기득권의 청산을 요구하고 있다. 이 새로운 물결을 잘 타고 넘으면(surfing the new wave) 우리에게 새로운 기회가 열리고 앞으로 나갈 수 있을 것이고, 그렇지 않으면 엄청난 위협이 되어 주저앉고 말 것이다. 적폐 청산을 위해서는 적폐에 대한 정확한 이해가 필수적이다. 단순히 국정 농단 세력의 청산이 아니라 30, 40년의 성공적인 산업화, 민주화 과정에서 고착화된 지금의 시대에는 더 이상 맞지 않는 체제, 제도, 규제가 진짜 청산되어야 할 적폐들인 것이다. 이러한 적폐들은 우리 사회가 앞으로 나아가는 데 엄청난 걸림돌이 되고 있다.

시대정신을 거스르는 적폐와 그 대응 방안

아직도 민간을 가르치고 끌고 가야 한다고 생각하는 정부

1962년에 박정희정권의 주도로 시작된 경제 개발 5개년 계획은 1996년 경제사회발전 5개년 계획으로 바뀌어 끝날 때까지 7차에 걸쳐 실행됐다. 민간의 자본과 인력이 없던 시절에 경제기획원(the Economic Planning Board, EPB)이 앞장서 국가의 경제 사회발전을 위한 종합계획의 수립, 운용, 그 재원 조달을 위한 계획의 조정, 예산 편성, 심사, 대외 경제 조정까지 담당한 조직으로 막강한 권한과 능력을 지닌 엘리트 공무원들에 의해 국가 발전에 기여해 왔다. 사실상 국가가 경제와 산업을 직접 끌고 가던 국가주도 경제체제였다. 민간이 기업을 한다 해도 정부의 지원과 협조 없인 불가능했고, 이것이 재벌과 정경유착의 관행이 태동하는 계기가 되었다. 재벌은 이익을 챙기기 위해 정부와 권력에 공조하고 길들여진 것이다. 박근혜대통령의 탄핵에도 이러한 관행이 결정적 영향을 미쳤다고 할 수 있다. 세상은 많이 변해 민간의 자본과 인력 수준이 엄청나게 높아진 현재까지도 30, 40년 동안 굳어진 관행과 시스템을 바꾸지 못하고 있다. 아직도 정부가 민간을 콘트롤하려 하고 심지어는 적폐를 청산하겠다는 신정부에서조차 권한을 넘는 결정까지도 서슴지 않는다.

공무원들과 정치권은 선민의식을 내려놔야 한다. 빠르게 진화하는 세상을 공무원들이 따라가기에는 한계가 있다. 그러니 이제는 능력있는 민간의 새로운 플레이어들이 쉽게 등장할 수 있도록 인프라를 구축하고 기존의 기득권과 저항을 차단할 수 있는 역할에 머물러야 한다. 농사에 비유하자면 과거처럼 작물의 선정과 경작 규모를 정부가 정하거나 스마트 팜이나 스마트 농장 시범을 지원하는 일을 할 것이 아니라 농수산물 유통의 혁신을 통해 가격을 안정시키고, AI나 구제역 같은 질병으로부터 청정지역을 만들어 농축산 활동을 안심하고 할 수 있도록 기반을 만드는 데 진력해야 한다.

미래의 그림 없는 미래 정책

지난 정부에서는 청와대에 미래수석도 만들고 미래창조과학부라는 부처도 만들었다. 그런데 그렇게 추진한 세력이나 어공이든 늘공이든 그 일을 맡은 공무원들은 어떠한 미래를 그리고 있었는지 알 수가 없다. 재벌 체제의 대안은 무엇이지? 보호하겠다고 하는 소상공인, 재래시장은 언제까지 어떤 형태로 얼마나 유지될 수 있다고 보는지? 농사지을 인력도 없고 노령화한 농가에 IoT를 포함한 스마트기술을 좀 접목하면 지속할 수 있다고 보는지? 농가, 농업의 미래의 모습을 어떻게 그리고 있는지? 중소기업의 보호를 위해 대기업을 제한함으로 대한민국의 미래는 살아나는 것인지? 미래의 교육, 의료 체계는 어떤 것인지?

4차 산업혁명을 성공적으로 완수하기 위해서는 우선 미래의 모습을 잘 그려야 한다. 혁명을 통해 달성하고자 하는 나라는 어떤 나라인가? 그런 비전도 없이 4차 산업혁명을 말했다면 성공할 수 없을 뿐 아니라 국민을 속이는 게 될 것이다. 과거에 경제개발 5개년 계획을 수립해 추진했던 것처럼 적어도 20~30년, 50년을 내다보는 누구나 공감할 수 있는 청사진을 내놔야 한다. 헌법개정을 통해 정치권력의 구조만 논의할 것이 아니라 민간의 집단지성과 창의가 발현되고 기업가정신을 고취시킬 수 있는 경제체제에 대해서도 국가가 지향하는 바를 천명해야 한다. 4차 산업혁명시대가 요구하는 인재는 어떤 인재인지? 그런 인재를 키울 수 있는 교육 시스템은 어떤지? 의료, 교통, 유통, 물류, 제조, 농업, 도시 등에 불어올 미래의 변화는 어떤 것인지? 구체적인 이해와 비전, 계획이 없이 4차 산업혁명을 말했다면 이제라도 기존의 기득권, 규제, 체제로 가로막히지 않도록 뒷받침해야 한다.

시원한 포퓰리즘 공약에 설익고 거칠은 정책

선거를 거듭할수록 많은 사람들의 아픔을 단칼에 해결해 줄 것 같은 포퓰리즘적 공약이 남발되고 이어서 설익거나 거칠은 정책으로 발표되어 혼란을 일으키거나 부작용이 발생하는 경우가 늘고 있다. 특히 재정의 부담이 늘어나 국가의 채무는 빠르게 늘어나고 있다. 지난 정부에서는 집권당의 원내대표가 자당의 대통령을 향해 증세없는 복지는 사기라는 표현까지 쓰는 웃지 못할 일이 벌어지기도 했다. 문재인정부 들어서도 일자리확대, 비정규직 제로화, 통신비 기본료 폐지, 최저임금 인상 등을 비롯해 유아, 청년, 노인, 치매환자, 제대군인 등 계층별, 대상별 정책들이 공약 이행을 앞세워 쾌도난마식으로 발표되고 있다.

시원한 공약을 내세워 당선되고 나서 경제를 일으켜 더 거둔 세금으로 정책을 집행하는 게 아니라 재정에 부담이 될 정도로 부채를 늘리게 되면 세금으로 유혹해 표를 얻은 간접적인 매표행위에 다름 아니다. 이렇게 해서 국가 부채가 늘어나면 4차 산업혁명을 위한 새로운 인프라를 구축할 여력을 갖지 못하게 된다. 과거 우리의 산업화 과정에 그랬듯이 오늘 좀 어렵더라도 미래를 위한 투자를 해야 다음 세대의 희망이 될 것인데 거꾸로 오늘 부채를 늘려 먼저 쓰고 나면 미래의 희망은 점점 줄어들게 될 것이다.

창문을 열어야 새 공기가 들어와

융합을 외치고 있으나 우리사회 곳곳마다 순혈주의가 팽배해 있다. 신정부 들어 검찰을 포함해 일부 부처의 자기끼리의 문화를 깨기 위하여 여성, 비고시 출신, 정치인 장관을 많이 기용하고 있다. 인물이 적정하냐는 차치하더라도 순혈주의를 깨는 시도는 의미있는 일일 것이다. 사실 정부 조직만 그런 게 아니라 대부분의 대기업에서도 내부 출신이 아니면 최고경영진으로 올라 갈 수가 없다. 기업간의 인적 교류가 거의 없다고 할 수 있다. 사람의 교류 없이는 융합이 이루어질 수 없다. 이 또한 고쳐져야 할 적폐이다. 창문을 열어야 새 공기가 들어오듯이 서로 다른 분야의 경험자들을 받아 들여야 새로운 걸 만들 수 있고 조직과 개인들이 성장할 수 있다. 뿐만 아니라 궁극적으로 경력자들의 일자리도 만들 수 있다. 근친간의 결혼을 금하는 것과 같이 자기들끼리의 기득권을 지키고 같은 배경과 경험을 가진 사람끼리만으로는 혁신의 파고를 넘을 수 없다.

정경 유착의 고리를 끊어야

우리 경제가 이만큼 성장할 수 있었던 건 정부가 계획하고 기업가들을 끌어들여 금융, 세금을 비롯한 각종 특혜를 주면서 새로운 산업에 투자하게 하고, 공장을 짓고, 수출에 매진하도록 독려하는 정경 합작 모델에 의해 가능했다. 이런 과정에서 기업들은 보험 성격으로 선거자금을 제공하기도 하고 축하금 성격으로 통치자금을 제공하기도 했다. 정부가 추진하는 정책을 지원하기 위한 준조세적 성격의 자금을 염출하는 관행도 생겼다. 약점을 갖고 있는 기업이 권력과 불편한 관계가 되면 그룹이 해체되거나 검찰 수사나 세금조사로 곤욕을 치르기 때문이다. 현대그룹 창업자인 고(故) 정주영 회장은 국회 청문회에서 권력에 저항할 수 있는 용기를 갖지 못했다고 실토하기도 했다. 권력자의 협조요청은 그것이 아무리 선의에서 나온 것이라도 강압이나 다름없다.

민주화 이후 여러 정권을 거치면서 상당히 정리된 것처럼 보였던 정경 유착의 망령이 다시 살아났다. 참으로 통탄할 일이 아닐 수 없다. 정권의 사슬을 끊을 수 있는 대안을 만들어야 한다. 그러기 위해서는 기업을 바라보는 시각이 달라져야 한다. 기업을 과거의 부채로부터 놔줘야 한다. 기업은 세금으로 의무를 다하고 일자리 제공과 지속경영으로서 사회적 책임을 하게 해야 한다. 기업의 유보금을 이기적이거나 기업가 정신이 없다고 비난하면서 기업에

손을 벌릴 것이 아니라 정부는 투자를 유도할 수 있는 정책을 개발하거나 투자 환경을 개선해야 한다. 얼마나 많은 대기업들이 그 동안 사라졌고, 지금도 생존의 위기를 겪고 있는지 알아야 한다. 기업활동을 자유롭게 보장해야 한다. 각종 굴레로 기업가들을 보신에 빠지지 않게 해야 한다. 기업이 혁신과 혁명에 앞장서게 해야 한다. 그러기 위해서는 하향평준화가 아니라 경쟁과 프로사회가 되어야 한다. 스포츠에서 프로 시스템에 의해 선수들이 경쟁력을 향상시키듯이 일의 프로화가 이루어지도록 노동의 경직성을 바꿔야 한다. 기업이 눈치보지 않고 자유롭게 미래를 대비할 수 있게 해야 한다. 기업이 이러저러한 이유로 지속되지 못하면 그 부담은 고스란히 국가의 부담이 될 것이기 때문이다.

일터와 일하는 방식을 바꿔야

시중에서는 삼성을 '관리의 삼성'이라고 한다. 전략, 재무, 조직, 인사, 생산, 등등 모든 분야에 완벽하게 관리하고 있다는 평가이다. 그러나 이는 과거 경영학에서 추구하던 패러다임이다. 현대경영에서는 느슨하게 관리하면서 자율과 창의적인 활동으로 가치를 끌어 올리는 걸 추구하고 그런 환경을 구축하는 걸 목표로 하고 있다. 그러기 위해 민주적이고 수평적인 문화를 만들고, 소통과 협업이 촉진되도록 업무 환경도 개방적으로 변화시켜야 한다. 또 창의적인 활동이 가능하도록 공간과 제도와 문화를 만들어야 한다.

개인을 존중하고 다양성을 인정해야 한다.

적폐 청산의 전략

국가 경쟁력을 높이도록 조달제도를 바꿔야

국가 예산을 집행하는 조달은 공정하고 부정의 개입을 원천 배제해야 한다. 더구나 약자들에게 참여의 기회를 확대하는 조치도 해야 한다. 그러나 이런 여러 조치들로 인하여 정부 조달의 질이 떨어지는 것을 방치해서는 안 된다. 조달제도가 국가의 경영철학을 반영하고 국가경쟁력을 제고시키는 데 중요한 기능을 가지고 있다는 것을 간과해서는 안 된다. 적어도 대한민국의 조달을 통과한 제품 및 서비스는 최고의 품질이라는 평판이 만들어질 때 국가경쟁력도 확보된다고 볼 수 있다. 조달 구매시 대기업을 배제하거나 경쟁력있고 독특한 걸 배제할 것이 아니라 보호대상에 가산점을 부여하든지 일정부분 할당하는 방향으로의 전환을 검토하여야 한다. 가격은 저렴한데 오히려 유지비용이 더 드는 것을 구매한다든지, 가격이 약간 높은 대신 성능이 월등한 걸 채택하지 못한다든지, 너무 독특해 비교 대상이 없어 검토하지 못한다든지 하는 등 반경제적인 관행은 고쳐져야 한다.

한편으로는 예산제도와 결부되어 조달행위가 너무 조각조각으로 이루어지고, 심지어는 한 공공기관 내에서도 지역마다 따로따로 집행하게 되어 오히려 조달비용이 과다해지는 게 아닌가 싶다. 어떻게 하면 조달과 물류의 비용을 낮출것인가? 전쟁 아닌 전쟁을 하는 세상이다. 그런데 조달이 너무 절차와 형식에 묶여 비효율을 양산하고 경쟁을 가로막는 제도가 운영되고 있는 건 아닌지 살펴보아야 할 것이다. 조달제도를 어떻게 운영하느냐에 따라 조달이 국가 산업 발전을 도울 수도 있고 퇴보시킬 수도 있다. 그러니 필요에 따라 이런저런 제도를 만들고 운영할 것이 아니라 전반적인 검토를 거쳐 수월성과 창조성을 고양하면서도 약자를 보호할 수 있는 조달제도로 발전시켜야 한다.

국책 연구기관, 리뷰를 거쳐 조정해야

산업화 과정에서 국가가 나서 경제를 계획하고 끌고 왔듯이 민간의 인력과 자본이 부족하던 시절에는 분야별 국책 연구기관을 설립하여 재외과학자들을 포함하여 인재를 끌어 모아 큰 역할을 하게 했다. 특히 외화가 부족하던 초기에는 기초, 원천 기술의 연구보다는 방산, 전자통신, 화학, 항공 등등의 분야에서 국산화가 연구의 기본이었다. 연구의 가장 큰 성과는 수입대체 효과로 평가되기도 했다. 그런데 30, 40년 전에 비해 민간의 역량이 국책기관보다도 훨씬 커져 있음에도 국가가 앞서가고 민간이 뒤따라가며 이루어가는 패러다임을 바꾸지 못하고 있다. 그러다 보니 연구도 주관부처에 제출하는 보고서 위주로 평가되고 관리되고 있는 현실이다. 조직도 관성을 갖는 특성이 있어 한번 출범한 조직은 바꾸기가 쉽지 않다. 사실 국책 연구 기관의 통폐합이나 조정 같은 시도가 여러 번 있었지만 저항으로 매번 좌절하였다. 연구 분야에서도 국가와 민간의 역할을 다시 정립할 시점이 된 것이다. 건강, 표준, 정부 혁신과 같은 공공성 영역이나 우주 핵개발 극지연구같이 규모가 크고 장기간에 걸친 비사업적 연구 영역은 국책 연구 기능으로 남기고, 제품화 사업화 등 효율추구 영역은 이제 민간으로 넘겨야 한다. 이제 국가의 연구에 대한 역할을 재정립해야 미래에 대비할 수 있다. 필요한 건 강화하고 민간에 맡겨야 할 건 과감하게 이전해야 한다. 차제에 각종 명분으로 기금을 모으고 정부기관이 연구자금 나누어주는 걸 일로 생각하고 힘을 주는 일을 멈춰야 한다.

소프트웨어 중심 사회로

알파고와 이세돌의 바둑은 우리사회에 소프트웨어에 대한 경각심을 일깨워주는 계기가 되었다. 몇일 지나지도 않아 인공지능연구소를 만든다, 초등학교부터 코딩교육을 시킨다 하며 정책들을 쏟아 내었다. 자율자동차가 아니더라도 기계공학의 총아인 전통적인 자동차조차도 25% 이상이 소프트웨어에 의해 작동되고 있다. 또 빈번한 CT 촬영으로 인한 방사선 노출 우려를 해소하기 위해 소프트웨어로 고해상도 CT를 개발하고 있다. 그런가 하면 인공지능으로 암진단과 치료 방향을 결정하기도 한다. 소프트웨어에 의해 세상이 바뀌고 있다. 이렇듯 미래의 혁명적 변화에 소프트웨어가 중요하니 소프트웨어 교육을 앞당기거나 연구를 강화하는 건 당연하다. 적어도 소프트웨어를 이해하지 못하는 사람은 미래를 예측할 수 없을 뿐 아니라 사회의 중요한 위치에서 일하기 힘들 것이다. 소프트웨어 중심 사회로 가기 위해서는 교육 이전에 소프트웨어 전문가 또는 소프트웨어의 가치를 이해하는 사람들이 대우받는 사회가 되어야 한다. 또한 소프트웨어 전문가가 되는 것이 다른 분야로 진출하는 것보다 성공 확률이 높아야 한다. 지금같이 소프트웨어 분야가 3D 업종 취급 받거나 거기서 일하는 인재들이 시간제 노동자 취급 받는 환경에서는 아무리 교육시켜봐야 소용없는 일이다. 조기 소프트웨어 교육을 국가 정책으로 채택하기 이전에 그 산업풍토부터 바로잡아야 한다.

조달을 포함한 정부기관부터 소프트웨어를 평가함에 있어 창의력을 바탕으로 한 가치 산정보다 투입된 인력 원가 기준으로 소프트웨어의 대가를 지불하고 있다. 무엇보다도 소프트웨어 가치평가 제도, 구매제도, 소프트웨어 회사 거래제도 등을 정비해야 한다. 소프트웨어라고 하는 무형의 산물을 물리적인 제품을 생산 유통하는 틀로 묶어서는 안 된다. 더군다나 소프트웨어 기반의 회사를 미래가치가 아닌 현재의 장부 기준으로 거래하도록 하는 풍토에서는 우수한 인재를 모을 수 없다. 이래가지고는 소프트웨어를 아무리 강조하고, 교육시켜도 소용없는 일이다. 소프트웨어나 그로부터 추출된 정보가 단순 지원 기능이 아니라 혁신의 핵심임을 인식해야 한다. 따라서 소프트웨어 인력을 조직의 지원부서가 아니라 혁신 주도부서에 자리하도록 하여야 한다.

파괴를 수용해 새로운 플레이어가 등장할 수 있어야

IT는 원래가 생산기술이 아니라 정보(information)와 데이터(data)를 다루는 기술이다. 적어도 IT 강국이라고 얘기하려면 IT 기술이 국가의 안위를 지키고, 국민의 생명을 한 명이라도 더 살리고, 국가의 경쟁력을 높이는 데 결정적 역할을 해야 한다. 진짜 IT 강국들은 하드웨어의 생산, 인프라구축 뿐 아니라 정보를 제대로 획득, 활용하는 데 많은 투자를 하고 여기에 매달려 있는 기업들의 규모가 수와 질에 있어서 엄청나다. 우리의 경우 국가의 안보와 직결된 고급 정보는 미국 등 선진국에 의존하고 있고, 재난과 위기 상황에서 국민의 생명을 지키기 위한 정보의 공유 및 활용은 뒤떨어질 뿐 아니라, 국가 경쟁력을 높일 수 있는 소프트웨어 개발과 이용능력은 한참 처져있다.

IT를 적극적으로 받아들일 수 있는 문화적 한계와 조직적 이기주의도 존재한다. 아무리 좋은 기술이 있어도 문화적 장벽으로 인해 구석구석 사용되지 못하고 있는 것이다. 마치 빗물이 아스팔트에 차단되어 지하층으로 스며들지 못하고 표피층에서 흘러 가버리는 것과 같은 현상이 나타나고 있다. 세계 100대 소프트웨어 기업에 한국 업체는 하나도 끼지 못하고, 최근 화두가 되고 있는 IoT, 클라우드 등 새로운 분야에서도 10위권에 머무르고 있고, 그나마 자랑하던 인터넷 접속속도 및 발전지수도 점점 떨어지고 있다. 이를 어떻게 극복할 것인가.

우선 정책당국을 포함해 IT 분야에 일하는 전문가들은 IT 강국이라고 일반 국민을 호도할 게 아니라 제대로 된 방향을 잡고 올바른 길로 들어설 수 있도록 좀 더 솔직해지고 자각할 필요가 있다. 산업으로서 생산, 수출 등의 직접적인 경제 기여만 챙길 게 아니라 국방, 의료, 행정, 기업경영 등에서 제대로 IT를 활용할 수 있도록 해야 한다. 물론 일부 행정서비스에서 우리가 앞선 분야도 있다. 문제는 모든 분야에서 많은 정보를 공유, 분석, 인사이트 도출, 재활용 하는 전반적인 체계가 열악하다는 데 있다. IT 발전에 장애가되는 제도적, 문화적 장벽에 대한 사회적 인식이 필요하다. 예를 들면 보안에 문제가 있다고 공공기관의 업무를 모바일화하는 자체를 제한할 게 아니라, 모바일화를 하면서 철저히 보안을 유지할 수 있는 길을 찾아야 한다. 모바일화는 단순히 편리성의 문제가 아니라 국가 효율성과 경쟁력의 요체가 되기 때문이다. 하나 더 예를 들면, 의료정보의 국가적 공유와 이를 통한 원격진료 활용 등과 같은 과제도 적극 검토해야 할 것이다.

IT 기반으로 일어나는 영역과 기득권의 파괴에 보다 관대해져야 한다. 관련한 법적 정비도 기가(GIGA)급으로 이루어져야 한다. 창조적 파괴가 활발히 일어나고 있는 세계적 흐름을 선도하지는 못할 망정 스스로 가두어 버리는 우를 범해서는 안 된다. 결론적으로 IT 강국은 기술로 이루어지는 것이 아니다. 기술의 발전으로 다가오는 파괴를 수용하지 못하면 도태된다는 사실을 깨달아야 한다. 진짜 IT 강국의 그 날을 꿈꾸며, 파괴를 수용할 수 있는 사회가 되어야 한다.

기득권의 철폐와 새로운 플레이어

과거에는 민간의 산업적 기반이 전무하고 인력과 자본이 부족해 정부에 의존했다. 하지만 지금은 미래산업에 대한 판단과 인력 자본 등 모든 면에서 정부보다 민간이 월등하다. 그런데도 정부는 아직도 관성적으로 미래산업을 직접 설계하려 하고 있다. 이제는 정부 역할이 달라져야 한다. 정부가 관심을 기울이고 주목해야 할 부분은 지난 30~40년 동안 성공을 이끌어 온 주역과 주체들이 기득권 세력화하고 있다는 사실이다. 재벌뿐 아니라 의료 통신 전력 철도 기상 등 여러 분야에서 그런 상황이 벌어지고 있다. 현재의 주력 산업에 몸담고 있는 사람과 기업들, 그 산업을 맡고 있는 정부기관, 심지어는 하청기업들도 새로운 참여자를 배척하고 있다. 새로운 변화와 개방을 거부하거나 속도를 조절하고 있다. 일종의 눈에 보이지 않는 카르텔이다. 중소기업 중소상인 농어민 단체들도 집단 이기주의에 사로잡혀 4차 산업혁명에 걸림돌이 되기도 한다. 대규모 스마트팜 투자가 농민단체의 반대로 무산되고 있다. 선진국 유통업체들은 첨단 기술 도입과 혁신을 통해 국가 경쟁력의 핵심으로 부상하고 있다. 그러나 국내 유통산업은 중소상인 보호 정책에 밀려 계속 위축되고 있다.

정부는 이런 기득권과 집단 이기주의를 철폐하고 새로운 발상이 쉽게 뿌리를 내릴 수 있도록 해야 한다. 이게 바로 4차 산업혁명 시대에 정부가 할 역할이다. 그 동안 한국보다 더 폐쇄적이고 경직돼 있다는 지적을 받았던 일본은 최근 훨씬 개방적이고 진취적인 모습을 보이고 있다. 예를 들어 기상은 일본이 세계에서 가장 앞서가는 분야 중 하나다. 그런데도 일본 정부는 1993년에 기상정보 및 서비스를 민간에 개방했다. 그 결과 현재는 110개에 이르는 많은 업체가 다양하고 특화된 예보로 경쟁하고 있다. 기상 예보의 정확도를 올리고 기상을 산업으로 키우려면 민간에 개방하고 민간을 활용해야 한다고 일찌감치 인식한 것이다. 한국은 아직 국가기관인 기상청만이 공식적인 예보를 생산할 수 있고 각종 경보 기능도 독점하고 있다.

동경전력은 최근 민간의 자문을 받아들여 1800만 수요 가정으로부터 전기 소비 데이터를 실시간 수집하는 체계를 구축하기로 했다. 이 전기 빅데이타 기반 서비스를 개발할 민간기업들을 파트너로 모집하는 프로젝트를 시작했다. 한달 새에 100여개의 참여업체가 지원했다는 소식이다. 전기를 생산하고 공급하던 회사에서 전기 데이터 기반 서비스 회사로 탈바꿈하겠다는 계획이다. 공기업이 서비스를 직접 개발하기보다는 개방적인 플랫폼 제공을 본인들의 역할로 삼은 것이다. 이제는 기존 체제에 안주하거나, 과거의 성공에 매몰되어 변화와 개방을 거부하는 기득권을 철폐해야 한다. 무엇보다 정부와 공공기관은 과거처럼 개발의 주체가 되려 해서는 안 된다. 새로운 산업의 생태계를 만들고 장애를 제거하는 역할을 강력히 촉구한다. 새로운 플레이어에 의한 기존 질서의 파괴를 받아들일 수 있는 국가가 되어야 한다.

오프라인 발상에서 벗어나야
미네르바 대학이 화제다. 개교한 지 불과 5년 밖에 안 된 대학이 하버드대보다 입학하기 힘들다고 한다. 합격률이 아이비리그 대학들에 비해 3분의 1 수준이다. 20명 이하 학생들이 교수와 화상으로 연결돼 실시간 다방향 강의를 한다. 아이비리그 대학 수준의 강의를 하면서 강의료는 절반 이하이어서 전세계에서 열광적인 지원을 받고 있다. 서울을 비롯해 세계 주요 도시에 기숙사가 있어 방학 중에는 돌아가며 강의를 한다. 온라인이기 때문에 세계를 대상으로 하고 있고, 특정 국가의 교육 규제를 받지도 않는다.

반면 국내 사이버대학들은 어떤가. 교육당국은 물론 사이버대학 스스로도 기존 대학의 대체 교육 기관 정도로 여기고 있는 실정이다. 사이버 세상의 특징을 살려 전혀 새로운 여러 교육 형태를 지향하는 게 아니라 대학이라는데 방점을 두고 기존 고등교육 관리 틀로 감독하려드니 경쟁력 있게 발전할 수 없는 것이다. 어느 사이버대학에서는 학생이 피아노 레슨을 모스크바 음악원 교수에게 받도록 하고 있다. 교수와 학생을 온라인 디지털 화상으로 연결해 한쪽이 연주하면 상대방 피아노가 똑같이 연주되도록 했다. 교수와 학생이 서로 실시간으로 연주를 들으며 굳이 옆에 있지 않아도, 모스크바까지 유학가지 않아도 최고 수준의 교육 받을 수 있게 하고 있다. 기존 오프라인 대학에서는 할 수 없는 일이다. 사이버대학을 기존 대학의 아류가 아니라 미네르바 대학처럼 새로운 교육 모델(교육 사업)로 인식해야 한다. 창조경제를 외치면서도 사이버 상의 여러 활동들을 국내 오프라인의 틀로 규제하려 하니 전세계를 단일 무대로 하는 사이버 경제에서 주도권을 잡기 요원할 수밖에 없다. 우리가 공유경제를 근간으로 하는 우버 콜버스 등의 사업을 오프라인 운송사업자의 틀로 규제하는 동안 우버는 세계 150개 도시에서 사업을 하며 기업가치를 50조원 이상으로 키웠다. 호텔 하나없이 오로지 숙박공유 플랫폼 역할만 하는 에어비앤비는 기업가치20조원으로 전세계에 가장 많은 호텔체인을 갖고 있는 힐튼이나메리어트를 능가하고 있다.

우리가 사이버나 온라인을 오프라인 사업의 연장이나 확대로 여기고 있는 동안 전세계에서는 사이버 상에서 엄청난 가치가 만들어 지고 있는 것이다. 창조는 새로운 가치를 만드는 일이다. 특히사이버 상에서는 기술을 혁신해 뭘 만들어 파는 것만으로 가치를만들지 않는다. 아무 것도 소유하지 않고 안 보이는 데서 가치를만드는데 우리는 아직도 기술자들이 뭘 만들어 보여주려 한다. 애플은 공장 없이 스마트폰을 만들어 전세계 스마트폰 시장의 이익90%를 가져가고, 찰스 슈왑은 애초부터 객장 없이 증권 거래를 하고, 아마존이나 알리바바는 매장 없이 전세계를 상대로 유통하고있다. 우버는 자동차 한 대 없이, 에어비앤비는 숙박시설 하나 없이, 미네르바 대학은 캠퍼스 없이 사업을 하고 있다. 사이버 모바일 온라인이 전세계를 하나의 시장으로 만들면서 오프라인 상의가치 체계를 삼켜 버리고 있는 세상이다. 그런데도 오프라인적 사고와 규제틀로 사업을 허가하며 국내에 머물도록 할 것인가. 법을 만드는 사람들이나 규제 당국이 이런 큰 변화를 이해하기 어려워 우리는 점점 더 갇히고 뒤떨어지는 게 아닌가 싶다.

제도, 문화, 규제의 청산이 우선이다.

정치적 인적 청산도 중요할 것이나 지난 30, 40년의 산업화 과정에서 형성되어 고착화되어 버린 제도, 문화, 규제 등의 적폐의 청산이 더 시급한 것이다. 4차 산업혁명은 궁극적으로 비용 최소화와 가치 극대화를 추구하는 시대 조류이다. 세계를 무한 경쟁하는 하나의 시장으로 몰아넣을 것이다. 이러한 시대적 흐름을 거스르는 정책들이 또 만들어져 세계시장에서 밀려나고 나면 4차 산업혁명의 물결을 거스른 사람들이나 그런 정책들은 또 새로운 적폐가 될 것이다.

소프트파워가 강한 대한민국

FORUM OH-RAE
Today & Tomorrow

세상을 바꿔라 Ⅴ

≪윤 종 록≫

| 학력 |
- 연세대학교 대학원
- 한국항공대학교

| 경력 및 활동사항 |
- 정보통신산업진흥원장
- 미래창조과학부 차관
- 연세대학교 융합대학원 교수
- 미국 벨연구소 특임연구원
- KT상임이사(연구개발, 마케팅, 신사업부문 사장)

| 저서 및 논문 |
- 후츠파로 일어서라(2014 크레듀)
- 이매지노베이션(2015 크레듀)
- 창업국가(Startup Nation번역: 2010다할미디어)
- 호모디지쿠스로 진화하라(2009 생각의 나무)

소프트파워가 강한 대한민국

윤종록 | (전) 미래창조과학부 차관

자원이 없는 나라는 무엇으로 사는가?

최근 창업국가 이스라엘에서 열린 창업경진대회 행사에 다녀오기 위해 이스라엘의 경제수도, 텔아비브행 비행기에 몸을 실었다. 마침 옆 좌석에 31살의 젊은 여성이 탑승하여 12시간을 함께 여행하게 되었다. 그녀는 이스라엘의 경제수도, 텔아비브에서 태어나 고등학교를 마치고 3년간 이스라엘 엘리트 부대의 하나인 8200부대에서 군복무를 마친 사이버 보안 전문가였다. 그녀는 18살에 전국에서 수학만을 잘하는 40명을 뽑는 8200부대에 합격한 수재였고

22살에 제대 후 2년 동안 중국 등 아시아 5개국을 돌며 중국어 베트남어를 익힌 다음 대학에서 디자인을 전공하고 미국 맨해튼에 회사를 차린 청년 창업가였다. 중국과 한국에 지사를 열기 위해 들렀다가 돌아가는 길에 부모님을 만나러 이스라엘로 가는 중이었다. 수학에 흥미를 갖고 군에서 보안 알고리즘을 익히며 침투/방지/공격훈련을 반복하는 동안 최고의 소프트엔지니어로 성장했고 아시아에서 2년간 여행하며 두 개의 언어를 익힌 후 비로소 대학에서 디자인을 전공한 예술인이기도 했다.

그녀는 인간의 5감에 세 개(Sense of Humor, Common Sense, Intuition)를 더하여 8감(Eight Senses)을 활용한 브랜드 메이킹 사업을 지휘하고 있었다. 떠오르는 수많은 벤처들의 이름을 지어주고 로고를 디자인하며 상품의 설계를 도와주는 기업대상의 만능 도우미인 셈이다. 그녀의 무릎 위에 놓여있는 노트북 컴퓨터에는 그녀가 만든 디자인 개발자전용OS(운용체계)를 구동하는 아이콘이 박혀있었다. 오로지 디자이너들을 위해 만든 이 아이콘으로 전 세계의 디자인 시장을 제패하겠다는 당찬 여성의 눈빛은 우리가 날고 있는 3만피트의 고공에서 온 세상을 내려다 보는 듯한 느낌이었다. 앞으로 전 세계의 디자이너들이 이것 없이는 꼼짝할 수 없는 OS로 성장할 것이라는 당찬 모습을 보니 그 아이콘이 언젠가 미국 나스닥 상장을 통해 다시 볼 수 있지 않을까 궁금해지기도 했다.

자원빈국 이스라엘의 별명은 '창업국가(Startup Nation)'였다. 세계에서 가장 창업밀도가 높은 나라이기 때문이다. 그러나 이제 그들은 스스로 창업국가를 뛰어넘어 창업기업들이 그 몸집을 키워가는 '스케일업(Scale up)국가'라고 부른다. 21세기는 자원을 투입하여 제품을 만드는 경제만으로 충분치 않다. 이제 좋은 상상력을 원료로 삼아 거대한 혁신을 만들어 내는 경제라야 한다. 즉 상상력(Imagination)이 Input이고 거대한 혁신(Innovation)이 Output이다. 손발의 부지런함보다는 두뇌의 창의성이 더 중요한 자산으로 부각되고 있다는 점은 우리에게 두려움이 아니라 희망이어야 한다.

바둑의 시원은 3,000년을 거슬러 올라간다. 그간 인간이 둔 수의 합을 다해도 단 한 건의 같은 수를 발견할 수 없는 것이 바둑이다. 누구나 돌을 잡게 되면 논리적 판단과 상상력을 통해서 미래를 예측하는 게임이 바둑이다. 급이 오를수록 더 먼 수를 예측할 수 있는 예지력이 요구되는 게임이다. 즉 바둑은 과거가 아닌 미래를 지향하는 게임이다. '알파고'의 지휘통제소는 미래를 예측하는 모든 알고리즘을 동원하여 앞으로 다가올 개인의 병, 기업의 병, 사회의 병, 국가의 병을 미리미리 알아내어 치료방법을 알려주는 인공지능을 지향하고 있다. '알파고'라는 인공지능의 입력은 과거에서 추출한 데이터이고 출력은 미래를 미리 보여주는 창문인 셈이다. 구글이 바둑을 인공지능의 테스트베드로 삼은 이유이기도 하다. 알파고의 능력은 앞으로 학습량에 따라 예지능력이 한 수 한 수 늘어날 것이다. 그러나 컴퓨터는 근본적으로 예지능력을 전혀 갖지 못하고 있는 물건이다. 따라서 '알파고'를 포함한 컴퓨터의 예지능력은 인간이 마련한 데이터를 통하여 유추할 수밖에 없는 것이다. 단지 얼마나 많은 데이터와 이를 분석해내는 좋은 알고리즘을 갖느냐의 여하에 따라 성능이 좌우될 것이다. 이제 손으로 만질 수 있고 눈으로 확인 할 수 있는 석탄, 기름, 철광석이 아니라 손에 잡히지 않고 눈으로 확인 할 수 없는 데이터가 더 중요한 경제의 원동력이 될 수 있음을 유추할 수 있게 하는 사례다.

21세기 경제는 상상력을 혁신으로 바꾸는 4차 산업 혁명으로

21세기의 경제는 우리 인간과 사물이 끊임없이 만들어내는 데이터의 규모와 이 데이터를 처리 가공하는 성능 좋은 알고리즘의 경쟁력에 달려있다. 과거 산업사회에서의 경쟁력은 하드파워, 즉 손발의 부지런함이었다고 한다면 이제는 두뇌의 창의성에 기초를 둔 소프트파워에 있다는 의미다. 우리 경제는 지난 50년간 세계 최고의 하드파워에서 유례없는 성공을 자랑해왔다. 그러나 지금 세계

10위 안의 기업에 하드파워를 앞세운 기업은 하나도 없다. 미국의 130년 전통 제조업체 GE마저도 매출의 80%를 소프트웨어에 의존하고 있다. 애플 다음으로 창업 18년만에 세계 2위 기업으로 등극한 구글이 만든 신기술은 거의 없다. 대신, 간단한 상상력을 끊임없이 혁신으로 바꾸는 소프트파워를 통해 끊임없이 성장해 가고 있다. 여기서 소프트파워란 소프트웨어를 포함한 인간의 풍부한 상상력과 상상력을 쉽게 구현해 낼 수 있는 제도적 환경을 망라한 보이지 않는 힘이다.

상상력은 구현되지 않으면 망상에 불과하다. 창의적 상상력을 구현해내는 힘이 소프트웨어다. 따라서 원유를 가공하여 나프타를 만들 듯이 상상력을 혁신으로 바꾸는 소프트웨어는 우리 젊은이들에게 반드시 필요한 도구이며 21세기를 살아가는 데에 필요한 언어다. 세상에서 가장 어린 나이에 우리의 아이들이 컴퓨터와 대화하는 언어를 익히고 이를 구사하는 역량을 갖게 하는 것은 영어를 가르치는 것 이상의 의미를 갖게 될 것이다. 이렇게 되면 이들이 신발을 건강도우미로 바꾸고 옷과 안경에 센서를 부착하여 입기만 하면 우리 몸을 컴퓨터로 바꿀 수 있다. 모든 제품을 서비스나 솔루션으로 바꿔버리는 4차 산업혁명의 주역이 되는 것이다. 1차 산업혁명은 스팀파워(증기의 힘), 2차 산업혁명은 전기파워, 3차 산업혁명은 시스템 파워에서 기인하였다면, 4차 산업혁명은 소프트파워에서 가능하기 때문이다. 제품을 만들어내는 공장에 지능이 담겨있고 거기서 생산된 제품에도 지능이 담겨있어서 생산, 유통, 소비 전 단계에서 소프트웨어가 작동하며 이를 통해 기존의 경제가 따라올 수 없는 부가가치와 경쟁력을 갖게 되는 것이다.

구글과 네이버의 혁신 사례

구글의 나이는 불과 19세다. 인간으로 치면 고3학생에 해당한다. 그러나 구글의 시가총액은 애플 다음으로 세계 2위다. 더구나 구글이 태어날 당시 전세계의 인터넷 검색은 Yahoo가 완전히 석권한 상황이었다. 불과 20년도 안된 기업이 500조원을 능가하는 세계 2위의 기업이 되었지만 구글이 만든 새로운 기술은 단 하나도 없다. 그저 구글 이스라엘 연구소에서 근무하던 '요엘 마르키' 라는 여직원의 간단한 상상력이 있었을 뿐이다. 그녀는 이스라엘의 성경 색인학을 공부고 나중에 컴퓨터공학을 전공하여 뒤늦게 구글에 입사하게 되었다. 성경 색인을 공부한 것이 도움이 되어 '구글 서제스트' 라는 개념을 제안하게 된다. 예를 들어 NY를 검색엔진에 입력하면 스스로 New York Yankees, New York Times, New York Library등 연관 단어를 미리 제안하는 아이디어였다. 이용자는 해당 단어를 클릭하면 간단히 검색이 이루어지는 간편한 방식이었다. 아이디어는 곧바로 채택되었고 컴퓨터엔지니어들이 검색 엔진으로 구현하는 데는 불과 6개월밖에 걸리지 않았다. 그리고 19년이 흐른 지금 500조원을 능가하는 거대 혁신기업으로 등극한 것이다. 21세기 혁신경제는 거대한 과학기술만이 아니라 간단한 상상력(Imagination)을 거대한 혁신(Innovation)으로 만들 줄 아는 시스템이 필요한 것이다.

우리나라의 Naver는 구글보다 한 살 많은 20세다. Naver의 시가총액은 대한민국의 거대통신 기업 두 개인 KT와 SKT를 합한 규모로 성장했다. 전국의 노른자위 땅에 위치한 250개의 전화국과 모든 포장도로 밑에 포설된 광케이블네트워크 그리고 3개의 위성, 30만Km에 해당하는 해저광케이블을 보유하고 있는 거대 인프라기업을 능가하는 네이버의 혁신도 젊은 팀장의 간단한 상상력으로부터 출발하였다. 팀장의 아이디어는 의외로 간단 명료했다. 5100만명이 매일 실시간으로 백과사전을 만들자는 생각에서 출발한 '지식인' 이 바로 그것이다. 인터넷 백과사전에 해당하는 지식인은 시간이 흐를수록 그 위력을 더해가면서 비록 거대한 인프라는 소유하고 있지 않으나 네트워크의 가치를 획기적으로 올리는 혁신을 구현한 것이다. 예로 제시한 두 회사는 소프트파워가 강한 회사들이다. 실제로 소프트웨어 엔지니어의 힘이 강한 회사이기도 하다. 반면 이들 혁신 기업이 뿌리를 내리고 있는 네트워크 인프라는 100여년 이상 독점적 지위를 누려온 통신사업자들이다. 이들은 하드파워가 강한 회사들이란 공통점이 있다. 당연히 하드웨어가 튼튼해야 소프트웨어가 구동될 수 있지만 정작 가치창출은 하드파워보다는 소프트파워에서 가능하다는 사실을 보여주고 있다.

1, 2, 3차 산업혁명은 하드파워로 작동, 4차 산업혁명은 소프트파워로 작동

5년 전 스스로 '창업국가(Startup Nation)'라는 별명을 붙인 이스라엘은 이번에 방문했더니 '스케일업국가(Scale up Nation)'로 탈바꿈되어 있었다. 당시 뿌린 씨앗들이 발아하여 잎이 무성해지고 줄기가 굵어져서 열매를 거두는 단계에 진입해가고 있음을 알 수 있었다. 불과 5년 사이에 4배의 열매(IPO, M&A)를 거두는 가히 폭발적 성장을 그들은 스스로 '스케일업국가'로 부르고 있었다. 이 나라는 남녀 모두 국방의 의무를 지는 나라다. 고교 졸업 후 곧바로 입대하면 복무기간 내내 군대는 자신이 가진 역량을 마음껏 실험해 볼 수 있는 기회를 갖게 해준다. 제대 후 2년여 기간 해외여행을 통해 작은 눈을 크게 넓힌 다음 비로소 대학의 문을 두드린다. 그들은 이미 세상을 어느 정도 섭렵한 후 자기가 원하는 바를 이루기 위해서 대학을 선택한다. 거기서도 4년 만에 끝내는 게 아니라 자기가 원하는 것을 발견할 때까지 대학을 다니게 되고 비로소 한 평생을 바칠 만한 주제가 선정될 때까지 다양한 학문을 기웃거리게 뇌둔다. 이 나라는 자원이 없는 나라이다. 사회적 제도가 하드파워가 아닌 소프트파워를 기르도록 작동하고 있는 것이다. 이미 초등학교 과정에 코딩교육과 컴퓨터적인 논리사고(Computational Thinking)를 의무교육으로 포함시켰고 이들이 대학에 진학하여 융합적 사고를 통해 혁신을 주도한다.

　자동차의 속도는 5가지에 의해서 결정된다. 엔진의 파워, 가벼운 차체, 팽팽한 타이어 압력, 잘 닦인 도로, 물 흐르듯 연결되는 신호체계가 그것이다. 문제는 이들의 합이 아니라 이들의 곱에 의해서 속도가 결정된다는 점이다. 하나만 성능이 떨어져도 전체적인 속도는 현저히 떨어지는 것이다. 갈 길 먼 우리의 경제도 여기에 해당하는 투자 중심의 금융, 충만한 기업가 정신, 연구개발 역량, 창의적 교육, 규제 완화라는 다섯 가지 요소 하나하나를 한 눈에 들여다보며 균형 있게 운전하는 계기판을 만들어야 할 것이다. 이들 중 하나라도 문제가 있다면 전체적인 4차 산업혁명의 속도는 현저하게 저하될 것임에 틀림없기 때문이다. 이 다섯 가지 요소의 아름다운 조화가 우리사회의 소프트파워를 지탱한다. 인구 800만명, 한반도의 10% 밖에 안 되는 사막 위의 '실리콘 와디(Wadi: 사막의 비 올 때만 흐르는 강)' 이스라엘에서 느낀 소프트파워는 이렇게 정의할 수 있다.

대한민국 소프트파워의 현 수준

'페이팔(PayPal)'의 창업자 9명 중 한 명이었고 현재는 스탠포드대학교 교수이며 '페이스북'의 주주이기도 한 피터 틸(Peter Thiel)은 '제로투원(Zero to One)'이란 저서를 통해 1을 n으로 만드는 X축 경제를 0을 1로 만드는 Y축 경제로 바꾸어야 한다고 주장하고 있다. 그는 X축을 일컬어 수평적 확장(Horizontal Expansion)이라고 불렀고 Y축은 수직적 진보로 규정했다. 즉 X축은 누군가 1을 만들어 놓으면 잽싸게 카피하는 모방경제요, Y축은 무에서 유를 창조해낼 줄 아는 창조적 혁신경제를 의미한다. 애플의 '스티브 잡스'가 iPhone을 만들어 내놓자 우리의 삼성이 즉각 갤럭시를 출시하여 지금은 애플보다 더 많은 단말기를 생산하고 있다. 그럼에도 불구하고 삼성이 퍼스트무버인 애플의 싯가 총액의 절반에도 못 미치는 이유는 X축 경제에 머물러 있기 때문이라는 것이다. 누군가 이미 만들어 놓은 1을 모방하여 n으로 만드는 것과 0에서 1을 만들어 내는 것은 근본적인 접근방식과 구현 방식이 다르다. 전자는 속도와 규격, 표준화가 필요하고 후자는 창의력과 상상과 혁신이 필요하다. 전자를 1, 2, 3차 산업혁명에서 필요로 하는 물리적 하드파워라 한다면 후자는 상상력을 혁신으로 바꾸는 4차 산업혁명에서 필요로 하는 소프트파워로 정의할 수 있다. 하드파워는 지난 60년간 우리나라 제조업 중심의 산업경제를 지탱하는 힘이었다고 한다면 소프트파워는 눈에 보이지도 않고 만질 수도 없는, 그러나 혁신적 가치를 만들어 내는 디지털혁신경제를 지탱하는 힘이다.

앞서 설명한 자동차의 속도요소 5가지의 합에 의해서 움직이는 것이 하드파워라면 소프트파워는 다섯 가지 요소의 곱에 의해서 움직인다. 즉 4개가 1이고 나머지 하나가 0이라면 자동차의 속도는 0이 되는 것이다. 즉 5가지 모두의 하모니가 전제되지 않고서는 대한민국의 소프트파워는 작동되기 어렵다는 의미다. 지난 정부에서 창조경제라는 의미있고 시의 적절한 새로운 패러다임을 열었으나 '미래창조과학부' 하나만으로는 역부족이었음을 알아야 할 것이다. '미래창조과학부'는 자동차로 말하면 엔진에 해당한다. 아무리 엔진이 튼튼하다 한들 창의교육이라는 타이어에 바람이 빠져있다면 속도를 내기 어렵다. 우리나라는 25Kg 이상의 무게를 가진 드론을 항공기로 규정하고 제반 실험과 운전을 항공기 운항 관련 까다로운 규제로 적용받게 되어있는 실정이다. 규제 덩어리에 해당하는 차체는 무겁기 그지없고 융자가 아닌 투자 중심의 금융이어야 함에도 위험을 감수하는 투자금융에 해당하는 잘 닦인 도로가 존재하지 않는다면 혁신경제의 속도는 현저히 떨어질 수밖에 없다. 정부가 5조원에 달하는 벤처펀드를 만들었다고 자랑했으나 실제 절실하게 자금이 필요한 초기벤처 단계에 투자된 금액은 3% 수준에도 못 미치는 환경에서 창조경제의 속도는 애당초 기대하기 어려웠음은 자명하다. 우리의 젊은이들은 투자의 풀장이 아닌 부력이 없는 융자의 풀장에 뛰어들 수밖에 없었던 것이다. 융자는 실패한 경우에 혹독한 책임을 묻는 금융이다. 수영이 미숙한 도전자들은 모두 익사하게 설계되어 있었다. 우리 금융이 보이지 않는 특허나 가치 있는 소프트웨어를 담보로 젊은 창업자에게 먼저 다가가는 투자금융의 모험을 기피하는 동안 우리의 창의적 젊은이들은 모두 해외로 떠나버린 것이다. 미국의 실리콘벨리에서 성공한 100개 기업 중 48개는 미국기업이 일군 것이 아니다. 외국 청년들의 좋은 상상력에 후하게 투자해준 미국의 리스크 금융 덕분이다.

교육부는 미래창조과학부가 지난 정부 출범 초기에 제안한 초중고교 소프트교육 의무화에 내내 반대하다가 미국의 오바마 정부가 의무화 정책을 선언하자 비로소 마지못해 받아들인 경우도 마찬가지다. 정부의 의식은 4차 산업혁명과 같은 혁신적 속도에 훨씬 못 미치고 있는 것이다. 소프트웨어는 젊은이들의 두뇌에서 출발한 상상력을 논리적으로 구현해내는 중요한 수단이다. 늦게나마 정책이 결정되긴 했으나 학기당 교육 시간의 수는 선진국의 1/3 수준에도 못 미치는 등 아직도 교육부의 후속 지원은 마지못해 따라가는 소극적 지원에 불과하다.

소프트파워, 작은 것부터 새로이 설계하자

태평양 동쪽 끝에 위치한 샌프란시스코, 그 배후에 위치한 실리콘벨리, 거기에 소프트파워를 공급하는 스탠포드대학이 있다면, 이제 지중해의 동쪽 끝에 위치한 텔아비브, 그 배후에 위치한 실리콘와디, 그리고 이스라엘의 소프트파워를 공급하는 텔아비브대학이 있다. 유럽대륙의 북쪽에 위치한 북해의 한 복판에 위치한 네덜란드의 와게닝겐에 세계 170개의 초대형 농업식품회사가 밀집한 푸드벨리가 있다. 우리나라의 경상도만한 나라 네덜란드가 미국 다음으로 세계 농업수출 2위를 달성한 비결을 담고 있는 브레인 풀장이 와게닝겐대학이다. 세상에는 자원이 없지만 잘 사는 나라들이 있다. 이들의 공통점은 0에서 1을 만들어내는 강한 소프트파워를 가진 나라들이다.

지금껏 수여된 노벨상 수상자의 22%가 전세계 1500만명에 불과한 유대인들로부터 배출되었다는 사실은 잘 알려져 왔으나 정작 그 이유에 대해서 명쾌하게 설명한 사람은 없다. 아마도 유대인의 두뇌는 선천적으로 천재적이지 않을까라고 치부하는 오류를 범하고 있지는 않은지 우려스럽기까지 하다. 정작 유대인의 국제공인 IQ는 96으로 대한민국의 105에 비해서 한참 아래다. 총알로 비유한다면 우리가 9mm더 굵은 총알이다. 폭발만 한다면 우리가 훨씬 위력을 발휘할 수 있을 것이다. 그러나 우리의 젊은이들이 발사를 주저하는 사이에 그들은 그들만의 특이한 국민성, '후츠파정신'으로 주저함 없이 발사하게 만들었고 그것이 세계 최고의 창업국가 건설의 힘이 되었다. 이들이 단위인구당 엔지니어의 수, 창업도전에서 세계 1위를 차지한 이면에는 세계 최고 수준의 GDP대비 R&D비율, '요즈마펀드'에서 파생된 10조원 규모의 벤처금융, '하브루타'식 창의적 교육, 초등학교 S/W의무교육, 실리콘벨리 거점의 유대인 창업네트워크가 튼튼히 버티고 있다. 이 모든 요소들의 단순한 합이 아닌 곱이 혁신적 성장돌파를 가능케 하는 소프트파워로 작용한 것이다. 알파고 현상을 통해 갑자기 우리 앞에 등장한 4차 산업혁명에 끌리지 않고 리드해가기 위해서는 처절하리만치 자원이 없는 나라들의 혁신사례를 통해 국가경영의 동력을 스팀파워, 전기파워가 아닌 소프트파워에서 찾아야 할 것이다.

국방의무 완수 후 1년의 해외여행 선택권을 주자

우리나라의 면적은 세계의 면적을 축구경기장이라고 가정했을 때 경기장 안에 놓인 침대 하나에 불과하다. 이스라엘은 침대의

1/5에 불과한 충청도 규모에 불과하다. 이들은 좁은 국토에서 서로 경쟁하며 다투는 것조차도 사치라고 여겨질 만큼 열악한 나라이기에 젊은이들에게 이스라엘이 아닌 세계무대로 나서라고 권면한다. 이들은 고등학교를 졸업하면 군대를 먼저 다녀온다. 남자는 3년 여자는 2년의 의무다. 군대를 마치고 대학에 입학하면 국공립대학의 경우 학비가 면제되거나 거의 부담스럽지 않을 정도로 열려있다. 의무 복무라는 군대에서도 월 800달러 정도의 봉급이 나오며 복무 중 사망할 경우 6억원 정도의 보험에 가입되어 있어 국민의 세금으로 보상이 따른다. 이들은 제대 후 곧바로 대학에 진학하는 것을 택하지 않고 누가 시킨 것도 아닌데 월급을 모아서 불문율로 2년 가까이 해외 여행을 떠난다. 주로 아시아 남미 아프리카의 개도국이 그들의 관심 여행지다. 이들은 2년 동안 평균 10개 이상의 나라를 여행하며 그 중 한 개 국가에 집중하여 1년 이상 머무른다. 그 동안 최소한 언어 하나를 익히고 귀국한다. 1년 가까이 집중하여 머무는 동안 내가 대학에서 무엇을 공부하여 다시 이 나라에 돌아와 무엇을 할 것인지 상세히 살피고 귀국한 다음 대학공부를 마치고 해당 국가로 돌아가서 하고 싶었던 일을 시작하는 것이다. 군대와 해외여행이라는 4-5년의 숙려기간을 통해 내가 세상에 태어나서 무슨 흔적을 남길 것인지를 고민하는 시간을 갖게 하는 것이다.

미국과 유럽에서는 이를 '겝이어(Gap Year)'라고 부른다. 우리의 아이들이 자기의 수능점수에 맞추어 학과 선택을 한 후 뒤늦게 후회하며 적성에도 맞지 않은 일을 하며 시간을 낭비하는 것에 비추어 이들처럼 해외 여행 경험을 바탕으로 먼 미래를 미리 설계해 보는 시간을 갖게 하여 글로벌 시각을 갖게 하는 것이 필요하다. 따라서 우리도 20개월의 군 복무 기간에 월 30만원 규모의 보조금을 적립해주어 제대 후 600만원 정도를 확보해 주고 지정된 개도국에 1년 정도의 해외 여행을 나서는 자에게 계좌가 열리게 하는 것을 검토해볼 것을 권한다. 이 계좌는 이 외의 다른 목적으로는 절대 열리지 않는 것이어야 하며 여행 후 반드시 기록을 남기도록 해야 할 것이다. 개도국의 해외 여행은 우리의 80년, 90년대의 시간으로 거슬러 올라가는 것이며 이를 통해 우리의 과거 성공모델을 접목하여 비교적 쉽게 해외의 경제영토를 넓히는 계기가 될 수 있을 것이다. 좁은 국토의 한계를 극복하는 대안이 될 것이며 우리 청년들이 대기업, 공무원 시험에 매달리며 청춘을 낭비하는 비효율을 글로벌화로 승화시킬 수 있을 것이다. 창업국가 이스라엘이라고 해서 모든 젊은이들을 창업으로 유도하는 것은 결코 아니다. 상위 10%의 우수인재들은 군에 입대할 때부터 엘리트 부대로 유도하여 학업을 유지시키고 도전적 과제를 부여하면서 문제해결 능력과 혁신적 성취감을 고취시키면서 무에서 유를 만들어내는 창업인재로 육성한다. 이들로 하여금 최첨단 선진국들의 혁신과 경쟁하며 Peter Thiel이 주장하는 Zero to One의 주역이 되는 트랙을 달리게 하는 것이다. 반면에 나머지 90%의 젊은이들에게는 좁은 국토와 영세한 자원을 기반으로 국내에서 경쟁하는 것보다는 차라리 개도국에서 손쉬운 '블루오션'을 선점하도록 유도하는 것이다. 세계 최고 최초의 아이디어로 첨단의 위치에 서거나 아니면 기존의 기술을 응용하여 남들이 아직 선점하지 않은 개도국으로 시야를 넓히도록 하는 것이다.

우리의 청년들이 오로지 공무원과 대기업에만 목을 매고 있는 사이에 그들은 이미 철 지난 솔루션일지라도 개도국을 대상으로 새로운 접근법으로 도전하도록 함으로써 지구라는 그라운드를 넓게 활용하는 것이다. 대한민국 한반도의 10%에 불과한 이 나라는 과거 신라의 화랑제도처럼 불가피한 국방의 의무기간을 방위, 글로벌 마인드, 세계경제 참여, 창업가정신 제고라는 다목적 청소년 도량으로 활용하고 있는 것이다. 이스라엘은 히브리어를 모국어로 함과 동시에 영어를 공용어로 지정하고 있어서 일단 글로벌 진출의 필요조건을 갖추도록 한 다음 제대 후 해외여행을 통해서 한 개 이상의 제2 외국어를 익히도록 한 것은 자원이 없는 나라이기 때문에 글로벌 무대에서 생존하기 위한 이들만의 충분조건이라고 여겨진다. 전 세계 1500만 유대인의 50%인 750만 명이 이스라엘이 아닌 해외에 머물고 있는 것이 이를 반증해주고 있다.

FTA뿐만 아니라 FSA(Free Startup Agreement: 자유창업협정)를 주도하자

20세기에 국가간 개방형 자유무역질서를 위한 필요성에 의해 자유무역협정 체계를 만들었다면 이제 21세기 4차 산업혁명의 시대를 대비하여 국가간 창업을 활성화하는 조치가 필요한 단계에 이르렀다. FTA는 제품이라는 하드웨어 중심의 재화가 국경을 통과하는 데에 있어서 문턱에 해당하는 규제를 완화하는 협정이다. 지금의 디지털 혁신경제에서는 업을 통한 혁신적 가치창출이 더 중요한 과제다. 그런데 창업은 국가간에 기술과 특허, 자본이 서로 용이하게 섞임으로써 역동성을 부여할 수 있게 된다. 따라서 이제부터는 A국가의 기술과 B국가의 특허 그리고 C국가의 자본이 서로 용이하게 섞일 수 있게 하는 포괄적 협력체계가 필요한 시점에 와 있다. 1991년 구 소련으로부터 독립한 에스토니아는 인구가 130만명에 불과하다. 그러나 독립 당시 미국에 유학 중이었던 동포들이 상당수 고국으로 돌아와 국가재건에 나서면서 소프트웨어 입국을 기치로 삼고 ICT교육에 매진한 결과 지금은 세계에서 소프트웨어를 가장 잘 다루는 나라로 자리매김되었고 북유럽에서 가장 창업이 활발한 나라가 되었다. 대표적인 성공사례가 Skype다. '스카이프'의 성공으로 400여개의 후속 창업이 성공하면서 북유럽의 창업국가로 발돋움하고 '일베스' 대통령은 세계 최초로 초중고등학교를 초고속 인터넷으로 연결하며 국민투표도 인터넷을 통해 실시하였다. 이 나라는 2025년까지 인구를 2000만명으로 늘리겠다는 전략하에 전자주민등록증 (E-Residency카드)을 발급하고 있다. 인터넷으로 신청하면 1주일 안에 범죄사실 여부만 조회하여 전자 주민등록증이 발급된다. 이는 투표권을 제외한 주민등록증과 버금가는 증표로 간주된다. 비록 영토 내 거주 인구는 130만에 불과하지만 전자 주민등록증을 발급받은 사람은 지구의 2/3에 해당하는 110여개 국에 이르고 있다.

이처럼 자원은 없으나 창업을 통한 혁신적 부가가치를 추구하는 나라들은 국가간의 국경선을 낮추는 데에 열정적일 수밖에 없을 것이다. 자국 내는 물론이고 전세계의 상상력을 받아들여 혁신으로 만들어야만 하는 절박한 나라들 상호간에 이 같은 추세는 하나의 트랜드가 되어가고 있다. 미국 오바마의 Startup America정책도 역시 세계를 대상으로 젊은이들의 좋은 아이디어와 상상력을 자본과 기술력을 앞세워 무차별적으로 끌어들이는 개방형혁신(Open Innovation)전략의 일환이다. 미국 CEO들로 하여금 전 세계의 젊은이들을 대상으로 좋은 상상력에서 나온 좋은 아이디어를 후하게 대해줌으로써 창업의 역동성을 획기적으로 높여 매월 23만개의 고급 일자리를 만들어 내도록 하였다. 이로써 취임직후 경제위기 여파로 실업률이 10%까지 올라갔으나 8년 재임 동안 6% 낮추어 4.6% 수준으로 회복시켜 놓았다. 전세계의 상상력을 가진 젊은이들을 불러들이는 수단의 하나로 창업비자 쿼터정책을 강력한 무기로 활용하고 있다. 싱가포르의 경우도 350여 만명의 적은 인구로 혁신의 주체가 되기에는 한계가 있다고 여기고 엄청난 세금을 인재 유치에 쏟아 붓고 있다. 인바운드 두뇌유치를 통해 이 나라의 최고 국립 싱가포르대학은 일본의 동경대학을 제치고 아시아 최고의 대학으로 자리매김하고 있고, 우리나라의 KAIST격인 '난양공대'는 석박사 과정의 약 60%가 외국인 학생이다. 자원이 없는 나라에게 필요한 것은 혁신을 위한 우수한 인적자원의 유입일 수밖에 없다.

FTA가 국가간 자원의 흐름에 균형을 맞추기 위한 규제완화였다면 이제 보이지 않지만 더 큰 가치를 함유한 가칭, 자유창업협정 (Free Startup Agreement)의 필요성을 거론할 때가 되었다고 여겨진다. 인적자원의 유입과 유출에 있어서 자본논리만을 앞세운 일방적 흐름을 적절히 제어하고 아울러 적절한 논리적 질서를 마련함으로써 일방적 유입 또는 유출이 아닌 균형을 갖추는 것과 호혜적 관점에서 새로운 질서를 준비하는 것이다. 아울러 교육, 금융, 규제 이슈에 대한 국가간 호혜적 균형을 통해 인적자원의 흐름이 지역과 선·후진국, 그리고 인종의 차별 없이 합리적 수준에서 합리적 우대조건이 이루어질 필요가 있다 하겠다. 자원은 없으나 우수한 인적자원을 바탕으로 혁신적 창업을 지향해야만 하는 창업국가 정책을 위해서 우리나라가 세계 최초로 FSA라는 정책의 헤게모니를 리드해가야 할 것이다. 물론 FSA체제가 없는 상황에서도 양자간 협정을 통해 질서가 유지될 수 있겠으나 디지털 혁신경제가 대세를 이루는 21세기 초입에서 자원의 합리적 균분이라는 관점에서 인적자원도 여기에 포함시킬 필요가 높아지고 있다. 국가 간 창업에는 안정적인 입국과 체재가 충분히 보장되어야 하며 초기 창업단계의 위험을 분산시켜줄 세제혜택 등 다양한 보호 특혜조치가 필요하다. 그에 따른 창업비자와 최혜국 대우 등을 통해 과실송금 체계가 원활해야 할 것이다.

중국을 필두로 그간 우리를 추격해왔던 국가들이 우리를 리드해가고 있는 실정이다. 이제 우리는 이스라엘, 에스토니아, 핀란드, 싱가포르와 같은 혁신적인 디지털 경제국가들과의 FSA협업체계를 강화하여 적극적인 개방형 혁신(Open Innovation)을 지향하는 데 있어서 선도적 역할을 모색해야 할 것이다. 현재 우리나라는 세계 최고의 역동적 창업국가인 이스라엘과 FTA체결을 위한 협상을 준비하고 있다. 문제인 정부도 4대 국정기조의 하나로 창업국가를 지향하고 있다. 인적자원의 혁신을 바탕으로 4차 산업혁명을 지향하고 있는 한-이스라엘 양국은 제품의 거래를 위한 경제협력보다 더 크고 중요한 국가간 개방적 창업생태계의 모색이 더 중요한 의미를 갖는 나라들이다. 양국의 기술과 자본 그리고 특허가 서로 용이하게 섞이면서 디지털혁신경제를 개화할 수 있도록 세계 최초의

FSA를 모색하는 것도 바람직하다고 여겨진다. 쌍무적 호혜원칙을 유지하면서 양국간 더욱 적극적인 융합 혁신사례와 교류협력의 성공적 확대 모델은 FSA라는 새로운 디지털혁신경제의 국제협력의 표준으로 자리잡을 수 있을 것이다.

외교 시스템도 21세기 옷으로 갈아 입히자

지난 20세기 냉전시대를 관통해오면서 자연스럽게 워싱턴은 세계 정치외교의 수도로 간주되어 왔고 거기에 주미 대사관이 있다. 그러나 지금은 정치외교 위에 디지털 혁신경제가 점점 더 큰 비중을 드러내고 있다. 국가간의 경계선도 디지털경제 앞에서는 무의미해져 가고 있다. 매주 5개 이상의 유니콘기업이 탄생하고 있으며 작지만 강한 국가들이 경제혁신을 통해 힘의 균형을 무너뜨리고 있다.

이 시점에서 과연 세계혁신경제의 수도는 어디인지 반문하지 않을 수 없다. 단연코 실리콘벨리를 배후에 두고 있는 샌프란시스코라는데 이견을 제기하기는 어려울 것이다. 지난 30년간 세계적인 혁신기업의 산실이었기 때문임과 동시에 혁신의 동력인 과학기술의 싱크탱크 역할을 해온 스텐포드와 버클리대학이 여기에 있기 때문이다. 이런 중요한 전략적 비중에도 불구하고 우리 외교가 샌프란시스코라는 도시를 보는 관점은 미국 서부에 위치한 단지 하나의 대도시에 불과하다. LA나 시카고와 같은 총영사관 주재지역으로 외교의 역할을 낮춰보고 있는 것이다. 이제 우리는 세계 혁신경제의 수도, 샌프란시스코에 주미 혁신경제대사가 위치하도록 눈높이를 높일 필요가 있다. 거기에는 최고의 디지털혁신경제를 이해하고 지휘할 수 있는 역량 있는 자가 미션을 수행해야 할 것이다. 이스라엘은 지중해권에서 가장 혁신적인 국가이며, 흑해 연안의 에스토니아 역시 세계에서 소프트웨어를 가장 잘 다루는 나라에 걸맞게 인구당 창업밀도가 세계 1위다. 북해의 네덜란드는 미국 다음으로 농업수출이 많은 과학영농 국가다. 이런 나라들에 주재하는 대사는 과학기술을 이해하고 글로벌 네트워크를 갖춘 전문가들이 특임대사로서의 역할을 잘할 수 있을 것이다. 덴마크는 이미 디지털대사 제도를 도입하고 있다. 실리콘벨리의 대기업, 구글 하나가 그리스의 GDP보다도 크다는 사실을 간과하지 않고 이들 기업을 상대로 한 디지털대사를 두겠다고 한 바 있다. 이스라엘경제에 있어서 실리콘벨리의 역할은 결정적이다. 따라서 이스라엘의 샌프란시스코 외교관의 수는 30명으로 직업외교관 3명을 제외하고 나머지는 이스라엘 정부의 '수석과학관실(OCS: Office of Chief Scientists)'에서 관장토록 하여 창업국가라는 별명에 걸맞게 탄력적으로 운영하고 있으며 그 규모는 우리의 5배다. 이스라엘의 수석과학관실은 지난 25년간 '요즈마펀드'를 효시로 수 많은 스타트업을 육성해 왔고 성공한 스타트업이 다시 연쇄창업 할 수 있도록 세금 특혜제도를 만들어왔다. 이처럼 역량 있는 경험자들을 외교라 인에 투입하여 이들로 하여금 실리콘벨리에 입주한 요즈마펀드 출신들의 네트워크를 활용하여 이스라엘 창업자들의 출구전략을 다변화하는 특별한 임무를 수행하도록 하고 있다. 그 효과로 이스라엘 스타트업의 80% 이상이 미국의 기업들에게 M&A를 통해 거래됨으로써 출구전략을 찾고 있는 것이다.

이제 대사는 국토를 가진 나라에만 둔다는 생각을 벗어나서 거대한 글로벌 기업에까지 확장하겠다는 덴마크 외교부의 상자 밖으로 나온 생각을 보더라도 우리의 외교는 수 십 년간 면면히 이어져 온 상자 안에 머물 것이 아니라 다양한 분야의 전문가들을 포용하며 그들의 식견과 통찰력을 포용하는 21세기의 개방적 외교환경으로 재단된 새 옷으로 갈아 입어야 할 것이다. 예를 들어, 미국의 워싱턴 DC, 중국의 베이징에 정치외교 대사가 있다면 샌프란시스코, 심천과 같은 도시에 특임대사 또는 제2경제대사와 같은 새로운 혁신경제의 패러다임을 적극적으로 활용하는 것도 검토할 필요가 있을 것이다.

전국의 도서관을 '무한 상상실'로 개조하자

4차 산업혁명을 구동하는 힘은 상상력이다. 아무리 좋은 상상력이라 하더라도 그것이 머리 속에 갇혀있는 한 상상은 망상에 불과하다. 기필코 도전을 통한 혁신으로 구현되어야 하는데 거기에는 두 가지의 힘이 필요하다. 상상력을 논리적으로 구현해내는 소프트웨어와 물리적으로 구현해내는 3D프린팅이 그것이다. 오바마 전 미국 대통령이 이 두 가지를 특별히 강조하면서 백악관에 특별 전담팀을 마련한 것도 이 같은 이유에서다. 소프트파워의 근간은 소프트웨어 역량에서 나온다는 논리로 2013년부터 미국 초등학교에 소프트웨어 의무교육을 시작하도록 하였고 중고등학교에서는 기존의 정보과목의 수업시간 수를 두 배 이상 늘려가고 있다. 아울러 일반인들도 3D프린팅을 체험하도록 커뮤니티 칼리지에 해당 교육과정을 포함시키고 있으며 퇴직자들에게도 평생교육을 통해 재취업의 기회를 제공하고 있다. 예를 들면, 소프트웨어를 이해하고 있는 바이올린 전공자는 졸업 후 바이올린 연주자가 되는 오직 외길만이 아니라 바이올린에 간단한 장치를 설계하여 소프트웨어를 장착함으로써 연주되는 곡에 딱 맞는 피아노 반주를 무선인터넷으로 끌어오는 기능을 개발할 수 있을 것이다. 피아노 반주자가 없더라도 바이올린 하나만으로 피아노 연주를 겸할 수 있게 하는 것이다.

세계에서 가장 빠른 초고속 무선인터넷이 이미 보편화되어 있고 모든 학교가 연결되어 있는 우리나라 환경은 소프트파워를 강화하기에 최적의 조건을 갖추고 있으나 초등학교 소프트웨어 의무교육은 2019년에야 시작되며 아직 교사양성 등 준비단계에 놓여있다. 반면에 미국은 물론 이스라엘, 영국, 싱가포르, 에스토니아, 아일랜드 등 혁신경제 강국들은 이미 한 발 앞서가고 있는 실정이다. 이제부터라도 우리나라에 이미 설치된 900여개의 국공립 도서관에 소프트웨어의 기초를 누구나 접할 수 있도록 하는 공간을 마련하고 3D프린팅 시연, 체험 공간을 마련하여 국민 보편적 교육의 장으로 활용할 필요가 있다. 수 년 전에 이름 지어진 도서관 본연의 기능은 손 안의 컴퓨터인 스마트폰의 보편적 보급으로 인하여 많이 훼손되어가고 있다. 이제 책을 모아둔 공간으로서의 도서관의 기능을 상상력을 구현해볼 수 있고 시험해볼 수 있는 '무한 상상실'로 업그레이드해 볼 필요가 있다 하겠다. 소프트웨어와 코딩은 이제 컴퓨터공학과 졸업생들만의 전유물이 되어서는 안 될 것이다. 법학의 응용이 워낙 다양하게 적용되다 보니 다양한 학문을 접한 자들에게 법학전문대학원을 개방했듯이 다양한 영역에서 경험과 역량이 축적된 자들에게 소프트웨어 역량을 더해 준다면 그들이 다양한 상상력을 혁신으로 만들어 낼 수 있을 것이다. 베이비부머들이 일시에 퇴직하면서 생겨난 노동력의 빈 공간을 채우기 위해서라도 은퇴자들의 역량이 소프트파워를 통해서 재 탄생할 수 있도록 하는 좋은 수단이 될 수 있을 것이다. 세계에서 가장 소프트웨어를 잘 다루는 에스토니아의 경우 모든 학교에 설치된 컴퓨터 시설이 방과 후에는 지역사회에서 평생교육의 장으로 활용되고 있는 것은 좋은 사례다. 세계적인 농업국가 네덜란드도 와게닝겐 지역의 Food Valley지역에 위치한 생명과학의 싱크탱크, 와게닝겐 대학을 중심으로 과학자들의 소프트웨어 역량을 높이기 위한 다양한 평생교육 프로그램이 개설되어 있으며 소프트파워를 강화하는 아카데미아로 거듭나고 있다. 이미 ICT선진국들은 제조업은 물론 농업, 의학, 에너지 등 노동력의 경쟁력 열위로 역동성을 잃어가는 모든 산업에 소프트파워를 강화함으로써 역동성 회복에 나서고 있다. 이제 4차 산업혁명 체계하에서 소프트웨어는 더 이상 학문이 아니라 누구에게나 쉽게 다가가는 비타민과 같은 존재가 되어야 하며 이를 위해 누구나 걸어서 쉽게 갈 수 있는 국공립 도서관과 각급학교 도서관이 코딩교육과 3D프린팅을 체험할 수 있는 무한 상상실로 거듭날 필요가 있을 것이다. 아울러 지난 정부에서 추진한 '소프트웨어 중심대학' 육성과 '소프트웨어마이스터 고등학교' 설립운영의 성과를 잘 분석하여 대폭 확장함과 동시에 지원의 폭을 대폭 확대하는 것을 검토해야 할 것이다.

이제는 '상상', '도전', '혁신'이다.

4차 산업혁명의 쓰나미가 예보되어 있는 상황이다. 세계 경제질서는 디지털 혁신경제로 치닫고 있으며 중국이 과학기술 측면에서 추격해오고 있다. 이제 남이 만들어 놓은 1을 n으로 만드는 추격형 경제에서 Peter Thiel이 주장한 0을 1로 만드는 선도형 경제로의 전환이 필요한 시점에 이르렀다. 1을 n으로 확장하는 X축, 즉 수평적 확장에는 하드파워가 필요했으나 0을 1로 만드는 Y축, 즉 수직적 진보에는 상상력이라는 0을 혁신이라는 1로 만드는 새로운 힘이 필요하며 그것이 소프트파워다. 1인당 GDP 2만 달러를 돌파한 해가 2006년이었으나 우리경제는 10년째 3만 달러에 훨씬 못 미치고 있다. 하드파워의 한계를 드러낸 것이다. 지난 60년의 눈부셨던 압축성장은 하드파워를 근간으로 해왔다. 〈근면, 자조, 협동〉으로 대변되는 새마을 운동이 하드파워의 근육을 강화하자는 캠페인이었다면 이제 〈상상, 도전, 혁신〉이라는 새로운 주제를 통해 소프트파워라는 창의적 두뇌를 계발하는 패러다임으로 사회 전반적인 대전환이 필요한 때이다.

≪신경호≫

창의성 기반 혁신, 함께 만들자

| 학력 |
- 펜실바니아대학 재료공학(박사)
- 한국과학기술원 재료공학(석사)
- 서울대학교 금속공학(학사)

| 경력 및 활동사항 |
- 한국과학기술연구원 책임연구원,
  기술정책연구소장/대외협력본부장
- 한국공학한림원 정회원, 국제협력위원회 위원장
- 아시아자성학회연합회
  (Asia Union of magnetics Society) 회장
- (사)한국자기학회 회장
- 나노기술연구협의회 수석부회장
- 나노코리아2014, 2015, 2016 심포지엄위원장
- 한화사이언스챌린지 대표운영위원

| 저서 및 논문 |
- Magnetic-field-controlled reconfigurable
  semiconductor logic (2013, Nature)
- Interdimensional universality of dynamic
  interfaces (2009, Nature)

FORUM OH-RAE
Today & Tomorrow

세상을 바꿔라 Ⅴ

창의성 기반 혁신, 함께 만들자

신경호 | KIST소장

한강의 기적

대한민국이 1960년 중반부터 50여 년간 일구어낸 폭발적인 경제성장은 역사상 매우 드문 예이다. 같은 기간 동안 정치적 민주화를 함께 거머쥔 것은 가히 기적이라 할 만하다. 대한민국 압축성장의 비기(秘器)는 누가 뭐래도 '보물섬 지도^{주1)}'이다. 물론 '보물섬 지도'를 가지고 있다고 해서 모든 국가가 대한민국처럼 고도의 압축성장을 할 수 있는 것은 결코 아니다. 대한민국은 영민하였다. 현대나 삼성과 같은 대기업으로 하여금 항공모함 전단을 꾸리게 하였다. 수출드라이브 정책, 대기업 밀어주기, 중소·중견 협력업체 쥐어짜기 등과 같은 한국형 정부지원은 암초를 제거하고 화창한 날씨와 잔잔한 물결을 제공하며 항공모함이 순항할 수 있게 하였다. 이들 항공모함들은 '힘차고도 빠르게' 물살을 가르며 항해함으로써 경쟁국보다 먼저 보물섬에 도착하였고 대규모 인력과 장비를 동원하여 일사불란하게 보물을 캐내었다. 보물섬 지도가 있는 한, 대한민국은 역대 최강이었다.

지난 10년간의 제자리걸음, 도대체 왜?

우리나라 국민 1인당 국민총소득(GNI)이 2006년 처음으로 2만 달러 선에 진입한 이후 10년째 3만달러의 벽을 넘지 못하고 있다. 100달러 미만이었던 일인당 소득을 초유의 속도로 증가시켜왔던 대한민국이 유독 3만달러의 문턱에서 맥 못 추고 주춤하고 있는 이유는 무엇일까? 성장은 커녕 아르헨티나처럼 후퇴하는 것은 아닌지 염려되는 이유는 또 무엇일까?

대한민국이 겪고 있는 이중고(二重苦)
세계 경제의 패러다임이 바뀐 지 얼마 되지 않은 상태에서 경제 단계의 변화를 함께 겪게 된 대한민국은 빠져나오기 어려운 늪에 갇힌 형국이다. 1980년대 세계 경제의 큰 틀이 바뀌기 시작했다. 지난 40여년간 국가의 경쟁력과 가치창출을 담보하는 수단으로서 '창의성'이 새롭게 등장하여 '생산성'을 대체해 오고 있다. 즉, 자본과 노동의 투입과 그 효율적인 결합을 통한 생산성을 최고의 가치로 삼던 '생산성 패러다임'의 시대가 지나가고 창의성 기반 아이디어를 활용하여 사회가치를 구현하는 '창의성 패러다임'에 의하여 국가경쟁력이 좌우되는 시대가 되었다는 뜻이다. 생산성 패러다임의 종주국 중 하나라고 치부되었던 일본이 지난 25년간 제자리걸음해 왔던 배경이다. 2017년 글로벌 브랜드 가치 평가순위 10위내에서 일본기업은 한 개도 찾을 수 없는 반면 미국은 무려 8개의 기업을 랭크시켰다. 한편 구글에 이어 세계 최대의 기업 가치를 보유한 '애플'이 생산 공장을 가지고 있지 않다는 점은 '창의성 패러다임'이 작동되고 있음을 증거 하는 좋은 예이다.

미국 유럽 일본 등이 3만불을 넘는 경제선진국으로 성장할 수 있었던 이유는 고부가가치를 창출하는 경제의 틀을 가지고 있기 때문이다. 대한민국은 항공모함 전단을 꾸려 철강·조선·석유화학 등 중화학공업, 반도체·디스플레이·스마트폰 등 전자통신산업, 자동차산업 등 굵직한 분야에서 발군의 실력을 발휘하며 3만불 문턱까지는 그 누구보다 빨리 다가갔다. 그러나 기존 산업의 유지·개선을 통하여 얻을 수 있는 가치창출로는 3만불을 뛰어넘기 쉽지 않다. 경제선진국으로 한 단계 도약하기 위해서는 고부가가치 창출이 가능한 창의성 혁신 기반의 성장 동력이 일정비율 이상 동작하여야 한다. 이 같은 '이중고(二重苦)'는 한 가지 동일한 연유로부터 기인한다. '창의적 혁신의 틀'의 부재가 그것이다. 지도를 보기만 했지 직접 만들어 본 경험이 없는 까닭에 우리에겐 더욱 더 무겁고도 지난한 과제인 바, 아직껏 제자리걸음을 하는 이유이다.

'제자리걸음' 마저 염려된다.

중국 때문이다. 중국은 우리나라가 강점으로 삼고 있는 경제사회적 특징을 상당부분 가지고 있다. 자국의 경제규모는 위협적이다. 중국의 혁신방향과 속도는 더욱 위협적이다. 그러한 까닭에 우리나라 제품의 글로벌 경쟁력이 중국 제품에 비하여 지속적으로 약화되고 있다는 점은 당연하기까지 하다. 현재 산업경쟁력 뿐 아니라 미래 산업발전 잠재력도 중국에 밀리고 있다는 보고는 우리를 더욱 긴장시킨다. 현재의 경쟁력을 판단하는 산업경쟁력 지수는 2015년 기준 우리나라가 13위, 중국은 3위를 기록하였다. 미래 산업발전 잠재력을 판단하는 산업 응집력(1995~2015)의 경우 우리나라가 21위에서 25위로 추락한 것에 반하여 중국은 20위에서 3위로 대폭 상승하였다.

한·중 양국간 기술격차는 급격하게 줄어들고 있다. 태양광 풍력 등 신재생에너지 분야, 바이오 분야 등 차세대 산업에서는 중국이 우리나라를 앞서고 있는 실정이라는 보고도 있다. 특히 중국의 주력산업 분야가 한국과 매우 흡사하다는 점은 빈번하게 경쟁하여야 하는 글로벌 시장에서 대 중국 산업경쟁력이 급속하게 약화된다는 것을 의미하는 바, 매우 위협적이다. 2000년 중국의 수출품이던 의류 섬유 신발 장난감 등은 2012년에 모두 자취를 감춘 대신 컴퓨터 통신장비 반도체 등 집적회로 액정디스플레이 조선 등이 1~5위를 차지하였음에 유의하자. 행복은 적분이 아니라 미분이다. 살림이 더 윤택해지기는커녕 더 어려워진다면 이보다 불행한 일은 없을 터이다.

잘 해보자, 노력은 했었나?

대한민국이 십수년간 겪고 있는 '二重苦'를 털어내고 '복지와 분배가 있는 성장'을 통하여 선순환 경제를 도모하려면 무언가 획기적인 대책을 마련해야한다. '창의적 혁신의 틀'을 만들어 고부가가치를 창출하는 것이 답이다. 이렇게 되면 '중국의 추격 뿌리치기'는 덤으로 얻을 수 있겠다. 90년대 들어 창의적 아이디어 기반 원천기술을 확보하기 위해서는 기초연구를 강화해야 한다는 목소리가 커지기 시작했다. 혁신을 통한 사회적 가치를 창출하기 위해서는 창업을 활성화시켜야 한다는 의견도 힘을 얻었다. 그러나 말만 무성하였다. 막상 우리를 움직이게 한 것은 '외환위기'였다.

'벤처기업 육성에 관한 특별조치법'을 제정(1997년)하고, 개정 (1998년)함으로써 창업활성화 기반을 닦았다. 과도한 창업지원 정책이 세계를 휩쓴 닷컴버블에 맞물려 부작용을 낳기도 하였으나 혁신을 통하여 고부가가치를 창출하는 신성장 동력을 만들었다는 평가를 받고 있다. 1999년에는 '정부출연연구기관의 설립, 운영 및 육성에 관한 법률' 제정으로 기초기술연구회 등 3개 분야의 연구회 체제를 출범시켰다. KIST 등 기초기술연구회 소속 연구기관들은 원천기술을 확보하는데 필요한 중장기 연구비를 약속받았다. KIST가 최근 2년 연속 톰슨로이터가 선정한 '세계 혁신 연구기관 6위'로 우뚝 설 수 있게 한 연구 성과는 장기·집단형 연구 프로그램을 통하여 일구어 낸 것이다.

2017년 7월 26일부터 시행되는 정부조직 개편에 따라 과학기술정보통신부가 국가혁신을 담당하게 되었다. 국가혁신 담당부서의 명칭이나 역할이 지난 20년간 5번째 바뀐 것이다. 1967년 설립된 과학기술처가 30년 넘도록 기관명과 역할을 유지했던 것과는 크게 비교된다. 각 정부마다 국가혁신체제를 변경하려고 한 동기는 충분히 납득할 만하다. '외환위기'로 인하여 '창의적 혁신의 틀'에 대한 필요성을 절감하고 과학기술을 중시한 결과가 1998년과 2004년의 체제개편에 반영되었다. 국가혁신의 컨트롤타워를 만들겠다는 노력도 수차례 시도하였다(과학기술혁신본부[2004], 국가과학기술위원회[2010], 과학기술전략본부[2016, 2017]). 통합형 과학기술 인력을 육성하겠다는 포부도 가졌었다(교육과학기술부[2008]).
창의인재양성, 창의기반 원천기술 확보, 실용화기술 개발, 창업 등
기술사업화의 전주기를 담당했던 미래창조과학부(2013)는 지난
정부의 작품이다.

　우리나라는 국민총생산 대비 연구개발 투자 비중이 세계에서 가
장 높은 나라중 하나이다. 2015년 4,23%로 세계 2위이며 연구개발
비 규모는 세계 4위이다. 물론 민간투자 비중이 정부예산의 3배 정
도로 높기는 하지만, 정부의 연구개발 예산은 매년 단순증가의 기
조를 이어오고 있다. 대한민국 정부는 '창의적 혁신의 틀'을 만들
기 위하여 헌신적인 노력을 아끼지 않았다. 특히, '외환위기' 이후
창업활성화를 통하여 고부가가치를 창출하고 고급 일자리를 만들
어 냈으며, 기초기술연구회 설립·운영을 통한 장기적인 연구 프
로그램 수행으로 혁신 역량을 제고하였다. 과학기술 및 정보통신
의 중요성을 간파하고 연구개발비를 꾸준히 증액하여 왔던 정책적
배려도 높이 평가받아 마땅하다.

우리의 노력, 왜 열매를 맺지 못했을까?

조급증

　무엇보다도 너무 성급했기 때문이다. 혁신에 대한 갈망은 종교

와 같았고 혁신을 위한 노력은 실로 눈물겨웠다. 그러나 그 결과는 미흡하였다. 다시 강조하지만, 너무 성급하였다. 혁신프로세스는 어렵고 더딘 과정이다. 혁신의 주체에는 혁신의 설계자와 혁신의 추진자 그리고 혁신의 관리자가 있다. 혁신의 설계자는 혁신의 필요성을 인식하고 혁신에 대한 비전과 방법을 만들어 제시한다. 혁신의 추진자는 혁신 가능성에 대한 신념을 가지고 혁신을 실천한다. 혁신의 관리자는 설계자와 추진자를 지원하고 혁신의 성과를 평가하는 역할을 한다. 혁신은 상기의 혁신주체들이 제 몫을 모두 제대로 했을 경우에 한해서 성공에 다다른다. 혁신프로세스 각 단계마다 적지 않은 시간이 소요될 뿐 아니라 실패하기 일쑤여서 혁신이 성공적으로 추진되어 소기의 성과를 창출하기란 여간 어렵지 않다. 혁신과정 중 기득권을 버리는 불이익을 감수해야 하는 계층이 현재의 권력자라는 점은 혁신 성공률을 더욱 낮춘다. 특히 조직의 구성원들이 혁신의 추진주체로서 혁신의 설계자를 믿고 따르며 구성원 각자가 혁신을 내재화하는 과정은 시간도 오래 걸리고 성공확률도 매우 낮다. 혁신은 달팽이보다 느리다.

혁신에 있어 '성급함'은 왜 치명적인 과오인가? 혁신프로세스를 성급하게 진행하면 실패가능성이 월등하게 높아지기 때문이다. '성급함'에 의한 혁신의 실패가 더욱 치명적인 이유는 혁신주체로부터 혁신가능성에 대한 신념을 빼앗는 대신 혁신 자체에 대한 불신이나 두려움을 주기 때문이다. 더군다나 혁신의 실패는 혁신주체 간 신뢰자본을 잠식하여 또 다른 실패를 부른다. 앞서 강조한 바와 같이 혁신은 성공확률도 낮고 가시적인 성과를 거둘 때까지 걸리는 시간도 길다. 혁신의 필요성을 제대로 인식하지 못한 채 서둘러 시행하면 혁신주체는 방관자가 될 것이고 혁신프로세스의 엔진은 오래지않아 꺼질 터이다. 혁신에 대한 비전이나 방법을 성급하게 설계하면 추진주체가 혁신추진 과정에서 혼란에 빠진다. 충분한 시간동안 소통하여 확산하지 않으면 추진주체는 혁신의 비전과 내용을 제대로 이해하지 못하게 되어 혁신을 완성시킬 수 없다. 혁신은 수없이 많은 방식으로 실패하고 단 하나의 방식으로 성공한다.

치명적인 과오라는 것을 모르지 않으면서도 '성급함'을 감추지 못하는 이유는 무엇일까? 우리가 생산성 패러다임에 익숙한 탓이다. 생산성 패러다임에서와는 달리, 혁신의 성과는 금방 나오지도 않거니와 상당 시간을 지켜보아도 조금씩이나마 나아지는 것 같아 보이지도 않기 때문이다. 웬걸? 혁신 프로세스가 시작되면 사람들은 불편해지고 시스템은 삐걱거린다. 생산성은 떨어지고 수익은 감소한다. 달마다 혹은 해마다 다가오는 평가에서 비판을 받는다. 내놓은 개선책은 대개가 혁신의 바퀴를 거꾸로 돌리기 십상이다. 우왕좌왕하다가 혁신의 꽃을 피우기도 전에 혁신주체가 바뀐다. 새로운 혁신주체는 자신의 암묵지(暗默知, tacit knowledge; 경험과 학습에 의해 몸에 쌓인 지식)와 다른 방식으로 설계되어 추진되고 있는 혁신이 여간 못마땅하지 않다. 전임자와 그의 협력군단이 피땀으로 일구어 놓은 혁신은 열매를 맺지 못한 채 폐기된다. 혁신의 불임 시대, 조급증이 초래한 것이다. 혁신은 천천히 죽어가는 대신 일정 기간 동안 고통을 감내하면서 지속성을 확보하는 것이다. 혼신의 힘을 다하여 혁신을 준비하고 또 추진해 놓고도 우리는 '일정 기간의 고통', 단 하나 그것을 기다리며 감내하고자 하지 않았다. 이틀 후면 껍질을 깨고 병아리가 될 수정란을 성급하게 깨뜨려, 달걀부침으로도 해먹지 못하게 만든 그 조급증이란!

혁신을 통하여 가시적인 성과를 거둘 때까지의 그 '일정 기간', 왜 그렇게 길기만 할까? 창의성 기반 혁신관련 제반 활동은 암묵지에 근거하기 때문이다. 생산성 패러다임에서는 생산담당자가 누구든 제품으로 만들어 낼 수 있도록 해야 하므로 형식지(形式知, explicit knowledge; 암묵지가 형식을 갖추어 표현된 것)를 만들어 활용할 수 있었던 것과는 크게 다르다. 한 개인의 암묵지와 다른 사람의 암묵지가 만나 혁신 아이디어를 끄집어내고 제3의 암묵지가 되어버린 아이디어를 다듬고 합치고 조율하며 쓸모 있는 물건이나 서비스를 만들어가는 혁신프로세스는 길고도 험난한 여정이다. 생산성 패러다임에 익숙한 이들이 체감하는 '일정 기간'은 더욱 길다. 마지막 눈 오는 날이 언제일지 알 수 없는 것처럼 혁신프로세스가 언제 끝날지 예측할 수 없다는 점 때문에 더욱 그러하다.

소통부재

혁신주체 간 장벽이 너무 높고 단단한 것이 문제이다. 혁신 프로세스는 릴레이 경주이다. 혁신의 단계마다 전문가들이 있어 그들이 그 단계를 담당하는 혁신주체가 되는 식이다. 혁신의 설계자, 추진자, 그리고 관리자가 서로 한 몸이 되어 소통하지 않으면 혁신의 릴레이를 완주할 수 없다. 한편, 혁신은 올림픽게임의 릴레이 경주와는 사뭇 다르기도 하다. 혁신은 결승선을 향해 달리는 선수 모두가 일구어 내야하는 '팀 미션'이기 때문이다. 바통을 주고받는 선수뿐 아니라 곁에서 경쟁하고 있는 선수도 동료이다. '긴밀하게 소통해야하는 상대'라는 뜻이다. 옆 선수에게 바통을 주는 것은 규칙을 어기는 것이지만, 눈빛을 교환하고 대화를 나누며 교감하는 것은 장려하여야 한다. 릴레이 경기장의 트랙은 바닥선으로 그어져 있는 반면, 대한민국의 현재, 이 곳 혁신 현장에서의 트랙은 높고 단단한 콘크리트 벽으로 경계되어 있다. 더군다나 트랙 중간 중간엔 칸막이마저 단단하게 쳐져 있다, 마치 대나무의 마디처럼.

국가혁신체제를 담당하는 정부의 경우, 매번 컨트롤타워를 구축하면서 "부처 간 장벽을 허물겠다"고 했다. 서로 다른 트랙에서 달리더라도 동일한 결승선을 향하여 달리는 부처는 하나의 팀이 되어 '팀플레이'를 할 수 있도록 하겠다는 선언이었다. 그러나 국가적 혁신역량을 높이기 위한 정책입안, 연구개발 관리, 결과 공유 등에 있어 범부처 차원에서 함께 고민한 흔적은 찾아보기 어렵다.

지난해 신설된 과학기술전략회의에서 "각 부처의 R&D 서류 양식을 통일하고 간소화하겠다"고 하였다. 2011년 설립됐던 국가과학기술위원회에서 발표했던 내용과 똑같다. 5년이 넘게 지나도록 '서류 양식 통일' 조차 시키지 못할 만큼 부처 간 장벽이 높다는 증거이다. 비단 정부 부처만의 문제가 아니다. 산학연의 연계는 고사하고서라도 학교 간, 연구소 간, 기업 간 등 동종 조직 간에도 칸막이가 있고 그 장벽이 소통하기에는 너무 높고 단단한 실정이다.

죽음의 계곡(Valley of death)

기술사업화 과정을 일컫는 말이다. 오죽 어려웠으면 기술사업화 과정을 이리도 험히 불렀을까? 아이디어를 기반으로 원천기술을 개발하여 사업화하는 기술사업화 과정은 대표적인 릴레이 경기형 혁신프로세스의 사례라 할 수 있다. 아이디어 생성부터 제품생산까지는 여러 혁신단계를 거쳐야 하는데 거의 모든 경우 한 번 이상 혁신주체가 바뀐다. NASA는 우주산업의 기술투자 위험도를 관리할 목적으로 1989년에 개발기술의 성숙도(이하 TRL; Technology Readiness Level)라는 개념을 도입하여 기술사업화 과정을 정의하였다. 이들은 기술성숙도를 연구개발환경(실험실, 유사환경, 실제환경), 연구개발결과물(시제품, 완제품), 기술수준(개념, 시현, 성능검증)에 따라 분류하였다. TRL에 따르면, 기술사업화 과정은 기초실험/개념정립/기본성능검증/부품·시스템 성능검증/부품·시스템 시제품 제작/시제품 성능평가/시제품 신뢰성평가/시제품 인증/사업화 등 9단계이다. 필요에 따라 기술사업화 과정을 크게 구분하여 기초연구/실험/시작품/실용화/양산 등 5단계로 나누기도 한다. TRL의 앞 단계(예를 들면, 9단계 중 1단계~3단계)와 뒤 단계(예를 들면, 8단계 및 9단계)에 비하여 중간 단계(5단계 및 6단계, 그리고 이들 단계의 전후 단계)에서의 기술사업화 진행이 월등 어렵다. TRL 앞단과 뒷단의 수행주체가 바뀌면서 중간단계에서 양주체간의 소통이 원활하지 않거나 아예 연결고리가 끊어지기 때문이다. 이들은 '화성인과 금성인'처럼 서로의 입장과 관점이 달라도 너무 다르기 때문에 생기는 일이다. 혁신의 숨통이 끊어지거나 혁신의 속도가 턱없이 더딘 이유이다. 죽음의 계곡, 어찌 보면 당연한 일이다.

죽음의 계곡을 건넜다고 해서 혁신이 성공했다고 할 수 없다. 기술사업화 단계에서의 성공은 필요조건이지 충분조건은 아니다. 기업이 수익을 내며 지속성을 갖추어야 상업적 성공을 성취한 것이라고 볼 때, 기술사업화의 성공은 이제 막 걸음마를 시작한 것에 다름 아니라는 뜻이다. 기발하다고 여겨지는 아이디어 3,000개 중 탐색연구(300개)와 본격연구(125개)를 걸쳐 신상품 개발에 착수하는 것이 9개, 실제 제품화되는 것은 1.7개에 불과하고 그중 단한 개만이 상업적 성공에 이른다는 보고가 있다. 얼리어댑터 중심의 초기시장을 개척한 후 주류시장을 형성하여 수익성을 확보할 때까지 자금의 압박을 받아 곤경에 처하는 'Chasm'을 뛰어 넘고, 최적의 제품을 만드는 기업만이 생존하는 치열한 경쟁의 세계를 일컫는 'Darwinian sea'를 건너야 비로소 수익성과 지속성을 일정 기간 보장받는다. 혁신기반 사회가치 창출, 어렵고도 고단한 여정이다.

혁신의 물꼬, 이렇게 터보자

혁신의 주체는 설계자 추진자 그리고 관리자 등이다. 설계자는 혁신을 꿈꾸어 그리고, 추진자는 설계를 참고하여 혁신을 실현하며, 관리자는 이들을 지원하고 혁신프로세스를 촉진한다. 혁신은 이들 혁신주체가 일심동체가 되어 제 몫을 저마다 다할 때 비로소 마음의 문을 연다.

설계자의 통찰과 전략

[홍익인간] '홍익인간(인간세상을 널리 이롭게 한다)'은 동서고금을 관통하는 통치이념이다. 서로 소통함에 있어 일반 백성들의 불편함을 덜기 위하여 새로운 문자 체계인 한글을 만들겠다고 작정한 것은 '홍익인간'이라는 통치이념을 구체화한 것이다. 당시 백성들이 새로운 문자를 만들어 달라고 요구했을까? 아니면 백성들이 문

자를 몰라서 불편하다고 투덜대기나 했을까? 고기를 먹어 본 사람이 고기 맛을 알고 고기를 찾는 법이다. 문자의 이로움을 익히 알았던 세종대왕이 문자를 모르는 백성의 입장이 되어 스스로 답답함을 상상체험하지 않았다면 한글창제는 애초에 없던 일일 터이다. 필요는 발명의 어머니이지만, 필요를 낳는 것은 '홍익인간'을 꿈꾸는 마음이다. 개선은 필요에 의해 디자인되고 필요를 충족함으로써 완성된다. 그러나 혁신은 우연을 가장하여 느닷없이 모습을 드러낸다, 무지의 답답함을 스스로 상상체험하고자 하는 이에게만[주2].

[긴 호흡] '창의적 혁신의 틀'을 만들어 사회가치를 창출할 때까지 10년은커녕 20년이 넘게 걸리는 것이 다반사이다. 창의성 기반 혁신의 씨는 만들기도 어렵거니와 싹을 틔워 키우기도 여간 번거롭고 더디지 않은 탓이다. 앞서 언급한 바와 같이 혁신의 취지와 방식을 알리고 전파하는 데에 상당시간이 걸릴 뿐 아니라 혁신의 주요단계마다 수행주체가 바뀌기 때문에 더욱 그러하다. 혁신은 각 단계마다 충분한 시간을 배정하여 순조롭게 단계가 이행되도록, '긴 호흡'이라는 전제하에 설계할 일이다.

혁신의 대상을 잘 알고 경험한 자만이 '창의적 혁신의 틀'을 설계할 수 있다. 20대 10년은 공부하고 30대 10년은 현장에서 설계연습을 한 후, 40대에 이르러 비로소 설계전문가가 된 당신, 꿈에 그리던 '창의적 혁신의 틀'을 만들게 되었다고 하자. 이 '틀'에 맞추어 혁신 관리자가 관련 법규를 개정한 후 조직 개편해서 인사배치를 하고 추진예산을 확보하는 데 짧지 않은 시간이 소요되는 것이 상례이다. 이후에도 앞서 언급한 연유로 혁신을 추진하여 사회가치를 만들어내기까지는 십수년이 족히 걸릴 터이다. 그러한 까닭에 당신이 설계한 '창의적 혁신의 틀'에 대한 평가는 당신의 은퇴 후에나 가능할 예정이다. 따라서 혁신 관리자가 혁신의 산출물을 중간 중간에 평가하도록 하지 말고, 혁신 과정을 면밀히 살펴보되 필요할 경우 최소한으로 조정하고 적극적으로 멘토링할 수 있도록 설계할 일이다. 특히 혁신의 씨앗을 만드는 과정을 포함한 혁신관련 제반활동은 블랙박스와 같아서 '제대로 평가해 보자' 작정하고 뜯으면 되살려 쓸 수 없게 되기 십상인 점에 유의해서 혁신을 설계하여야 한다.

[기댓값] 혁신을 설계함에 있어 핵심가치는 기댓값이다. 여기서 혁신의 기댓값은 성공률과 임팩트(파급효과)의 곱이다. 두 개의 독립변수 중 한 개에 가중치를 더 준다면 단연 성공률이다. 혁신의 실패가 혁신 자체를 부정적으로 인식하게 할 수 있는 가능성이 없지 않아서이다. 혁신에 있어 임팩트의 크기와 성공의 확률이 서로 반비례할 것으로 지레 짐작하는 사람이 많다. 임팩트가 클수록 사전 준비도 더 철저히 해야 하고 회수기간도 더 걸릴 터이니 일견 타당

한 점이 없지 않다. 그러나 임팩트가 큰 혁신에 사람도 모이고 자금도 모인다. 혁신의 밑천이 든든하면 성공할 확률이 높아진다. 이와 같이 상반되는 요인이 있는 까닭에 임팩트의 크기에 따라 혁신의 성공 확률이 크게 지배받는다고는 할 수 없다. 임팩트가 작은 일부터 시작하도록 설계한다. 안될 말이다. 다시 말하지만, 임팩트가 작은 일이라고 성공확률이 높은 것은 아니다. 주어진 여건을 그대로 활용하거나 손쉽게 변경할 수 있는 혁신부터 손댄다. 옳은 일이다. 불필요한 변수를 줄이면 혁신의 성공률은 높아진다. 혁신 성공을 성취하는 데 걸리는 시간이 단축되는 것은 보너스이다. 반드시 성공하겠다 최선을 다한 경우에도 실패하는 경우는 얼마든지 있다. 성실실패의 경험은 소중한 자산이다. 이들 경험자에게 재도전 기회를 주는 것은 혁신의 성공률을 높이는 좋은 방안이다.

[채널] 혁신은 소통이다.[주3] 하나의 혁신주체와 다른 혁신주체 간 소통 속도가 턱없이 느리거나 단절되어 있는 것이 혁신에 있어 가장 큰 걸림돌이다. 지금까지 우리나라 정부의 경우, 부처 내 혹은 부서 내에서도 소통이 쉽지 않거니와 부처 간 혹은 부서 간 소통은 월등 어렵다. 부처별 혹은 부서별 업무분장이 칼같이 되어 있고 분절된 업무별로 권한과 책임의 소재가 뚜렷하다. 업무의 중복은 금기시되어 있다. 예전의 생산성 패러다임에서는 꽤 효율적인 방식이었다. 객관적으로 인식이 가능한 형식지가 기본일 경우 업무수

행주체 간 소통에 별반 어려움이 없었기 때문이다. 그러나 혁신 프로세스가 뇌의 신경망처럼 각 부처와 여러 부서에 얽혀 있는 '창의성 패러다임'에서라면 혁신을 통하여 내일을 준비하려는 조직이나 사회는 혁신주체 간 소통에 지금보다 적어도 1,000배의 노력을 경주해야 한다. 혁신주체 간 소통의 채널수를 늘리고 채널 자체도 고속화·고성능화해야 한다. 인간의 뇌를 설계한 조물주에게서 한 수 배울 일이다.

[눈높이] 혁신을 설계할 때는 한 치 위를 조준함이 원칙이다. 한 치 위를 보면 동료들이 지지하고 상위자가 흡족해 한다. 한 치 위를 보고 그리면 이타적이라고까지는 아니더라도, 이기적으로 굴지는 않을 것이다. 한 치 위를 보면 혁신주체들이 상생하고 협력하여야 혁신의 밸류체인(value chain)을 이어갈 수 있다는 만고의 진리를 깨닫게 될 터이다. 혁신주체 간 신뢰는 상생과 협력이 주는 보너스이다. 예를 들어 KIST에서 KIST의 혁신적인 발전을 위하여 정책을 마련한다고 하자. 대개의 경우, 정책입안자들은 여타의 혁신주체들의 입장은 전혀 고려하지 않고 KIST를 최고의 혁신기관으로 만들기 위해 최선을 다할 것이다. 이러한 방식으로 만들어진 정책은 자신을 제외한 국가과학기술연구회 소속 24개의 정부출연연구기관들을 적으로 만들기 십상이다. 그러한 까닭에 KIST는 지난 2013년 개방형 연구사업(이하 ORP; Open Research Program)을 마련

하여 시행하고 있다. KIST자체 재원으로 사업을 수행하되, 여타의 출연연을 위시한 외부연구기관들이 절반 이상의 재원을 사용하도록 함과 동시에 가능한 한 연구책임자도 외부기관이 맡도록 한 것이다. 혁신주체들 간 상생과 협력을 유도하며 지금까지 성공적으로 운영되어 오고 있다. 2014년 국가과학기술연구회는 KIST의 ORP를 모델삼아 융합 연구사업을 설계하였고 현재 시행중이다.

[아웃소싱] 혁신을 추진함에 있어 인류가 지금까지 만들어 놓은 것들 중에서 최고의 것을 찾아내어 자신이 하고 있는 일에 접목시키는 지혜가 필요하다. '유능한 예술가는 모방하고 위대한 예술가는 훔친다.' 피카소가 한 말이라며 스티브 잡스가 즐겨 인용했던 문구이다. 물론 여기서 '훔친다.'라는 것은 남의 것, 기존의 것에서 영감을 얻어서 새로운 것을 찾으라는 뜻이다. 실제로 잡스는 일본의 전기밥솥에서 아이디어를 가져와 애플 노트북의 전원 어댑터인 '맥세이프'를 만들었다. ORP도 글로벌아웃소싱을 전제한다.

[군무(群舞)] 국가적 혁신역량을 확보하는 데 있어 주역을 담당하는 혁신 추진주체는 출연연 등 공공연구소, 대학, 그리고 기업이다. 한편 확보한 혁신역량을 활용하여 사회가치를 창출해내는 혁신주체는 기업이다. 이들 혁신주체들이 공정한 게임을 자유롭고 신명나게 치를 수 있도록 무대를 제공하는 것이 설계자의 기본적인 역

할이다. 예를 들면 혁신 설계시 조직의 적합성을 십분 고려하는 것이다. 추진주체가 주도하여 설계에 참여토록 하거나 적어도 자신들이 동의하는 방식으로 설계하는 것도 바람직한 방법이다. '상용화 과제의 주관은 기업이 한다' 라든가 '특정 출연연은 어떤 업무만 하라' 는 식으로 결정하여 통보하는 것은 옳은 방식이 아니다. 설계자는 국가혁신의 철학에 근거하여 큰 틀의 가이드라인을 제시하고 구체적인 방안은 혁신주체 스스로가 만들게 하라. 시간이 더 걸리기 십상이고 어쩌면 수많은 시행착오 끝에 동일한 결론에 다다를 수도 있다. 그러나 혁신주체들이 스스로 정하게 하면, 설사 오랜 시간을 소비하여 동일한 방안을 만들어냈다고 하더라도 설계자가 일방적으로 통보한 것과는 달리 훗날 혁신을 구동하는 힘이 엄청날 터이다.

설계과정에 혁신주체를 참여하게 하는 것 이상으로 혁신주체를 움직이게 하는 동인이 있다. 인센티브가 그 것이다. 그러나 무분별한 인센티브는 오히려 혁신주체를 움츠러들게 할 수 있다. 공공 예산으로 주는 인센티브는 혁신주체가 참여하고 싶어 하지 않는 혁신프로세스에 참여하여 소기의 성과를 거두었을 때 주는 것이 합당하다. 혁신의 씨를 만드는 작업과 같이 재미있는 일에는 굳이 인센티브를 주지 않아도 수많은 혁신주체들이 참여하고 싶어 한다. 그러나 죽음의 계곡을 건너야 하는 기술사업화의 중간단계는 어느 누구도 기꺼이 참여하려 하지 않는다. 새로운 현상을 발견하는 재미도 없고 제품 생산 공정을 고려하여 연구개발을 하여야 하기 때문에 여간 골치 아프지 않다. 논문은 나올 턱이 없고 추가 특허를 쓸 수 있다는 보장도 없으니 연구개발 실적평가에서 손해볼 일만 남는다. 바로 이러한 혁신프로세스에 참여하는 혁신주체에게 인센티브를 설계하여 제공함으로써 죽음의 계곡을 성큼 건널 수 있게 독려해야 한다. 누구나 꺼려하는 혁신프로세스에 기꺼이 참여할 수 있도록 혁신주체에게 당근을 제공하라.

혁신설계도가 너무 복잡하면 혁신주체가 아예 춤추려들지 않거나 추던 춤을 멈추기도 한다. 혁신주체가 혁신의 비전에 동의하고 설계도를 이해하였을 때 비로소 실행에 옮길 수 있기 때문이다. 혁신설계도는 혁신관리자가 쉽게 이해할 수 있도록 단순명료해야 하며 혁신추진자에게는 굳이 이해하려 하지 않아도 될 정도로 더욱 단순명료해야 한다. 혁신설계도를 단순명료하게 작성하기 위해서는 혁신설계자가 엄청난 시간과 노력을 들여 고차방정식을 풀어야 한다. 혁신의 큰 틀을 유지하면서도 혁신내용과 혁신주체에 따라 맞춤형 설계를 해야 하는 까닭에 여간 까다로운 작업이 아니다. 수많은 혁신설계자가 자신의 입장에서 단순명료한 설계도(안)을 마련한 후 필요할 때마다 예외규정을 넣는 방식으로 보완한 설계도를 제작하여 시행해 왔던 탓에 혁신관리자와 혁신주체가 불필요한 곤란을 겪게 되는 경우가 너무나 많았음을 우리는 알고 있다. 혁신주체에게 단순명료한 설계를 하라는 것이지 설계자가 손쉽게 만들 수 있는 설계도를 제작하라는 것은 결코 아니다. 혁신설계도는 혁신추진자 혹은 혁신관리자의 입장에서 각각 보았을 때 단순명료한지 아닌지를 확인함으로써 비로소 완성된다는 사실을 명심하자.

[작지만 강한 팀] 누차 말하지만, 혁신은 길고도 지루하면서도 험한 길이다. 때문에 조직 전체를 대상으로 혁신을 이루어내기는 여간 어렵지 않다. 덩치가 커서 무거우면 길고도 지루하면서도 험한 길을 끝까지 가기 쉽지 않은 탓이다. 혁신이 탐하는 바를 스스로 원하고 같이 하면 함께 유쾌한 전문가들을 먼저 모을 일이다. 이들로 작지만 강한 팀을 꾸려 속전속결하는 방식으로 고지를 점령하도록 혁신을 설계하자. 빠르고 강한 성공은 혁신의 선순환 사이클에 활력을 불어 넣을 것이다.

추진자의 지혜와 열정

[소통] 피가 모자라서 죽는 경우는 매우 드물다. 심혈관계 원인에 의한 사망의 대부분은 혈관이 막혀 피가 흐르지 않아서이다. 혁신 역량이 아무리 뛰어나다고 해도 사회 구석구석 혁신의 피가 흐르도록 전파하지 않는다면 건강한 사회를 유지하기 어렵다. 창의성 기반 혁신은 객관적인 지식이 아니라 주관적인 암묵지(暗默知)를 활용한다. 암묵지는 백인백색이다. 진실한 마음을 담아 혁신의 내용과 방식 그리고 혁신이 줄 선물이 무엇인지를 혁신주체 간 소통

하는 것이 혁신추진의 첫 걸음이다. 혁신의 성공 여부는 혁신을 추진하는 사람들이 서로 신뢰하는지 그렇지 않은지에 달려 있다. 혁신 추진주체 간 신뢰를 확보하는 유일한 방법이 '소통'이다. 혁신 추진자는 '소통'을 최우선 명제로 삼을 일이다.

[속도전과 기다림] 혁신은 속도전이다. 인터넷의 발달로 지식과 정보는 실시간으로 전파된다. 혁신의 최신 설계 내용도 이미 알려져 있거나 조만간 상식이 될 터이다. 혁신역량확보를 위한 노력은 장거리 경주인 반면, 확보된 혁신역량을 활용하여 사회적 가치를 만들어내는 작업은 단거리 경주이다. 한 발 늦으면 영원히 뒤처지는 게임이다. 최선을 다 했으면 신념을 가지고 기다리자. 명심하고 또 명심해라, 혁신은 달팽이보다 백배 느리다.

[남다른 생각] 상식의 틀을 깨면 의외로 풀어야 할 문제가 무엇인지도 알게 되고 그 해결책도 손쉽게 만들어 낼 수 있게 된다. 상식의 틀을 깨면 새로운 판을 만들 기회도 생긴다. 한 겨울에 UN군 묘지를 파란 잔디로 단장 해달라는 미군의 주문에 대하여 정주영 회장은 잔디 대신 한 겨울에 새파랗게 자라는 보리를 옮겨 심었다. 중요한 것은 묘지를 파랗게 단장하는 것이지 반드시 잔디를 입히는 것이 아니었기 때문이다. 미군은 매우 만족하였다. 난감해 보였던 공사를 성공적으로 마친 정주영 회장은 미군의 대형 사업을 싹쓸

이하였다. 현대그룹은 이렇게 성장발판을 마련하였다. 엉뚱하게 생각하고 남다르게 행동함으로써 큰 선물을 받은 예이다. 혁신은 없던 길을 만드는 것이다.

[아웃소싱] 혁신을 하기 위하여 자신의 재능을 사용하는 것이 여러모로 편리하겠으나, 다른 사람의 재능을 함께 활용하면 여러모로 유용하다. 비록 설화이기는 하지만 십이간지의 유래에서도 남의 재능을 활용한 예가 있다. 밤낮없이 끈기 있게 달려 결승점에 가장 먼저 도착한 소의 꼬리에 붙어 있다가 마지막 순간 날쌔게 뛰어내려 우승을 거머쥔 쥐가 그러하다. 어깨를 빌어 타고 올라 갈 두 거인의 이름은 '온고이지신(溫故而知新)'과 '글로벌개방혁신(Global open innovation)'이다.

[관조] 가끔은 당신이 소속되어 있는 조직에서 빠져나와 당신이 해왔던 혁신프로세스가 어찌 진행되고 있는지 무심한 듯 바라보자. 구슬 안에서는 구슬이 어떤 모양인지 알 수 없는 법이니 구슬의 모양을 보려면 밖으로 나올 수밖에. 혁신의 설계자에게 요구한 바와 같이 한 치 위를 보고 실행하면 동료들의 지지를 받고 상위자의 격려를 받을 것이다.

[성공률] 혁신을 추진함에 있어 핵심가치는 '성공률'이다. 한번 실

패하면 이유여하를 막론하고 혁신주체로서의 신뢰를 상실하기 때문이다. 한번 잃은 신뢰를 회복하려면 처음보다 몇 배 힘들게 노력하여야 하고 상당 시간이 지나야 하는 것도 문제이다. 내가 할 수 있는 것부터 한다. 맞는 말이다. 주어진 환경에서 남의 도움 없이 온전히 나만의 힘으로 할 수 있는 '혁신'부터 탐한다. 혁신 성공의 적은 불확실성이다. 내가 할 수 있는 부분이 많을수록 불확실성은 줄어들 터이다. '혁신'의 마음을 녹이려면 '혁신'에게 줄 선물을 먼저 마련할 일이다. 우군을 만들거나 군자금을 넘치게 마련한다. 내가 익히 지형을 알고 있는 한산도로 유인하는 것도 방법이겠다. 혁신에 필요한 인적 네트워크, 소요 자금, 관련 법규 등이 그것이다. 지루하고 고된 여정이다. 밑천을 넉넉하게 마련하고 볼 일이다. 혁신에 있어 실패는 일상사이다. 조물주가 혁신에 이르는 길목 곳곳에 수없이 많은 장애물을 설치해 놓은 탓이다. 그러나 진정한 혁신가는 실패하지 않는다. '포기(抛棄)'하지 않기 때문이다. 포기는 혁신이 실패에 이르는 단 하나의 방식이다.

관리자의 성원과 현명함

[법과 제도] 혁신 관리자의 핵심가치는 혁신주체를 지원하고 혁신프로세스를 촉진함으로써 혁신성과를 최대화하는 것이다. 혁신주체를 지원함에 있어 관리자는 자신에 대한 겸양과 상대방에 대한 신뢰로써 무장하여야 한다. '지원하되 간섭하지 않는다'라는 원칙은

혁신주체를 춤추게 하여 기대 이상의 성과를 창출해 내는 힘이다. 관리의 대상은 혁신프로세스이지 혁신주체가 아니다. 혁신프로세스를 촉진할 수 있는 가장 좋은 방법은 혁신주체가 활동하기에 적합한 환경을 만들어주는 것이다. 혁신을 위한 인프라 중에서 가장 중요한 항목은 '혁신 친화형 법과 제도'를 만들어 시행하는 것이다. 대표적으로 거론되는 것이 '네거티브 시스템' 기반 법규이다.

[열린 조직] 혁신은 오늘을 팔아 내일을 사는 것이다. 오늘을 팔 때 가장 큰 손해를 보는 자는 다름 아닌 '지금 힘센 자'이다. 결정권자 자신들이 손해 볼 법한 혁신을 달가워하지는 않을 터이다. 이들이 변화를 불편해하거나 불안해하는 사람을 꼬드기어 혁신을 방해하기란 여간 쉬운 일이 아니다. 이러한 까닭에 혁신을 지속적으로 하고자 한다면 혁신 프로세스를 시스템화하여야 한다. 혁신주체에 따라 혁신의 방향과 내용이 바뀌지 않도록 혁신 체계를 갖추고 이를 조직 속에 녹여 넣어 혁신의지를 내재화하여야 한다는 뜻이다. 이왕에 구축할 혁신 조직이라면 수평적이고도 열린 문화를 탑재할 일이다. 혁신에 대한 욕구는 현재의 삶이 고단하고 불편한 사람들의 몫이다. 그들의 목소리를 더 크게 그리고 더 자주 들을 수 있는 풍토에서 혁신적인 문제가 만들어지고 창의적인 해법이 나오는 법이다.

오늘의 문제, '집행'과 내일의 문제, '혁신'을 하나의 바구니에 담지 마라. 흔히 그 필요성을 간과하기 쉽지만 조직을 구성하고 운영하는데 있어 반드시 지켜야 할 가이드라인이다. 여기서 오늘의 문제와 내일의 문제를 가르는 기준은 '관리자가 보직기간 동안 가시적인 성과를 거둘 수 있는가? 이다. 아시겠으나, 내일의 문제는 오늘의 문제와의 우선순위에서 늘 밀리게 되어 있다. 일반관리자의 보직 기간이 혁신의 완성주기에 비하여 턱없이 짧기 때문이다. 내일의 문제만을 다루는 혁신전문 관리부서/관리자를 별도로 두고 집행전문 관리부서/관리자와는 다른 방식으로 운영하고 평가하여야 한다.

[평가] 혁신을 관리하는 자가 혁신주체를 어떻게 평가하느냐에 따라 혁신성과의 양과 질이 크게 바뀐다. 혁신주체를 춤추게 할 수도 있고 침묵시킬 수도 있기 때문이다. 혁신주체를 춤추게 하려면 혁신관리자의 겸양과 혁신주체에 대한 무한신뢰를 근간으로 평가방식을 설계하고 추진하여야 한다. 예를 들면, 무엇이 혁신주체를 불편하게 하는지를 섬세하게 살펴보고 어떻게 하면 혁신주체가 열정적으로 혁신프로세스에 참여할 수 있을지를 혁신관리자는 깊이 고민하여 방안을 만들고 시행하여야 한다는 뜻이다. 선정평가, 중간진도관리, 최종평가 등으로 평가과정을 크게 구분할 수 있는데 이 중에서 혁신주체와 혁신내용을 선정하는 '선정평가'에 관리역량을 집중하여야 한다. 선정평가의 방식과 완성도가 혁신의 기댓값

에 막대한 영향을 미칠 것이기 때문이다. 혁신의 성공률과 기대효과, 혁신주체의 역량, 혁신프로세스의 기간과 예산, 기타 지원여부 등을 면밀하게 따짐으로써 혁신프로세스의 불확실성을 상당부분 제거할 수 있다.

혁신프로세스의 단계에 따라 선정평가의 기본 틀도 크게 바꾸어야 한다. 혁신의 씨를 만드는 혁신프로세스 초반 단계(예를 들면 기술사업화 1단계나 2단계)에서는 아이디어 참신성에 주안점을 두어야 한다. 앞서 언급한 바 있는 바, 혁신적인 아이디어는 어느 날 갑자기 '불쑥' 튀어나오거나 집단지성을 활용한 '기획'을 통하여 만들어진다. 하여, 혁신프로세스 초반 단계에서의 선정평가는 다양한 혁신 아이디어를 혁신주체가 낼 수 있도록 틀을 만들어야 한다. 특히, 집단지성을 활용한 '기획'은 우리에게 가장 필요함에도 불구하고 우리가 가장 못하고 있는 '혁신적인 문제 만들기'에 유효한 방식이다. 작금의 대한민국에서도 무수한 '기획 과제'를 통하여 혁신내용 선정을 위한 문제 만들기에 공을 들이고 있으나 대부분 공염불에 그치는 경우가 많다. 혁신적인 문제를 만들어 내기 위해서는 혁신주체인 전문가가 문제 만들기에 전념할 수 있도록 해야 하는데 우리네 실정은 그렇지 못하다. 문제 만들기 전문기관은 혁신추진 현장과 동떨어져 있고 혁신추진주체에게 문제 만들기는 부수적인 일이다. 혁신적인 문제 만들기는 현장에 있는 혁신추진주체의 암묵지가 다른 암묵지가 치열하게 만나 제3의 암묵지를 만들어 냈을 때나 가능하다는 점을 명심하자.

　반면에, 중반 단계 혹은 그 이후의 단계에서는 혁신의 기댓값에 방점을 두어야 한다. 지금 설계하고 있는 혁신이 프로세스를 마치고 성과를 거둘 때쯤의 미래사회에 무엇이 필요한지 예측 가능한 경우가 대부분이다. 따라서 미래의 시장이 요구하는 제품이나 서비스를 찾아내어 이를 구현할 수 있도록 혁신의 내용과 혁신의 주체가 설계되었는지 여부를 선정의 기준으로 삼도록 한다. 죽음의 계곡을 건너는 프로그램은 중반 단계에 해당하고 창업 프로그램은 후반단계에 해당하므로 이를 참작하여 혁신내용과 혁신주체를 선정할 일이다. 상용화기술개발단계(중반 및 그 이후)의 경우 현 선정평가 방식은 개선의 여지가 많음을 지적하고자 한다. 정부가 주도하는 상용화기술개발사업은 대부분 성공 판정을 받는다. 그러나 상용화기술을 개발하는데 성공했다고 판정을 받은 연구개발 성과물의 대부분은 사업화 문턱에도 가지 못한다. 개발프로그램의 최종개발목표를 연구개발 당사자들끼리 모여 만든 탓이다. 상용화기술개발에 있어 최종목표를 연구개발팀이 아니라 기업의 주도하에 설정하는 것이 어떨까? 원천기술이 보유하고 있는 우수한 성능은 기본으로 하고, 기존의 설비와 장치로써 생산이 가능하여야 할 뿐 아니라 생산성과 생산단가도 고려해서 최종목표를 정하는 것, 그것이 바로 기업이 원하는 바이다. 이런 식으로 하면 개발과제의 성공률은 대폭 떨어질 것이다. 그러나 과제성공이 곧 제품생산기술

확보를 의미한다면 무의미한 과제성공보다 훨씬 바람직한 일이 될 터이다.

상용화기술개발에 있어 선정평가에 대한 개선책을 하나 더 제안하고자 한다. 선정평가에 필요한 각종 정보를 전문업체를 통해 확보한 후 이를 평가에 활용하는 것이다. 상용화기술의 근거가 되는 원천기술의 성숙도가 어느 정도인지, 경쟁기술은 없는지, 상용화 대상 제품의 시장이 현재 그리고 상용화개발 시점에서 얼마나 될 것인지, 개발제품의 경쟁력은 얼마나 될 것인지, 원천기술을 가지고 상용화하려고 하는 회사의 혁신역량은 얼마나 되는지, 회사의 대표가 혁신역량제고 의지를 얼마나 가지고 있는지 등 상용화 관련 제반 정보를 알고 평가하는 것은 그렇지 않은 경우에 비하여 그 선정평가의 완성도가 월등 높을 터이다. 상용화기술개발예산의 일부를 사용해서 확보한 상용화 관련 사전정보를 상용화기술개발 선정평가에 활용하는 것도, 고려해 볼 만하다.

최근 들어 혁신프로세스기간 동안에는 평가가 아닌 자문과 조정의 시간을 가지는 방식이 주류를 이루고 있는데 이는 매우 바람직한 일이다. 평가위원들은 자문을 통하여 혁신주체가 불필요하게 겪어야 할 불편을 덜어주고 혁신의 속도를 높이거나 더 좋은 성과를 창출할 수 있도록 도와준다. 연구비의 증감이나 연구기간의 조정도 협의 대상이다. 혁신에 대한 최종평가는 지금보다 대폭 가볍게 할 것을 제안한다. 선정평가 때 평가자와 피평가자가 공히 합의했던 최종평가의 척도를 만족하였는지를 제대로 확인하는 것으로 최종평가 절차를 마무리하자는 것이다. 지금처럼 십수명의 평가위원이 한자리에 모여서 혁신 추진자의 발표를 듣고 질의응답을 한 후 채점하는 방식의 최종평가는 굳이 할 필요가 없어 보인다. 평가 결과에 따른 후속조치도 선정평가 때 합의했던 내용을 따르면 될 일이다.

[자유와 창의] 〈신청자 인적사항, 유형/장소/일시/시간, 강의 등 주제, 대가 총액 및 세부내역, 요청기관 및 요청사유, 요청기관 담당자 및 연락처〉 기타공공기관에 다니는 연구원이 외부강연을 하려면 사전결재를 받아야 하는데, 이 때 결재문안 작성에 꼭 필요한 정보가 〈…〉에 적시된 항목들이다. 연구원 입장에서는 불필요한 시간과 감정이 소모되는 행정업무가 아닐 수 없다. 창의기반 혁신의 주체라면 한번쯤 투덜거렸을 법한 사안이기도 하다. 혁신주체들의 외부강연이 '부정청탁 및 금품 등 수수의 금지'와 무슨 상관이 있는지? 우리들은 정치권력에 줄을 대려하거나 권력의 끈을 이용하여 사익을 취하려는 모사꾼도 아닌데 말이다.

　〈두 시간 이내면 외출, 그 이상의 시간이면 휴가나 출장을 신청하여 결재를 득할 것〉 기타공공기관에 다니는 연구원이 지켜야 하는 복무규정이다. 이 기관 내에서는 사원증을 늘 패용하고 다녀야 한다. '보안상'이라는 매우 합당에 이유에 근거한다. 사원증 없이는 기관출입 뿐 아니라 기관 내 어느 건물에도 자유롭게 출입할 수 없다. 모든 출입문에 설치되어 있는 카드리더기를 통하여 출입증의 정보를 확인한 후에야 문이 열리는 식이다. 그러다 한번은 이 기관의 집행부가 출입정보를 토대로 근태관리를 하고 있다는 얘기가 돈 적이 있었다. 직장 다니는 사람들이라면 당연하게 받아들일 일이겠으나, 이 일로 인하여 대부분의 연구원들은 자신들의 혁신 업무에 대한 자긍심을 크게 상실하였다. 대학교수들이 지켜야 할 출퇴근 시간이 별도로 없는 것과 유사한 이유가 우리에겐 없는 걸까? 학생교육을 주된 업무로 삼고 있는 대학교수들에 비하여 자신들이 보다 혁신적인 업무를 하고 있다고 믿었던 자부심이 일거에 사라진 느낌을 받았을 터이다. 법적으로 보장받은 휴가는커녕 '불 꺼지지 않는 연구소'를 모토로 밤을 낮 삼아 연구에 매진해 왔던 열정에 찬물을 끼얹은 것이다. 혁신활동은 언제 어디서나 하는 것이 아니던가?

〈주말이나 공휴일, 오후11시 이후, 집근처, 이자까야, 피자, 치킨…〉 특정시간이나 특정장소에서 법인카드를 사용하지 말라는 '예산사용 가이드라인'의 예시이다. 우선 쉬는 날이나 자정 넘은 늦은 시각에 혹은 집근처 찻집에서 공적인 혁신 업무를 할 수 있다는 생각을 왜 하지 못할까? 더군다나 법인카드를 사용함에 있어서 오늘은 될까, 이 시간에는 될까, 혹은 이곳에서는 될까 하는 고민을 혁신주체가 하게 할 필요가 있을까? 가이드라인에서 정한 요주의 시간이나 장소에서는 법인카드 승인이 떨어지지 않게 하는 것이 그렇게 어려운가?

혁신의 관리자는 혁신의 주체가 자유롭게 혁신활동을 할 수 있도록 환경을 만들어 제공할 의무가 있다. 손톱 끝의 작은 가시처럼 신경 쓰이는 일상의 규제로부터 자유로울 때 창의성이 극대화되고 뜻밖의 혁신성과를 거둘 수 있을 터이다. 선진국의 국제공항 출입국 심사 때 지그재그로 줄을 쳐서 한 줄로 기다리게 하는 것처럼 근태나 예산집행에 있어 혁신의 주체가 아무 생각 없이 행동해도 아무 탈이 없도록 해줄 수는 없을까? 혁신을 담당하는 기관에는 '감사(監事)'라는 직책이 불필요할 만큼 혁신관리제도를 만들어 시행함으로써 혁신주체를 '잠정적인 불법자'로 간주하는 일이 결코 없는 그 날이 머지않아 오기를 희망한다.

작지만 강한 혁신부터 차근차근 만들어 나가자.

지금까지 꼭 필요하지만 성공하기 어렵고 시간도 오래 걸리는 '창의성 기반 혁신'을 어떻게 설계·추진·관리해야 할 것인지에 대하여 살펴보았다. 주어진 지면이 다루어야 할 주제에 비하여 턱없이 제한되어 있는 바, 본고의 완성도가 미흡하고 충분한 설득력을 갖추지 못한 점은 아쉬움으로 남는다. 다만, 이십년 넘게 한 분

야에서 혁신추진주체로서 활동을 하였었고 그 이후 십여년간 혁신
설계자와 혁신관리자로서의 소임을 다해왔던 중견과학자가 그간
의 경험을 녹여 부어 만든 '혁신의 틀'인 만큼 불쏘시개로라도 쓸
일이다. 이제 앞서 서술한 각 혁신주체들의 덕목을 기초하여 만들
어 시행하고 있는 혁신 프로그램의 하나를 예시로 소개하며 이 글
을 마무리하고자 한다.

브릿지프로그램(Bridge Program)은 원천기술을 기술사업화하
는 과정에서의 어려움, 소위 '죽음의 계곡'을 극복하기 위하여 지
난 5년간 설계·시행해 왔다. 상용화 기술개발 과정에서 '죽음의
계곡'이 생기는 이유는 원천기술 개발자인 연구자와 제품개발/판
매자인 기업가의 입장차에 기인한다. 연구자는 실험실 수준에서
원천기술 개발한 것으로 자신의 미션을 완수하였다고 생각한다.
반면에 기업가는 연구자가 개발한 원천기술을 기반으로 하되 자신
의 공장에 있는 시설과 장치를 그대로 사용하여 신제품을 만들고
싶어 한다. 그래서 우리는 연구자와 기업가의 입장차를 극복할 수
있도록 프로그램을 설계하였다. 연구자는 추진자의 열정 중 하나
인 '무조건 성공한다'가 주문하는 바를 준수하였다. 집행부는 관리
자의 자세 중 하나인 '평가'에서 제안한 방식을 전폭 반영하였다.
이 같은 브릿지프로그램을 응용하여 성공한 사례 하나만 들겠다.

선박엔진 제조업체는 엔진의 배기가스를 대폭 줄이는 기술과 제
품을 찾아 나섰다. 국제해사기구(IMO; International Maritime

Organization)가 4년 후에 발효예정인 '디젤엔진에서 배출되는 질
소산화물을 80% 이상 저감시키는 협정'에 대응하기 위해서였다.
회사의 엔진개발담당자는 배기가스용 촉매물질 개발에 있어 국내
최고 전문가인 '과학자'에게 선진국이 생산중이거나 개발완료된
촉매물질들의 특성검사를 요청하였다. 위촉받은 촉매물질의 특성
조사를 마친 '과학자'는 자신이 개발한 촉매물질의 제반특성이 국
외 최고성능의 촉매물질의 특성보다 훨씬 우수하다는 것을 확인하
였다. '과학자'는 국외촉매 대신 자신이 개발한 물질로 촉매를 만
들 것을 제안하였고 엔진개발담당자는 고민에 빠졌다. 원천기술개
발 수준의 물질을 선박엔진에 적용할 수 있을 정도까지 상용화한
다는 것은 개발성공률도 낮을 뿐 아니라 개발완료시기도 너무 늦
을 것이라고 생각했기 때문이었다.

　몇 달간의 협의 끝에 한번 해보기로 하였다. 마침 상용기술개발
을 위한 브릿지프로그램(이하 BP. Bridge Program)이 운영되고 있
었다. (1) 회사가 제안하고 연구자가 동의하는 방식으로 연구개발
최종목표를 정한다, (2) 연구자가 사용하는 연구비는 BP에서 모두
지원한다, (3) 회사는 최종목표를 달성한 경우에 한하여 BP 지원
연구비 이상의 액수를 기술료로 지불한다, 등의 원칙에 합의하였
다. 결과는 대성공이었다. 총 연구개발기간을 4년으로 잡으면서도
제시간에 할 수 있을까 염려했었는데, 최종목표를 불과 1년 만에
달성하였다. 연구자와 개발담당자가 주말과 명절휴일을 반납하고

상용화기술개발에 매진하였기에 가능한 일이었다. 회사는 착수기술료로 12억원, 6억원 두 차례 지불하였고 경상기술료 지불에도 합의하였다. 연구자는 착수기술료의 절반인 8억원을 인센티브로 받았고 경상기술료 절반도 챙길 예정이다. 배기가스 저감 환경친화형 제품 개발 후 초기 약 2년 기간에 30대 이상, 매출기준으로는 2000억원 이상의 선박엔진을 수주 받았다. 회사는 환경친화형 선박엔진을 조기 개발하여 이 분야 시장을 선점함으로써 향후 앞으로의 수주전망이 더욱 기대된다. 국민이 낸 세금 12억원으로 일구어낸 성과이다.

- 각주 및 참고문헌 -

주1) [보물섬 지도] 14조원. 세별(삼성[三星])호가 지난 3개월간 캐낸 보물이다. 세별호는 1974년 반도체팀을 꾸려 출범하였다. 10년 동안의 항해 끝에 보물섬에 도착하였고 본격적인 보물탐사는 이때부터 시작되었다. 괄목할 만큼 상당한 양의 보물을 찾은 것은 그로부터 또 다른 10년이 흐른 후였다. 2017년 현재, 지난해까지 선두를 지켜왔던 사과(Apple)호를 젖히고 세별호는 보물섬 'IT'에서 가장 많은 보물을 캐내는 팀이 되었다.

주2) 필자는 대한민국이 국가혁신 체재를 갖추고 실행함으로써 빠른 시일 내에 명실상부한 선진국이 될 수 있기를 기원하며 이 글을 적고 있다. 대부분의 경우, 혁신의 씨앗은 인간의 호기심이 만든다. 다만 이 경우에는, 웜홀(worm hole)이 끝나는 곳이 '어디'가 될지 아무도 모르는 것처럼 혁신의 씨앗이 발아하여 성장하였을 때 '무엇'이 되어 얼마나 대단한 일이 될지는 아무도 모른다. 아주 가끔이지만 '한글 창제'의 경우처럼 혁신의 씨앗을 설계하여 만들기도 한다. 이 경우에는, 씨앗의 발아와 성장 그리고 활용까지를 염두에 두고 설계한 것이기 때문에 비교적 짧은 기간에 높은 성공률을 가지고 사회가치를 실현할 수 있다. 호기심을 기반으로 하는 혁신의 씨앗을 만들기 위해서는 기초연구를 강화하여야 하고 설계를 기반으로 혁신의 씨앗을 만들기 위해서는 별도의 노력을 해야 한다.

주3) 뇌는 대표적인 복잡계이다. 사람의 뇌에는 약 1000억개의 신경세포(Neuron)가 있다. 하나의 신경세포와 다른 신경세포 사이에는 평균 1000개의 연결채널(Synapse)이 있다. 신경세포 내에서의 신호는 전기적으로 전달하는 반면 연결채널인 시냅스에서는 화학적 전달 방식을 사용한다. 화학적 신호 전달 방식은 단락되어 있는 두 개의 신경세포 간 신호를 전달할 때 약해져버린 신호를 다시 증폭하기 위한 것이다. 신호증폭을 위해 1000배쯤 신호전달속도가 느린 화학적 방식을 택한 시냅스의 개수를 뉴런보다 1000배 더 많이 배치한 것은 조물주로서는 합리적인 고육지책이다.

新성장동력과 新산업전략

세상을 바꿔라 Ⅴ

FORUM OH-RAE
Today & Tomorrow

≪이 광 형≫

| 학력 |
- 프랑스 INSA 컴퓨터 박사
- KAIST 산업공학 석사
- 서울대 산업공학 학사

| 경력 및 활동사항 |
- 대통령소속 국가지식재산위원(2016~)
- 미래창조과학부 미래준비위원장(2015~)
- 국회 특허허브국가추진위원회 공동대표(2015~)
- 대법원 특허허브코트추진위원(2016)
- 동아일보 객원논설위원(2015)
- 한국과학한림원 회원(1994~)
- 한국공학한림원 회원(2004~)
- KAIST 바이오뇌공학과 겸 문술미래전략대학원 교수 (1985~현재)

| 저서 및 논문 |
- 인공지능, 바이오정보 분야 국제논문 120편
- 특허 15건
- "3차원 창의력 개발법", "3차원 예측법으로 보는 미래경영",
  "누가 내머리속에 창의력을 심어 놨나"

新성장동력과 新산업전략

이광형 I KAIST 교수(바이오및뇌공학과 겸 문술미래전략대학원)

4차 산업혁명은 진행되고 있는가?

4차 산업혁명이 이슈가 되고 있다. 2016년 1월 세계경제포럼(WEF)의 클라우스 슈밥 회장이 제기한 이후 전 세계적으로 큰 화두가 되었다. 4차 산업혁명은 이전의 산업혁명과 차이가 있다. 가장 큰 차이는 아직 본격적으로 일어나지 않은 변혁이라는 점이다. 이에 어떤 사람은 일어나지 않았고, 또한 불확실한 전망에 따라 부화뇌동하는 것은 옳지 않다고 말하기도 한다. 그러면서 우리가 해오던 일을 해오던 방식으로 차근히 진행하면 된다고 말한다. 일리가 있는 말이다. 훗날 지금 일어나고 있는 변화는 혁명이라고 말할 수 있는 수준이 아니고, 컴퓨터에 의한 3차 산업혁명의 아류라고 결론지어질 가능성도 있다. 이 세상에 우리만 존재한다면 그렇게 생각해도 무방하다. 하지만 이 세상에는 수많은 경쟁자들이 있다. 그들은 위기감을 가지고 변화를 만들어 가고 있다. 우리가 좌고우면하는 사이에 그들은 앞으로 나아간다. 미래는 그렇게 될 것이라는 '믿음'을 가지고 밀어붙이는 사람들이 차지한다. 그러니 4차 산업혁명이 정말로 일어날 것인가, 아닐까 논쟁을 하는 일은 의미가 없다. 믿음을 가지고 노력하면 이루어질 것이고, 노력하지 않으면 일어나지 않을 것이기 때문이다.

4차 산업혁명의 정의

4차 산업혁명 생산의 사례

클라우스 슈밥 회장은 4차 산업혁명을 사이버 물리 시스템의 통합이라고 정의하고 있다. 현재 일어나고 있는 산업현장의 변화를 나타내는 맞는 말이다. 하지만 너무 추상적이어서 애매모호하다. 이해가 되는 것 같기도 하고 안 되는 것 같기도 하다. 그래서 실제적인 사례를 들어서 설명해보겠다.

〈그림 1〉 기존 생산방식

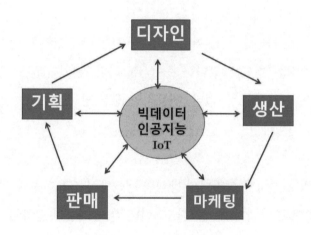

〈그림 2〉 4차 산업혁명 방식의 생산

〈그림 1〉은 기존의 생산방식을 따르는 생산과 소비의 모델이다. 현재 대부분의 제품들이 따르는 공정으로서, 기획 디자인 생산 마케팅 판매 등이 순차적으로 이루어지고 있다. 이때에는 어떤 제품이 팔리고 사용자들의 반응이 나오기까지는 상당한 시간이 걸

려야 한다. 예를 들어서 의류 제품이라 한다면, 거의 1년 주기로 제품의 피드백이 이루어진다. 일 년 전에 '소비자의 요구사항'을 예측하여 기획, 디자인, 생산하고, 그 다음해에 결산하는 방식이다. 그러니 소비자의 요구사항을 디자인에 반영하는 기간이 거의 일 년이라는 말이다. 이러한 방식으로 생산하고 판매하는 회사의 제품은 언제든지 시장에 가면 살 수 있다. 그 이야기는 공장에서 나온 제품이 곧바로 팔리지 않고 있다는 말이다. 다시 말해서 재고가 쌓여 있다는 말이다. 이것은 일 년 전에 예측했던 소비자의 요구사항이 정확하지 않았다는 뜻이기도 하다. 당연히 일 년 전의 예측이 100% 정확할 수 없다. 전통적인 생산 방식을 사용하면 피할 수 없는 일이다.

〈그림 2〉는 4차 산업혁명 방식의 생산방식을 보여준다. 기존 방식처럼 모든 단계가 존재한다. 그런데 각 단계들이 순차적으로 이루어지는 것이 아니라, 원형으로 구성되어 진행된다. 그리고 그 중앙에는 빅데이터, 인공지능, 사물인터넷(IoT)로 구성되는 데이터센터가 자리잡고 있다. 물론 실제로 데이터들은 클라우드 컴퓨터에 저장되어 있는 경우가 많다. 이 데이터센터에 의해서 거의 실시간으로 각 단계에서 일어나는 정보가 상호 '연결'되어 공유되고 '융합'된다. 예를 들어서 현재 마케팅 단계에서 수집되는 정보, 판매되고 있는 제품에 대한 소비자의 반응, A/S 센터에 들어오는 소

비자의 불만 사항들이 동시에 공유된다. 그러면 당연히 소비자들의 요구사항이 반영된 기획과 디자인이 가능하게 된다. 이렇게 하면 제품에 따라서 소비자의 요구사항이 제품에 반영되는 기간이 대폭 단축될 수 있다.

앞의 사례에서 데이터센터의 도움을 받으면, 현재 나타난 소비자의 취향을 반영한 제품을 한 달 이내에 매장에 도착시킬 수 있다. 오늘 나타난 소비자의 요구사항을 오늘 기획과 디자인에 반영하여 공장에 발주한다. 그리고 생산된 제품을 특급 운송 시스템으로 매장에 도착시킨다. 이렇게 제품이 매장에 도착하면, 그 제품은 한 달 전의 소비자 취향을 반영한 것이다. 어떻게 기존 방식인 일년 전에 예측하여 만든 제품과 비교할 수 있겠는가? 데이터센터의 도움으로 소비자가 원하는 것을 즉시 반영하여 제품을 만드는 것이다. 그리고 전체 생산과 유통 단계에는 한 치의 비효율도 끼어들지 못하게 된다. 이것이 4차 산업혁명의 핵심이다.

4차 산업혁명의 특징

이상의 사례에서 보듯이 4차 산업혁명의 특징은 다음과 같이 정리할 수 있다. 첫째 특징은 '소비자 요구사항'을 생산 공정에 직결시키는 것이다. 소비자의 요구사항에 맞는 제품을 만들어야 한다는 명제는 만고의 진리다. 하지만 현장에 가보면 소비자의 요구사항이 곧 바로 생산 공정에 전달되지 않는 경우가 많다. 예측된 소비자의 취향과 유행도 중요하지만, 더욱 정확한 것은 판매 현장에서 나타나는 소비 패턴, AS센터에 접수되는 불만사항 등이다. 이러한 정보를 거의 실시간으로 생산현장에 연결하여, 소비와 생산이 결합되게 된다. 너무나 당연한 일 같지만 실제 현장에서는 잘 지켜지지 않는 경우가 대부분이다. 제품을 기획 디자인하는 담당자는 자신들이 하던 대로, 또는 자신들이 좋다고 생각하는 대로 일을 하는 경우가 많다.

둘째 특징은 '연결'이다. 기존에는 산업현장의 각 공정이 상당 부분 독립적으로 운영되었다. 예를 들어 기획 디자인 제조 홍보 판매 피드백 단계에서 일어나는 정보가 실시간으로 공유되지 않았다. 실제로 오늘날 각부서 사이의 칸막이가 높아 소통이 부족하다는 지적이 나오고 있다. 그런데 사물인터넷(IoT), 빅데이터 정보통신 기술은 각 부서의 정보를 거의 실시간으로 공유할 수 있게 연결해준다. 모든 제품에는 바코드가 붙어 있어서, 이동 상태가 실시간으로 데이터센터에 기록된다. 제품이 팔리면 어떠한 특징을 가진 제품을 사갔는지 정보가 전송된다. 모든 사물과 사람이 연결되어 있는 것이다. 그래서 4차 산업혁명 시대를 초연결 시대라고 말하기도 한다.

셋째 특징은 '융합'이다. 순차적으로 일어나던 기존의 생산과정이, 중앙의 데이터센터의 콘트롤에 의하여 거의 동시에 일어나는 것이다. 기존에는 기획 디자인 제조 홍보 판매 피드백 과정들이 순차적으로 진행되었다. 기획이 끝나야 디자인 단계로 가고, 디자인이 끝나야 제조에 들어간다. 그런데 정보통신, 빅데이터, 인공지능 기술의 발달은 이것이 서로 연결되고 융합되어 일어나게 해주고 있다. 데이터를 수집하고 저장하여 빅데이터를 형성하고, 그것으로부터 새로운 정보를 추출하는 일이 모두 통합적으로 일어난다. 이러한 소프트웨어는 플랫폼의 형태가 된다. 이러한 각 공정의 정보가 플랫폼에서 융합된다.

네 번째 특징은 '데이터 중심'의 생산 공정이라 할 수 있다. 빅데이터, 인공지능, 사물인터넷 기술에 의해서 생산 공정의 데이터가 실시간으로 취합되고 가공된다. 다시 말해서 생산공정이 데이터 중심으로 재구성되는 것이다. 이와 같이 재구성된 공정의 중심에는 빅데이터가 있고, 이 빅데이터를 관장하는 것은 인공지능이다. 데이터를 수집하는 사물인터넷, 데이터를 저장하는 빅데이터, 빅데이터에서 새로운 정보를 추출해 내는 인공지능이 모두 결합되어 하나의 플랫폼을 형성한다. 여기서 인공지능이 플랫폼을 관장하며, 새로운 데이터로부터 새로운 정보를 추출한다. 이렇게 새로 만들어진 정보는 더 높은 단계의 소비자 요구를 충족시키는 서비스를 창출할 수 있게 된다. 기존에는 생산은 제품 중심으로 생각했다. 제품과 재료의 이동에 따라서 모든 것이 진행되었다. 전체 생산 공정을 데이터 중심으로 생각하면, 제품과 재료는 데이터의 이동을 따라가는 사물이 된다.

다섯째 특징은 '사이버시스템과 물리시스템의 통합'이다. 이것은 클라우스 슈밥 WEF 회장이 처음에 4차 산업혁명을 주장할 때 제시했던 정의다. 여기서 사이버시스템이란 데이터를 발하고, 물리시스템이란 제품이나 서비스 등의 사물을 지칭한다. 앞의 사례에서 봤듯이, 중앙에 데이터센터가 있어서 제품의 흐름에 따라서 데이터가 함께 흘러가고 연결해주는 것을 알 수 있다. 이것이 바로 데이터와 사물의 통합이다.

대한민국에 맞는 4차 산업혁명

앞서 살펴본 4차 산업혁명의 정의는 독일이나 미국 등의 글로벌 기업들의 사례를 바탕으로 한 이야기다. 각 나라는 능력도 다르고 처한 상황도 다르다. 우리나라는 우리 처지에 맞게 새롭게 정의하고 우리의 전략을 세워 추진해야 한다. 필자는 한국의 4차 산업혁명을 다음과 같이 정의하고자 한다. '데이터 중심으로 제조업을 재구성하여, 소비자 요구를 직접 제조에 결합시켜서, 제조+서비스업으로 확대발전시키는 산업혁명.'

이와 같은 정의 하에 우리가 추진해야 할 방향은 다음 두 가지라 할 수 있다. 첫째는 제품 기획과 판매 사이클의 단축이다. 소비자의 요구사항을 제품의 제조공정에 빨리 전달 반영하는 것이 무엇보다 중요하다는 말이다. 그리고 반영하는 사이클을 단축해야 한다. 예를 들어 우리 회사의 판매현장에서 수집되는 소비자의 소비 패턴과 AS센터에 접수되는 불만 사항이 제품 기획과 디자인에 반영되는 시간을 측정한다. 그리고 이것을 단축하기 위한 방안을 찾는다. 이를 위해서는 빅데이터, 인공지능, 사물인터넷, 클라우드 컴퓨팅이 함께 돌아가는 플랫폼을 구축해야 한다. 여기서 주의할 점이 있다. 인공지능이나 사물인터넷 등의 첨단 기술을 접목하기 위하여 4차 산업혁명을 하는 것이 아니다. 소비자가 원하는 제품을 효율적으로 만들기 위하여 첨단 기술을 이용하는 것이다. 4차 산업혁명의 목적을 명확히할 필요가 있다.

둘째는 현재 생산 중인 제품에 새로운 추가 서비스를 붙이는 문제다. 인공지능은 빅데이터로부터 새로운 정보를 추출한다. 이렇게 추출된 정보는 소비자들의 또 다른 욕구를 충족시키는 비즈니스를 창출할 수 있다. 예를 들어서 우리 제품과 함께 사용하는 다른 제품이 있다는 것을 파악한다면, 비즈니스 확장의 기회가 될 수 있다. 현재 사용 중인 제품의 운행상태를 원격으로 모니터해주는 서비스를 개발한다면 경쟁 제품과 차별화할 수 있다. 이것은 제품의 주요 부품에 센서를 부착하고 운영 데이터를 수집하면 충분히 가능한 일이다. 이것은 필자가 창안한 아이디어가 아니다. 실제로 GE, 벤츠 회사에서 자신들의 제품에 붙여서 제공하는 서비스다. GE는 자신들이 판매한 엔진의 운영상태를 원격으로 모니터링한다. 엔진의 상태나 부품의 상태를 미리 알려주어 사고를 예방하게 해준다. 각 주요 부품에 센서를 부착하고 연결했기 때문에 가능하다. 벤츠 자동차는 도로의 편의시설, 주유소 위치 등의 운전에 필요한 정보를 제공하는 서비스를 제공한다. 다른 제품과 확실하게 차별화된다.

대한민국 산업의 투 트랙 전략

4차 산업혁명 시대를 맞이 하여 우리나라 산업을 혁신하기 위하여 '투 트랙(Two track)' 전략을 제안한다. 첫 번째 트랙으로 기존의 주력 산업은 선도형 전략을 써서 계속 앞서가고, 두 번째 트랙에서 신산업은 추격자 전략으로 선진국과 경쟁한다.

주력산업의 혁신

우리나라 산업은 5대 주력 산업(전자, 자동차, 조선, 석유화학, 제철)이 지탱하고 있다고 봐도 과언이 아니다. 하지만 조선, 자동차, 석유화학 산업은 중국에게 추격당하고 있는 형국이다. 이 분야에서는 한국과 중국의 기술 격차가 없어지고 가격으로 경쟁하고 있다. 제조원가로 경쟁하면 중국을 이기기 어렵다고 봐야 한다. 새로운 탈출구를 모색해야 한다. 바로 4차 산업혁명화 하는 것이다.

기존의 주력산업을 빅데이터, 인공지능, 사물인터넷과 결합하여 제품의 부가가치를 창출하는 것이다. 기존 제품에 부가된 기능이나 서비스를 붙여서 중국 제품과 차별화하는 것이다.

예를 들어 보겠다. 요즈음 조선업 때문에 걱정이 많다. 세계적인 불황의 영향도 있지만 중국 제품과 차별화하지 못하고 있기 때문이다. 필자는 조선업이야 말로 4차 산업혁명 개념을 적용하여 혁신하면 큰 성과를 낼 수 있다고 생각한다. 선박은 매우 고가이고, 이 배들은 한번 바다에 나아가면 몇 달씩 항해를 하게 된다. 배를 소유한 선주는 어떤 고민이 있을까? 이 고민을 해결해 주면 새로운 혁신을 이끌어 낼 수 있을 것이다. 선주의 입장에서 보면 비싼 배를 유지관리하는 데에 많은 고심을 할 것이다. 수백 만 개의 부품 관리와 운행상태가 항상 걱정될 것이다. 배의 주요 부품에 센서를 부착하여 선박의 운행상태와 부품의 마모 상태를 알려주면 좋은 서비스가 될 것이다. 이러한 부가 서비스를 갖춘 제품은 중국제품과 확실하게 차별화될 것이다.

휴대폰도 마찬가지다. 현재는 하드웨어만 팔고 있다. 이러한 하드웨어 전략이 언제까지 유효할지 알 수 없다. 하드웨어 제품에 서비스를 얹혀서 함께 팔아야 수명을 연장할 수 있다. 애플이나 구글이 준비하고 있는 서비스가 헬스케어다. 휴대폰은 이제 24시간 몸에 부착하고 있는, 사실상의 신체의 일부가 되어 있는 기기다. 이 기기를 통하여 건강 정보를 수집하고, 병원 빅데이터에 저장하고,

인공지능이 건강 이상 상태를 미리 알려주고 조언해주면, 환상적인 헬스케어 시스템이 될 것이다. 이미 팔찌 형태의 밴드를 이용하여 혈압과 맥박을 자동으로 측정하는 기술은 개발되어 있다. 개인이 작은 한 방울의 피로 혈당을 측정하는 기술이 준비되어 있다. 이를 휴대폰과 연결하여 병원의 빅데이터와 연결하고 진단하는 인공지능을 개발하면 된다. 심장마비가 발생한 후 20분 이내에 병원에 가면 생명을 건질 수 있다고 한다. 고혈압 환자에게 심장 마비 예후를 미리 알려주어, 미리 병원에 갈 수 있게 해준다면, 끊을 수 없는 서비스가 될 것이다. 그런데 우리나라는 이미 하드웨어 제품을 전 세계에 팔고 있다. 즉 원격 헬스케어 플랫폼을 전 세계에 깔고 있는 것이다. 이미 개발되어 있는 요소기술을 연결하고 플랫폼을 구축하면 된다. 휴대폰을 이용하여 전세계인을 상대로 헬스케어 사업을 한다면, 휴대폰이 계속 잘 팔리는 수준에서 그치지 않는다. 정보통신, 의료보험, 의약품 등의 연관 산업도 발달할 것이다. 수백만명의 일자리가 생길 수 있는 일이다. 원격 건강관리를 허용해서 미래 일자리 금맥을 캘 수 있게 해야 한다.

신성장 동력 발굴

산업은 현재 우리가 잘하는 5대 주력 산업이 전부가 아니다. 눈을 잠시 멀리 두면 아직도 많은 산업이 존재한다. 미국이나 유럽·일본이 잘하고 있지만 우리가 아직 관심을 많이 두지 않고 있던 산업들이다. KAIST 문술미래전략대학원에서는 이런 산업을 '메시아 (MESIA)'라고 부른다. 의료바이오(Medical-Bio), 에너지환경 (Energy-Environment), 안전(Safety), 지능서비스(Intelligent Service), 항공우주(Aerospace) 산업의 영문 앞글자를 따 만든 말이다.

의료바이오산업(M)은 병원에서 사용하는 장비나 시약(試藥)·약품들을 말하는데, 선진국들이 석권하고 있는 매우 값이 비싼 제품들이다. 신약을 포함한 의료 산업은 고부가가치 산업으로서 우리나라가 투자하면 얼마든지 따라잡을 수 있는 분야다. 바이오 의료기술에 정보통신 기술을 결합해서 추진하는 것이다. 의료·바이오산업은 2024년쯤 글로벌 시장규모가 약 2,900조 원 규모에 이를 것으로 전망되는 분야이다. 의료산업은 스마트헬스, 제약, 의료기기, 소모품, 의료서비스, 의료관광, 디지털병원 분야가 유망하며, 바이오산업은 바이오의약 및 유전자치료 등의 의/약학 분야, 고기능작물, 기능성식품 등의 농식품 분야, 바이오매스Biomass 등의 에너지환경 분야, 바이오매커닉스 등의 기계 분야, 바이오일렉트로닉스 등의 전자 분야, 생물정보학 등의 정보 분야가 유망하다. 따라서 관련 기관은 의료바이오 산업의 발전을 위하여 협력하는 분위기를 구축해야 한다. 이 분야의 특수성 때문에 의료 회사뿐만 아니라 병원, 의사 개인, 식품의약품안전처, 건강보험공단이 함께 노력해야 한다. 특히 식약처가 규제 중심의 업무뿐만 아니라 의료

산업의 진흥에도 관심을 가지고 노력할 필요가 있다. 국민건강을 위한다는 이유로 무조건 외국 제품의 기준에 맞추어 신제품을 평가하면, 국내 신생 기업의 싹은 트기 어렵고, 병원 기기의 90% 이상이 외국제품인 상태는 계속될 것이다.

에너지환경산업(E)은 인류가 피할 수 없는 화석에너지 고갈과 환경문제를 해결해주며, 인간이 지구에서 살고 있는 한 갈수록 중요시될 산업이다. 신재생 친환경 에너지 기술, 재활용 폐기물 처리 기술, 환경오염 방지와 정화기술, 기후변화 대응기술, 물관리 등의 기술개발이 중요하다. 에너지분야는 태양광, 풍력, 원자력, 조력 발전 기술이 중요하다. 전기분야에서는 스마트 그리드, 에너지 저장장치, 리튬 전지 기술 개발이 중요하다. 아울러 기후변화의 주범으로 인식되어 있는 탄소배출을 절감하는 기술, 탄소를 포집하여 처리하는 기술은 세상을 바꿀 수 있는 산업으로 커질 수 있다.

안전산업(S)은 사회안전을 위한 시설과 재난 대비 장비, 국방과 사이버 보안까지 포함하는 고부가가치 산업이다. 사회가 복잡해지면서 대형사고의 위험성이 커지고 있다. 사이버테러의 위험성은 새삼 강조할 필요가 없고, 따라서 세계적인 산업으로 성장할 수 있는 분야다. 기후변화에 의한 자연재해도 규모가 커지고 있다. 재난을 예측하고 대응하는 시스템을 개발하여 산업화하는 것이 필요하다. 재난은 한국뿐만 아니라 전 세계 모든 사람들이 고통 받고 있는 일이기 때문에 수출 가능성이 높다. 국방분야 안전산업은 향후

연간 9조 원의 시장규모가 형성될 수 있다. 첫째, 무인·로봇산업은 경계자동화, 무인감시, 통신·정찰·감시·작전로봇 분야에 필요하다. 둘째, 사이버정보산업은 암호·보안, 전자전·정보전항공·위성 정보 분야가 유망하다. 셋째, 비살상·대테러산업은 음향·마비·EMP(전자탄) 분야 등이 중점 육성대상이다.

지능서비스(I)는 고급화된 서비스산업으로서 소프트웨어 기술 발전과 함께 가는 산업이다. 기본적으로 4차산업혁명의 기본 기술인 빅데이터 인공지능 사물인터넷 기술이 바탕이 된다. 공공분야 정보서비스 고령화 사회의 지능형 복지 빅데이터 산업이 중요하다. 그리고 금융서비스 핀테크 금융 기술금융 투자관리 등의 금융 관련 분야도 개척해야 할 분야. 또한 콘텐츠 개발 한류 문화 애니메이션 모바일 활용 서비스, 등의 문화산업이 유망하고 지식재산 관리 지식재산 분쟁해결 분야도 가능성이 크다.

항공우주산업(A)에는 중소형 항공기와 무인기, 우주 정보산업이 유망하다. 항공분야에는 항공운항산업, 소형항공기 제작산업, 무인기 산업 등이 유력하다. 우주 분야에는 발사체 개발은 물론 위성 제작과 운영기술 위성 발사 서비스 등이 중요하다. 예를 들어서 20인승 이하의 항공기 제작 산업은 한국이 얼마든지 잘할 수 있는 산업이라 생각한다. 그리고 우주 관련 분야는 산업뿐만 아니라 국방과 깊은 관련이 있기 때문에 꾸준히 발전시켜야 할 것이다.

우리가 MESIA 산업에 뛰어든다면 미국 등 선진국과 경쟁해야 한다. 이때 우리는 그들이 쌓아놓은 것을 따라가는 '추격자(Fast Follower) 전략'을 쓰면 된다. 이는 우리가 그동안 성공해 왔던 전략이고 자신 있는 전략이다. 그리고 중국이나 인도와 싸우는 것보다 선진국들과 싸우는 것이 더 유리하다. 우리는 선진국들과 싸워 이긴 경험과 노하우 성공 스토리가 많기 때문이다. 현재 우리의 주력 산업들은 모두 미국과 일본 등과 싸워서 빼앗아 온 것들이다. 선진국과의 싸움은 기술 경쟁이지만 중국과 싸움은 가격 경쟁이다. 물론 둘 다 어려운 싸움이지만 비교하자면 우리는 가격경쟁보다 기술경쟁이 더 유리하다고 볼 수 있다.

4차 산업혁명을 위한 제도개선

4차 산업혁명은 산업과 소비에 새로운 패러다임이 형성되는 것이기 때문에, 새로운 데이터와 사물의 유통 방식을 재정의하게 된다. 따라서 기존의 규범과 질서가 변화를 가로막은 장애물이 되는 경우가 있다. 이와 관련하여 가장 중요한 제도 개선 사항 세 가지를 제안한다.

빅데이터 산업의 활성화

4차 산업혁명의 중심에는 빅데이터가 자리하고 있다. 사물의 이동에서 얻어지는 정보가 빅데이터에 축적되고, 이것이 인공지능에 의하여 활용되기 때문이다. 그래서 정보시대의 쌀은 반도체이듯이, 4차 산업혁명 시대에는 데이터가 쌀이라는 말이 있을 정도다. 그래서 빅데이터 산업의 활성화 정도는 4차 산업혁명의 성공 여부와 직결되어 있다고 할 수 있다. 그런데 우리나라는 개인정보보호법이 지나치게 규제 일변도로 되어 있어서, 빅데이터를 구축하고 활용하기 어렵게 돼있다. 미국이나 일본 등 선진국에서는 식별자(성명이나 주민번호 등)가 삭제된 데이터는 활용할 수 있게 하고 있다. 그러나 우리나라 개인정보보호법 2조1항에는 식별자가 없는 데이터도 다른 정보와 결합하여 알아볼 수 있는 경우에는 정보를 활용하기 어렵게 해 났다. 세상에 존재하는 거의 대부분의 데이터는 다른 정보와 결합하면 식별자를 찾아낼 수 있다. 이 세상의 모든 금고는 결국 열릴 수밖에 없는 이치와 마찬가지다. 결과적으로 거의 모든 정보는 빅데이터로 활용이 불가능 하다는 말이 된다.

미국과 일본은 한국에 비하여 훨씬 느슨한 개인정보보호를 하고 있다. 특히 미국은 세계에서 거의 최하 수준의 보호를 하고 있다고 볼 수 있다. 그래서 빅데이터 산업이 꽃을 피우고 있는 것이다. 우리나라는 개인정보보호의 강도를 최소한 일본 수준으로 완화할 필요가 있다. 일본은 식별자가 없는 정보는 활용을 허용한다. 그러나 다른 정보와 결합하여 식별자를 찾아내면 강한 벌을 준다. 즉 사전

예방보다 사후 관리를 하는 것이다. 이렇게 하면 선의의 빅데이터 사용은 활성화되고, 악용되는 정보 이용은 예방하는 효과를 얻을 수 있다. 예를 들어서 언론사에 관한 규제도 사후 관리로 하고 있다. 기사를 쓰기 전에 검열을 하는 것이 아니라, 기사가 나간 후에 위법 여부를 따져서 벌을 주는 것이다. 그렇게 함으로써 언론의 자유와 윤리규정이라는 두 마리 토끼를 잡고 있는 것이다.

지식재산 보호의 강화

4차 산업혁명에서는 사물의 관리와 결재 시스템의 중심에 기술이 위치하기 때문에 지식재산에 대한 보호가 중요하다. 사물을 관리하는 플랫폼 지식재산이 보호되지 않으면 4차 산업혁명은 모래성이 되고 만다. 특히 대기업에 비하여 자생력이 약한 중소기업의 지식재산 보호는 더욱 절실하다. 기술기반의 중소 벤처기업은 대기업에 비해 혁신성이 우수하고 특허 등 지식재산권이 핵심 자산인 경우가 많다. 지식재산권이 타 기업에 의해 무단으로 침해를 당하게 되면 소송을 통해 법정에서 다투게 된다. 특허 소송에서 첫 번째로 대두되는 문제가 특허 무효소송이다. 특허를 침해한 사람이 특허 보유자에게 제기하는 소송이다. 우리나라에서는 일반적으로 특허무효 소송에서 과반수의 특허가 무효가 된다. 2016년에도 다툼이 생긴 53%의 특허가 무효가 되었다. 만약 특허권자가 자신의 특허가 유효하다고 인정받으면, 다음 단계가 손해배상소송이다. 현행 우리나라 법은 배상액을 증명된 손해액의 100%로 제한하고 있다. 그리고 그 손해액을 특허를 침해받는 사람이 증명하게 되어 있다. 즉. 침해자가 나의 특허를 도용하여 얼마나 이익을 취했는지 내가 증명해야 한다. 이런 경우 증거 불충분으로 손해액 산정이 제대로 이루어질 수 없고 손해배상액은 실질 손해액에 미치지 못하는 것이 보통이다. 실제로 통계를 보면 평균 배상액이 1억 원을 넘지 않는다.

현실이 이렇다보니, 다른 사람의 지식재산이 탐이 나면 일단 침해하고 보는 경향이 있다. 침해하여 문제가 생기면 그 때가서 법정에서 다투게 되는데 지금까지의 통계로 보면 침해자에게 유리한 상황이 전개된다. 특허 무효소송에서 침해자가 이길 확률이 50% 이상이고, 평균 손해배상액이 1억원을 넘지 않는다. 그러니 한국에서는 특허를 매입한다든지 다른 회사를 M&A 하는 일이 거의 생기지 않는다. 당연히 애써서 지식재산을 개발하려는 동기와 의지가 약해질 수밖에 없다. 이 문제를 해결하기 위해서 첫째로 특허청과 특허법원의 업무 방식과 관행을 바꾸어 특허무효율을 50% 이하로 낮추어야 한다. 둘째, 손해액의 3배까지 배상하게 하는 징벌적 손해배상이 가능하도록 특허법을 개정해야 한다.

창업의 실패를 용인하는 분위기 조성

4차 산업혁명이 꽃을 피우기 위해서는 중소 벤처기업들이 여기

저기서 일어 나야 한다. 미국 실리콘밸리에서는 성공한 기업가의 경력을 보면 평균 2.5회 실패의 경험이 있다고 한다. 창업국가로 알려진 이스라엘이 세계적으로 앞설 수 있는 이유 중에 핵심은 실패를 용인하고 재도전을 할 수 있게 지원하는 제도가 잘 마련되어 있기 때문이다. 반면에 우리나라는 창업 후 실패하면 무한책임을 져야 하는 연대보증으로 신용불량자가 되어 경제활동이 원천적으로 차단된다. 주식회사가 금융권에서 융자를 받을 때 대표이사가 보증을 서게 하는 제도가 연대보증이다. 우리나라에서는 융자뿐 아니라 투자에도 보증을 요구하는 경우가 많다. 회사가 실패하면 대표이사가 책임을 떠안게 된다. 회사 빚의 규모가 수억~수십억 원 수준이 되면 개인이 감당할 수 없는 상태가 된다. 회사를 성실하게 운영하다가 실패하였더라도 신용불량자가 되어 모든 경제활동이 불가능해진다.

창업은 사회적으로 매우 필요한 일이다. 제품과 서비스를 창조하여 사회적 부를 창출하고 일자리를 만들어 사회복지에 기여한다. 그러나 창업에는 위험 부담이 크다. 현재 우리나라의 구조는 창업의 혜택은 창업자를 포함하여 사회 전체가 누리지만, 위험 부담은 창업자 혼자서 감당하게 되어 있다. 이는 불공평한 일이다. 어떤 사람이 용감하게 사회적으로 일을 대신하면 그 위험을 분산시켜 사회가 공동으로 부담해주어야 한다.

대한민국에 맞는 4차 산업혁명 3단계 추진전략

4차 산업혁명 개념이 제시된 이후 우리는 기본 개념을 이해하기 위하여 많은 시간을 투자해왔다. 하지만 언제까지 공부만 하고 있을 수는 없다. 이제 우리의 처지에 맞게, 정의한 내용에 맞게, 추진 전략을 세우고 실행해 나가야 한다. 여기 제시하는 전략은 3단계로 되어 있는데 각 단계는 약 2년씩 소요될 것으로 예상된다.

1단계는 기업에서 소비자의 요구사항을 제조에 직결시킬 수 있는 소프트웨어를 제작하는 단계다. 이 소프트웨어는 빅데이터, 인공지능, 사물인터넷 기술이 융합된 플랫폼 형태가 될 것이다. 여기서는 회사별로 일단 플래폼을 만들어 실행해 본다. 정부는 이러한 플랫폼을 구축하도록 몇 천 만원씩 개발비를 지원한다. 이것은 과거 20년 전에 정부가 초고속통신망을 구축하면서 정보화촉진기금으로 인터넷 응용프로그램을 제작하도록 장려했던 경험을 참고한 것이다. 약 20년 전에 정부는 정보혁명에 열심히 투자했다. 광통신을 이용한 초고속통신망을 설치하고 있었지만 이를 활용할 콘텐츠가 없었다. 인터넷을 이용한 비즈니스가 무엇인지 모르던 시절이었다. 전국의 기업 개인들에게 인터넷 응용프로그램을 만들어 데모를 보이게 했다. 그러면 개발비를 주었다. 그 후 90% 이상이 쓸모없이 사라졌다. 그러나 그 과정을 통하여 인터넷 응용프로그램이 무엇인지 인터넷 비즈니스가 무엇인지 알게 되었다. 그 곳에서 살아남은 몇 개의 응용 프로그램이 오늘날 인터넷 세상의 씨앗이 되었다.

2단계에서는 앞에서 제작된 기업별 플랫폼을 비교분석하여 표준화한다. 공통부분을 모아서 표준 플랫폼을 만들고, 그 위에 회사별로 특색에 맞게 응용 소프트웨어를 만든다. 4차 산업혁명을 위한 기업 소프트웨어는 기업별로 산업별로 특성에 따라서 차이가 많을 것이다. 하지만 지금은 그 차이가 얼마나 클 것인지, 얼마나 비슷할지 모른다. 앞의 1단계에서 각자 기업별로 필요한 플랫폼을 개발하다 보면 서서히 알게 될 것이다. 예를 들어서 의류산업에서는 이러한 특성을 갖춘 플랫폼이 유용하다든지 또는 식품산업에는 저러한 특성의 플랫폼이 필요하다든지 파악하게 될 것이다. 그러면 산업별로 공통적으로 필요한 부분은 기본으로 만들고 나머지 회사별 특수성에 맞는 부분은 특성에 맞게 맞춤형으로 추가한다든지 하는 전략이 설 것이다.

3단계에서는 앞에서 만들어진 표준 플랫폼을 이용한 성공사례를 만들고 이를 홍보하여 확산시킨다. 산업별로 성공한 플랫폼의 윤곽이 잡히면 사업화 단계로 나아가야할 것이다. 이 단계에서는 회사의 요구사항을 반영하여 플랫폼을 제작해주는 소프트웨어 회사가 출현할 것이다. 이 회사는 기본 플랫폼을 만들어 놓고 고객 회사별로 특성에 맞게 기능을 추가해준다. 마치 지금 오라클이나 IBM에서 기본 사양의 데이터베이스 관리시스템을 구비해 놓고서,

고객 회사가 원하는 내용에 따라서 데이터베이스 시스템을 만들어 주는 방식이 될 것이다. 이렇게 하면 산업과 기업별로 특색에 맞는 4차 산업혁명 플랫폼이 전 산업에 보급될 것이다.

여기에 제시하는 추진전략이 최적이라 생각하지 않는다. 아무도 우리 처지에 맞는 추진전략을 제시하지 않기 때문에 세워본 것이다. 이제 이를 바탕으로 다듬어서 좋은 추진전략을 세울 수 있을 것이다. 그리고 여기서 잊지 말아야할 것이 있다. 왜 4차 산업혁명 기술을 개발하고 플랫폼을 만들어야 하느냐는 것이다. 앞에서도 언급했듯이 빅데이터나 인공지능 등의 기술은 수단이다. 목적은 소비자의 요구사항을 제조에 빨리 직접 연결시키기 위함이다. 만약 어떤 회사가 소규모이기 때문에 어려운 첨단기술을 이용하지 않고 소비자의 요구사항을 신속하게 제조공정에 반영하는 방식을 개발한다면 그것은 더욱 좋은 일이 될 것이다.

4차 산업혁명과 미래사회

4차 산업혁명과 관련해서 논의되는 주제 중 하나는 기술 진보가 일자리에 미치는 영향에 관한 것이다. 앞서 보았듯이 앞으로 높은 생산 효율성을 유지하며 성장하는 기업에는 인공지능이 거의 모든 사물을 관장하고 있을 것이다. 지금까지 사람이 하던 일의 상당부분을 빅데이터 인공지능 플랫폼이 제품의 생산과 이동 결재 시스템을 운영할 것이다. 경쟁회사들이 이미 그렇게 시작했기 때문에 이 효율성 경쟁에서 뒤처지면 생산 원가를 맞추기 어렵게 된다. 이러한 가운데 효율적인 생산 시스템과 제품 개발을 위한 경쟁은 더욱 치열해 질 것이다. 인간은 생산 작업현장에서는 별로 할 일이 없고 새로운 시스템을 창조하는 일에 참여할 것이다. 어찌됐든 미래 일자리는 매우 큰 변화에 직면하고 있음에 틀림없다.

새로 생길 직업, 없어질 직업

그러면 새로 생길 직업은 어떤 것이고, 어떤 것들이 없어질 것인가? 필자는 프로그램을 개발하는 일을 시작으로 인공지능 연구를 시작한 경험이 있다. 프로그램을 개발할 때 가장 쉬운 내용이 단순 반복 작업이다. 업무 내용에 기본적인 규칙이 있고 이 규칙을 벗어나는 예외 상황이 없을수록 프로그램 만들기가 쉽다. 적용하는 규칙의 깊이나 난이도는 큰 문제가 되지 않는다. 규칙이 1백 개, 1천 개가 되더라도 규칙으로 해결할 수 있으면 프로그래밍은 가능하다. 여기에 미래 일자리의 모습이 보인다. 업무가 단순하고 반복적이면 그 직업을 인공지능이 대신하기 용이하다. 그에 비하여 일의 성격이 복잡하고 예외 상황이 나타나는 일들은 인공지능이 대신하기 어려울 것이다. 바꾸어 말하면 내가 오늘 하는 일이 어제 지난 달이나 작년에 하던 내용과 같다면 그 직업은 우선적으로 없어질 가능성이 있다. 그리고 지금 내가 하는 일이 항상 새롭다면 인공지능이 대신하기 어려울 것이다.

그러면 일자리의 총합은 어떻게 변할까? 앞에서 살펴본 바와 같이 생기는 직업, 없어지는 직업이 있기 때문에 단순하게 말하기 어렵다. 하지만 일자리가 줄어들 것이라는 전망에 동의한다. 이유는 소프트웨어의 파워를 알기 때문이다. 인공지능은 기본적으로 소프트웨어다. 과거에는 하드웨어인 기계가 노동을 대체했지만, 미래에는 소프트웨어인 인공지능이 노동을 대체한다. 모든 제품이나 서비스는 크게 구분하면 '개발'과 '생산'의 두 공정이 있다고 볼 수 있다. 예를 들어서 자동차 산업을 예로 들어보자. 신제품을 개발하는 일은 연구소에서 하고 개발된 제품을 똑 같이 복사하여 생산하는 일은 공장에서 한다. 현대자동차 회사를 보면 화성의 연구소에는 약 1만 5천명이 일하고 있으며 울산의 조립 공장에는 약 5만명이 일하고 있다고 한다. 이것은 제품이 하드웨어이기 때문이다. 그런데 만약에 소프트웨어 제품이라면 공장 인력은 필요가 없어진다. 소프트웨어를 복사하는 데는 거의 노동이 필요하지 않기 때문이다. 컴퓨터 마우스를 클릭하기만 하면 된다. 예를 들어서 전 세계 병원에 인공지능 의사를 제공하고 있는 IBM이 각 병원에 이를 팔 때 추가 노동이 필요하지 않다. 매우 높은 수준의 많은 연구개발 인력이 필요할 뿐이다. 결국 앞으로 인공지능 소프트웨어가 일자리를 대신하는 분야에서는 노동 대체율이 높을 것이고 인공지능이 대체하는 일자리는 갈수록 많아질 것이라 본다.

세 가지 해법: 근로시간, 로봇세, 기본소득

일자리가 줄어들 경우에 문제는 실업자를 어떻게 할 것인가 하는 것이 문제다. 어느 일자리에 사람이 일하고 있었더라면 그 사람이 월급을 받아서 세금도 내고 생활도 영위하여 자립할 수 있었을 것이다. 그러나 그 자리에 인공지능 로봇이 들어가면 사람은 실업자로 변해서 정부가 부양해야 하는 상태로 빠질 것이다. 앞으로 실업자는 늘어나고 세금을 내는 취업자는 줄어들 것이다. 실업자를 구제해야 하는 정부는 더욱 많은 예산이 필요하다. 늘어나는 예산 수요는 줄어든 취업자들이 내야한다. 세금 수요는 늘어 가는데 납세 가능자는 줄어드는 악순환에 빠지는 것이다. 정부는 세금 수요를 충당하기 위하여 세율을 높일 것이고 취업자들은 저항할 것이다. 취업자도 불만이고 실업자도 불만인 '불만사회'가 예상된다. 사회는 지속가능성이 없어지고 사회불안이 계속될 것이다.

이 상황을 어떻게 요리하느냐에 따라서 우리 인간의 미래가 결정된다고 본다. 4차 산업혁명 시대의 미래는 유토피아도 될 수 있고 디스토피아도 될 수도 있다. 국제 경쟁이 있기 때문에 기술발전과 4차 산업혁명은 진행될 수밖에 없다. 우리가 늦춘다고 하여 늦춰지지 않는다. 이러한 기술을 어떻게 사용하느냐는 우리 인간이 결정해야 한다. 이러한 미래를 유토피아로 만들어 가지 위해서는 다음 세가지를 슬기롭게 처리해야 한다. '근로시간', '로봇세', '기본소득'이 그것들이다.

[근로시간 단축] 앞서 살펴본 바와 같이 4차 산업혁명은 노동 생산성이 극대화되는 방향으로 발전한다. 많은 업무를 인공지능이 대신해 주기 때문에, 인간 일인당 하는 일은 무척 많아진다. 여기서 인간의 결정이 필요하다. 인공지능이 일을 대신해 주기 때문에 인간은 여유시간을 가지고 놀 것인지, 아니면 그 사이에 다른 일을 더욱 많이 해야 할 것인지. 지금까지 우리의 패러다임은 후자였다. 기계가 대신 일하는 사이에 다른 일을 많이 해왔다. 특히 우리나라는 일을 많이 하는 나라다. 한국인의 근로시간은 OECD 국가 중에서 최고 수준이며 멕시코 다음으로 많은 일을 했다. 이제 근로 시간을 단축하여 삶의 질을 향상시키고 동시에 다른 사람들에게도 일자리를 나눠주는 일을 해야 한다. 적어도 하루 8시간, 일주일에 40시간만 일해도 과거의 생산성을 유지하면서 보다 많은 일자리를 만들 수 있어야 한다.

[로봇세, 기본소득] 로봇세 논의는 유럽의회에서 시작되었다. 2016년 5월 매디 델보 유럽의회 조사위원이 로봇세 관련 보고서를 제출했고, 2017년 2월 유럽의회에서 논의했다. 유럽의회는 로봇에게 '특수한 권리와 의무를 가진 전자인간'으로 법적 지위를 부여하자

는 제안을 승인했다. 이것은 로봇에게 로봇인간으로서의 법률적인 존재를 인정한 것이다. 그러나 로봇세를 신설하는 안에 대하여는 승인하지 않았다. 하지만 로봇의 법인격을 인정한 점은 결국 로봇세의 가능성을 열어주었다고 볼 수 있다. 인공지능 로봇에게 새로운 형태의 법인격을 부여하게 되면 결국 소득세나 법인세를 징수할 수 있기 때문이다. 이러한 가운데 마이크로소프트의 창업자인 빌 게이츠도 로봇을 '전자인간'으로 간주해서 소득세를 부과하고, 이의 재원으로 일자리를 빼앗긴 인간에게 기본소득을 지급하자고 주장하고 있다.

로봇에 세금을 부과한다면 두 가지 방안이 있을 것이다. 첫째는 로봇이 일으키는 부가가치에 대한 세금이다. 이것이 가능하려면 로봇을 독립적인 경제활동으로 부가가치를 창출하는 존재로 인정해야 한다. 현행 부가가치세법은 무인자동판매기가 위치한 장소를 사업장으로 보고, 각 무인자동판매기마다 사업자등록번호를 부여하며 세금을 부과하고 있다. 로봇도 이처럼 하면 된다. 두 번째는 로봇을 재산으로 간주하여 재산세를 부과하는 방법이다. 이 경우 인간이 로봇을 소유하고 있음을 전제로 하고 로봇의 소유자에게 로봇세를 부과한다. 현재 재산세는 토지 주택 자동차 등에 대하여 부과하기 때문에 여기에 로봇을 추가하는 것은 어렵지 않을 것이다.

로봇세에 대한 반대도 만만치 않다. 먼저 세금을 부과하면 로봇

발전이 지체되어 결국 국제경쟁에서 뒤쳐질 것이라는 주장이 있다. 당연히 로봇세를 먼저 시행하는 나라는 이러한 난관에 직면하게 될 것이다. 국제 사회는 경쟁이기 때문이다. 따라서 로봇세를 부과하는 시기는 늦을수록 좋을 것이라 생각한다. 사회가 견딜 수 있을 만큼 견디고 더 이상 다른 세원을 활용하여 세수확보를 할 수 없을 때에 로봇세를 시행한다. 그리고 또 하나의 고려사항은 어떤 로봇에 부과할 것인가 하는 문제다. 이 세상에는 각양각색의 기계가 있고, 그것의 지능은 천차만별이다. 그래서 어느 수준의 지능을 가진 로봇에 세금을 부과할까 하는 논쟁이 대두될 것이다. 한꺼번에 모든 지능 로봇에 대한 과세는 불가능하다. 가능한 것부터 하나씩 시작하는 것이다. 예를 들어서 은행의 무인창구 자동판매기 주차장 진출입기계 등으로 부과가 용이한 것부터 시작해나간다. 현재 우리나라에서 세금을 내는 사람은 약 52% 정도에 불과하고 나머지 사람들에게는 면세를 해주고 있다. 이 세상의 50%의 로봇에게는 면세를 해준다고 생각하면 편해질 것이다.

다시 인본주의 사회로

4차 산업혁명의 소용돌이 속에 많은 사람들이 기대와 우려를 동시에 하고 있다. 과연 현재 벌어지고 있는 변화가 우리 인간을 위한 일인가 아니면 불행의 씨앗이 될 것인가 하는 질문이 있다. 기술은 어디까지나 도구일 뿐이라 생각한다. 도구를 사용하는 주체는 인간이다. 마치 날카로운 칼이 있다고 가정하자. 이 칼을 주방에서 이용하면 매우 맛있는 음식을 만들 수 있다. 그러나 이 칼로 사람을 찌르면 흉기가 된다. 우리는 이러한 칼을 지혜롭게 사용하는 사회적인 제도를 확립하여 문명의 이기로 활용하고 있다. 4차 산업혁명의 변화를 우리 인간에 유용하게 활용하느냐 못하느냐는 인간의 몫이다. 인간은 흉기가 될 수 있는 불 칼 총 무기 자동차 등을 지혜롭게 관리 사용하여 인간 행복을 증진시키는 도구로 사용하고 있다. 우리 인간을 호모사피엔스라 부른다. 지혜로운 인간이란 뜻이다. 필자는 호모사피엔스의 지혜를 믿는다. 현재 우리의 삶은 인본주의 사상과 거리가 있다. 비싼 기계를 놀릴 수가 없어서 인간은 불을 켜고 잠을 안자며 노동을 한다. 우리 지혜로운 인간은 인본주의에 맞게 인공지능 관련 규범을 만들 것이다. 거의 모든 사람은 일자리를 가지고 있으며 일주일에 4일만 출근하고 해가 진 다음에는 일하지 않는다. 나머지 시간은 여가와 여행으로 시간을 보낸다. 인간은 인공지능 로봇이 만든 제품이나 부가가치를 즐기며 창조적인 일을 구상한다. 이것이 바로 우리 인간이 꿈꾸던 인간의 본연의 모습이 아닌가 생각한다. 다시 인본주의 사상에 맞게 사회를 재설계할 수 있는 기회가 오고 있다고 생각한다.

≪김주남≫

국가브랜드 가치를 높여야
선진국 진입 가능하다

┃학력┃
- 관동대학교 경영학 박사
- University of Twente 경영학 박사과정 수료
- 연세대학교 경제학 석사
- 서울대학교 사범대학 졸업

┃경력 및 활동사항┃
- 서울과학종합대학원 교수
- 국가브랜드진흥원 이사장
- KOTRA 해외주재 상임이사
- KOTRA 아카데미 원장
- Invest Korea 투자협력처장

┃사회책임활동┃
- (사)오래포럼 운영위원장
- (사)한-이스라엘 상공회 부회장
- 몰타기사단 봉사기사
- 한국 꾸르실료 협의회 봉사임원
- 경영인독서회(MBS) 주임교수

FORUM OH-RAE
Today & Tomorrow

세상을 바꿔라 Ⓥ

국가브랜드 가치를 높여야
선진국 진입 가능하다

김주남 | 국가브랜드진흥원 원장

추락하는 한국의 국가브랜드

　세계화가 빠르게 진행되면서 기업들 못지않게 국가 간에도 브랜드 가치를 높이기 위한 경쟁이 치열하게 진행되고 있지만 한국의 국가 브랜드는 계속 추락하고 있다. 국가브랜드란 특정 국가가 갖고 있는 고유의 자연 환경이나 역사적 특성, 문화적 매력, 관광 상품, 생활의 편리성 등에서 다른 나라와는 차별되는 특성을 통하여 표출되는 그 나라의 총체적인 가치를 나타낸다. 따라서 최근의 국가브랜드 가치 추락은 단순히 북핵위기로 제기된 안보의식, 세월호 사건으로 드러난 안전 불감, 최순실 사태로 불거진 정치불신 등 단기적이고 단편적인 사건의 결과물에 국한되는 것이 아니라 오랜 기간 우리의 삶과 생활에 체화되어 온 모든 사실에 대한 총체적인 결과물로 봐야 한다.

국가 브랜드의 중요성은 간단하다. 한 국가의 브랜드 가치가 높으면 그 나라 기업과 상품이 해외 시장에서 보다 높은 값을 받게 되고 산업 경쟁력 증대, 외국인 투자 증가, 관광산업 활성화라는 경제적 효과를 얻을 수 있다. 대외적으로는 국가의 위상이 높아지고 대외 활동이 원활해져서 국제사회에서 신뢰도가 높아지게 된다. 국내적으로는 국민의 결속력 증대와 선진적 문화환경 조성이라는 사회 정치적 효과도 기대할 수 있다. 그러나 국제사회에서 우리나라의 위상과 품격은 '국내 총생산(GDP) 세계 13위, 무역 규모 세계 8위'에 걸맞지 않게 여전히 바닥권을 맴돌고 있다.

국가브랜드와 관련하여 외국전문기관이 조사한 한국에 대한 평가 결과를 살펴보자. 미국 뉴욕에 본부를 두고 있는 세계 최대의 다국적 브랜드 컨설팅 기업인 인터브랜드(Interbrand)에서는 수시로 전 세계 75개국을 대상으로 국가가 가지고 있는 브랜드 가치를 조사하여 각국별 순위를 발표하고 있다.[주1] 2014/2015년 평가에서 이웃 일본은 우리나라의 폄하에도 불구하고 세계에서 가장 특색 있는 문화와 생활의 편리성 및 기업하기 좋은 환경 등을 인정받아

유럽의 경쟁국들을 물리치고 세계 1위에 올랐다. 이에 비하여 우리 나라는 20위에 겨우 턱걸이한 수준이다. 그나마 동남아 등지에서 큰 영향을 발휘한 한류 덕택이다.

유럽 베를린에 본부를 두고 있는 국제 투명성 기구(Transparency International)는 매년 사회 전반에 부패가 얼마나 존재하는지에 대한 인식 정도를 전문가 기업인 및 애널리스트 등의 의견을 반영해 산출하고 있는 데 2016년도 부패인식조사 결과 한국은 100점 만점에 53점을 받았다.[주2] 부패인식지수는 70점을 넘어야 사회가 건전하다는 평가를 받는다. 경제협력개발기구(OECD) 회원국들의 평균점인 68.6 점에 한참 못 미치는 과락점을 받았으니 절대부패로부터 벗어나지 못하고 있는 국가로 인식되고 있는 셈이다. 순위는 전 세계 조사 대상국 176 개국 중에서 52위이고 OECD 35개 회원국 중 29위이다. 체코, 포르투갈보다도 부패 정도가 심하고, 슬로바키아 헝가리 터키 멕시코와 어깨를 나란히 하는 수준이다. 모든 나라가 부패에 관심을 갖는 이유는 부패의 정도가 낮을수록 국가 경쟁력도 높아지고 품격도 향상 된다는 사실 때문이다. 일본은 이미 고이즈미 정권 이래로 부패와의 전쟁을 수행하여 온 결과 모든 분야에서 투명성이 크게 향상 되었고 부패인식지수 순위도 15위로, 미국이나 프랑스 오스트리아보다도 높은 최상급에 속한다.

중국도 최근 시진핑 국가 주석의 주도로 부패와의 전쟁을 시작했고 정치적 성과로 인정받고 있다.

세계경제포럼(WEF)이 발표한 우리나라의 국가경쟁력순위를 보더라도 2007년 11위를 기록한 이후 계속 하락하여 2016년에는 26위까지 추락했다. 경제 전문가들은 신산업 금융 노동시장 등 여러 이유를 제기하고 있지만, 이는 다른 선진국들도 똑 같이 고민하는 과제이기 때문에 설득력 있는 해명이 될 수 없다. 오히려 국가 경쟁력은 부패지수와 밀접한 상관관계를 보여준다. [표1]은 우리와 경쟁 관계에 있는 주요 국가들을 비교한 순위인데 조만간 중국보다도 경쟁력이 떨어질 위험에 처해 있음을 시사하고 있다.

[표1] 주요 국가의 부패지수와 국가 경쟁력 순위

국가 명	부패인식지수 순위(CPI)	국가경쟁력순위(WEF)
한국	52위	26위
대만	31위	14위
싱가포르	7위	2위
중국	79위	28위
일본	20위	8위
미국	18위	3위

국가브랜드 가치 제고와 국력의 증대

이명박 정부는 국가브랜드 가치를 높이는 것이 국가의 품격과 대외적인 국력 증대로 나타난다는 점을 인식하고 국가브랜드위원회를 대통령 직속으로 설립하였다. 2008년 당시 세계적인 국가브랜드 가치평가 컨설턴트인 영국의 안홀트(Anholt)가 평가한 한국의 국가브랜드 순위는 전 세계 50개 대상국 중 33위로 최하위 수준이었는데, 이를 2013년도 까지 15위로 끌어 올린다는 목표를 세웠다. 그러나 야심차게 정부주도로 시작한 국가브랜드위원회는 막대한 예산의 투입에도 불구하고 이명박 정부가 끝나는 2013년도에 이르기까지 국가브랜드 순위를 27위로 올리는 데 그쳤다. 그나마 박근혜 정부가 들어서면서 이 조직은 사라졌고, 체계적으로 국가브랜드를 관리하는 기능이 상실되었다.

국가브랜드는 기업이나 제품의 브랜드와는 달리 한나라의 정치 경제 사회 문화를 모두 망라한 거시적 요인으로 이루어져 있기 때문에 단기간에 가치상승을 기대하기 어렵다. 우리나라의 경우 올림픽과 월드컵을 통하여 획기적인 국가브랜드가치 상승을 이룩한 경험이 있는 데, 이는 국가브랜드를 구성하는 거시적 요소들이 국민의 합심이라는 힘을 만나 시너지 효과를 창출하였기 때문에 가능하였다. 그러나 이렇게 급격하게 확보한 국가브랜드 가치는 지속적이고 전략적인 관리가 없으면 다시 하락하기 쉬운 약점을 가지고 있다. 그 이유는 거시적인 요인과 더불어 과거와 현재라는 시간적 흐름, 외국과의 관계와 외국에서 바라보는 우리의 모습이라는 심리적 친근도가 지속적으로 작용하기 때문이다. 국제사회에서 볼 때 한국과의 관계는 거리와 경험에 따라서 가변적으로 변화한다. 가까운 이웃나라의 평가가 더 절대적이고 그 나라에 대한 친밀한 느낌(친근도)과도 높은 연관성이 있다. 자주 방문하고 싶은 나라가 있는 반면 두 번 다시 가보고 싶지 않은 나라가 있고 비즈니스에서도 거래관계가 바람직한 나라와 다시는 거래하고 싶지 않은 나라도 있다. 또한 과거에는 사이가 좋았으나 현재는 적대적인 관계 혹은 그 반대의 경우도 있을 수 있으며, 두 국가 간에 형성된 과거와 현재의 관계는 국가브랜드 가치에 영향을 미친다. 한 국가를 인식할 때 그 나라의 안정성이 가장 큰 영향을 준다. 국가 리더의 모습, 인권 현황, 전반적인 도덕성 등도 국가를 평가하는 중요한 잣대다. 소매치기가 많은 나라, 부패하여 사업을 수행 할 때 마다 뇌물이나 인맥이 필요한 나라, 국가 운영주체의 독재성이 높은 나라, 인권을 경시하여 수시로 시민들을 체포 구금하는 국가에 대해서는 친근감을 느끼지 못한다. 이와 같이 거시적인 요인과 심리적인 친근도가 종합적으로 융합되어 나타나는 결과물이 국가브랜드 가치이다.

국가브랜드진흥원은 매년 39개국을 대상으로 국가브랜드가치 평가 연구를 해오고 있는 데 "국가브랜드가치=국가브랜드 수익× 국가브랜드 파워"라는 국가브랜드가치평가 모델을 개발하여 사용한다. 국가브랜드 수익은 국가 전체의 제품수출액과 서비스 수출액을 합하여 도출할 수 있고 국가브랜드 파워는 국가의 경쟁력+외국에서 평가하는 심리적 친근도에 국가브랜드 전략지수를 곱하면 얻을 수 있다. 국가브랜드 전략의 주체는 국가 기업 단체 및 국민이며, 이런 4대축을 형성하는 각 주체의 역할이 충실하여야만 그 효과가 나타날 수 있다.

한편 국가브랜드 가치는 Made in 으로 표시되는 원산지 효과로도 잘 나타나고 있는 데, 최근 "국가브랜드진흥원"의 연구결과가 잘 설명하여 준다. "MANO" 라는 브랜드의 화장비누를 39개국에서 동일한 방법으로 생산하고 포장하여 전 세계 62개 주요 도시의 백화점에서 판매를 개시하였다. 백화점의 판매 책임자는 정해진 기한 내에 이 상품 모두를 판매하기 위하여 원산지 국가별로 차등 가격을 붙이는 것이 허용되었다. MANO 화장비누의 기준 가격을 미화 10불로 제시하였을 때, Made in Swiss 제품은 가장 높은 가격인 14.7 불로 책정되었고, Made in Japan 13.7불, Made in Korea 12.2불, Made in Brazil 9.6불, Made in China 8.0불 등으로 나타났다. 동일 상품이라도 원산지의 국가브랜드 인지도에 따라 판매 가격이 차이가 있음을 확인한 것이다.

국가브랜드 가치를 높이는 노력은 이미 많은 나라에서 국가 주
도 전략으로 추진되어 왔다. 1871년 빅토리아 여왕 시대에 건립된
로얄알버트홀은 전 세계 문화를 주도한 영광스러운 영국의 상징으
로 남아 있으며, 1889년 파리 세계박람회에서 평화의 상징으로 건
축된 에펠탑은 오늘날까지 프랑스의 대표적인 아이콘으로 자리 잡
고 있다. 프랑스의 '알리앙스 프랑세즈'나 독일의 '괴테 하우스'
등도 문화를 기반으로 국가이미지를 향상시키려는 대표적인 전략
이다.

최근에는 도시의 특화를 통해서 국가브랜드 가치를 높이려는 사
례도 늘어나고 있다. 독일은 폐허로 변한 철강 도시 뒤스부르크를
환경 공원으로 바꾸는 등 친환경 국가로 변신 중이다. 미국 LA 워
싱턴 등 대도시의 차이나타운은 도시의 국제화에 큰 기여를 하면
서 생동감 있는 도시 문화를 창조하고 있다. 대형 백화점과 슈퍼에
밀리던 런던의 전통 시장인 보로 마켓(Borough Market)은 세계적
인 관광 명소로 탈바꿈 되었다. 일본의 유후인은 낙후된 폐광 지역
을 전통적인 료칸으로 개발하여 세계적인 온천 명소로 탈바꿈 시
켰다. 뉴욕은 소호지역이 신세대 대중문화의 중심지로 떠 오르면
서 범죄 도시의 이미지에서 완전히 벗어났다. 때맞추어 선보인 I

Love New York 은 세계 최고의 도시브랜드로 인정받고 있다. 'Great London', 'Truly Asia Malaysia' 등 영향력 있는 슬로건이 계속 쏟아져 나오고 있다. 반면 우리나라는 다이내믹(Dynamic) 코리아, 스파클링(Sparkling) 코리아, 이매진(Imagine) 코리아, 크리에이티브(Creative) 코리아 까지 왔지만 매번 그리 좋은 반응을 얻지 못하였다. 브랜드 가치를 높이는 가장 좋은 방법은 스토리텔링(이야기꺼리)을 만들어 내는 것이다. 초콜릿 회사 고디바나 빼빼로에 스토리가 있듯이 국가의 품격을 높이기 위해서도 품격 있는 스토리텔링을 발굴하여야 한다. 한류의 정점에 섰던 대장금과 같은 드라마도 한국의 전통 문화와 현재를 이어 주는 스토리로 연결되지 못한다면 일회성 오락으로 끝나 버리게 된다.

국가나 기업이 새로운 브랜드를 개발해서 해외 시장에서 구축한다는 것은 매우 어려운 과제이다. UN 의 새천년 개발 목표의 일환으로 세계적인 경제학자 제프리 삭스가 주도하는 "새 천년 마을 프로젝트(Millennium Village Project, MVP)"는 아프리카의 낙후된 농촌 지역 개발을 목적으로 하는 데, 우리나라의 새마을 운동이 롤 모델이 되었다. 농촌 지역의 빈곤 퇴치와 발전이라는 협동정신이 스토리텔링을 통하여 대표적인 국가 브랜드로 기여할 수 있는 가능성을 보여 주는 사례이다. 최근 중국의 시진핑 주석이 보아오(博鰲) 포럼에서 "일대 일로의 원칙은 독주가 아닌 합창"이라고 밝힌

것도 동서양을 연결하는 신 실크로드 구상이 협력을 기본정신으로 하고 있음을 시사하고 있다. 다행인 것은 한중 FTA 타결과 한국의 '아시아 인프라 투자 은행(AIIB)' 가입 이후 한국의 지정학적 중요성과 그 가치가 더욱 높아지고 있다는 점이다. 과거 동서양을 연결했던 실크 로드를 당대에 재현하는데 있어서 중국의 제 1위 수입 대상국인 한국의 역할은 매우 중요할 수밖에 없다. 유럽도 적극적이다. 프랑스의 TGV 나 독일의 ICE 가 국가적 차원의 지원을 등에 업고 참여하는 목적은 자명하다. 그러나 우리나라가 KTX로 참여하게 된다면 우리 고유의 문화와 상품을 실크 로드에 실어 낼 스토리가 없다. KTX에는 빠르다는 의미만 있을 뿐이다. 그러나 뒤돌아보면 우리는 새마을호라는 최고의 브랜드를 가지고 있었다. 새마을호는 과거 한국의 산업화에 기여한 교통망의 최고 브랜드였다. 순수한 우리말인데다가 세계의 개도국들이 부러워하는 경제 성공의 브랜드 이미지를 갖고 있다. 스토리텔링이 가능한 브랜드였지만 정치적인 이유에서 인지, 아무도 나서서 이를 주창하지 않았고 소리 없이 사라져 버리고 말았다.

국가의 품격을 높이기 위해서 새로운 것을 찾는 것은 쉽지 않다. 우리가 가지고 있는 것 중에는 세계의 주목을 받을 만한 대표적인 브랜드가 여전히 많다. 다만 브랜드 스토리를 개발하는 데에도 원칙이 있다. 사실 속에서 왜곡됨이 없어야 하며, 브랜드가 나타내는 메시지가 모두에게 공감으로 연결되어야 한다는 점이다. 우리의 생각 문화와 상품이 스토리텔링을 통하여 세계로 확산됨으로써 국가 브랜드 가치와 국가의 품격도 높아지고 세계화를 리드하는 중심 국가로 자리매김 할 수 있다.

국가브랜드 가치 제고를 위한 전략

이탈리아의 정치사상가 마키아벨리는 권력의 하드파워를 주장하였지만, 첨단기술의 시대에는 국가의 힘이 '소프트파워(soft power)'에서 나온다. 하버드대 케네디 스쿨의 조지프 나이 교수가 주장했 듯, 정보 과학 교육 학문 예술 등 인간의 이성 및 감성적 능력을 포함하는 문화적 영향력이 국가의 파워를 지배하는 연성국가 시대로 접어든 것이다.

국가브랜드 가치를 높이기 위해서는 세계의 여러 나라가 우리나라 사회 각 분야의 가치와 덕목을 인정해 주는 것이 가장 중요하다. 이런 측면에서 본다면 최근 우리나라 산업의 한 축으로 성공적으로 자리 매김한 한류를 잘 발전시켜 나간다면 우리나라의 이미지를 소프트하게 바꾸는 대외확장성이 높은 분야임에는 이론의 여지가 없다. 사이의 강남스타일은 조회 수 10억을 돌파한 최초의 동영상이 되었고, 태양의 후예 등 인기 드라마, LPGA에서 한국골퍼들의 활약 등 문화적 파워는 그동안 한국이 안고 있던 강성 이미지를 많이 희석시켜 놓았다. 미국은 군사 외교적 파워를 토대로 세계 최고의 강성 이미지를 갖고 있지만 모든 분야에서 자유와 평등이 보장되는 국가라는 최상의 연성 이미지를 함께 가지고 있다. 중국이 최근 공자를 재 부각시키고 있음은 사회의 도덕성과 지도자의 덕목을 중심으로 하는 소프트 파워에 도전장을 낸 셈이다. 시진핑을 중심으로 한 중국지도부가 연성국가를 향한 첫걸음으로 가장 먼저 도입한 정책은 부패와의 전쟁이다. 중국과 비즈니스를 하고 있는 기업인들은 중국의 접대문화부터 엄청나게 바뀌고 있음을 실감하고 있다. 중국이 미국을 따라잡기 위하여 도입한 신 경제정책을 시코노믹스라고 한다. 시진핑과 이코노믹스의 합성어인데 핵심 정책은 규제(限制, 시엔지[xiànzhì])의 완화이다. 국가 파워의 원천인 연성국가로의 전환을 위하여 선결과제가 있음을 분명히 하고 있는 것이다.

이러한 관점에서 보면 우리사회에 내재하고 있는 폐쇄적인 문화, 건전한 비즈니스와 삶의 질을 저하시키는 각종 규제, 부패 공화국의 이미지 등을 그대로 간직한 채로는 소프트 파워의 원천인 국가브랜드 가치를 유지하기 어려울 것임을 알 수 있다. 따라서 우리의 국가브랜드 가치 제고 전략도 다소 시간이 걸리더라도 사회제도의 일대 변혁을 담보로 해야만 성공을 기대할 수 있을 것이다. 이 글에서는 우선 우리 사회의 정화능력만으로도 추진이 가능한 변화를 모색해보고자 한다.

정직문화 확산을 위한 도덕 재무장 운동

선진국 기구로 알려진 경제협력기구(OECD)는 선진국들만의 젠틀맨 클럽이다. 토의는 만장일치에 의하여 결론을 낸다. 새로운 회원을 받아들일 때도 한 국가라도 반대하면 성사가 되지 않는다. 그런데 이 선진국 젠틀맨 클럽의 목표는 의외로 단순하다. 우리 인간의 삶의 질을 향상시킨다는 것이 주된 목적이다. 이 목적 달성을 위하여 회원국에 부과하는 의무를 정리하여 보면 다음 5가지로 축약된다. ① 부패의 척결, ② 공정한 경쟁, ③ 투명성, ④ 환경 보호, ⑤ 고도의 도덕적 기준 등이다. 이 다섯 가지 의무를 한마디로 종합해 보면 도덕성이고, 이를 행동에 적용시킨다면 정직이다.

우리나라도 최근 김영란법이 도입되었지만, 선진국들은 접대의 부패 연관성에 대하여 단호한 정책을 취해 오고 있다. 유럽과 일본은 접대 받으러 갈 때 반드시 내부의 승인을 거치도록 해서 부패 연관성을 원천 봉쇄하고 있다. 미국의 경우 술 접대에 대해서는 더욱 엄격해서, 워싱턴 DC의 시내 고급 음식점에서는 음식 값과 술값이 따로 청구된다. 술값은 회계 규정상 접대비로 인정되지 않기 때문이다. 술에 대하여 관대한 우리나라에서 일반적인 폭탄주는 70년대 후반 미국 카터 대통령의 윤리기반 공직사회 주창으로 사라진 지 오래다. 폭탄주가 덜 깬 상태로 사무실에 복귀하게 되면 십중팔구는 상습 음주 치료센터나 정신과 치료를 받아야 할 정도다.

우리 사회에는 선진국에서는 볼 수 없는 불법 비리가 유난히 많이 존재하고 있다. 정권 교체 시 마다 주로 정치적 대상과 대형 사건에 초점이 맞추어져 있어서 부패라고 하면 정계 관계 재계의 유착 결과로만 치부하는 경향이 높다. 그러나 주변을 살펴보면 일반인들의 불법행위도 심각한 수준이다. 생계형 비리로 치부되는 오토바이 배달족의 불법 주행은 세계 어느 곳에서도 유례를 찾아 볼 수 없는 일이다. 승용차가 인도를 버젓이 주행하고 주차를 하더라도 아무도 이의를 제기하지 않는다. 세상 어느 도시에도 유례가 없는 불법행위이다. 불만을 제기하고 싶은 정의로운 사람이 있다 하더라도 들어 줄 곳이 없다. 선진국들이 조그만 불법에도 엄한 이유는 사회적인 확산을 경계하기 때문이다. 20세기 초 미국 뉴욕에서 부패와의 전쟁에 앞장섰던 브란데이스(Louise Brandeis) 연방 검사는 "병균을 없애는 최선책은 햇볕을 들게 하는 것처럼 불법과 부패를 막는 최선의 방법은 유능한 법집행관의 24시간 감시"라며 일벌백계를 주장하였고, 이후 뉴욕 범죄정책의 근간이 되어 왔다.

이웃나라 중국의 시진핑 국가주석도 선진국으로 가기 위한 3대

정책 중 하나로 "반부패 돌파"를 제시하면서 "큰 도둑 호랑이도 잡 범인 파리도 다 때려 잡아야 한다."는 말로 부패의 근원을 제거할 것임을 시사하고 있다 도덕성에 기반을 둔 사회는 번영하고, 아무 리 법을 엄하게 하더라도 양심을 회복하지 못한 사회는 쇠락의 길 을 걷게 된다는 공자의 가르침을 되새겨 볼 때이다.

국제기준에 맞지 않는 규제의 과감한 정리

우리나라에는 정부 기관으로 규제개혁위원회가 설립되어 활동 중이다.*3) 98년 이후 1만 건이 넘는 규제를 찾아내서 이중 70% 이 상의 규제를 정비하였다고 하니, 수치상으로만 본다면 대단한 성 과이다. 그러나 이 같은 규제들은 애초 선진국에서는 찾아보기 힘 든 사례들이다. 권위를 중시한 동양에서는 지배계급이 통제의 수 단으로 각종 규제를 도입하여 왔지만, 서양에서는 사회의 주인으 로 자리 잡은 시민의 역량에 맞추어 정부의 기능이 보완적으로 발 전하여 왔기 때문이다. 권위중시 규제의 사례로, 조선 말기 서구에 개방된 이후 건립된 대표적인 건축물인 명동성당을 들 수 있다. 명 동성당의 경우 착공에서 완공까지 11년(1887년~1898년)이나 걸렸 는데 가장 큰 걸림돌 중 하나가 성당의 높이가 필동에 거주하는 왕 족의 저택보다 높은 데 있었다고 할 정도이다. 이 같은 규제는 대 한항공이 세계적인 호텔로 건립하려던 종로구 부지가 학교보건법 제6조제1항에 의하여 좌초된 경우를 보면 지금도 존재하고 있는

셈이다. 그러나, 장자크 루소의 사회계약론^{주4)}을 재삼 떠올릴 필요
도 없이 서구 선진국에서 정부의 역할은 규제의 설정보다는 시민
의 자유에 대한 철저한 존중에 있다.

　　우리나라에서는 가족관계증명서, 인감증명서, 주민등록등·초
본, 결혼사실증명서 등 수많은 서류들을 정부가 관리하고 있다. 부
동산의 매매, 금융 거래 등 개인의 상행위에서부터 기업의 설립,
임원 등기 등 사회의 모든 상업적 행위에는 이러한 서류들의 활용
이 일반화 되어 있다. 이 같은 제도는 개인의 신상 정보를 특별한
사유 없이 관리하는 시스템으로 당초 일제 강점기에 우리나라를
통제할 수단으로 시작한 제도이다. 서구 사회에는 이런 제도가 없
다. 주민센터도 없고 갈 일도 없다. 반일 배일을 외치기 이전에 이
들이 남겨 놓은 잔재부터 처리하는 것이 글로벌 스탠다드로 가는
순서일 것이다. 개인 신분증명서 발급에 까다롭기로 정평이 난 미
국에서 운전면허증을 발급받으려면 자신의 신분을 증명할 3가지
서류를 요구한다. 본인 이름으로 지불한 전기료나 수도료 같은 공
공요금 영수증, 생명 또는 건강 등 보험료를 지불한 영수증, 그리
고 기타 신분증이다. 공공 기관이나 보험사 등은 서비스 사용료와
보험금 지급 대상자의 신분을 확인하는 방법을 스스로 강구해야한
다. 국가에서 이들 기관이나 기업을 위하여 개인 신분을 확인해 주
지도 보관하지도 않기 때문이다. 선진국의 신용평가회사는 바로

이런 필요성에 의하여 탄생된 것이다. 프로파일러(수사관)라는 직업도 보험회사에서 시작되었다고 하니 정부 주도의 일자리 창출보다도 효과 만점인 셈이다.

우리나라의 IT 전문가 집단이 공들여 만들었다던 "공인인증서"는 해외 한류 팬들의 국내직구를 가로 막는 장벽으로 둔갑하였다. 국세청 홈텍스를 비롯한 정부기관과 금융기관 등은 여전히 대안이 없는 상태이다. 문제는 한국의 IT 국제경쟁력이 발목을 잡히는 사이, 인근 중국의 전자 상거래 기업인 알리바바, 텐센트, 바이드 등은 글로벌 시장을 향해서 저만치 앞서가고 있다는 데 있다. 중국의 15억 인구가 인터넷상에 은행 계좌를 개설 할 경우 이들 전자 상거래 기업은 전 세계 소비 시장을 석권하기가 훨씬 수월하게 될 것임은 자명하다.

우리나라의 규제시스템의 또 다른 문제점은 대부분 보편화 되어 있는 "차별적 관행"에서 비롯되고 있다는 점이다. 선진국에서는 차별 철폐의 원칙이 모든 사회 시스템에 용해되어 있다. 차별 관행과 관련하여 미국과 유럽에 진출한 우리나라의 글로벌 기업들이 이해 부족으로 손해배상 등 큰 손실을 보는 분야가 "고용기회평등위원회"의 조사이다. 서구 선진국의 헌법에는 "나이, 성별, 피부색, 종교" 등으로 차별을 받지 않는다는 천부인권이 구체적으로 명시되어 있고, 이를 지키기 위한 집행 기관인 '고용기회평등위원회'[주5]를 대통령 또는 수상 직속으로 운영한다. 직장 내 여성 차별 부당 해고 등 고용과 관련된 각종 규제는 모두 이곳에서 처리하는 데, 피해자 입장에서 모든 법적 행정적 지원을 아끼지 않는다. 특히 임신한 여성에 대한 해고나 복귀 시 부당한 인사 조치 등은 심각한 위법으로 간주된다. 서구 선진국의 입사 지원서에는 나이 성별 표시 항목도 없고 사진도 첨부하지 않는 것이 일반적이다. 정년 규정도 위헌인 만큼 나이를 이유로 한 인사 조치도 불가능하다.

미국에서는 심지어 군인들도 입대 시 나이를 따지지 않을 정도이다. OECD 선진국 중에서 법적으로 정년을 정하고 있는 나라는 우리나라와 일본 뿐이다. 일본은 정년을 65세로 법제화하였기 때문에 실질적으로는 선진국과 큰 차이는 없다. 우리나라의 헌법 제11조도 "모든 국민은 법 앞에 평등하다"로 명시되어 있어 정년을 규제하는 각종 법제는 향후 논란의 여지가 있다. 일상 속에 깊숙하게 자리 잡고 있는 '각종 규제'에서 벗어나 '자유와 평등'을 기반으로 하는 선진 사회 시스템이 높은 가치를 얻게 됨은 서구 사회를 보면 자명하다. 새로운 것을 창조하기 위한 "창조적 파괴"[주6]를 주창하였던 슘페터(Joseph Schumpeter)와의 공감이 어느 때 보다 필요한 때이다.

개방적 마인드

미국과 유럽 등 대부분의 선진국들은 사회전반의 개방정책을 국가경쟁력 강화 차원에서 추진해 오고 있다. 자본과 상품 및 사람의 국경 이동이 자유로워진 글로벌 시대에는 금융 통신 운송 유통 관광 외식 오락 등 개방의 효과를 보는 산업에서 고부가가치와 양질의 고용 창출 효과가 크기 때문이다. 유럽은 EU 창립으로 거주와 직업 이동 등 인적자원까지 개방화에 성공하였고, 미국은 레이건 정부 이후 지속적인 서비스 산업 개방으로 제조업의 8배에 달하는 고용 창출을 이룩할 정도로 성공을 거두고 있다.

UNCTAD의 세계투자보고서(2017년)[주7]에 따르면 2016년 세계의 해외직접투자(FDI) 총액 1조 7,500억 달러 중 미국으로 유입된 금액이 3,910억 달러로 22.2%에 달하였다. 세계의 제조창이라고 불리는 중국으로 유입된 해외직접투자액 1,334억 달러에 비교하여 보면 거의 3배의 돈이 미국으로 흘러들어간 것이다. 우리나라도 최근 의료 관광을 비롯한 식품 및 요식업, 의류 패션, 문화 콘텐츠, 게임 산업과 같이 한류의 영향을 직접 받는 산업을 중심으로 국제화 개방화가 괄목하게 이루어지고 있다. 특히 세계적으로 관광 교류가 크게 증가하고 있는 시대에는 식품 및 요식 산업이 국가의 품격을 가장 잘 나타내는 분야로 떠오르게 되는 데, 때마침 K-팝 K-드라마 등은 한식의 확산과 시너지 효과를 일으키고 있다. 그러나 한류가 세계 시장에서 국가의 이미지로 자리매김하기 위하여서는 정책적 의욕이 앞서기 보다는 세계인들이 수용할 수 있는 글로벌 스탠다드에 맞추기 위한 체계적인 노력이 수반되어야 한다.

예를 들어 한식의 세계화를 추진한다면 먼저 한식요리가 세계인의 입맛에 맞게 만들어 졌는지를 확인하는 작업이 선행되어야 한다. 우리가 만들고 평가하는 자화자찬격 시스템으로는 범세계적인 공감대를 이끌어 낼 수 없다. 일본은 일본류 열풍이 불었던 1970년대에 전통 음식인 스시의 국제화를 위하여 오랜 기간 서구의 입맛과 식도락 문화를 연구한 이후, 체계적으로 세계 시장을 파고들었다. 생선회는 기본적으로 서양인이 싫어하는 음식이었기 때문에 고급화 시키는 방안이 집중 연구되었다. 해외에 파견할 스시 전문가는 무려 6년이라는 기간 동안 교육과 연구를 통하여 서양인의 입맛에 맞는 스시를 개발할 수 있도록 지원하였고, 고급 식자재의 확보 및 공급 경로를 확보하였다. 이후 암스텔담, 뉴욕 등 해외 주요 거점에 일본을 대표할 프래그쉽(flagship)식당 개설에 정책적인 지원을 아끼지 않았다. 일본은 스시를 일본의 대표적인 국가 브랜드로 육성하여 세계로 확산시키겠다는 목표를 가지고 있었다. 그 결과 스시는 범세계적으로 깨끗하고 정갈한 음식, 고급 음식, 일본과의 비즈니스 성공을 위해서는 반드시 먹을 줄 알아야 하는 음식이라는 품격을 갖게 되었다. 지난해 "미쉐린 가이드(Michelin Guide)"에서 별 3개를 받은 음식점은 전 세계에서 116개 인데, 이 중 일본이 31개로 프랑스의 27개를 앞질렀다.

'라라랜드'로 2017년도 아카데미 여우 주연상을 받은 엠마스톤은 영화 버드맨에서 "역겨운 김치 냄새(smells like fucking kimchi)" 발언으로 곤욕을 치렀지만, 한국 폄하라고 비난하기 전에 외국인의 기호와 김치 냄새와의 관계를 객관적으로 살펴보는 자세가 필요하다. 한식 세계화의 대표적 음식으로 제시되는 비빔밥과 떡볶이도 성공적인 해외 확산을 위해서는 보다 깊이 있는 연구와 분석 그리고 전문가 양성이 우선되어야 한다. 일례로 비빔밥 중앙에 계란 노른자가 얹혀 있는 홍보물은 서양인의 기본적인 음식 기호도 조사해 보지 않고 만든 자료이다. 서양인은 일반적으로 날계란을 잘 먹지 않는다. 특히 살모넬라균에 대한 거부감으로 생 계란을 만지는 것조차 기피한다. 떡볶이는 국내 오락 프로에서 한국 방문 외국인이 잘 먹는 것으로 홍보가 되곤 하는 데, 서양인이 대체적으로 좋아하지 않는 음식이다. 떡의 재질이 입천장에 눌러 붙기 때문에 곤욕을 치르곤 한다. 서양인을 대상으로 현지에서 서베이를 해보면 쉽게 확인 할 수 있는 기초 정보이다. 최근 수년간 한식의 세계화 노력에도 불구하고 해외에서 한식을 대표하는 프래그쉽(Flagship) 식당을 찾지 못하는 실정이다. 한식은 자극적이고 저가의 음식이라는 이미지에서 벗어나기 위해서는 냉정한 평가와 사실에 토대한 연구 검토가 필요하다. 더구나 외국인 관광객이 많이 찾는 명동과 동대문 쇼핑몰 근처는 위생 점검의 사각 지대에서 국적 불명의 음식에 외국 관광객이 그대로 노출되고 있다. 한식의 세계화 출발점에서부터 브랜드 가치를 떨어뜨리는 현장인 셈이다. 일본의 포장마차는 대물림을 하지 않으면 그대로 폐업이다. 가문의 맛 브랜드가 포장마차에까지 스며 들어 있는 이유이다.

음식점 종사원 서비스의 국제화도 뺄 수 없는 점검 사항이다. 스위스 호텔 경영 전문학교 웨이터 학과의 졸업 평가 시험에서는 테이블에 있는 고객들이 개별적으로 주문한 요리를 기억해서 해당 고객들에게 정확하게 서빙하는 능력을 확인한다. 우리나라에서는 웨이터가 고객에게 주문한 요리가 무엇인지 되묻는 것은 흔한 일이지만, 이런 서비스 품질로는 고급브랜드 이미지를 확보할 수 없다. 한류의 확산으로 국가브랜드 이미지를 높이려면 외국인 눈높이에 맞는 글로벌 스탠다드 구축이 먼저이다.

국가브랜드 맵을 통한 국가별 전략 새로짜기

세계시장에서 기업 간에는 물론 국가 간 경쟁이 치열해지고 상호 기술 격차도 좁혀지고 있는 현 상황에서 무형자산인 브랜드 가치를 높이기 위해서는 기업뿐 아니라 국가 차원에서의 이미지 개선 방향을 찾는 것이 시급한 과제이다. 이미 우리나라 기업들은 세계시장에서 선진국과 후발 개도국 사이에서 특별한 강점과 입지를 갖지 못하고 있다. 선진국에 대해서는 브랜드 인지도에서 밀리고 있고, 후발국들의 추격은 이미 가격경쟁력을 넘어 기술우위까지 위협하고 있다. 실제로 조선비즈는 지난 2015년 경영학계의 오스카상으로 불리는 '싱커스(thinkers) 50'에 참가하여 세계석학 25명에게 "한국이 日·中사이에 샌드위치"라는 질문을 던졌다가 "중국은 이미 미국 반열… 한국은 이제 인도와 경쟁해야 하는 신세"라는 답변을 얻었다.[78] 매 2년마다 개최되는 싱커스 50에서 하이얼그룹의 장루이민(張瑞敏·66) 회장은 "중국식 사고방식과 서구식 경영 시스템의 결합으로 완벽한 기업 혁신 모델을 만들었다"는 이유로 최고 영예인 '경영 사상가상'을 받았다.

한국은 대외적으로 남북 관계 전쟁 위험 등과 같은 불안정하다는 이미지로 손해를 감수할 수밖에 없는 근원적 약점이 있는데다가, 이제는 국가 전체의 경쟁력 측면에서조차 위협을 받는 위치에 있다. 미래의 국가 이익을 생각한다면 국가브랜드의 전략적 관리는 더 이상 미룰 수 없는 과제가 되었다. 국가 이미지, 국가브랜드 가치와 국가의 산업 및 기업의 브랜드는 경제적 범위를 넘어서 이제 국제 경쟁력을 강화할 수 있는 핵심 원천으로 인식되기 때문이다. 따라서 국가브랜드에 영향을 미치는 모든 요소들에 대하여 외국 국가별로 이미지와 반응을 일목요연하게 정리하는 일은 가장 먼저 해야 할 과제이다. 소위 국가브랜드 맵을 만드는 작업이다.

예로부터 국가가 전쟁을 하거나 대외지향 정책을 수행하게 되면 가장 먼저 정비해야 하는 것이 지도이다. 유럽이 항해 지도 덕분에 세계시장의 패자가 되었음은 주지의 사실이다. 조선은 15세기부터 서양지도에 의존한데다가 김정호의 대동여지도(1861년 제작)가 만들어 지기 이전까지는 한반도 지도조차 변변치 못하였다. 그나마 어렵게 만들어진 대동여지도조차 당시 폐쇄주의에 막혀 활용되지 못하였다. 대외진출 정책도 없었지만, 스스로 만든 해외 지도도 없는 형편에서는 불가능한 시도였으리라 짐작된다. 지도가 없으면 해외로 나가거나 항해를 할 수 없듯이 국가브랜드 맵을 만든다는 것은 국가브랜드 전략의 선결과제이다. 국가브랜드 가치는 해외시장에서의 평가가 선행되어야 하므로 국가브랜드 맵에는 다음 사항이 표시되어 비교된다.

1) 각국별로 국가브랜드를 나타낼 수 있는 수익을 비교 : 각국의 서비스 수출액과 제품수출액을 기준으로 조사시점의 국가브랜드 수익을 도출

2) 국가 경쟁력 지수 : 각국별로 물적요소(경영여건, 생산요소 여건, 시장수요 여건, 지원시스템)와 인적요소(전문가, 정치가 및 관료, 기업가, 근로자)에 대한 평가

3) 심리적 친근도 지수 : 각국별로 관계(과거관계, 현재관계, 거리, 경험도)와 모습(안정성, 도덕성, 인권, 리더)에 대한 평가

4) 국가브랜드 전략 활동 : 정부, 기업, 단체, 국민 등 4개 주체가 전개하는 브랜드 전략 활동.

이렇게 작성된 지도를 토대로 국가차원에서는 국가브랜드 및 이미지 관리 정책의 방향을 잡을 수 있고, 기업에서는 비교 대상국 주요산업의 현황과 경쟁력 평가가 가능해 진다. 국가전체에 존재하는 각종 개별 브랜드의 가치가 상승하고 그 가치를 통합적으로 관리하게 되면 국가 경제가 활성화되고 궁극적으로 경제적 요소를 총괄하는 국가 전체의 브랜드 가치가 상승하게 된다는 이론에는 석학들 간에 이론의 여지가 없다. 에르메스, 루이비통, 까르체 등은 프랑스를 고도의 패션 국가라는 이미지로 확립했고, 코카콜라, 맥도날드 등은 미국을 '평등한 대중의 나라' 브랜드로 인식하는 데 기여한 것처럼 기업 브랜드의 가치 상승은 국가브랜드와 시너지 효과를 일으킨다.

한국은 세계에서 유례를 찾아보기 힘들 정도로 급속한 성장을 해왔고 선진국 진입을 기대할 위치에 와 있다. 여타 개도국의 부러움을 단번에 받으며 OECD 정회원국이 되었고 두 차례의 금융위기를 슬기롭게 극복한 저력이 있다. 그러나 과거의 잘못을 반성하고 현재의 문제점을 직시하지 않는다면 미래를 준비하는 과정도 쉽지 않을 것이라는 점을 우리 모두가 알고 있다. 폴란드의 유대인 대학살의 현장인 아우슈비츠 수용소 입구에는 미국의 철학자 조지산타나야(George Santanaya)의 명언이 걸려있어 모든 방문객들에게 경종을 울리고 있다. "과거를 기억하지 못하는 자는 반드시 그 잘못을 반복하는 죄를 저지른다." 국가브랜드 가치 제고는 국

가의 지속적인 융성에 반드시 필요한 요소임을 재삼 강조하고자
한다.

- 각주 및 참고문헌 -

주1) Global Nation Brand Index 참조http://www.futurebrand. com/country-brand-index

주2) CORRUPTION PERCEPTIONS INDEX https://www. transparency.org /news/ feature/corruption_perceptions _index_2016

주3) 정부 기관으로 규제개혁위원회가 1998년부터 설립되었다. 규제 개혁의 기본 방향과 규제 제도의 연구 · 발전에 관한 사항, 규제의 신설 · 강화 등에 대한 심사 관련 사항, 기존 규제의 등록 · 공표에 관한 사항, 규제 개선에 관한 의견 수렴 및 처리에 관한 사항, 각급 행정기관의 규제 개선 실태에 대한 점검 · 평가에 관한 사항 등을 종합적으로 심의 · 조정한다.

주4) Jean-Jacques Rousseau는 사회계약론에서 국가(figurehead)' 는 사회 구성원의 공통된 이해를 대변하며 사회 구성원의 권능(power)의 위임에 의해 만들어 진다고 주장.

주5) 미국에서는 Equal Employment Opportunity Commission (EEOC), 유럽에서는 EU 및 회원국에서 Equal Treatment Commission 명칭의 정부 조직을 운영

주6) 1942년 발간한 "자본주의, 사회주의와 민주주의"에서 창조적 파괴(Creative destruction)을 공론화함.

주7) UNCTAD는 유엔통상개발회의로 1964년 설립되었으며 국제무역. 국제투자에 대한 정보 및 지원 업무를 수행한다. 보고서 : http://unctad.org/en/pages /Publication Webflyer.aspx? publicationid=1782

주8) [Weekly BIZ] 한국 경제전망과 산업 경쟁력은? 세계 석학 25명에 물었더니, 2015.11.21. http://biz.chosun.com/ site/data/ html_dir/2015/11/20/ 2015112002375.html

한국 관광·문화산업의
문제점과 질적 변화를 위한 제안

세상을 바꿔라 Ⅴ

≪백 기 준≫

| 학력 |
- 미국 펜실베니아주립대학교 호텔경영학과 대학원 졸업(박사)
- 미국 네바다주립대학교(University of Nevada, Las Vegas) 호텔경영학과 대학원 졸업(석사)
- 미국 네바다주립대학교(University of Nevada, Las Vegas) 호텔경영학과 졸업(학사)

| 경력 및 활동사항 |
- (현)미국 휴스턴대학교 호텔경영학과 부학장 및 에릭힐튼석좌교수
- (현)호텔관광학계 SSCI논문중 가장 신망이 높은 탑 5 저널의 Managing Editor 리뷰어 역임.
- (현)아시아 태평양 관광학회 (APTA) 미국대표
- 전세계 기준 Top 15내에 영향력있는 호텔관광연구논문 교수로 인정
- 캔사스주립대학 교수
- 라스베가스 MGM Grand Resort & Casino 매니저

| 저서 및 논문 |
- Determining the Attributes of Casino Customer Satisfaction: Applying Impact-Range Performance and Asymmetry Analyses (Journal of Tourism and Travel Marketing, 2015).
- Internal Relationship Marketing: Casino Employees' Job Satisfaction and Organizational Commitment (Cornell Hospitality Quarterly, 2011)
- Influencing factors on restaurant customers' revisit intention: The roles of emotions and switching barriers (International Journal of Hospitality Management, 2009).
- Examining Structural Relationships among Perceived Impact, Benefit, and Support for Casino Development based on 4 Year Longitudinal Data (Tourism Management, 2006).
- The Effects of Image Congruence on Hotel Customers' Brand Loyalty (Journal of Hospitality and Tourism Research,2005) 외 다수

한국 관광·문화산업의
문제점과 질적 변화를 위한 제안

백기준 | 휴스턴대학교 교수

국내·외 관광문화산업 동향

국내 산업패러다임의 변화

지난 반세기 동안 대한민국의 산업구조는 급변해왔다. 대한민국 정부는 한정된 자원의 한계를 극복하고자 다른 산업의 성장을 견인하는 '기간 산업'을 선정하여 그 중요성을 강조해왔다. 50년대 농수산물로 부터 60년대부터 80년내까지는 기계·철강·건설, 그리고 90년대에 이르러서는 반도체·정보통신기기·자동차산업에 이르기까지 변화를 지속해왔다. 이런 변화 속에서 한국 경제는 1인당 국민소득 2만달러를 넘어 3만달러 시대로 나아가고 있다. 그러나, 1970년대 이후 한국의 경제 성장을 이끌었던 기간 산업들은 글로벌 경쟁력을 상실하여 장기 침체에 빠져있다. 이를테면, 석유, 철강, 건설, 조선 등 중공업과 전자제품, 디스플레이 등 주요 IT 제조업의 시가총액 비중은 지난 5년 동안 급격히 감소하고 있는 추세이다. 이와는 대조적으로 관광레저산업은 1980년대 이후 빠르게 성장하고 있다. 하지만 아쉽게도 관광레저산업이 한국의 미래 기간 산업이 되기 위해서는 가야 할 길이 너무도 멀다.

동남아 주요국가 관광산업의 동향

동남아 국가들의 관광레저산업은 2000년대 들어 매우 빠른 속도로 성장하고 있다. 특히 중국의 경우, 2001년 WTO에 가입한 이래 관광산업의 개방은 중국을 빠른 속도로 세계시장에 진입하게 하였고, 중국인의 소득성장에 따른 국내·외 관광 역시 중국 관광레저산업의 증가에 영향을 미치고 있다. 중국인의 레저 활동에 대한 욕구는 꾸준히 증가하고 있으며, 이에 맞추어 레저, 휴가여행 등 다양한 관광 컨텐츠가 늘어나고 있다. 뿐만 아니라, 중국의 국내·외 교통 인프라 확충과 개선은 관광산업 발전에 큰 영향을 미치고 있다. 중국의 관광산업 성장에는 중국 정부의 정책도 큰 효력을 발휘하였다. 중국 정부는 화장실 혁명, 관광시장 정돈, 관광객 블랙리스트 등 관련 정책을 실시하여 중국 관광의 이미지를 제고

하고 관광시장을 활성화는데 힘을 기울였다. 특히 화장실 혁명은 시진핑 주석의 중요지시에 따라 전국적으로 확대되었으며, 화장실 신축 및 재건축과 관련되어 도시 및 농촌의 관광 질 개선에 도움이 되었다. 뿐만 아니라 최근에는 국가여유국, 공안부, 공상부 3개 부문이 연합하여 '규범적 관광시장 질서 정비에 관한 통지'를 발표하고 지방 관련부서들의 협력하에 관광시장을 관리하기 위하여 노력 중이다.

일본의 경우, 2000년 초반 '관광입국'을 선언하고 관광산업을 국가적으로 육성하기 시작하였다. 그 후 법률 개정을 통하여 관광 행정의 책임소재를 명확히 하고 효율적으로 기능할 수 있도록 '관광청'이 개설되었다. 이러한 배경에는 일본 내 인구 감소로 인한 내수의 한계를 관광을 통해 극복하고, 관광산업을 경제대책으로 인식한 데에 있다. 일본은 '방일 외국인 여행자' 유치에 힘을 쏟고 있으며, 이는 2020년 도쿄 올림픽 유치 성공과 함께 더욱 가속화될 것으로 보인다. 이와 더불어 일본은 2013년 '관광입국 추진 각료회의'를 통해 '관광입국 실현을 향한 액션 프로그램'을 실행 중에 있다. 이는 도쿄올림픽 개최와 관련하여 관광 진흥전략, 인바운드의 비약적 확대를 위한 대책, 비자요건 완화, 세계에 통용되는 매력 있는 관광지역 만들기, 외국인 여행자 수용태세 정비, MICE 유치 개최 촉진과 외국인 비즈니스 여행 대책으로 구성되어 있다. 이러한 일본 사례는 관광경쟁력을 강화하기 위해서 정부의 역할이 중요함을 보여주는 동시에 지속적이고 장기적인 안목을 바탕으로 관광전략을 수립할 필요가 있음을 시사하고 있다.

한국 관광산업의 현 주소

정부 및 기관 주도적인 중국이나 일본의 관광산업에 대비하여 한국의 관광산업은 철저히 민간 중심으로 이루어지고 있다. 글로벌화와 더불어 세계적으로 인적교류가 확대되고는 있으나 한국은 이에 큰 영향을 받지 못하고 있으며, 한국관광공사에서 실시한 '2016년 외래관광객 실태조사 보고서'에 의하면 2016년 한국을 다녀간 외국인 관광객은 천 오백 십만 명인데, 그 중 중국(50.4%)과 일본(14.7%) 관광객이 과반수를 차지하고 있다. 뿐만 아니라 방문 목적이나 방문 도시 역시 쇼핑과 서울로 지나치게 편향되어 있다. 위에서 언급한 중국과 일본의 사례에서 보여지듯, 관광레저산업은 개인의 소득 뿐 아니라 국가 경제성장에 큰 도움이 된다. 그러나 한국의 관광레저산업은 국가의 기간 산업이 되기에는 역부족이다. 때문에 외국관광객 정체 및 감소로 인해 활력을 상실해가는 한국 관광레저산업의 활성화를 위하여, 우리가 당면한 관광문화사업의 문제점을 직시하고 분석함으로써 한국의 지속가능한 관광레저산업 성장 방법의 모색이 절실한 시점이다.

한국 관광·문화 산업의 문제점

질적 성장 동력의 부재

우리는 일상생활에서 분야별로 OECD 나라들과 비교해 우리나라가 차지하는 순위나 위치를 다룬 기사를 자주 접하게 된다. 이는 한 나라의 경제적 상황을 보여주는 중요한 지표이지만, 평가의 잣대를 지나치게 숫자에 치중되게 만드는 경향이 있다. 1970년대 산업화과정을 거치면서 국민 일인당 GNP에 큰 관심을 갖게 되고, 세계에서 차지하는 우리나라의 경제력과 여러 가치를 숫자로 측량해 해마다 더 높은 수치를 달성하기 위해서 부단히 노력해왔다. 그 결과 단기간에 눈부신 경제성장을 이루며 원조를 받던 나라에서 도움을 주는 나라로 탈바꿈하는 신화를 만들었다. 하지만 기업과 기관은 우수한 평가를 받기 위해 그 지표에 집착을 할 수 밖에 없었고, 결국 이는 내실 면에서는 외향적 성장을 따라잡지 못한 것으로 풀이된다. 이는 관광·레저분야에서도 여실이 드러난다. 관광레저 산업을 살펴보면 양적으로 크게 성장한 것은 누구도 부인할 수 없으나, 2016년 관광조사에서도 볼 수 있듯이 질적인 면에서 쇼핑편향, 서울집중, 중국인 관광객으로의 쏠림 등 중요한 문제점이 드러나고 있다.

다양한 관광상품의 부재

한국을 방문하는 관광객 대부분은 쇼핑을 주 목적으로 꼽는다. 주요 쇼핑상품으로는 향수 화장품 식품 의류 순이다. 이는 한 때 관광·레저산업과 유통산업을 연결하여 시너지 효과를 보였으나, 최근 나타나고 있는 관광객 수 및 여행 지출 감소로 인해 가장 큰 타격을 받은 부분이기도 하다. 특히 가장 많은 수를 차지하고 있는 중국인 관광객의 경우, 2015년에 비해 2016년 개인별 총 여행 지출 경비는 급격히 감소했으며 (-12.6%), 쇼핑 역시 크게 감소했다(-20%). 또한 $500 이상 고액 쇼핑지출에서도 큰 감소율을 보이고 있다. 중국 본토 관광객들의 대표적 쇼핑지로 꼽히던 서울의 명동 등 주요 관광상권에도 최근 중국인들의 여행 지출 감소가 두드러지고 있다. 이러한 감소세는 두 번째로 많은 관광인구를 차지하고 있는 일본인 관광객에게서도 나타나고 있는 현상이다.

얼마 전 신문에서 '쇼핑이 유일한 관광, 노잼 대한민국, 관광의 참뜻을 잃다'라는 제목의 기사를 읽은 적이 있다(이코노미뉴스 4월호 이홍빈). 이 기사 역시 필자의 생각과 일맥상통하는 내용을 담고 있었다. '싸구려 쇼핑, 정체성 없는 한국 관광'이란 소제목이 불편하지만 부정할 수 없는 현실이다. 이러한 감소세를 보이게 된 이유는 무엇일까? 이에 대한 원인은 패키지 관광에서 찾을 수 있다. 한국을 찾는 관광객 중 25%는 패키지 투어를 이용하고 있다. 특히 중국인 관광객의 경우, 절반 이상이 소액 패키지 관광을 통해 한국을 방문하며, 이는 중국시장을 겨냥하여 다양한 저가 패키지 상품들이 개발된 결과이다. 패키지 상품의 경우 질보다는 커미션을 이용하여 수익을 상쇄하는 구조이다. 그 중에서도 동급 타상품 대비 저렴한 패키지는 여러 가지 문제점을 야기하고 있다.

더 많은 관광객을 유치하기 위해 여행사들은 중국에 인두세를 지급하는데(중앙일보, 2016.03.16.) 국내 인바운드 여행환경에서 이 인두세(혹은 마이너스 투어 피, zero or negative tour fee)로 인해 여러 문제가 발생한다. 현실적인 여행비를 거둬서 정상적으로 운영하고 수익을 내야 함에도 불구하고, 인두세를 지급하는 비정상적인 방법을 통해 이윤을 창출하고 있는데 이것이 문제의 발단이 되고 있다. 이를테면, 여행사가 관광통역 안내사(혹은 투어 코디네이터)를 동원해 관광객들을 연계된 면세점이나 다른 쇼핑몰에서 많은 시간을 할애하도록 하여 수익을 내는 것이다. 비록 예전처럼 바가지요금을 강요하지는 않지만, 외국인 관광객으로 하여금 관광상품보다는 쇼핑에 치중하도록 하는 것이다. 많은 경우에 질 낮은 저가 상품쇼핑이 패키지에 포함되게 마련이고, 시간을 무가치하게 낭비했다고 느낀 관광객들은 한국을 재방문하고 싶어 하지 않게 된다. 뿐만 아니라 본국으로 돌아간 후에는 인터넷 블로그 등에 질 낮은 관광 패키지의 실상을 공유함으로써 한국 관광 이미지 하락마저 부채질한다. 설령 고급 쇼핑을 권장한다 할지라도 가격에 민감한 외국인 관광객들의 기대나 요구와는 맞지 않는 전략이라고 할 수 있다. 이와 같이 수수료를 통해 수익을 내려고 쇼핑이나 선택관광에 치중하는 여행사들의 행태는 그 폐해가 심각할 정도이다. 많은 여행사가 관광통역 안내사에게 할당량을 통해 발생하는 이익으로 임금을 가져가도록 하고 있다. 이러한 기형적인 임금제도 때문에 관광안내사는 울며 겨자 먹기로 관광객들에게 쇼핑을 강요하게 되고 쇼핑하지 않으면 면박까지 주는 악순환을 되풀이하게 된다. 문제는 중국어만 가능하면 전문적인 교육이나 인증을 받지 않은 현지출신 무자격 관광통역 안내사를 고용하는 데에도 있다. 영세여행사의 이러한 경영 방식은 결국 관광산업의 질을 떨어뜨리는 요인으로 작용한다. 경희대 안소현 박사와 이충기 교수의 최근 연구발표를 보면 국내여행사의 약 78%가 직원 10명 미만의 영세사업으로 재무상태나 자금 동원능력이 취약하고 그로 인해 쇼핑과 선택관광을 강요하는 병리적인 문제가 나타난다고 보고하고 있다. 또한 무자격, 비전문, 불법 관광통역 안내사들의 전문성 부족과 질 낮은 서비스로 인해 관광객들의 만족도가 낮아져서 이는 결국 재방문 의사를 떨어뜨려 국가 이미지에도 큰 손실을 끼친다는 것으로 나타난다.

한국의 지역관광산업은 내국인을 위한 홍보 시스템이 비교적 잘 구축되어 있는 편이다. 예를 들면 방송 프로그램에 나오는 먹거리 여행이나 국내 여행지 탐방은 여행지 정보를 전달해 줄 뿐 아니라 연예인들을 통해 간접체험을 하게 함으로써 내국인들의 관광성향을 다양화하고 촉진한 성공적인 사례들이 많다. 하지만 외국인에 대한 지역 관광홍보는 그에 훨씬 못 미친다. 무엇보다도 외국인 관광객에게 효율적으로 지역 관광자원을 홍보하는 데 이용될 수 있는 문화 컨텐츠의 사용이 제한적이다. 처음 한국을 방문하는 외국인의 경우, 누군가의 강력한 추천이나 정보 없이 선뜻 어떤 지역을 방문하는 것에 어려움을 느낀다. 한국을 처음 방문한 아킴 쉬미트라는 독일 관광객이 서울 이외에 지방을 관광하고 싶다면, 어떤 방법을 통해 여행계획을 세울 수 있을까? 인터넷검색사이트? TV 미디어? 한국정부 웹사이트? 친구? 어느 것도 그가 서울이 아닌 다른 지역 가운데 적절한 여행경로와 문화체험을 동반한 관광 상품을 선택하는 데 도움이 되지 못하는 것이 현실이다. 미국인 관광객의 경우, 가장 쉽게 제일 먼저 트립어드바이저(Trip advisor)와 같은 리뷰 웹사이트를 방문할 확률이 가장 높다. 트립어드바이저와 같은 Online travel website 의 경우, 관광객들로 하여금 직접 경험을 바탕으로 생각과 정보를 공유하게 하기 때문에 컨텐츠보다 빠르고 강력하게 전달될 수 있다. 그러나 외국인 관광객이 트립어드바이저를 통해 한국의 지방도시 관광에 대한 정보를 얻기는 어렵다. 예를 들어 서울에 대한 관광정보는 10,000개 이상의 포스트가 있지만, 남해의 경우 여수 16건, 순천 17건, 통영 9건, 남해 4건 등의 정보만이 공유되어 있을 뿐이다. 다른 글로벌 관광 웹사이트에서도 비슷한 결과로 나타났다. 우리나라는 세계 최대의 인터넷 강국이며 데이터 산업에서도 선구자 역할을 하고 있다. 그럼에도 불구하고 환경을 충분히 활용하지 못하고 있다. FAM trip 이 됐건 인센티브 관광이 되었건 그곳을 방문하는 외국 관광객에게 접근해서 좋은 경험을 공유할 수 있도록 추천하고, 안 좋은 경험이 있을 때는 즉시 해결 방안을 마련해서 개선 한다면, 더욱 효율적인 소통을 할 수 있다고 본다. 특히 밀레니얼 세대는 그들만의 독특한 문화를 공유하고 있기 때문에 이들과 소통하는 일은 매우 중요하다

선진화된 관광서비스 인식의 부재

한국인은 친절하다. 하지만 친절함이 좋은 서비스를 의미하는 것은 아니다. 무조건 섬기고 고객의 요구를 들어주는 것은 친절일 수는 있겠으나, 좋은 서비스와는 거리가 멀다. 과거에는 퍼주기 식의 마케팅이 좋은 마케팅 방법이며 좋은 서비스 수단이라고 생각되기도 하였다. 특히 외식산업에서는 중국집에서 탕수육을 시키면 군만두를 주며 "서비스입니다." 라고 하듯이, 한식을 알리기 위해 LA나 뉴욕거리에서 무료로 비빔밥을 나누어주면서 무료로 상품 또는 서비스를 제공하기도 했다. 하지만 무료서비스는 절대 좋은 서비스를 의미하지 않는다. 오히려 무료 서비스가 계속 될 경우, 고객들은 그 서비스상품에 대해 보잘것없게 생각한다. 고객은 고객 만족도를 충족시킬 때 다시 찾게 되는 반면, 무조건 퍼주기식으로 일시적인 만족도를 올리면 그다음에는 더 무리한 요구를 하게

된다. 그리고 그 요구가 충족되지 않으면 쉽게 불만족을 표시하게 마련이다. 따라서 서비스를 하더라도 효과적 마케팅을 위한 전략적인 접근이 필요하다. 서비스 상품에 적절한 가치를 부여하고 친절한 설명과 함께 최선을 다해 서비스를 제공하면 받는 사람 역시 감사히 여긴다. 그 가치에 대한 감사뿐 아니라 서비스를 하는 사람에 대한 존중감을 표한다. 친절하되 만만한 상대가 되어서는 결코 안 된다. 고객을 존중하고 고객이 서비스에 만족하도록 배려하는 것이 진정한 서비스 정신이라고 할 수 있다.

아울러 친절의 이면과 다양성에 대해서도 생각해 보아야 한다. 일본식의 깍듯한 친절도 필요하고, 자연스러운 미소를 보이는 미국식 친절도 필요하고, 마음 깊이 우러나오는 태국식 친절도 필요하다. 가장 핵심은 좋은 점을 취하는 것이다. 얼마 전 유나이티드 항공사의 경우에서 볼 수 있듯이 손님을 개처럼 끌어내는 행동은 많은 서비스 업계에 큰 쇼크를 주었다. 하지만 이 케이스 만으로 미국인들의 서비스 행동을 일반화 시킬수는 없다. 미국의 서비스 태도의 특이한 점은 다음과 같은 예에서 찾아볼 수 있다. 비행기가 지연됐을 때 계산대에서 손님들을 대하는 직원의 태도는 여유롭지만 엄격하다. 비행기에 결함이 생긴 것을 어쩌겠는가. 예상치 못한 문제가 발생했을 때 직원들은 손님들의 편의를 위해 최선을 다해 해결방법을 모색하고, 손님들 또한 기다려 주는 여유를 보인다. 더불어 그에 상당하는 대가도 기대하고 받는다. 그런데 우리는 어떠한가? 항공사 직원을 죄인 취급하며 소리 지르고 무리한 요구를 하는 승객을 심심치 않게 볼 수 있다. 친절에 대한 교육에서 무조건 손님이 왕이라는 개념은 버려야 한다. 미국의 경우처럼 되는 것은 되고 안 되는 것은 안 된다고 단호하게 설명할 수 있어야 한다. 잘 못은 정확히 인정하고 사과하되, 손님에게 끌려 다니는 것은 친절이 아니다. 무조건 죄송하다고 말하는 것이 아니라 화가 난 손님을 상대로 이성적으로 대처하고 문제 해결을 위해 애쓰는 것이 진정한 친절의 덕목이다.

미래지향적 정책의 부재

모 인터넷 회사에서 만들어 화제가 되었던 "성질 급한 한국인"이란 광고를 다들 기억할 것이다. 한국인의 급한 성질을 충족시키다 보니 인터넷 서비스가 세계에서 가장 빨라졌다면서 한국인의 성향에 대한 풍자적인 요소를 보여주는 선전이었다. 그렇다. 한국인은 성질이 급하다. 그 덕분에 빠른 경제발전을 누리고 있다고 해도 과언은 아니다. 공항이건 호텔이건 거의 모든 수속절차가 그 어느 나라보다 빠르게 진행된다. 수퍼마켓을 가 봐도 미국이나 다른 어느 나라보다 계산대 직원들의 행동이 민첩하고 빠르다. 뒤처지는 것을 용납하지 않는 끊임없는 개발정신에 창의적인 사고와 탄탄한 교육열 새로운 것에 대한 도전정신까지 보태어져 우리나라는 빠르게 성장해왔다. 예를 들어 송도를 보더라도 얼마 전까지 바다였던 지역이 눈 깜짝할 사이 땅으로 메꾸어지고 그 위에 아파트, 빌딩, 복합 리조트시설이 들어섰다.

급변하는 관광환경 속에서 중요한 점은 무슨 일이든 좋은 결과를 얻기 위해서는 시간 투자가 필요하다. 일을 진행할 때에는 검토와 검증을 진행하고 진행과정에서 수반되는 부수적 현상이나 문제점들도 점검하고 또 점검해야 한다. 그 일과 연관된 모든 관계자들의 의견 또한 중요하게 고려되어야 한다. 이에 해당하는 사례로, 2016년 11월 아베 정부가 진행했던 중요한 법안을 들 수 있다. 일본 총리가 직접 진두지휘를 해서 정부와 국민으로부터 복합 리조트, 카지노 개방에 대한 동의를 얻어낸 일이다. 이미 경제적 위기를 이겨내면서 일본인들로부터 신뢰를 쌓은 아베정부는 빠찡코와 같은 불법 도박이 불러 오는 사회적 문제점을 개선하면서, 동시에 주변국과의 관광경쟁력을 높이고 누세를 막기 위해 카지노 개방을 위한 법 개정안을 통과시켰다. 이 모든 일은 오랫동안의 시간 투자와 철저한 준비 과정을 거쳤다는 점이다. 이는 처음부터 아베 정부가 준비한 것이 아니라 일본 기업과 사회, 또한 정치가와 학자들이 여러 경로를 통해 검증하는 과정을 거쳐 어떻게 하면 친환경적으로 긍정적인 경제효과를 낼 것인지에 대해 부단한 노력을 기울인 결과이다.

복합 리조트를 통한 수익 창출 효과를 계산하기에 앞서, 발생 가능한 모든 부정적 사회문제를 고려해서 이를 최소화하기 위해 최선의 노력을 기울였다. 1999년부터 현재까지 매년 도박중독과 복합 리조트에 관한 학회를 개최해서 각계 각 층의 사람들을 초대해 토의하고 그 결과를 국민과 함께 공유하면서 가장 좋은 모델을 찾아내어 국회에 상정시키고 합의를 이루어 낸 일련의 과정은 우리에게 시사하는 바가 크다. 일본은 미래를 위한 시간 투자에 서두르거나 초조해하지 않는다. 완벽히 준비해서 일을 성사시킨다. 미국의 수도 워싱턴 한복판에서 봄마다 활짝 피는 벚꽃들을 봐도 그렇고, 미국 내 최고급 호텔의 일본식당에서 접할 수 있는 초밥이나, 각 도시의 수퍼마켓마다 판매되는 초밥을 보더라도 알 수 있다. 오래전부터 다각도로 접근하고 각 시장에 맞는 상품을 개발해서 홍보하고 훗날을 기약하며 오랜 시간 공들여 점진적인 도입을 도모한다. 우리가 가장 취약한 부분이 바로 이점이다. 잠식 마케팅이란 개념은 아직 우리에게 낯설 수 있다. 큰 그림을 그려놓고 오랜 시간 투자를 통해 원하는 것을 얻어내고 한번 얻어내면 웬만해서는 빼앗기지 않는다. 2020년 도쿄올림픽을 위해 도쿄는 이미 2015년 스위스에 있는 국제 컨설팅기업과 계약을 맺고 사후대책에 대해서 철저히 준비하고 있다. 그 업체는 지난 런던올림픽 때도 사후컨설팅을 통한 긍정적인 결과로 좋은 반응을 얻은 바 있다.

지속가능한 관광레저산업 개발을 위한 전략

쌍방향 소통의 중요성

쌍방향 소통 (Two-way communication)은 고객관계 마케팅에 영향을 미치는 중요한 요소이다. 그러나 한국의 관광·레저산업의 소통은 어떠할까? 모든 것에는 핵심이 있게 마련이다. 핵심에 도달하기 위해서는 핵심에서 벗어나는 것을 후 순위에 두고 접근하면 된다. 예를 들어 복합 리조트개발 또는 문화유산개발을 위한 전략을 세우고자 한다면, 핵심을 찾아 중점을 두고 그 개발프로젝트가 주는 득과 실을 현명하게 판단해야 한다. 관련 기업이나 정부 뿐만 아니라 모든 관련자(stakeholder) 및 정책과 관련이 있는 거주민, 고객 등과의 지속적인 소통이 필요하다. 소통의 부재가 큰 물의를 일으킨 예를 들어보겠다. 복권위원회는 과거 '인생역전'이란 슬로건을 이용해 로또의 판매를 독려하였다. 세계 어느 나라도 게이밍 관련 상품을 이렇듯 사행성을 조장하도록 광고하지 않는다. 이는 정부와 학계 그리고 사회의 불통에서 비롯된 결과였다. 게이밍산업의 경우 도박과 겜블링에서 오는 사회적인 파장을 고려하지 않으면 안된다. 그 후 사행성감독위원회가 만들어졌지만, 이는 소통의 중요성을 보여주는 중요한 사례이다. 디지털 서비스 산업으로 연결되는 제4차산업은 관광문화사업에 지대한 영향을 주고 있다. 국제사회가 발전하고 복잡해지면서 데이터는 늘어나고 그만큼 기술력과 분석력도 크게 발전하고 있다. 따라서 다양한 고객의 요구 사항이 빅데이터를 통해 통합·분석되면서 그에 걸맞은 맞춤 마케팅을 선보이고 있다. 빅데이터를 이용한 고객과의 소통은 가치 있는 상품을 개발하여 고객들한테 제공하고 피드백도 받아 서비스 개선방안을 모색하는 데 도움을 줄 수 있다.

서비스 이노베이션

짧은 시간에 많은 사람을 상대해야 하는 서비스 산업에서 놓칠 수 있는 점이 바로 서비스의 질이다. 양질의 서비스를 제공하고 만족한 고객이 재방문하도록 하는 것이 서비스 산업의 핵심이다. 새로운 고객 열 명을 얻는 것보다 기존 고객 한 명을 잘 관리 유지하는 것이 수익성에 훨씬 이득이 있다는 것은 많은 연구를 통해 증명되었다. 따라서 서비스 이노베이션을 통한 관계마케팅(relationship marketing)은 효율적으로 양질의 고객서비스를 제공하여 관계를 구성하는 효율적인 전략이라고 하겠다. 미국과 유럽 등 서구 국가에서는 이미 1990년 중반부터 서비스 이노베이션에 대해 활발하게 연구하고 직접 현장에 적용하고 있다. 마일리지 프로그램에서 시작한 고객관계 마케팅은 손님을 관리하고 유지하는 것이 아니라 감성 마케팅 감각 마케팅으로 고객들을 유치한다. 데이터베이스를 통해 고객 개개인에게 맞춤 서비스를 제공한다.

최근 호텔분야에서는 서비스 이노베이션이 두드러지게 나타나고 있다. 홍콩의 호텔 아이컨의 경우 비지니스 여행객을 위하여 호텔에 체크인할 수 없는 고객으로 하여금 휴식 및 비지니스를 취할 수 있도록 타임레스(Timeless)라는 비지니스 라운지 형태의 공간을 무료로 제공한다. 이 공간에는 간단한 미니바 커피메이커 샤워시설 등이 갖추어져 있으며, 고객들로 하여금 아이콘호텔에 대한 만족도를 높이고 재방문하게 하는 등의 효과를 거두고 있다. 또한 많은 세계적인 호텔 체인은 당사의 웹사이트를 통한 고객확보에 힘을 기울이고 있다. 호텔 브랜드 자체 웹사이트를 제대로 구축할 수 있다면 고객은 합리적인 가격으로 호텔을 이용할 수 있고, 호텔은 고객 정보 데이터망을 구축하여 좀 더 효율적인 마케팅 전략을 개발할 수 있게 된다.

이러한 이노베이션은 서비스직원의 교육에도 적용될 수 있다. 가장 대표적으로 에러메니지먼트 (Error Management) 라는 교육 개념을 떠올릴 수 있다. 예전에는 친절 서비스 교육만으로도 높은 수준의 고객 만족을 추구할 수 있다고 생각되어 왔다. 실수를 한 직원의 경우 상사나 동료의 비난을 받게되고, 이는 당사자의 직업 만족도나 업무 효율성을 떨어뜨려 서비스 질 저하로 이어진다. 그러나 이는 내부고객의 중요성에 대해서 간과한 것으로 실패할 수 있는 요인이 된다. 서비스 교육에서 중요한 것은 우리가 직원의 실수를 어떻게 다룰 것인가 하는 점이다. 예를 들어 호텔 프런트 직원이 실수로 고객의 기분을 상하게 했다고 가정해 보자. 언제든 일어날 수 있는 일이다. 근무환경이 실수의 발생에 대해 유연한 태도를 가지고 있지 않다면, 해당 직원은 실수를 개선하기 보다는 숨기려고 하고 이 과정에서 고객은 더 큰 불만족을 야기할 수 있다. 때문에 직원이 실수했을 때 바로 털어놓고 문제점에 대해 함께 얘기하고 해결점을 찾을 수 있는 환경을 조성하는 것이 중요하다. 서비스 교육의 이노베이션을 통해 내부고객의 만족은 물론 고객 서비스의 질도 개선 될 수 있다는 것이다.

관광레저산업의 트렌드에 맞는 제도의 필요성

최근 한국을 포함하여 전세계적으로 숙박공유 제도가 열풍을 일으키고 있다. 젊은 관광객들 사이에서 부는 '현지인처럼 살아보기'는 게스트하우스나 에어비앤비의 성장에 큰 영향을 미치고 있다. 게스트하우스에 따라서는 호스트가 직접 손님들에게 하이킹 서비스를 제공하기도 하고, 현지 관광코스에 대한 설명과 함께 맛있는 지역음식을 대접하는 경우도 있다. 숙박공유제도는 공유경제(sharing econmy)의 관점에서 집주인 뿐 아니라 관광객 그리고 사회 전체의 상생을 돕는 좋은 시스템이라고 할 수 있다. 그러나 우후죽순처럼 늘어나는 숙박공유 웹사이트와 업체에 대한 감독과 규제가 이루어지지 않아 문제가 되기도 한다. 숙박공유사이트는 안전문제 위생문제 서비스문제 등을 안고 있고, 이는 해당 여행지 해당 국가의 이미지 손실로 이어질 수 있다. 한국 역시 숙박공유 산업에 대하여 대책마련이 시급하다. 정부에서 꼼꼼하게 상황을 파악하고 이에 대한 관리·감독도 시행되어야 한다. 예를 들어 소방법이나 식품위생관계법이 이런 시설들에 제대로 적용되는지 검토해야 하고, 운영자들의 자격요소도 파악해서 인증제나 허가제를 도입함으로써 무분별하고 불법적인 영업은 억제하는 한편, 순기능을 할 수 있는 방안과 교육프로그램 개발이 병행되어야 할 것이다.

이는 앞서 지적했던 관광통역 안내사의 경우에도 적용할수있다. 정부가 구조적 문제점을 파악하고 관광 안내사의 임금이 사례비나 수수료와 상관없이 지급될 수 있도록 노동임금체제에 대한 관리감독을 해야한다. 임금의 지급 여부가 사례비로 책정되는 것은 당연히 문제를 발생시킬 소지가 있기 때문에 정부는 최저임금과 같은 안정된 임금체제를 갖추게 하고, 무자격 관광안내원을 고용하는 등의 불법에 대해서는 철저하게 단속한다는 단호한 의지를 보여줄 필요가 있다. 한편으로는 여행사들이 쉽게 접근할 수 있는 체계적인 교육 프로그램을 개발하여 올바른 관광 정보와 서비스 교육을 정부 차원에서 지원해줄 필요가 있다. 이를 통해 제대로 자격을 갖춘 관광 안내 인력을 키우고 훈련할 수 있는 여건을 마련해서 관광 산업인력의 질을 높이는 것이 무엇보다도 중요하다.

또 다른 관광트렌드로는 의료관광 (medical tourism)을 들 수 있다. 한국의 의료관광은 아시아 뿐 아니라 유럽 남미 북미 국가 등 전세계적으로 인기를 끌고 있다. 이에 맞추어 보건복지부 한국관광공사 지방자치단체 산하의 의료기관 숙박시설 문화관광지 등이 다양한 방식으로 홍보 및 마케팅을 전개하고 있다. 개별적인 방식이 단기적으로 효과를 보는 데는 좋을 수 있으나, 문제는 통합적인 시스템이 구축되어 있지 않다는 것이다. 뿐만 아니라 지방자치단체의 경우 담당자가 2년 6개월 또는 3년 주기로 부서 자리이동을 함으로써 전문적이고 체계적인 의료관광 사업을 수행하기에 어려움이 따르며, 업무 기획이나 집행에 필요한 구체적인 전문지식이나 정보의 부족으로 업무의 효율성에서 한계를 드러내기 쉽다. 의료관광 코디네이터 (혹은 메디칼 facilitator) 의 역할이 큰 데 비해, 그에 대한 관리는 이루어지고 있지 않다. 매년 늘어나는 의료관광 수요를 감안할 때 전문적인 의료관광 코디네이터의 역할이 중요하다. 또한 통합시스템의 구축을 통해 담당 공무원들의 업무 효율성 제고 및 일관된 마케팅 전개를 통해 한국 의료관광의 브랜드 가치를 끌어올 릴 수 있다.

다시찾고 싶은 대한민국

1885년 미국의 아펜젤러 선교사가 한국에 왔을 때 욕위대자 당위인역(慾爲大者 當爲人役)이란 교훈을 걸고 우리나라 최초의 현대교육시설인 배재학당을 설립했다. 이는 '크고자 하거든 남을 섬기라' 라는 뜻으로 후에 명성황후가 휘호도 내렸다고 전한다. 우리는 성장과 발전을 지향한다. 서비스 강국, 관광·문화 선진국으로 거듭나길 원하고 있다. 그러려면 겸손하되 당당한 자세가 필요하다. 우리나라를 방문하는 관광객들의 국가나 인종 등에 대한 선입견을 버리고 엄격한 기준으로 서비스 상품을 개발하여 고객 감동으로 이어질 수 있도록 최선을 다해야 한다. 그러기 위해서는 정부 차원에서의 투명하고 통합된 시스템의 정비와 감독, 기업 차원에서의 윤리적인 직원 관리와 상품 개발 및 교육, 개인은 본인의 업무에 충실할 수 있는 정확한 업무 숙지와 더불어 고객 관점에서 배려하는 마음을 가져야 할 것이다. 그렇게 될 때 외국인 관광객들도 우리나라를 존중하게 되고 만족한 만큼 한국을 다시 찾게 될 것이다.

세상을 바꿔라 Ⅲ

세상을 바꿔라IV

개혁의 죄인, 개혁의 원수, 개혁의 병신 - **함승희**

'유리천정' 너머로 본 바이오 세상 - **황우석**

한일관계의 세 장면과 '우리 안의 적(敵)' - **김병준**

법의 지배와 시장경제, 그리고 국가경영 - **정규재**

한국 경제의 재도약과 금융규제 패러다임의 전환 - **우주하**

한국 방위산업의 위기와 새로운 도전 - **이준구**

외화유동성위기 방지를 위한 원화국제화 - **이상빈**

농업을 둘러싼 메가트렌드의 변화와
　　　　농업선진국으로의 도약 - **박현출**

서비스산업의 육성과 발전전략 - **임교빈**

대한민국, 과학기술 강국 만들기 - **오상록**

우주를 지배하는 자가 세계를 지배한다 - **황진영**

창조경제·문화융성 현장에서 길을 묻다 - **변광섭**

정신문화 선진화를 통한 국격(國格)의 확립 - **김용하**

에너지 안보와 중장기 에너지 정책방향 - **박상덕**